薪酬体系设计实操从新手到高手

邹善童 编著

中国铁道出版社有限公司
CHINA RAILWAY PUBLISHING HOUSE CO., LTD.

图书在版编目(CIP)数据

薪酬体系设计实操从新手到高手:畅销升级版/邹善童编著.—北京:中国铁道出版社有限公司,2021.9
ISBN 978-7-113-27614-0

Ⅰ.①薪… Ⅱ.①邹… Ⅲ.①企业管理-工资管理
Ⅳ.①F272.923

中国版本图书馆 CIP 数据核字（2020）第 273240 号

书　　名：薪酬体系设计实操从新手到高手(畅销升级版)
XINCHOU TIXI SHEJI SHICAO CONG XINSHOU DAO GAOSHOU (CHANGXIAO SHENGJIBAN)
作　　者：邹善童

责任编辑：王　佩　张文静　**编辑部电话**：（010）51873022　**邮箱**：505733396@qq.com
封面设计：宿　萌
责任校对：苗　丹
责任印制：赵星辰

出版发行：中国铁道出版社有限公司（100054，北京市西城区右安门西街 8 号）
印　　刷：三河市宏盛印务有限公司
版　　次：2021 年 9 月第 1 版　2021 年 9 月第 1 次印刷
开　　本：700 mm×1 000 mm 1/16　**印张**：22.5　**字数**：378 千
书　　号：ISBN 978-7-113-27614-0
定　　价：79.00 元

前　言

2013 年底，一次很偶然的机会促成了《薪酬体系设计实操从新手到高手》一书的出版。于 2014 年上市，是当年同类书籍店面销售第一名，同时在当当网管理类书籍中的销售量也一直不错，上市的几年间，先后重印了十余次。

这些年，我又认识了许多同行，接触到了不同地区、不同规模、不同成长阶段、不同制度下的人力资源从业者。交流过程中，我对薪酬体系在企业中发挥的作用有了更加深入的理解，对各类从业人员了解薪酬体系知识的程度有了一定的认识，对不同类型读者从此类书中所希望获取的知识有了新的思考。由于成书仓促，出现了一些失误，我在重印期间有过几次勘误，但对全书的内容没有大的调整，我觉得有必要再进一步完善，重新梳理薪酬体系设计知识，奉献给读者更加系统、全面、实用的知识。这次调整，无论从全书体量、知识点数量、案例内容来说都有很多变化。

从体量上来看，增加了两章的内容，全书共分为十一章。第一章是对薪酬体系有关概念、理论知识的阐述。第二章到第九章，涉及薪酬设计的几个关键环节。其中：第三章组织职能与岗位设计和第四章岗位价值评估是在原第三章基础上拆分而来，重点增加了组织职能设计和岗位价值评估的知识。组织职能设计对薪酬从业人员来说比较陌生，但却是实施岗位分类、评估和薪酬设计的前提，是必须克服的难点。本书以案例的形式，详细讲解了组织中如何设计部门、职能，如何分工合作。岗位价值评估也是一个难点，人力资源从业者普遍反映难于掌控，在第四章中我也以案例和实际工具为例，详细地讲解了岗位评估的原理、方法和工具。第八章薪酬总额控制是一个全新的章节，内容涵盖了较为常见的企业薪酬总额控制的方法。随着企业竞争的加剧，管理者对成本控制的意识逐步增强，薪酬总额控制方法必将越来越被管理者所重视。本章也是以案例和方法为主，便于读者理解。

从知识点上来看，在体量增加后，薪酬体系设计基本涵盖了一般的知识点。本书完全可以帮助绝大部分的读者做好企业的薪酬设计工作。

从案例内容来说，对于时效性较强的知识，我按照最新内容做了更新。

2014 年，图书问世后，很多读者第一时间将书中的纰漏告诉我。这次，我认真地做了全部修订。在此我深表谢意，正是你们的反馈，让我意识到自己工作的价值和意义。

再版编写期间，很多读者还对全书结构设计、章节划分、知识点的选择提出了宝贵的意见。在此，我一并表示感谢。读者的支持就是我持续改善本书的动力。相信畅销升级版一定能给您带来更好的阅读体验，帮助您获得更多的实操技能。

邹善童

2021 年 6 月

目　录

1 薪酬

1.1 薪酬构成

薪酬构成要素包括一般要素和特殊要素。

1.1.1 一般要素

薪酬构成的一般要素指全体员工都能够享受，最为常见的内容。如图 1-1 所示，一般要素包括基本薪酬、绩效薪酬、奖金、福利和津贴。

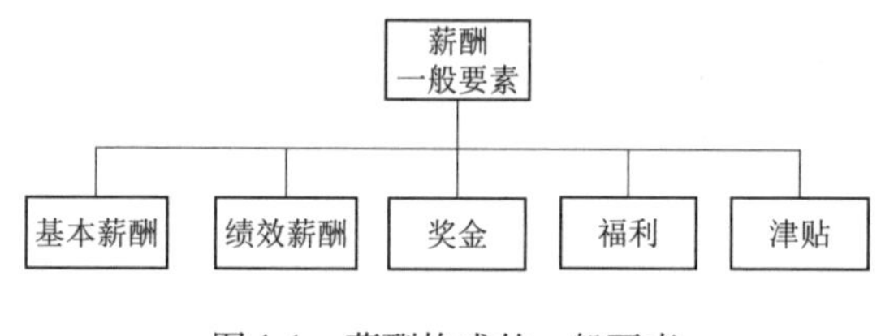

图 1-1 薪酬构成的一般要素

1. 基本薪酬

基本薪酬是员工的劳动报酬，是员工按照所在岗位要求，付出劳动应得到的报酬。基本薪酬不因员工绩效高低而变化。签订劳动合同后，即使员工因疾病等原因不能参与劳动，企业也应当保障员工的基本薪酬。

2. 绩效薪酬

绩效薪酬根据员工完成工作情况确定。绩效薪酬是事先约定任务，事后对员工工作任务完成情况进行考核评估，并根据考评结果给予员工的报酬。绩效薪酬通过劳动合同或工作计划、业绩责任书、考核表等形式予以约定。员工在正常完成业绩后即可获得相应的薪酬。绩效薪酬会因员工完成业绩的情况不同而发生变化。

3. 奖金

奖金是一种对超额劳动成果或业绩的补偿或激励形式。员工按照工作要求完成工作，只要绩效达到要求，即可获得绩效工资。绩效工资是企业与员工就员工从事某一工作可获得报酬的约定，是一种契约。员工达到绩效要求，即意味着完成约定，可以获得相应的报酬。奖金则不同，奖金具有较强的灵活性。发放奖金不必事先约定，可以根据超额利润或超额业绩情况，由企业单方面提出。奖金的针对性更强，一般就事论事，一事一奖。奖金的奖励范围可以是全体，也可以是特定的组织或个人。因为奖金具有以上的特点，其对基本薪酬起到了很好的补充作用，激励效果就更为直接，针对性更强。奖金的缺点在于其不确定性，员工无法左右自己能否获得或获得多少奖金。

4. 福利

福利分为基本福利和补充福利。基本福利也称法定福利，是按照国家法律法规和政策规定必须发生的福利项目，是企业存在就需要履行的义务，如图 1-2 所示。

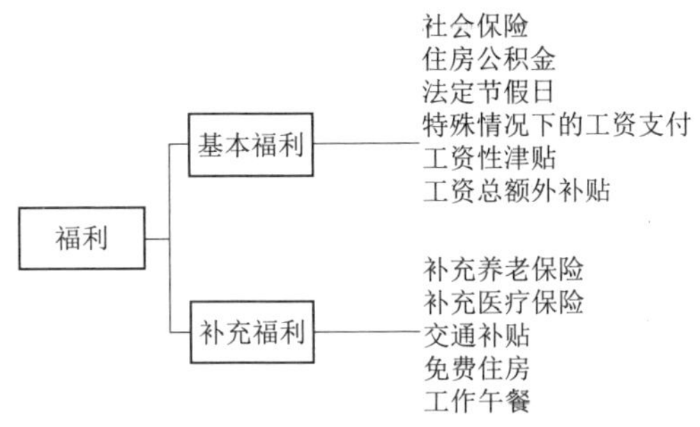

图 1-2　福利结构

（1）社会保险：包括基本养老保险、基本医疗保险、工伤保险、失业保险和生育保险，即通常所说的五险。社会保险是国家强制征收，由企业和个人按照一定比例缴纳，并在符合使用条件时使用的保险。其中，基本养老保险在劳动者退休后支取；基本医疗保险用于支付参保人员在定点医疗机构和定点零售药店就医时购买指定药品或检查的费用；工伤保险是给予员工因工作原因并在工作过程中受意外伤害，或因职业危害因素引起职业病的补偿；失业保险是给予失业而暂时中断生活来源的劳动者的补偿；生育保险是在职女性因生育子女而导致劳动者暂时中断工作、失去正常收入来源的补偿。

（2）住房公积金：是国家强制企业和在职职工缴存的长期住房储金。当在职职工满足购买、建造、翻建、大修自住住房；达到国家法定离退休年龄，或已正式办理了离退休手续；完全丧失劳动能力，并与所在单位终止劳动关系；出境定居等 11 种情况时，可以支取。

（3）法定节假日：《全国年节及纪念日放假办法》规定，每年全体公民放假的节日为 11 天，其中：元旦 1 天，春节 3 天，清明节 1 天，劳动节 1 天，端午节 1 天，中秋节 1 天，国庆节 3 天。部分公民放假的节日及纪念日包括：妇女节，妇女放假半天；青年节，14 周岁以上的青年放假半天（15 ~ 34 周岁的人为青年）；儿童节，不满 14 周岁的少年儿童放假 1 天；中国人民解放军建军纪念日，现役军人放假半天。

（4）特殊情况下的工资支付：指除属于社会保险，如病假工资或疾病救济费（疾病津贴）、产假工资（生育津贴）之外的特殊情况下的工资支付，如婚丧假工资、探亲假工资。

（5）工资性津贴：包括上下班交通费补贴、生活困难补贴等。

（6）工资总额外补贴：计划生育独生子女补贴、冬季取暖补贴等。

补充福利是相对于国家法定基本福利而言的，在基本福利之外，由企业自定的福利项目。补充福利标准、覆盖范围、发放方式完全由企业掌握。补充福利的形式多样，如补充养老保险、补充医疗保险、交通补贴、免费住房、工作午餐等。

5. 津贴

津贴是对员工在特殊条件下额外劳动消耗、劳动保护或额外费用支出给予补偿的工资形式。津贴分配的唯一依据是劳动环境和条件的优劣。津贴的针对性很强。例如，夜班工人有夜班补贴、长期在野外作业人员的野外作业津贴、煤炭工人的井下津贴、医院放射科医生的放射性津贴等。津贴的发放可以是现金也可以是实物。

1.1.2 特殊要素

除了为大家所公认的薪酬一般要素，还有很多要素在薪酬界定上仍没形成统一认识。这些要素被称为薪酬构成的特殊要素。薪酬构成的特殊要素包括：股票及期权、培训、成长机会、工作环境、荣誉等，如图 1-3 所示。

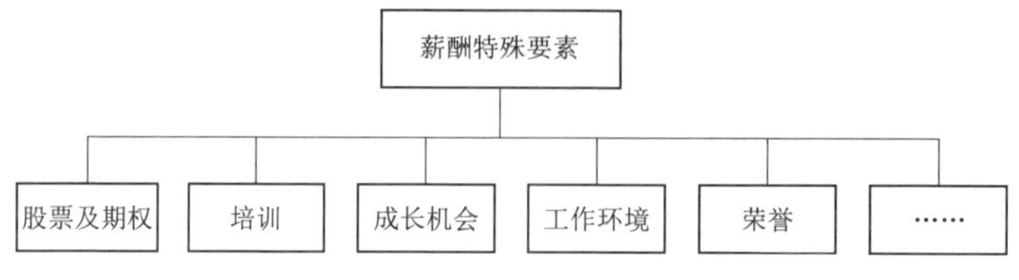

图 1-3 薪酬构成的特殊要素

1. 股票及期权

股票及期权的激励形式由来已久。目前将股票算为奖金还是福利仍然没有统一的认识。股票及期权的激励形式需要将所有者的一部分权益拿出来，分配给员工。这种激励形式一般不会占用企业现金流。

2. 培训

随着整体薪酬观念的普及，越来越多企业将培训视为员工薪酬的一部分。站在人力资本角度考虑，培训是企业的一项成本投入，而不是福利。

3. 成长机会

成长机会的激励作用在于员工有成长需要，并认同成长机会可以帮助其取得更大收益。一名财务部经理可能因为马上要参与公司上市过程，而放弃一个薪酬水平更高的机会。这是由于在这名财务部经理心中，参与企业上市这一机会所得到的收益要高于一个薪酬更高的工作岗位所带来的收益。同样的成长机会在不同人心目中作用是不同的。从企业角度来看，企业将成长机会转换成了这位财务部经理跳槽应得到的薪酬与企业实际支付的薪酬差额。

4. 工作环境

改善工作环境需要企业付出资金。企业在投入资金后，会把好的工作环境作为一项吸引或留住员工的宣传点。工作环境包括工作场所的物质条件，如工作场地、办公设施；也包括工作场所的人文环境，如家庭式亲密的工作氛围等。

5. 荣誉

以荣誉代替薪酬激励的形式有很多。例如在保险公司大厅墙壁上，我们经常会发现销售冠军榜，每个月销售冠军的照片都会陈列在上面。这仅是一项荣誉，但每个人都认为能够在众多的销售人员中脱颖而出，是自我被认可的表现，因此荣誉也被作为激励员工的一项措施，并纳入薪酬范畴。

薪酬构成特殊要素中，有很多并不是以现金体现，或不需要企业支付额外的现金。全面薪酬观点认为，除了金钱和物质外，员工可以通过非货币性因素得到激励。这些激励措施也应该纳入企业薪酬管理的总体框架中，并被企业善加利用。

1.2 薪酬设计原则

薪酬设计应当坚持公平性原则、竞争性原则、激励性原则和经济性原则四项基本原则。

1.2.1 公平性原则

员工的公平感是相对的，是在与其他人的比较中产生的。图 1-4 所示为公平关系式，当一名员工认为自己的报酬与工作投入的比值和另一名员工报酬与工作投入的比值相当时，最为公平。当一名员工认为自己的报酬与工作投入的比值超过另一名员工报酬与投入的比值时，则会认为自己的收入超过了付出；反之，会认为自己受到了不公平的待遇。为了提高自己的公平感，员工会减少投入，如减少工作时间，减小努力程度等。

$$\frac{\text{员工A的报酬}}{\text{员工A的投入}} = \frac{\text{员工B的报酬}}{\text{员工B的投入}}$$

图 1-4　斯塔西・亚当斯公平关系式

员工的投入可以是工作过程，也可以是员工的岗位级别、学历、能力级别等。例如，员工普遍认可部门中岗位级别最高的部门经理的薪酬要比其他员工高；也认可硕士生比大学生工资高一些的事实；同样，一些公认能力很强的人多拿一些薪酬也不会导致大多数员工的非议。

为了体现出薪酬的激励作用，减少员工不公平感，在薪酬设计时，要考虑员工薪酬的公平性。

考虑公平性，需从以下几个方面入手。

（1）承担责任的大小。职位越高的人，承担责任越大，所获得的薪酬最多。

（2）所需知识和能力的高低。传统的薪酬体系中，会因员工的学历或职称水平，额外增加一部分薪酬，以弥补高学历和职称员工的不公平感。新的薪酬观念认为，学历或职称只是获得职位的条件，不应该成为核定薪酬的依据，薪酬水平应该根据知识和技能的运用情况，也就是用绩效来反映。

（3）工作绩效的不同。员工认为自己工作的成果是因为自己投入产生的，所以员工业绩比上一年有提高，自然会期望报酬也高于上一年。

1.2.2 竞争性原则

在工作内容和工作能力要求相似的情况下，人们更喜欢到薪酬更高的企业工作。因为同样投入带来的报酬水平是不一样的。竞争性的薪酬是吸引人才、留住人才的核心要素。成长期企业通常会通过提高薪酬水平吸引人才。

薪酬设计时要考虑薪酬竞争力的问题。薪酬的竞争力受市场整体薪酬水平、行业薪酬水平、地区薪酬水平、岗位薪酬水平及企业薪酬水平影响。市场整体薪酬水平一般受居民平均收入或消费支出影响，它代表了一种收入趋势。员工会关注自己的薪酬水平与居民平均收入或消费支出水平的相对变化情况。例如，员工薪酬水平低于物价增长水平时，即使其薪酬水平绝对值已经处于行业中上游水平，也会产生薪酬实际水平下降的感觉。行业薪酬水平、地区薪酬水平的影响同时存在。一名出纳，在金融行业和物业管理行业收入水平是不同的，在北京和延安的收入水平也是不同的。虽然他们所做的工作类似，但受行业、地区薪酬水平的影响会存在差异。同样，在同一个企业里，不同岗位的薪酬水平也会存在差异。

薪酬的竞争性无处不在。薪酬设计环节所关注的薪酬竞争力是总体薪酬竞争力，而不是个别案例。例如，在薪酬设计时，会用员工的平均薪酬水平与其他企业比较，而不是某一个员工薪酬水平与其他企业某些人的比较。

1.2.3 激励性原则

薪酬核心作用是激励。爱德华·劳勒和莱曼·波特在综合激励模型（如图 1-5所示）中提道，员工在工作时，会对自己在工作投入程度和所能获得的回报有一个预先判断，当员工达到工作绩效，而所得到的回报与期望的回报相当时，就会产生满足感和公平感，并在下次工作中继续努力工作；反之，员工就会在下次工作中降低努力程度。为了让员工不断提高工作努力程度，设计薪酬时，要考虑员工对某一项工作的预期收益。

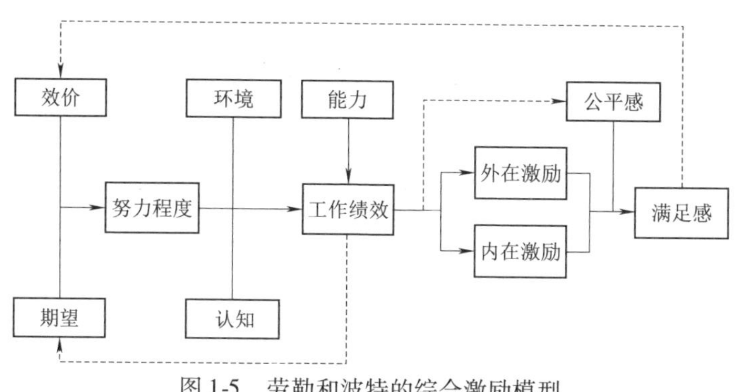

图 1-5　劳勒和波特的综合激励模型

企业确定的某一个岗位工资水平，或某一项业绩达成后的收益，会对员工期望回报产生较大的影响。大多数企业都会规定，员工达到某一个岗位或某一个级别，就可以获得相应的薪酬，员工也会因为岗位的提升而更加努力地工作。同样，企业也会采用事先约定的方法，引导员工提高期望回报的水平。例如，企业与员工订立的约定中，明确企业净利润的 2% 作为团队奖励。员工为了获得这 2% 的奖励，需努力实现约定的目标。

1.2.4 经济性原则

高薪酬能够吸引更为优秀的人才，但并不是每一个企业都会选择高薪酬策略，因为增加了企业资金负担。企业竞争关注薪酬效率，如何用有限的成本创造最大业绩是薪酬体系设计的重点。

如何衡量薪酬的效率呢？薪酬设计会用一些指标衡量。例如，用人工成本增长水平与利润总额增长水平进行比较。人工成本增速比利润总额的增速低属于正常状态，反之则说明人工成本使用效率在下降；同样，人均工资增速也应该低于劳动生产率的增长速度。这些都表示企业从员工身上获得的收益要多于支付给员工的成本。

1.3 薪酬体系

薪酬体系的核心是薪酬制度和实施。薪酬称为体系，是因为薪酬与企业战略、与企业内外部环境之间存在各种联系。根据薪酬设计原则，企业对薪酬各要素的设计要依据企业战略、内外环境等因素。

薪酬体系一般包括薪酬战略、薪酬制度、薪酬要素、薪酬设计和薪酬实施五个部分，如图 1-6 所示。

1.3.1 薪酬战略

企业薪酬战略应该解决好三个问题：薪酬战略如何保持与整体战略规划的一致性；薪酬战略如何满足企业发展中的人力资源需求；薪酬战略如何与企业文化相衔接。

企业在发展速度较快的时期，需要通过加强短期业绩激励，促进员工努力提高目标，从而加快企业发展速度。企业发展到成熟期后，发展速度放缓，要通过有竞争力的薪酬吸引和留住核心人才，确保成熟期的业绩。在稳定期和衰退期，企业应保证员工收入稳定，避免员工流失。表 1-1 列举了企业发展不同阶段所适宜采取的薪酬策略。

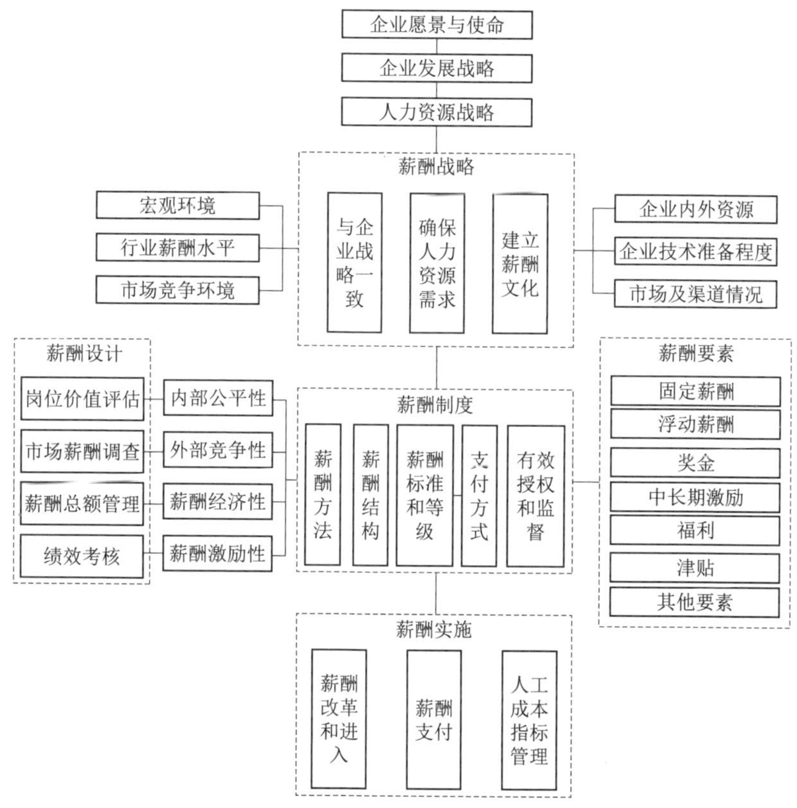

图 1-6　薪酬体系构成图

表 1-1　企业发展阶段与薪酬策略选择

企业发展阶段	适宜采用的薪酬策略			
	基本工资	业绩工资	福利	股票或利润分享
初创期	低	高	低	无
成长期	竞争力	高	低	全员
成熟期	竞争力	竞争力	竞争力	核心人才
稳定期	高	低	高	核心人才
衰退期	高	无	高	核心人才

1.3.2 薪酬制度

薪酬战略需要通过具体制度落实，其核心是基本薪酬的核定方法，我们也把其称为工资制度，现在较为通行的工资制度各有特点，具体如表1-2所示。正因如此，企业采用何种工资制度要结合薪酬战略，依企业的具体情况确定。

表1-2 各种工资制度的特点

工资制度	特　　点
以岗位为基础	根据岗位分析和岗位评估结果确定员工薪酬 优点：操作简单，也容易为员工理解 缺点：同一岗位，员工不同，绩效也不同，以岗位为基础的薪酬忽视了员工业绩贡献
以知识或能力为基础	根据员工掌握知识和基本能力水平高低确定员工薪酬 优点：关注员工知识和技能对企业发展的潜在作用 缺点：员工知识和技能未必能反映到绩效上，此方式易使员工薪酬与公司绩效脱节
以资历或经验为基础	根据员工工作年限和经验确定员工薪酬 优点：操作简单 缺点：运用此方法的假设前提是员工资历越丰富，为企业创造价值的能力就越大，然而事实未必如此
绩效导向的薪酬模式	根据企业、部门或员工绩效水平确定薪酬水平 优点：符合员工对薪酬的认识 缺点：精确衡量绩效难度很大，员工易产生不公平感
市场化薪酬模式	以市场薪酬水平作为确定员工薪酬水平的依据 优点：薪酬作用比较直接，容易通过高薪酬吸引市场人才 缺点：薪酬水平一旦低于市场标准，就极易造成人员流失

薪酬制度要决定薪酬结构。由哪些要素构成，不同岗位采用什么样的薪酬标准、薪酬如何支付给员工、企业如何管理薪酬以及如何监督薪酬合理有序实施等问题。

1.3.3 薪酬设计

薪酬设计是将薪酬战略、薪酬制度和薪酬实施三者联系在一起的关键环节。薪酬设计环节运用方法、工具的恰当与否会对薪酬管理结果起到决定性的影响。

1. 岗位价值评估

岗位价值评估是对岗位在组织中的贡献、影响范围、责任大小、工作强度、难度等特性进行评价，以确定某岗位对组织的贡献或价值，并据此建立岗位价值序列的过程。岗位价值评估，可以作为区分企业不同岗位间薪酬水平的依据。由于岗位价值评估时，需要企业管理者、重要员工、外部专家的参与，所以岗位价值评估的结果往往能够让员工接受，通过岗位价值评估建立的薪酬标准，在内部公平性上更具说服力。

2. 市场薪酬调查

市场薪酬调查是通过专业的薪酬数据调查机构，获取相关企业各岗位薪酬水平及相关信息，并进行分析的过程。企业以市场薪酬调查报告与本企业有关岗位进行比较，了解本企业各岗位员工薪酬在本行业或本地区整体薪酬中的位置，并决定根据企业战略确定采取何种水平的薪酬策略。当然，市场薪酬调查报告的使用不限于此，很多企业将薪酬调查报告作为年度薪酬普调的依据之一。通过市场薪酬调查的方式确定薪酬水平，让员工薪酬水平能够在外部竞争性上保持与战略要求的一致性。

3. 薪酬总额管理

薪酬总额管理是对员工薪酬总额的控制。薪酬总额一般与经济效益或业绩目标相联系。企业完成业绩目标，即按照一定的比例确定年薪总额；未完成目标则按照一定的比例扣减；超额完成，按照一定的比例增加薪酬总额。薪酬总额管理最大的好处是企业在制订年度计划时就已经知道当年要支出的薪酬总额是多少。采用薪酬总额管理便于管理和控制，确保薪酬管理经济性的原则。薪酬总额管理的问题在于，企业业绩的实现未必与员工的付出同向变化。

4. 绩效考核

将绩效考核与员工薪酬联系到一起是近些年来最为流行的方式。绩效考核是对员工应该履行的职责或企业分派给员工的任务完成情况的评价。企业根据员工绩效考核情况，确定员工绩效薪酬。绩效考核与薪酬联系的方法，可以很好地解决薪酬的激励性问题，但绩效考核要做到客观公正还是有一定难度的，这也对企业管理水平提出要求。

1.3.4 薪酬实施

薪酬实施是薪酬体系落实的最后环节，是检验一项薪酬体系是否符合设计要求的保障。通过薪酬实施，我们可以发现薪酬体系中的问题，并加以改进。

1. 薪酬改革和进入

薪酬实施首先要注意薪酬进入问题。在新组建的企业，所有员工完全按照一套新的薪酬方法进入，实施过程最简单。绝大部分的薪酬体系设计是在原有薪酬制度的基础上，总结经验并改进调整。在薪酬体系实施阶段，做好薪酬体系的改革和进入非常重要。

2. 薪酬支付

薪酬支付是薪酬管理风险控制的一个环节，是对薪酬管理方法的补充。薪酬支付一般有当期支付和延期支付两种形式。当期支付就是在员工完成工作后，立即可以获得薪酬；延期支付就是员工工作完成后，并不能当时获得薪酬，或只能获得一部分薪酬，其他薪酬部门的支付要根据双方约定，在达到一定条件后才能够获得。例如，有些企业将管理者部分的年薪拿出来，作为任期考核支付的基数。管理者在任期结束时，如果完成了任期考核要求，就可以全额或超额领取这部分薪酬；如果没有完成任期考核要求，就会相应扣减该部分薪酬。

3. 人工成本指标管理

管理者可以通过人工成本指标评估薪酬体系运行效果。影响企业绩效的因素有很多，管理者需要了解人力资源政策或薪酬体系能够给企业绩效带来多少帮助。衡量此因素需要借助人工成本分析方法。人工成本分析方法是利用一段时间内，企业投入的人工成本与各项业绩指标完成情况之间的比较，来分析人力资源效率的变化情况。

1.4 薪酬体系设计流程

如图1-7所示，薪酬体系设计一般包括七个程序：设计前的准备工作、岗位评估和分类、薪酬调查和分析、薪酬水平设计、薪酬结构设计、其他要素设计和薪酬实施。

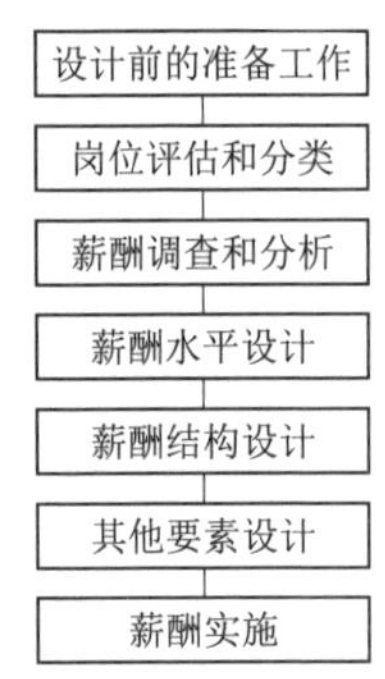

图1-7 薪酬体系设计流程

1.4.1 设计前的准备工作

在薪酬体系设计前应做好薪酬体系调整准备工作，包括薪酬体系组织设计、现有薪酬情况调查、薪酬策略选择、薪酬体系目标和计划、薪酬体系调整的成本预算等。

1. 谁来做

薪酬体系组织就是决定薪酬体系由谁来做。薪酬管理是企业一项最基本的管理措施，所以薪酬体系一般都需要由企业最高领导亲自负责。薪酬也是一项专业性很强的工作，一般由企业人力资源部或外部咨询机构完成。

2. 为什么做

薪酬现状调查就是要弄清楚为什么要调整薪酬体系。薪酬现状调查就是查找企业现行薪酬体系中不适合企业发展需要的部分，或者已经出现了哪些问题。通过薪酬调查，管理者可以知道薪酬管理中存在哪些问题，从而坚定薪酬体系调整的方向和决心。

3. 做成什么样

薪酬体系不只要解决眼前的困难，而且要为企业的发展做好准备。薪酬体系的设计就如同下棋，要走一步，看三步。管理者在薪酬体系设计前要设想未来薪酬体系的大致轮廓，这样才能确保薪酬体系设计不会因为某些困难或具体问题偏离总体规划。

4. 什么时候做

薪酬体系的设计也要选择合适的时机。薪酬体系的调整最好与企业的管理变革结合起来，充分发挥薪酬的杠杆作用。单纯调整核算薪酬，而不改进管理方式的薪酬体系调整，往往被员工误解为企业只是要涨（降）薪，而忽略了薪酬的激励功能。

5. 做到什么程度

薪酬设计要体现其经济性。薪酬体系当然是做得越仔细越好，最好针对每一个人制定一个有针对性的激励方式。但应该认识到薪酬体系调整是根本制度的调整，是一项针对绝大多数员工的管理方法。在实际工作中，薪酬体系应适宜即可，不必做得过细或追求过于专业的设计。

1.4.2　岗位评估和分类

薪酬体系设计方法有很多，但无论采用哪一种薪酬方法，为了确保薪酬的内部公平性，都要做好企业现有岗位分析、岗位分类和岗位价值评估工作。其中，岗位分析是薪酬设计的基础性工作。包括：明确部门职能和岗位关系、岗位职责调查分析、修订岗位说明书等工作。岗位分类是按照岗位的主要工作性质和工作内容，进行适当分类，以便于企业制定更具针对性的薪酬策略。岗位价值评估是以岗位说明书为基础，根据企业自身情况和特点，由企业管理者、外部专家和绩优员工参与，通过比较企业内部各个岗位的相对重要性，得出岗位等级序列。

1.4.3 薪酬调查和分析

薪酬调查是薪酬设计中的重要组成部分，解决的是薪酬竞争力与企业战略需要之间的关系。薪酬调查工作一般要借助外力完成。薪酬调查开展过程中，企业需要向薪酬数据调查机构传达企业职位设计方法、分类、岗位职责等职位信息，还要向薪酬数据调查机构提供企业薪酬设计的基本结构，并与调查机构共同确定对标对象和对标薪酬数据，以确保薪酬调查数据的有效性。

薪酬调查报告可以按调查对象分为分行业的薪酬调查报告、分地区的薪酬调查报告、分岗位的薪酬调查报告等。咨询机构还可以根据客户的要求定制具体的薪酬、福利项目的薪酬调查报告，如员工住房福利薪酬调查报告等。

1.4.4 薪酬水平设计

薪酬水平即企业整体或某一类员工的薪酬水平与外部相比应该处于什么样的状态。是高于市场平均水平，还是低于市场平均水平？更为详细的分类，是确定员工薪酬水平处于市场薪酬水平的哪一区间，25 分位、50 分位还是 75 分位。

员工薪酬水平根据管理者的主观意愿确定。某一岗位薪酬水平越高，其市场竞争力越强，越容易吸纳或留住优秀的人才；反之，吸纳和留住优秀人才的概率会降低。从理论上来说，所有的企业都愿意采用高薪酬水平策略，以吸引和留住最优秀的人才。但实际工作中的情况非常复杂，员工薪酬水平并不是越高越好，因为高薪酬水平也会增加企业的人工成本。管理者们大都会在人才质量和支付能力方面权衡，选择一个既不需要支付过高成本，又可以吸纳到适合人才的水平。

管理者确定员工薪酬水平与企业的发展时期也相关。成长期，企业资金相对充裕、对人才的需要也非常迫切，管理者大都会采用高薪酬水平策略；衰退期，企业则相反。

1.4.5 薪酬结构设计

薪酬构成包括固定薪酬、浮动薪酬、奖金、中长期激励、福利、津贴等。这些基本的项目在不同的薪酬体系中，侧重点不同，所能起到的作用也不同。采用不同的薪酬要素组合，就形成了不同的薪酬结构和激励机制。

以固定薪酬和变动薪酬为例：固定薪酬越高，员工薪酬收入风险越低，但能够因为绩效优秀而获得更佳收入的可能性也就越低。一般来说，企业对不同的员工采用不同的薪酬结构，对承担经营责任大的高层管理岗位或直接影响企业收入或利润指标实现的市场营销人员，采用高变动薪酬，低固定薪酬的方式，强调绩效与薪酬的联系；对不直接承担经营责任的一般专业或管理人员，如会计、后勤、人力资源管理岗位等采用高固定薪酬、低变动薪酬的方式，强调薪酬与岗位和工作职责的联系。

不同的薪酬结构所起到的作用不同。企业在薪酬结构设计中要考虑到每个要素比例对激励作用的影响，哪些与薪酬设计目标相一致，哪些与薪酬设计目标不同。

1.4.6 其他要素设计

薪酬设计除了考虑基本薪酬、奖金等因素外，还要考虑到福利、津贴、支付方式以及薪酬体系中的特殊要素。

福利要素中，很多企业会为一部分员工增加商业保险、公务用车等福利，作为对这部分员工额外的激励。

津贴要素中，国家法律规定，从事危险工作的人员应该享受一定的补贴。

发展机会中，为确保员工争取更好的绩效，企业会倾向于将发展机会首先提供给那些曾取得突出绩效的员工，这一点就发挥了薪酬的激励作用。

1.4.7 薪酬实施

薪酬体系设计完成，关键在于实施。很多企业的薪酬体系都失败在实施这最后一个环节，因为这个环节所要解决的有技术问题，如怎样设计薪酬支付方式；有人的问题，即如何做好变革的宣传和推广；还要解决与人和薪酬技术都相关的问题，如新旧薪酬体系的对接工作等。

1.5 【HR 必知】综合激励模型

爱德华·劳勒和莱曼·波特提出了综合激励模型。其具有以下特点。

（1）“激励”决定一个人是否努力及其努力的程度。

（2）工作的实际绩效取决于能力的大小、努力程度以及对所需完成任务理解的深度，具体地讲，“角色概念”就是一个人对自己扮演的角色认识是否明确，是否将自己的努力指向正确的方向，抓住了自己的主要职责或任务。

（3）奖励要以绩效为前提，不是先有奖励后有绩效，而是必须先完成组织任务才会有精神的、物质的奖励。当职工看到他们的奖励与成绩关联性很差时，奖励将不能成为提高绩效的刺激物。

（4）奖惩措施是否会产生满意，取决于被激励者认为获得的报偿是否公正。如果他认为符合公平原则，当然会感到满意，否则就会感到不满。众所周知的事实是，满意将产生进一步的努力。

1.6 【疑难问题解答】

1.6.1 如何用有限的资金满足员工的激励要求

薪酬是激励员工的手段，其作用最为直接，但这并不表示薪酬是激励员工的唯一手段。要想用有限的资金做好激励，就要做好薪酬体系设计。

利用好非货币薪酬，可以通过有限的资金激励员工。薪酬包括货币薪酬和非货币薪酬两部分，其中非货币薪酬的形式更加多样，成本也更低。例如，给员工更高的职位、更多的权限并不需要成本支出，却能给员工自我实现的感觉；实施与竞争对手不同的弹性工作制或创造更好的办公条件，也可以使员工感觉到公司管理更加人性化，从而放弃薪酬虽高，但工作压力更大的工作；提供更多的学习机会，也可以吸纳员工；帮助员工解决上下班交通、住房等问题，也是一个不错的激励方式。

利用好长期激励，也可以满足员工的激励需要。薪酬分为短期激励和长期激励两种方式。长期激励可以是股票或期权。股票和期权是企业权益，不是现金。股票和期权对员工的激励有效的基础是员工对企业未来发展的认可，股票和期权就是对员工可以分享企业未来收益的一个保障。与此类似，也有企业采用利润分享计划来满足员工的需求，例如，企业在现有利润目标的基础上，将超额利润的一部分拿出来奖励员工。这一部分利润是企业资金计划外的部分，也并没有占用公司有限的资金。

薪酬体系设计要注意薪酬体系的经济性原则，就是要使薪酬激励最大化。资金有限并不是做不好激励的借口。科学设计薪酬体系、合理选择激励方式，完全可以用有限的资金满足员工的激励要求。

1.6.2　年功序列制工资是否已过时

每一种工资制度都有其特定的产生背景，也都发挥过重要的作用，每一种工资制度也都有其局限性。工资制度无所谓过时不过时。

年功序列制，指员工年龄、工龄和学历等年功因素决定了员工在企业中的地位和薪酬。它曾是日本企业经营的三大神器（终身雇佣、年功序列和企业内工会）之一。

日本年功序列制工资经历了三个阶段。

自 1945 年开始到 20 世纪 60 年代以前，是年功序列制的探索期。“二战”后的日本，人民生活水平极低，国民需要一份可以养家糊口的稳定工作。劳动力市场供应不足，但企业短期内却拿不出更多的成本招纳员工。能够决定企业的发展前景的是企业劳动力水平和劳动力的稳定性。企业普遍采用年功序列制工资，并给予员工终身雇佣的承诺。实施年功序列制工资——员工进入企业时间越长，工作经验越多，就可以得到更加丰厚的收入。这样的好处是既减少了企业因大量引入新员工而产生的当期人工费用，也确保了员工基本的生活保障。随着工龄的增长员工薪酬可以不断提高，员工多选择安心工作。

20 世纪 60 年代到 70 年代中期，以年功序列制为主的人事工资制度进入鼎盛期。这一阶段，日本经济高速增长，企业规模不断扩大，企业内部职位不断增加，劳动力相对不足等因素促进了年功序列制工资体系的发展。为了平息员工对年功序列制工资引起的平均主义的意见，许多企业除实行年功序列制工资制度外，还加入了以岗位为基础的薪金因素（占薪酬比例较小）。这一阶段，企业效益的快速增长掩盖了年功序列制工资所引起的人事费用的刚性增长问题。

20 世纪 70 年代中期到 90 年代，受石油危机的影响，日本经济增速放缓。企业规模停止增长或增速下降，录用新员工的数量下降，老员工比例逐渐增加，这一情况导致老员工可晋升职位不足，员工工作积极性受到打击。企业人事费用的刚性增长也成为管理者最为头疼的问题。年功序列制的弊端逐渐显现。这一时期，失业问题开始困扰员工。到了 20 世纪 90 年代初期，科技创新成为全球企业发展的重要手段，老年职工创新能力远不及年轻员工，薪酬水平与工作贡献的矛盾加大。部分企业开始限制老年职工的薪金增速，年功序列制显现出衰退迹象。

如今，年功序列制的影子仍出现在很多地方。很多企业仍存有工龄工资和司龄工资。还有一些年功序列制的形式比较隐蔽，如员工晋级，总是优先考虑老员工等。所以说年功序列制工资过时，并不恰当。

1.7 【案例分析】百度公司的薪酬模式

2000 年 1 月 1 日，李彦宏等在北京创建了百度公司。从创立之初的 120 万美元，10 名员工，到目前市值近 500 亿美元，4.2 万名员工。目前，百度在中国的搜索份额在 80% 左右，是中国规模最大、最有影响力的互联网公司之一，也是全球最大的中文搜索引擎。

1. 薪酬结构

百度公司员工薪酬由三部分组成：保障性薪酬、变动薪酬及股票和期权计划，如图 1-8 所示。

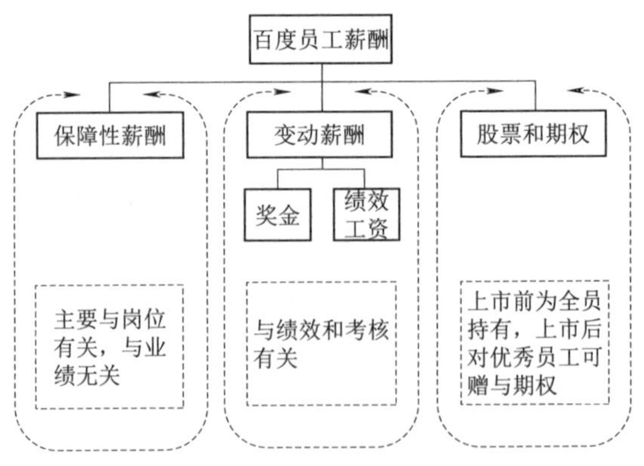

图 1-8 百度公司员工薪酬构成

其中，保障性薪酬与员工的业绩关系不大，只与其岗位有关；变动薪酬，与员工绩效挂钩。百度公司依照年度绩效考核的成绩为员工发放年度奖金和绩效工资；公司成立之初在全公司范围内实施了股票期权计划。所有员工享有百度的股票期权。

2. 薪酬标准

为保持公司薪酬在市场上的竞争力。百度公司每年都密切关注同行业薪酬水平的变动，参考专业公司的薪酬调查数据和报告，还通过同行业之间的薪酬情况掌握公司内核心员工的薪酬价位。百度公司对员工薪酬水平的竞争力定位，考虑了公司采取全员股票期权计划，在设定基本薪酬时，将其定位在略低于同行业公司的大众水平上。公司核心人员的基本薪酬水平一般要低于行业内其他公司相应职位的薪酬水平。公司内职位越高的员工基本薪酬水平与行业相比差距越大。但职位越高的员工，所持股票期权数量也就越多。

公司上市后，由于不能够继续实施全员股票期权计划，百度公司对新老员工适用了不同的薪酬标准。公司认为持有股票期权的老员工整体薪酬水平依旧在市场上保持强有力的竞争力，因此对老员工采取的是维持低于市场薪酬水平的薪酬策略；对不能继续执行全面股票期权赠予的新员工来说，则采取高于市场薪酬水平的薪酬策略，以确保公司在最为经济的人工成本下，保持薪酬的市场竞争力。

3. 保障性薪酬

百度公司员工保障性薪酬，主要依据员工的管理或技术岗位确定。百度公司为员工设计技术、管理的双通道职业发展路径，并制定相应的薪酬标准。员工技术等级提高，如由工程师晋升为高级工程师，或员工管理岗位提高，薪酬标准都会相应调整。在岗位的调整上，也比较灵活，员工可以提出跨专业的调整要求，经相应评审委员会评审通过后，即可进入相应发展专业，并按标准核定薪酬标准。

4. 变动薪酬

百度公司员工的变动薪酬，主要参考员工的绩效。每年年末是全公司的绩效考核期，根据员工的考核结果，公司决定给予员工一定幅度的加薪。此外，IT 公司常有一些以团队为单位的项目。百度公司对于这些项目，采取团队奖励计划。对于团队完成的每一个项目，公司都依据团队成员的贡献大小，给予团队奖励，或为团队成员普遍加薪。

5. 股票和期权计划

百度公司成立之初，公司提出了全员的股票期权计划，目的是使员工的目标定位在远期的回报实现上，而不过分强调当期的收益。员工入职时，公司提供两套薪酬方案供员工选择：一是“较低的基本工资 + 较高的股票期权”，二是“较高的基本工资 + 较低的股票期权”。

公司上市后，考虑到人工成本因素，公司不再实施全员股票期权计划，但公司承诺，新员工若入职后达到软件水平 3 级以上，公司依据其优异的业绩赠予期权。

百度公司规定赠予的股票期权要分 4 年拿到，员工在入职的第一年可以获得全部期权的 1/4，从工作的第二年开始，每过一个月员工能获得 1/48 的期权。

6. 员工福利

除了基本薪酬和奖金制度外，百度公司还提供了多样的员工福利项目。例如，因工作强度大和工作时间长，公司为员工提供免费早餐和报销加班交通费，对于一些工作任务特殊的员工还实行通信费报销制度。此外，公司还为各部门设立专门的团队建设（Team - building）资金，用于部门内的活动。由于高科技公司工作的快节奏和高强度，工程师经常出现特有的硅谷综合症，即紧张、焦虑、思维不畅。针对这一现象，公司聘请了专业的保健医生，以解决员工的身体保健、心理保健等问题。

【案例启示】

1. 薪酬构成的每一项都有其目的性

百度公司薪酬构成很简单。但每一项薪酬构成要素的作用都很直接。

保障性薪酬所有公司都有，这一部分的作用实际上也是保证员工的基本收入。百度公司的保障性薪酬是根据岗位确定的。

变动薪酬是随绩效发生变化，与绩效挂钩。员工考核成绩优秀，就有可能获得额外的激励。员工为了获得更好的激励，就必然做出更优的业绩，变动薪酬的业绩导向作用体现得非常明显。

股票和期权计划，俗称为“金手铐”，是挽留核心人才的有效手段。股票和期权计划在中国是随着 IT 产业的发展开始普及的。IT 行业是一个很特殊的行业，人是 IT 行业最大的资本。挽留人才是 IT 企业人力资源工作的重中之重。

股票和期权计划的优势如下。

（1）兑现周期长。百度员工期权授予时间是 4 年。员工要想获得全部收益，就需要工作满 4 年。

（2）比较经济。股票和期权计划所使用的不是现金，而是企业权益，企业上市成功，权益增长，员工的股票可以在市场上兑现；企业上市失败，权益就一文不值，企业死守着这些股份也就没有什么意义。用股票和期权计划把员工与企业团结在一起，并没有增加企业资金成本。

百度公司薪酬构成的三项内容很简单，但三项内容结合得很好。百度公司管理者一直将股票或期权看作长期现金，而不是既有的权益。这样既确保了薪酬的竞争性，又没有增加公司的支出。

2. 薪酬策略应与企业发展阶段保持一致

百度公司上市之前实施了全员股票和期权计划，上市之后，却并没有继续实施这项计划。

纵观百度公司的成长历程，我们不难发现，百度公司像很多中小企业一样，在创业初期没有雄厚的资金实力。IT企业人才是根本，只有吸引到合适的人才，企业才能发展。吸纳人才是需要企业支付成本的。百度公司的做法是，并不在薪酬的绝对值上与竞争对手竞争，而是将百度的发展转化为长期薪酬的一部分，以此来吸引并留住人才。这种做法在IT企业并不少见，但百度的特别之处是实施了全员股票和期权计划。换个角度，我们可以理解为，不只是IT技术人员，连公司的管理人员、专业人员的现金薪酬都低于其竞争对手，那么百度就有了更多的资金确保公司的运营。全员股票和股权计划的另一个好处是，员工对长期激励形成认同，愿意为公司上市努力。

百度公司上市后，资金问题得到了解决，却停止了全员股票和期权计划。这一点也很好理解。因为股票代表了权益，只要有现金，没有哪个股东愿意把自己的权益无端转让给别人。

通过百度公司上市前后，管理者对股票和期权计划的转变，我们不难发现，百度公司薪酬策略与公司发展阶段保持高度的一致性。这也是一个成功的薪酬体系所应该具备的。

3. 隐性薪酬的作用

百度公司在薪酬之外，向员工提供的免费早餐、加班交通费、Team - building资金以及聘请的保健医生，都属于隐性薪酬的范畴。

隐性薪酬是相对于货币形式的薪酬而言的。员工对薪酬的感觉就如同吃烧饼的故事一样，员工挣到的第1个一万元和第100个一万元虽然绝对数值相同，但对员工的激励作用是不一样的。单纯以货币形式兑现的薪酬并不能让所有员工都满意。为此，企业还要开发一些隐性薪酬。百度公司的保健医生等都属于这一概念。这些措施花钱不多，但能让员工得到一种薪酬以外的满足感。

2 薪酬设计前的准备工作

薪酬管理是企业的一项基本管理工作。薪酬体系设计是对薪酬管理方法的改变，是一次管理的变革。开展薪酬体系设计工作一定要做好事前的准备，确保整体工作有序、稳妥、合理。

如图 2-1 所示，薪酬改革前期准备工作包括了五个环节：薪酬调整建议、组建工作团队、薪酬现状分析、确定目标和工作计划、工作启动。

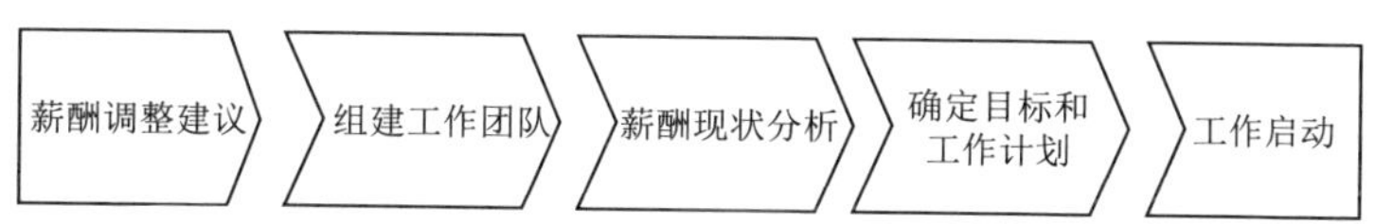

图 2-1　薪酬改革前期准备工作

2.1　薪酬调整建议

薪酬体系设计是在原有薪酬体系的基础上进行调整或改革。按照一般的管理原则，薪酬体系一旦确定，应该在一段较长的时期内保持稳定，确保薪酬长短期激励效果。

如图 2-2 所示，薪酬调整的背景因素分为内部因素和外部因素，具体内容主要有以下 8 项。

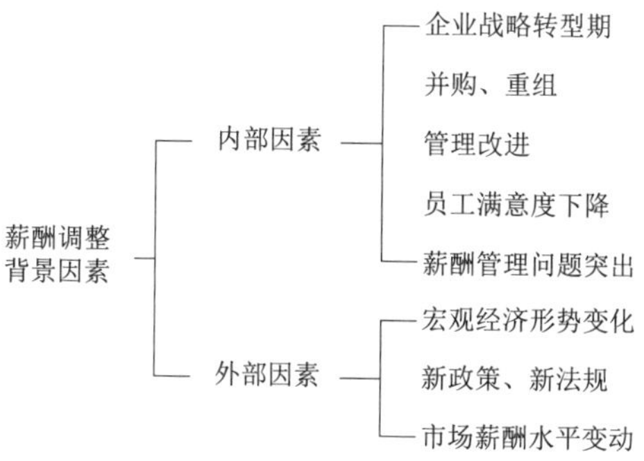

图 2-2　薪酬调整背景因素

1. 企业战略转型期

薪酬管理工作是为企业战略发展服务的。当企业出现重大战略转型时，往往要改进管理方法，其中包括改进薪酬管理方法工作。例如，我们在第 1 章案例中提到的，百度公司在上市前后的薪酬政策发生了一些变化，确定薪酬标准、实施股票和期权计划的政策在上市前后是不同的。

2. 并购、重组

薪酬体系设计和调整工作也常常发生于企业并购、重组期间。因为新企业或业务的加入，不仅带来了新的资源和渠道，还涉及管理方法的融合。即使是一家企业吞并了另一家企业，为了确保新组建企业的运营效果，企业也会对薪酬体系进行调整。例如，联想收购 IBM 的 PC 业务后，考虑到 IBM 的市场地位和企业文化，其薪酬体系并未照搬联想的方法，而是以 IBM 薪酬体系为主，吸纳了联想原有的薪酬文化和管理方法后重新设计的，并取得了成功。

3. 管理改进

企业为了提高运营效率，会不断地改进管理方法。例如，企业开始实施 ERP 管理或重新设计组织机构等管理模式出现变化时，薪酬管理方法也会跟进变化，相应调整。

4. 员工满意度下降

影响员工满意度的因素有很多，薪酬只是其中之一。薪酬激励效果会随着时间逐渐降低，所以薪酬最容易成为影响员工满意度因素。这种不满会通过员工投诉率的上升、工作效率的下降、违反工作纪律的情况频繁出现等反映出来。管理者在考虑薪酬对员工满意度的影响时，会结合企业实际情况进行分析，再决定是否调整薪酬体系。

5. 薪酬管理问题突出

除了以上提到的因素，原有薪酬体系在执行时遇到过多的问题也会促进管理者调整薪酬体系。例如，原有的薪酬体系存在管理盲区，有些薪酬要素没有考虑到，原有的激励方式管理效率低下等情况出现时，企业会希望通过调整薪酬体系提高薪酬管理的效率或规范性等。

6. 宏观经济形势变化

宏观经济形势对企业的影响很大。当宏观经济形势直接影响了企业的收益时，管理者通常会重新思考分配规则。同时宏观经济形势会对劳动力市场产生影响，也会影响企业的薪酬政策。例如，2008 年国家 CPI（消费者物价指数）持续增高，整体经济发展良好，劳动力市场也非常活跃，很多企业都面临着招人难和留人难的问题。所以很多企业也在 2007 年、2008 年间调整了薪酬体系，以确保企业劳动力供需的平衡。

7. 新政策、新法规

新政策、新法规对企业薪酬影响更为直接。2008 年，国家颁布了《劳动合同法》，2013 年又增加了部分条款。这两次调整，都需要企业在薪酬管理方法上予以调整，以避免企业的劳动用工风险。

8. 市场薪酬水平变动

与宏观经济形势对企业的影响相似，市场薪酬水平的变动也会给企业的劳动力使用带来压力，企业常常跟进调整薪酬体系。

企业薪酬体系调整大部分是因为外界因素的影响。在薪酬体系调整前期，人力资源部的角色是做好分析，及时将信息提供给管理者。因为真正能够推动企业发起薪酬体系变革的，往往是企业的最高管理者，所以开始一项薪酬体系设计前，一定要确保薪酬体系有调整的必要性，并要取得企业最高管理者的支持。

2.2　组建薪酬体系设计工作团队

薪酬体系设计工作通常以项目团队的方式进行。薪酬体系的设计和实施，既需要人力资源专业知识，又需要一定的权力推动。特别是在实施阶段，行政指令的作用更不容忽视。

2.2.1　薪酬设计阶段

图 2-3 所示为某企业薪酬设计项目的工作流程图。流程图中，该团队工作分为 6 个阶段：项目立项、确定项目计划和目标、确定薪酬方案、职位分析和岗位价值评估、薪酬方案测算和薪酬体系推广。

2.2.2　薪酬设计各阶段的组织职能

薪酬设计工作中，主要存在四个参与者：总经理、薪酬项目团队、各部门负责人和全体员工。四个对象在工作中的职能分工如表 2-1 所示。

在薪酬设计的各个阶段，不同对象发挥着不同的作用。

薪酬项目应该由企业的最高领导者提出。薪酬设计工作应该是一个自上而下的过程。总经理启动项目，并不具体负责项目的执行。总经理会指定一名副总经理或人事总监具体负责薪酬项目。这样做的好处是，总经理可以与项目团队保持密切的沟通；项目执行负责人——副总经理或人事总监，可以随时向总经理汇报项目的进展。这样，总经理既可以随时掌握薪酬项目的进展，又不必陷入薪酬团队的日常琐事中。

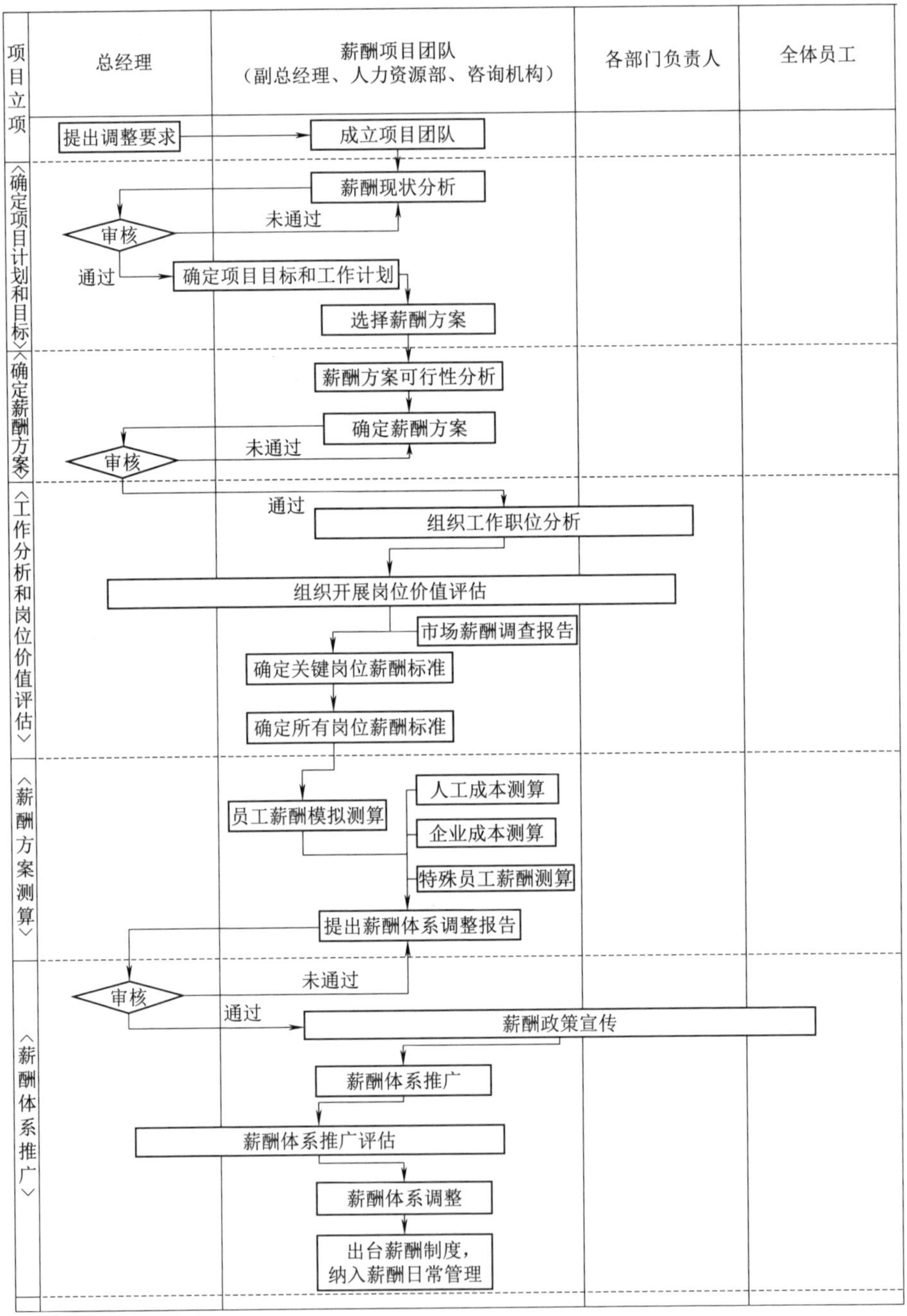

项目立项	总经理	薪酬项目团队（副总经理、人力资源部、咨询机构）	各部门负责人	全体员工
项目立项	提出调整要求	成立项目团队		
〈确定项目计划和目标〉	审核（未通过→薪酬现状分析；通过→确定项目目标和工作计划）	薪酬现状分析 确定项目目标和工作计划 选择薪酬方案		
〈确定薪酬方案〉	审核（未通过→确定薪酬方案；通过→组织工作职位分析）	薪酬方案可行性分析 确定薪酬方案		
〈工作分析和岗位价值评估〉	组织开展岗位价值评估	组织工作职位分析 组织开展岗位价值评估 确定关键岗位薪酬标准 确定所有岗位薪酬标准	组织工作职位分析 市场薪酬调查报告	
〈薪酬方案测算〉		员工薪酬模拟测算 人工成本测算 企业成本测算 特殊员工薪酬测算 提出薪酬体系调整报告		
〈薪酬体系推广〉	审核（未通过→提出薪酬体系调整报告；通过→薪酬政策宣传） 薪酬体系推广评估	薪酬政策宣传 薪酬体系推广 薪酬体系推广评估 薪酬体系调整 出台薪酬制度，纳入薪酬日常管理	薪酬政策宣传	薪酬政策宣传

图 2-3　某企业薪酬设计项目工作流程图

表 2-1　薪酬设计各阶段员工职能及分工

阶　段	总经理	薪酬项目团队	各部门负责人	全体员工
项目立项	角色：发起者 职能：主持项目立项，选择团队成员	角色：项目执行者 职能：参与项目立项、明确工作分工	—	—
确定项目计划和目标	角色：决策者 职能：审核项目计划和目标	角色：项目计划与目标的拟定者 职能：分析薪酬现状，发现问题，提出建议	—	—
确定薪酬方案	角色：决策者 职能：审核薪酬方案	角色：项目执行者 职能：根据薪酬现存问题和项目目标要求，提出薪酬方案建议	—	—
工作分析和岗位价值评估	角色：参与者 职能：参与岗位价值评估	角色：项目执行者 职能：与各部门协同完成岗位分析；根据专业要求，完成岗位价值评估的组织和分析	角色：参与者 职能：与项目团队合作完成工作分析；参与岗位价值评估	—
薪酬方案的测算	—	角色：执行者和决策者 职能：根据薪酬方案与初步确定的员工薪酬标准，按人员现状纳入新的薪酬体系，比较分析体系实施前后的变化	—	—
薪酬体系的推广	角色：决策者 职能：审核薪酬方案，评估薪酬体系推广效果，提出意见	角色：执行者和推动者 职能：按照薪酬方案，做好培训，组织员工纳入新体系	角色：接受者 职能：纳入新薪酬体系，提出意见或建议	角色：接受者 职能：纳入新薪酬体系，提出意见或建议

在项目立项阶段，总经理是发起者。在确定项目计划和目标、确定薪酬方案的阶段，以及薪酬体系的推广阶段，总经理是最高决策者。总经理审核项目团队提出的项目计划和目标、审核薪酬方案并提出改进的要求，审核最终的项目完成情况。

薪酬体系设计主要工作都是由薪酬项目工作团队完成的。项目团队自始至终跟进项目运行，解决项目中的技术问题，提出并修订薪酬方案，进行薪酬测算，负责项目推广等工作。

各部门负责人在项目中的作用是向项目团队提供员工岗位分析及岗位价值评估的相关资料。普通员工主要是接受项目实施的结果，并提出问题和建议。

2.2.3 薪酬设计工作团队的组织结构

项目团队的组成比较复杂。如图 2-4 所示，一般来说，项目团队应该包括两个层级，一级是薪酬项目领导小组。另一级是薪酬项目执行小组。

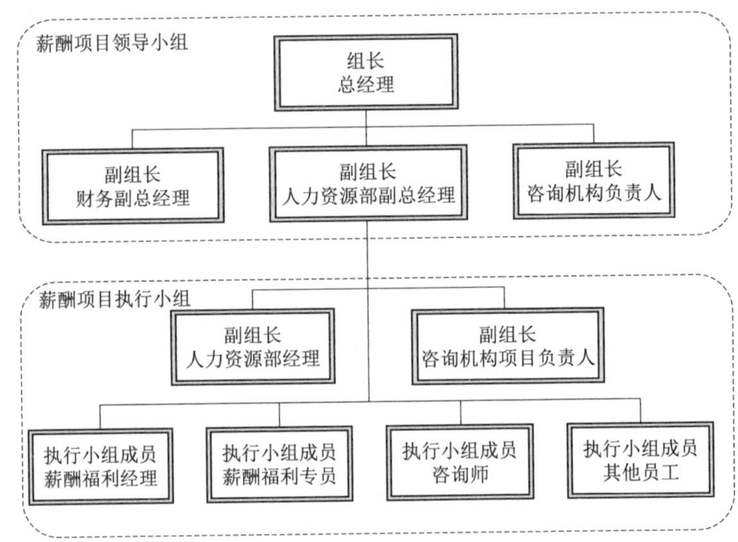

图 2-4　薪酬项目团队结构图

薪酬项目领导小组应由总经理担任组长、分管人力资源和财务工作的副总经理担任副组长。如果项目聘请了外部咨询机构，那么外部咨询机构的负责人应该成为薪酬项目领导小组的副组长或顾问。领导小组的主要工作职责是确保项目顺利开展，并在必要时审议项目成果，提供必要的行政支持。

薪酬项目执行小组组长应该由分管人力资源工作的副总经理担任，人力资源部经理担任副组长，外部咨询机构的项目负责人也应该成为执行小组的副组长。执行小组的成员应该包括企业薪酬福利经理、薪酬福利专员、咨询顾问以及企业认为可以对薪酬项目提供帮助的其他企业成员。执行小组的主要工作职责是确保领导小组的决议落实，具体负责项目实施期间的设计、资料收集、测算、推广、制度编写等工作。

在一些规模较大，组织层级较多的企业，薪酬项目在推广实施期还会成立薪酬项目的推广实施小组。在推广实施小组中，会把本级企业部门经理和下属分/子企业的负责人、人力资源部经理和具体负责薪酬的员工纳入推广实施小组中，以确保他们尽早接触到新的薪酬体系，并为接下来的推广和实施阶段做好准备。

2.3 薪酬现状分析

薪酬现状分析也被称为薪酬诊断，就是通过调查或数据分析，对现有薪酬体系进行评价，发现薪酬体系设计或薪酬管理中的问题，提出相应的改进意见。薪酬诊断是对薪酬体系完整过程的评价，专业性较强。

2.3.1 诊断内容

薪酬体系诊断一般从以下五个方面入手：薪酬策略、薪酬水平、薪酬制度、薪酬实施和薪酬相关其他问题。

1. 薪酬策略

薪酬策略应该符合企业战略发展需要。薪酬策略诊断应当遵循以下原则。

（1）薪酬策略是否与企业发展战略保持一致。

在企业发展的不同时期，薪酬所起到的作用是不同的，企业对薪酬体系的要求也不同。薪酬策略与企业发展战略应保持一致。

企业初创期，薪酬灵活性非常重要，总经理和各级管理者，应具有一定的薪酬决策权，以避免因薪酬制度过于教条而扼杀绩优员工的工作积极性。

在企业成长期，薪酬体系应该倾向于鼓励员工工作成果，而不是体现员工岗位的重要性或工作过程的努力程度。决定员工薪酬水平的主要因素应该是绩效薪酬或奖金，而不应是员工的基本薪酬。

在企业成熟期，薪酬体系应该确保企业薪酬的市场竞争力，并对核心人才采取有针对性的措施，以保持其稳定。其间，薪酬体系应该具有一定的针对性，对接近市场的岗位或对企业重要的管理人员、专业技术人员有单独的激励政策。

在企业衰退期，薪酬体系应注意与企业整体成本的衔接，还要确保留住核心人才。此时的薪酬应该注重薪酬总额管理与对核心人才个性化激励政策相衔接。

（2）薪酬策略是否与人力资源管理整体要求一致。

薪酬管理是人力资源管理的一部分。薪酬管理中的很多要素也需要人力资源管理其他模块的支持。薪酬管理也应该能够支持人力资源管理其他模块。例如，员工考核制度中，规定对员工的工作要求和考核标准，员工完成工作，就应在薪酬管理环节设计一定的激励措施。如果缺少激励，或激励不足，很容易让员工考核流于形式。对员工职业生涯的支持也是一样，企业鼓励员工成长，当员工成长后，也应该有相应的激励措施。薪酬策略与人力资源整体要求的衔接上，要注意是否有衔接措施；衔接措施是否符合人力资源管理要求；激励力度是否到位三个环节。

（3）薪酬策略是否与企业文化要求一致。

薪酬策略应该与企业文化保持一致，这体现了企业管理的一致性。也就是说，管理者做的和说的要一致。例如，一个提倡团队合作的企业文化，奖金分配就不应该只考虑个人业绩，而应关注团队业绩；提倡绩效导向企业文化的企业中，管理者就不应该过分强调员工的岗位级别，而应该针对员工所取得的绩效，制定薪酬激励方法。

2. 薪酬水平

薪酬水平是企业和员工最关心的环节，其诊断要注意以下要点。

（1）薪酬水平是否确保薪酬的市场竞争力。

薪酬水平市场竞争力是通过员工与市场同岗位薪酬水平比较而来的。薪酬水平的市场竞争力并不是说员工薪酬水平一定要高于市场水平。分析员工薪酬水平的市场竞争力要结合企业发展时期、企业发展策略和企业人才政策等因素。

例如，以成本优势作为竞争优势的劳动密集型企业，员工薪酬的市场竞争力就不是高于市场平均水平，而是维持在市场平均水平或略低于市场平均水平。衰退期的企业，员工薪酬的市场竞争力也应是确保部分核心员工薪酬竞争力，而不是全体员工的薪酬竞争力。

（2）薪酬水平是否体现了内部公平性。

内部公平性是一种员工感受。员工会把自己获得的报酬与投入进行比较，如果所获得报酬与投入的比低于其他员工，员工的不公平感就会产生。但如何衡量所获得的报酬和员工的投入，每个员工的标准是不同的。

解决不公平感的做法是，企业帮助员工建立投入与报酬标准，并依据投入标准确定员工的薪酬。通常企业将员工岗位价值作为衡量员工投入的一个标准，通过岗位价值评估，建立统一的投入标准。企业在岗位价值评估的基础上确定薪酬，就是为每一个投入标准建立一个报酬标准。这样，员工不必与其他人比较，只要参考自己工作完成的好坏，来判断自己所应获得的薪酬水平即可。

（3）薪酬水平是否与企业成本相适应。

薪酬管理要考虑其经济性。评价薪酬经济性，通常用人工成本指标来衡量。例如，企业利润增长幅度在行业内处于中游，而工资总额占利润的比例却高于行业平均水平，则有可能是企业薪酬总额支出过高。

3. 薪酬制度

薪酬制度的诊断如下。

（1）薪酬结构的合理性。

薪酬结构的合理性主要体现在员工薪酬构成上。员工薪酬构成中都有哪些要素，以及每一要素设计的目的和作用是否得到了体现。例如，同样的工龄工资，在采用绩效导向的企业中，可能就是一个多余项目，而在工作绩效与员工工作时间相关的医生和律师行业，保留工龄工资代表了对员工工作经验的肯定。

（2）薪酬标准的合理性。

薪酬标准的合理性包括：薪酬等级的数目和级差是否合理、不同岗位间的薪酬差距是否合理、同一岗位在不同分/子企业的薪酬差距是否合理、管理者与员工的薪酬比例是否合理等。

（3）薪酬管理权限的合理性。

薪酬是激励工具。薪酬管理权限下放到各级管理者手中，才能使薪酬的激励作用发挥更好。薪酬管理权限分配是否合理，可以从薪酬管理是否按级别授权、薪酬管理授权是否与绩效考核授权相一致、各级管理者是否知道自己对下属员工薪酬影响大小等几个方面来判断。

（4）薪酬制度的全面性。

薪酬制度的全面性包括：薪酬制度是否涵盖了薪酬管理的要素、是否存在员工在薪酬制度规定以外取酬的情况等。

4. 薪酬实施

薪酬实施是企业薪酬管理具体的措施和实施效果。薪酬实施应该关注以下重点内容。

（1）薪酬实施是否符合薪酬制度要求。

薪酬实施是否符合薪酬制度要求，具体表现在：薪酬实际操作中是否存在违反薪酬制度的情况、薪酬实施过程文件是否符合规定的程序、员工薪酬是否存在超标准或低于标准的情况等。

（2）薪酬管理流程。

薪酬管理流程可以反映企业的薪酬管理水平。一个制度上写着每月 25 日发工资，却从来没有在 25 日发过工资的企业，薪酬管理流程肯定存在问题。同样，企业在执行薪酬管理流程上总是出错或发生问题，问题往往在流程设计环节。

（3）薪酬管理监督。

薪酬管理需要监督。企业应该建立定期检查各级员工薪酬执行情况的体制，有条件的企业，应该将薪酬管理的监督纳入信息化管理中。

5. 薪酬相关其他问题

薪酬诊断报告中还应该体现一些其他的问题。比如，员工们重点反映的薪酬问题、薪酬激励的效果，以及薪酬支付是否合理和因薪酬引起的员工流失情况等。

2.3.2 诊断流程

诊断流程就是落实需要诊断的主要内容，完成诊断报告的过程。在薪酬诊断阶段，企业通常会借助外力来完成。外部咨询机构能够站在更加客观的角度来审视企业薪酬问题，而不会受管理思维定式和企业管理者的压力影响。其能够出具更加客观、专业的诊断报告。

如图 2-5 所示，完整的薪酬诊断流程包括诊断问卷和问题的设计，进行调查时当面访谈的沟通技巧，以及最终形成薪酬诊断报告并提出改进建议这三个阶段。由于薪酬诊断是对薪酬管理的全面梳理，所以这三个阶段要求参与调查人员对薪酬管理专业知识和技术非常熟悉，并且能够站在企业管理者角度来审视薪酬管理在企业整体管理中的作用。

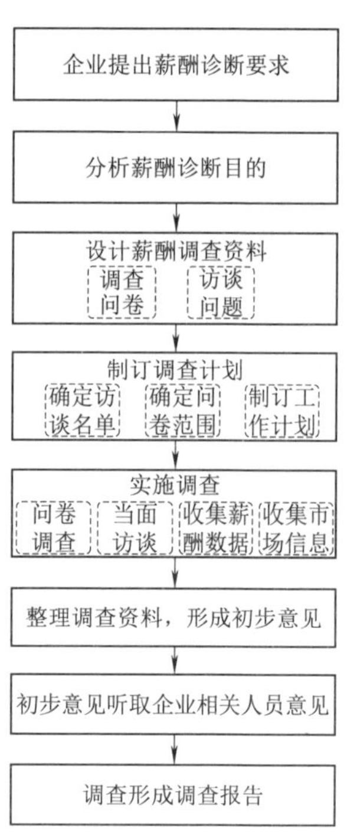

图 2-5　某咨询公司企业薪酬诊断流程

2.3.3　薪酬诊断报告

薪酬体系诊断的结果是一份薪酬体系诊断报告。报告中应该包括薪酬体系诊断的目的、诊断过程和资料、诊断结果和改进建议四个部分。图 2-6 所示为某企业薪酬体系诊断报告的结构，可供借鉴。

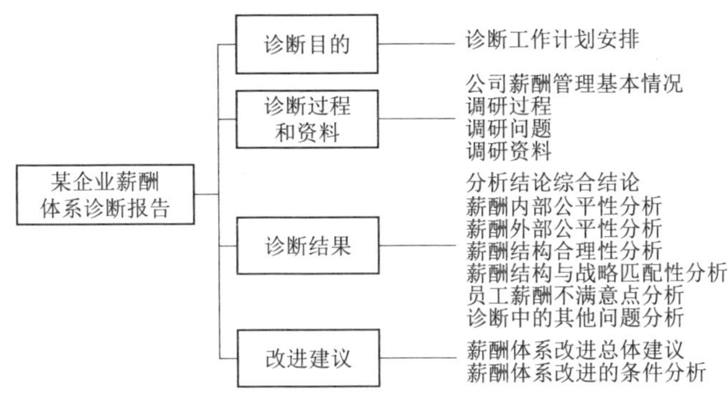

图 2-6　某企业薪酬体系诊断报告结构

2.4　确定薪酬设计目标和工作计划

企业在对薪酬现状分析后，会启动薪酬设计项目。如果我们把薪酬现状分析看作提出问题，那么薪酬设计目标就是提出一个薪酬体系调整后可能达成的目的。

2.4.1　选择薪酬策略

描绘薪酬体系调整后的状况时，首先要关注的是薪酬策略。薪酬策略不同于具体的薪酬核算方法，它是对企业发展战略的支持，是战略的一部分。薪酬策略既要反映组织的战略需要，又要满足员工期望。薪酬策略应当向员工公开，并写入战略规划。

如图 2-7 所示，薪酬策略选择应从以下几个方面入手：薪酬总额策略、薪酬水平策略、薪酬结构策略和薪酬激励策略。

1. 薪酬总额策略

薪酬总额策略有以下三种形式。

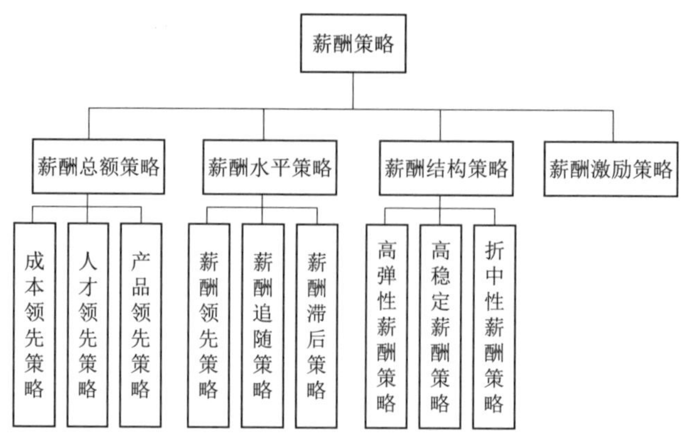

图 2-7 薪酬策略分类

（1）成本领先策略。每年年初，企业制定人工成本预算，按照财务预算的利润或收入情况，确定员工工资总额。如果年底企业完成的利润或收入超过年初的预算，企业可以在超额利润或收入中，拿出一部分激励员工。如果年底利润或收入预算没有完成，企业则要扣除员工部分薪酬，以保持薪酬总额和企业效益在一个正常的变动范围之内。这样做的好处是薪酬总额容易控制；缺点是对优秀人才的激励有限。

（2）人才领先策略。薪酬总额只与市场薪酬水平联系，与企业效益没有直接关系。实施这类薪酬的企业，要么人才是稀缺资源，如研究机构；要么人才价值完全受市场影响，如美国金融业。总之，人才对企业发展影响较大，人才流动水平与薪酬水平反向变化。企业的薪酬策略就是要确保薪酬的竞争力，以吸纳人才。这样做的好处是薪酬具有市场竞争力，可以广纳人才；缺点是薪酬成本过高、薪酬运营效率很低。

（3）产品领先策略。薪酬总额被视为运营成本的一部分，像广告费、销售费用一样，如果能够提高产品的市场占有率，企业就可以调整员工薪酬总额，而不必受利润和市场价位的影响。这样做的好处是激励方式灵活，目的直接，效果明显；缺点是激励决策失误的成本较高。

2. 薪酬水平策略

薪酬水平策略有以下三种形式。

（1）薪酬领先策略，即企业的薪酬水平与同行业、同地区相比处于领先地位。薪酬领先可以吸引到更多的人才。但管理者应该清楚，吸引优秀人才并不意味着企业就可以获得超过其他企业的利润水平。薪酬领先下，企业还要确保利润率高于其他企业才有可能扩大自己的竞争能力。

（2）薪酬追随策略，即企业的薪酬水平与同行业、同地区相比处于中游水平。这类企业，薪酬并不具有竞争力，但这并不代表企业不好。这类企业采取的是跟随战术，企业虽然不是行业里最好的，但经营风险小、收益稳定，用工成本低。当行业出现大的波动时，此类企业也是受影响较小的群体。

（3）薪酬滞后策略，即企业的薪酬水平低于同行业、同地区中游水平。这意味着企业在吸引人才上，没有什么优势。通常处于衰退期的企业、劳动力严重供大于求的企业、实行员工终身制存在转行门槛的企业，都会出现这样的薪酬水平策略。

3. 薪酬结构策略

薪酬每一个要素的激励作用是不同的。固定薪酬与岗位和工作有关，与工作效果无关。固定薪酬比例较高的企业中，员工只要获得了这份工作，便可以获得稳定的收入。固定薪酬在薪酬中所占比例越高，员工工作的稳定性也就越高，但员工的工作积极性也就会下降。绩效薪酬与工作绩效有关，员工取得绩效，便可以获得较高的薪酬。这有利于企业对员工的激励。但企业和员工绩效一旦出现波动，员工的收入也会发生变化。这很容易造成员工的不稳定感，增加员工流失率。如果既能够通过固定薪酬稳定员工，又可以通过绩效薪酬激励员工，当然是最好的。但企业很难准确了解到，在员工心中固定薪酬与绩效薪酬所占的比例应该是多少。所以这种理想状态是难以实现的。以下是三种薪酬结构策略的比较，见表 2-2。

表 2-2　三种薪酬结构策略比较

比较	高弹性薪酬策略	高稳定薪酬策略	折中性薪酬策略
特点	绩效薪酬为薪酬主要部分，固定薪酬在薪酬中占比很低	固定薪酬为薪酬主要部分，绩效薪酬在薪酬中占比很低	固定薪酬和绩效薪酬在薪酬中所占比例相当
优点	激励性强，员工薪酬水平取决于绩效	安全性强，员工薪酬水平取决于岗位	既能确保员工的基本收入，又可以给予员工一定的激励
缺点	员工收入波动大，不稳定感强	业绩对薪酬影响小，员工缺乏激励	操作难度大，很容易出现前两种薪酬模式的问题

4. 薪酬激励策略

制定薪酬激励策略的重点是管理者要了解薪酬激励的重点是哪些人群。企业激励政策应该对所有的员工都有激励作用。员工所需要的激励具有个性化特点，企业不可能满足所有员工的激励需要。

人力资源管理模式中，通常对核心员工有单独的管理规定。企业对核心员工的薪酬管理，也应该采用个性化的方式。

2.4.2 薪酬设计工作目标

企业一旦选择好薪酬策略，就可以制定薪酬设计目标。薪酬设计工作目标就是要确定薪酬体系的调整将完成到哪一种程度。更为重要的是，薪酬体系工作是一项一把手工程。企业管理者和员工会非常关注薪酬体系工作。设定好工作目标，可以在企业管理者、员工、薪酬体系的设计者之间形成共识，以避免因各方理解不一，对薪酬体系实现的作用产生误解。

图 2-8 所示为某企业在调整薪酬体系时，所订立的薪酬设计工作目标。其薪酬体系设计内容包括五个部分：简化薪酬结构、体现市场竞争性、体现内部公平性、体现薪酬激励性、满足薪酬可支付性。

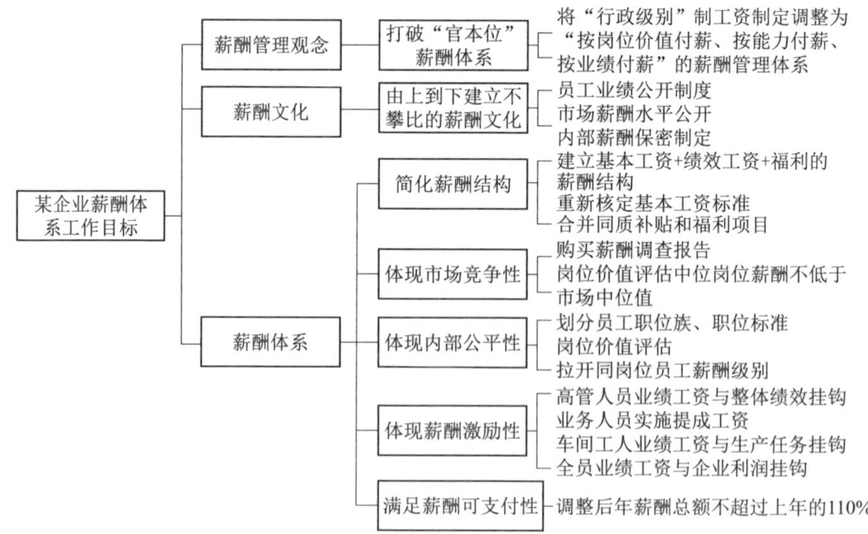

图 2-8　某企业薪酬设计工作目标

简化薪酬结构就是明确薪酬设计所要选取的薪酬管理方法和模式。本例中的薪酬结构简化为基本工资、绩效工资和福利三部分。这就需要对之前的薪酬体系进行较大的调整；体现市场竞争性的主要方式是参照市场薪酬水平。根据员工岗位价值评估结果，按照员工岗位分级情况，确定评估结果在平均值附近的员工可以得到市场中位值左右的水平。其目的是确保大部分员工工资水平达到市场平均值水平，优秀员工可以达到市场高位值水平，确保员工薪酬的市场竞争性；体现内部公平性常用的方法是建立内部岗位间的差距。企业不只进行内部岗位价值评估，而且重新划分岗位族和岗位类别，划分同一岗位不同级别的薪酬等级和标准，使员工薪酬与员工个人职业成长联系到一起；体现薪酬的激励性，就是使薪酬起到鼓励员工努力工作的效果。将员工绩效与业绩、工作量和企业利润相联系，是一般企业通行的做法；满足薪酬的可支付性，指薪酬体系设计的结果要在企业可承受的范围之内。图 2-8 中的薪酬设计目标是，薪酬体系调整后，年薪酬水平的增长不超过 10% 。这是一个硬指标，超过这一水平，则意味着在薪酬体系设计工作为企业增加了额外的成本。

2.4.3　薪酬设计工作计划

制定好薪酬设计目标，并不能确保薪酬设计工作顺利实施，所以企业还要做好薪酬设计工作计划。下面我们来看一个薪酬设计工作计划的例子，见表 2-3。

表 2-3　某企业薪酬设计工作计划

项　目	目　标	工作内容和步骤	责任人	起止时间	所需支持
岗位工作访谈	完成工程部所有岗位说明书	访谈工程部员工（6 人）、访谈工程总监、编制岗位说明书、与工程部经理协商修改	张三	4 月 10 日至 4 月 15 日	工程总监和工程部员工配合
薪酬调查报告	完成薪酬调查报告	向企业提出薪酬调查要求、与企业核对关键岗位职责、与企业核对被调查单位目录、核对薪酬调查报告	李四	4 月 1 日至 4 月 30 日	咨询机构
薪酬试算	完成第一次薪酬试算	将所有员工个人信息带入薪酬试算表、查找特殊薪酬点、查找原因，做出说明、提交领导审议	王五	5 月 20 日至 5 月 22 日	无

制订薪酬设计工作计划需要注意以下几点。

1. 明确每一步骤和具体目标

薪酬设计工作计划应该尽可能详细。工作计划最好能落实到每一个项目的具体步骤。薪酬设计有其特有的流程，流程中每一步是一个工作节点，每一个工作节点都由许多具体工作组成。工作计划应该细分到每一项具体的工作上。工作计划不但要描述清楚具体的工作，还要将具体工作所要实现的目标和评价要求明确下来。这样才能确保每一项工作、每一个步骤都落到实处。

2. 工作落实到人

薪酬设计工作是由人来完成的。薪酬设计每一步工作都要落实到具体的人。将责任落实到人，也应当将适当的权限授予个人。否则，责任落实就是一句空话。

3. 起止时间清晰

薪酬设计工作计划应该对每项工作的起止时间有规定。制订工作计划通常采用倒推的方式：首先要知道工作完成的最终时间，再返回上一步骤的终止时间，依此类推。时间计划的难点在于工作起始时间而不是终止时间。一旦起始时间延后，终止时间就会向后延迟，而最终可能会影响到整体工作的进度。

4. 预估每项工作的外部条件

薪酬设计工作计划中，较好控制的是薪酬设计实施者自己的工作状态和工作时间；较难控制的是薪酬设计中与工作有关的外部条件和时间。例如，在岗位分析阶段，薪酬设计实施者要与有关部门的员工进行工作访谈。如果相关部门员工不能按时配合，或配合效果未达到预期，就有可能会影响到整体工作的质量或进度。这一点在计划中也应提前注意到，并予以重视。

2.5 薪酬设计实施前的其他准备

前面提到了薪酬设计的前期准备工作，包括：薪酬体系设计的提出、组建薪酬体系设计工作团队、薪酬现状分析和确定薪酬设计目标和工作计划四个要素。这四项工作准备完成后，就可以开始实施薪酬设计工作。但要想做好薪酬设计工作，还应该注意提前做好其他的准备工作。

2.5.1 薪酬设计引起的成本变化预期

企业应该提前预计薪酬体系设计会引起的人工成本的变化，并评估自己的支付能力。正常的程序是，管理者提出薪酬体系调整要求，设计者分析薪酬体系调整后可能造成的增资因素，并提出薪酬体系调整引起人工成本上升额度的预算，管理者与设计者双方就上升额度的上限达成一致，设计者按照人工成本上升额度的上限提出薪酬体系调整的建议。

2.5.2 薪酬设计启动前的宣传

调整薪酬体系会涉及员工利益，所以应该让员工知情。企业实施薪酬体系工作，要涉及企业的方方面面，员工不可能不知道这一消息，如果企业刻意隐瞒，只能引起员工不必要的猜疑。为了避免员工间以讹传讹，建立管理者官方信息渠道，在企业薪酬设计正式启动前，最好能够让员工了解管理者的想法。

好的做法是在薪酬体系工作启动前，由薪酬体系实施者或外部专家，向员工做一个详细的薪酬体系培训。培训的重点在于：企业当前所面临的问题、薪酬体系重新设计的必要性和紧迫性、新的薪酬体系强调激励的重点、管理者和员工在薪酬体系设计中应该给予的配合等。有些企业会利用内部信息渠道，如办公网、内刊等进行宣传和解释，这样也可以起到相似的效果。

2.6 【HR 必知】激励的边际效用递减规律

李总是某集团的董事长，2020 年遇到了一些烦心事。集团下面有 5 个子企业，其中一个企业在西部地区，市场不够成熟，运营环境也比较差。李总想让与自己一起创业、现任最大子企业总经理的王总负责这个企业，并承诺王总的年薪在现在基础上上调 30% 。王总明确表示不愿意接手这个烂摊子。王总是集团的创始人之一，当初刚刚开始创业，和李总一起白手起家。从企业赚到第一个 100 万元，到现在上百亿元的资产，里面也凝聚着王总的汗水。在以前，更艰苦的条件都一起走过来了。现在条件好了，王总还拥有集团的股份，王总的工作热情却没有了。李总不知道问题出在了哪里。

经济学有“边际效用递减规律”，它指人们手中拥有的某种商品越多，其边际效用就越低。在人力资源管理中，也存在边际激励效用递减规律。激励的边际效用递减指每增加一单位某种激励量而引起的激励效用的增加量，会随着这种激励的增加，逐渐减小。也就是说，企业采用某种激励措施越频繁，激励量越大，对员工的激励作用会越小，即增加相同单位的激励量，得到的效果会不如先前。

李总所面临的就是这个问题。在创业初期，赚得第一个 1 万元，到第 100 个 1 万元，其激励效果是不一样的。用 1 万元奖励一位年薪只有 5 万元的员工和奖励一位年薪有 100 万元的员工时，所起到的激励作用是不同的。激励的边际效用逐渐下降情况如图 2-9 所示。当员工收入为 *A* 和 *B* 时，同样激励的边际效用就是激励曲线过 *A*、*B* 两点的切线 *a* 和 *b*。*b* 的斜率小于 *a*，即说明了激励的边际效用随年薪的提高而下降。

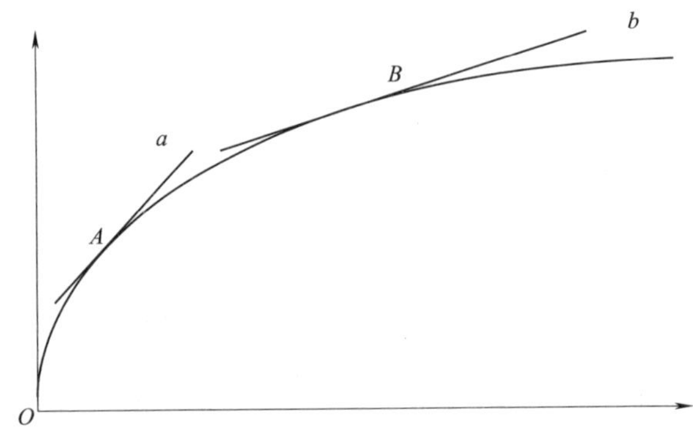

图 2-9　边际效用递减曲线

按照马斯洛的需要层次理论，人的需要有五个层次：生理需要、安全需要、社会需要、尊重需要和自我实现的需要。这五个层次逐渐提高。当一种需要满足后，另一种更高的需要便会占据主导地位。所以，对员工的激励措施要根据员工的具体情况予以安排。对低收入的员工，加薪和发奖金的边际激励效用最大；对高收入的员工，则需要在职务晋升、企业和社会荣誉、鼓励创新等方面给予更大的激励。

在激励内容的设计上，要多样化，既要有薪酬激励，也要有福利、津贴的激励，还要有各项荣誉和发展机会的激励。

2.7　【疑难问题解答】

问题 1　上半年薪酬体系调整过一次，下半年换了老板，还想调整，是否可行

企业薪酬体系的调整不能太随意。半年一调整还是过于频繁了。薪酬政策的频繁调整，会给员工以公司政策不严谨、朝令夕改的印象，从而丧失管理的权威性。如前所述，虽然企业负责人调整是一个薪酬调整的好时机，但管理者也要充

分考虑到员工的接受度，确保薪酬调整的效果。

那么，即使以前薪酬有不合理的情况，也不应该再调整了吗？也不能这么绝对地看问题。如果原有的薪酬体系有很重大的问题或缺陷，进行调整也是可以的。掌握这个尺度的关键在于员工们对上一次薪酬调整的满意度。如果大多数员工不满意，借此时机再次调整也是可行的。

如果上半年的薪酬政策没有出现大的问题，而新任老板就是想调整薪酬，该如何处理呢？比较稳妥的做法是做一些小范围的调整或从某一职能部门进行调整，修补而不是推翻。例如，新老板关注销售工作，那么就可以研究以销售部门为试点，采用新的薪酬管理方案。这种修补的方法既可以体现新老板的管理要求，也可以避免频繁政策调整引起的员工不满。

问题 2　请咨询公司做薪酬体系设计有什么优势和弊端

请咨询公司设计企业薪酬体系也就是俗称的“借助外脑”。当前，越来越多的企业借助外脑从事企业的管理系统设计。这主要因为：一是外脑可以站在第三方的立场上考虑薪酬体系调整和设计的问题，相对公平、公正，也不易受企业管理者的片面认识左右，更容易令各方接受。二是外脑一般掌握更加先进的管理理念、方法。借助外脑也就是在学习不同企业的好方法，这样也可以提高企业薪酬管理水平。

借助外脑也有其弊端。首先，企业与外脑是合作的关系，外脑要考虑到成本、收益的问题。咨询项目开展遇到较大困难时，外脑通常的思路是如何绕开困难，而不是花精力解决困难。这样做，虽然咨询项目能够开展，但实际问题并没有得到解决。其次，外脑虽然能够站在更高、更客观的角度审视企业的管理问题，但由于介入时间受咨询项目时间的限制，也往往不能从企业文化、历史沿革等方面深入地了解企业的情况，给人以蜻蜓点水的感觉，容易使薪酬体系调整和设计工作浮于表面。最后，外脑解决问题通常依据管理科学或管理技术，而忽视企业运营中管理艺术性因素。所以外脑所提出的管理方法也会存在水土不服的情况。

结合以上的优缺点，企业在借助外脑时要注意以下几点。

全程介入外脑的薪酬体系设计。企业应全程派专人介入外脑的薪酬设计环节，比如，管理访谈、体系设计、薪酬试算和推广环节等。这样既了解并掌握了先进的薪酬管理理念和方法，也能够随时帮助外脑更加翔实地了解企业的实际情况。

企业要做好推广阶段的角色转换。虽然企业与外脑存在甲方、乙方的关系，企业有理由向外脑提出高要求，但企业是薪酬体系使用的主体，所以也不能一味地要求外脑多做工作，应该在合适的时机成为项目的主导者。通常，在薪酬推广阶段，主导的主体就应该是企业，而外脑只负责相关的技术支持和具体问题解决方法的建议，也就是扮演顾问的角色。

企业管理者要随时关注薪酬体系设计的工作进展。管理者不只要关注外脑所提出的管理体系结果，还应当关注其设计过程。管理者在每一个决策点上，如现状分析、薪酬方案的选择、职位评估、薪酬试算、薪酬体系推广等环节，都应该听取工作团队的意见，并及时提出企业的要求。

2.8 【案例分析】某公司薪酬改革

某公司是一家机场运营商，是S市国资局下的国有企业。企业现行的薪酬制度存在多种工资制度和工资标准，如图2-10所示。

员工薪酬包括固定薪酬和浮动薪酬两部分。固定薪酬由岗位工资、工龄工资和津贴组成；浮动薪酬包括浮动工资、奖金（季度、半年）和年终效益奖金。

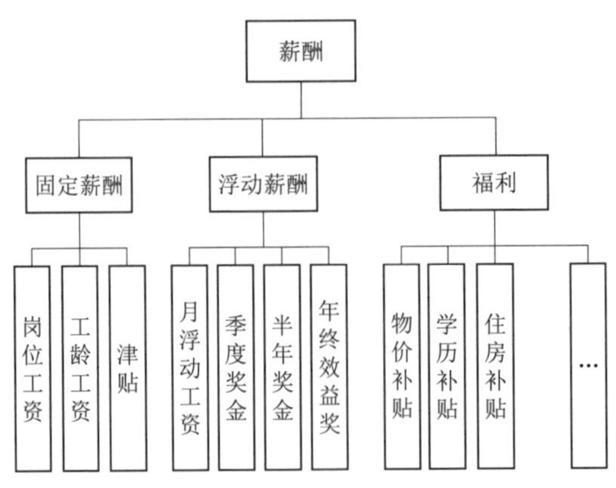

图2-10　某公司薪酬结构

其中，岗位工资根据员工实际工作岗位确定，一岗一薪；工龄工资根据员工实际工作年限确定；津贴补贴形式较多，有工龄津贴、物价补贴、职称津贴、学历津贴、噪声补贴、房屋补贴等近20项。项目虽多，但补贴整体金额仅占员工薪酬收入的15%。

浮动工资随员工月度出勤守纪情况确定。季度奖和半年奖根据季度/半年经营任务完成情况，根据员工岗位确定。年度效益奖金根据年终公司完成预算任务情况确定。

多年来，公司薪酬制度标准不一、项目繁多、体系执行复杂、薪酬缺乏市场竞争力、员工薪酬没有与个人业绩挂钩、岗位价值没有得到体现等问题一直困扰着管理者。2011 年年底，公司决定进行薪酬改革。总经理和党委书记讨论后，决定借助咨询公司来完成薪酬改革工作。

2012 年年初，总经理在公司工作年会的讲话中，提出了薪酬改革将作为当年重点工作予以推进。一年一度的年会培训上，总经理请咨询公司的高级咨询顾问李兵做了如何建立现代化薪酬制度的培训。

新年一过，总经理便主持召开了薪酬改革项目讨论会。中层以上领导全部参加了该会议，并一同参与薪酬改革的讨论工作。咨询公司的合伙人之一、高级咨询顾问李兵也一同参加了讨论会。

讨论会上，总经理首先发言："薪酬制度自 1998 年确立以来，十几年没有发生过改变。2012 年年会上，我提出要将薪酬改革工作作为全年的重点工作，也是迫于形势的压力。我们是机场服务公司，虽然在地区市场具有一定的垄断性，但所面临的形势也是不容乐观的。因为激励效果不理想，难以引进优秀人才，我们的管理效率一直不高，公司的资产规模几年来没有明显增长，利润率也逐年下降，而且员工老龄化的现象日益严重，人工成本负担逐年加大，这些都是要引起我们注意的。最近几年，周围城市的机场逐渐增多、高铁的建设也加剧了我们市场竞争的难度。不改革只有死路一条。所以启动这次的薪酬改革对于我们公司未来的发展还是非常重要的。但是否要启动这次改革，我还是想听一下各位干部的意见。"

主管人事工作的党委书记兼副总经理也发表了自己的看法："现在公司有大量内退和富余人员。除了正常经营，公司还要背负的人工负担也非常重。从其他城市的类似机场来看，都或早或晚实施了薪酬改革，一方面提高了对目前在职人员的激励力度；另一方面，通过激励也的确帮助了公司效益的提升，从而能够更好地解决很多历史问题。所以薪酬改革是有利于我们吸引优秀人才，加强对员工激励，从而帮助公司提高管理水平和经营效果的。我赞成薪酬改革。"

在总经理和党委书记发言后，各位参会人员纷纷表态，表示支持或理解公司这次的薪酬改革工作。

在得到大家的一致认可后，总经理请李兵就薪酬项目应该如何开展向大家做了说明。李兵强调了薪酬项目设计的四个环节：调研分析阶段、职位分析阶段、薪酬体系设计阶段和薪酬体系推广阶段。

其中，调研分析阶段包括调研诊断、调研数据统评、诊断报告编制、修订和发布五个阶段。

通过李兵的介绍，参会人员对薪酬体系的设计工作有了详细的了解。

会议最后，决定成立公司薪酬体系改革小组，如图 2-11 所示，薪酬体系改革小组组长由总经理担任，副组长由党委书记和李兵担任。

党委书记具体负责该项目的执行工作，薪酬体系设计小组的成员包括人力资源部经理、薪酬福利经理、薪酬福利专员、咨询公司的两名咨询师等。

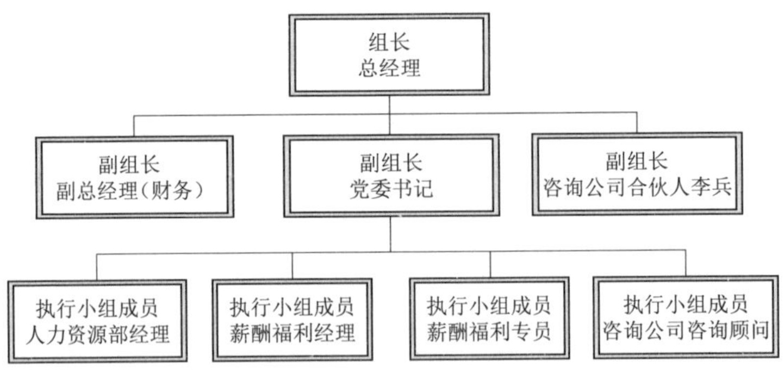

图 2-11　薪酬改革小组组织结构图

会议后的第三天，薪酬改革小组正式成立并召开了第一次会议，薪酬改革小组成员全部参加了会议。会议上，李兵结合公司的实际情况，提出了薪酬改革的推进程序。

首先，设计调查工具并进行全面的调查和分析，发现现行薪酬管理实践的问题及其症结。

其次，根据公司所决定的薪酬改革目标与原则，拟订改革的基本思路。

再次，根据公司的实际情况，设计薪酬改革的具体方案和实施原则。

最后，培训、推行和调整。

会议上还明确了各位成员具体的工作职责，对各位成员的工作提出了具体的要求。

【案例启示】

1. 薪酬体系设计要得到员工的认可

薪酬体系的改革是企业变革的一种形式。而企业变革时，员工的接受程度会左右变革的进程甚至结果。根据变革管理曲线，如图 2-12 所示，企业变革时，员工会有四个阶段的反应。

第一阶段，当变革启动时，员工的直接反应是震惊或否定。第二阶段，员工可能害怕被影响、利益受到损失，而感到愤怒、主动反抗或抗议变革，这个时刻处理不当，变革就难以成功。第三阶段，人们不再纠结于已经失去的东西，而是开始尝试和探索变革意味着什么，以及他们必须适应些什么。第四阶段，人们接受并开始拥护变革。只有当人们达到了这一阶段时，组织才能真正从变革中获益。

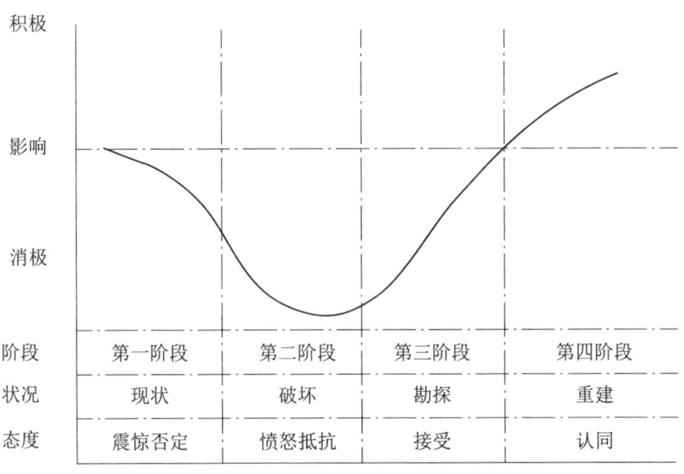

图 2-12　管理变革曲线

为了让变革顺利进行下去，在不同阶段管理者要采取不同的措施。所以，薪酬体系改革中，一定要让员工在第一、二阶段时能够尽快接受变革的事实，并减少对变革的阻力。

本案例中，总经理就为推行薪酬改革做了大量的铺垫。首先是在年会上正式提出将薪酬改革作为年度重点工作。这是在向员工表明，公司已经下定决心要推行改革。其次，在年会上，还安排咨询公司进行相应的培训，也是为员工展示薪酬改革后的成果，增加薪酬改革透明度，减少员工的不安心理。之后，总经理还主持召开中层干部以上的会议，期望大家能够在认识上达成一致，从会议进程来看，总经理事先与党委书记已经做好沟通，现在公司的主要负责人全都支持薪酬改革的推进，其他人也不好再提出反对意见。

由此过程可以看出，总经理在薪酬体系改革前做了充足的准备工作。以增加透明度，自上而下，博得员工的理解和支持。

2. 薪酬项目需要双方共同推进

本案例中，公司成立了薪酬体系改革的工作小组，具体由双方人员共同参与，这符合薪酬体系设计组建工作团队的要求。

本案例中，公司选择由咨询公司帮助推进薪酬体系改革工作，正是看中了咨询公司能够站在第三方角度客观审视公司问题，以及咨询公司在薪酬管理上更加具有专业性的特点。选择咨询公司共同推进薪酬体系建议是合理的。

在工作组织上，公司并没有将所有的工作全部推给咨询公司来完成。而是成立了项目小组，共同推进项目。考虑有三：一是项目小组有企业的员工参与，可以掌握项目推进中的员工动态，避免引起员工的不稳定情绪。二是本公司员工更加了解企业情况，可以给咨询公司足够的支持。三是全程参与，可以锻炼人力资源队伍，确保体系实施后的顺利过渡。

3. 薪酬改革小组首要任务是明确分工和程序

本案例中，薪酬改革小组成立之后的首要任务是明确分工和具体的工作程序。这也是在薪酬体系设计中需要注意的事情。

一项工作的开展，首先要明确目标。本案例的目标很明确，就是查找原有问题，提出新的薪酬体系，并组织推广。其次要明确分工。因为管理工作总是会落实到人的身上，工作分工不明确，就会出现员工不知所措，工作难以推进的情况。最后是理顺流程。咨询公司作为专业咨询机构，对于薪酬体系设计的流程是比较清楚的。所以，提出的流程是总结了其他企业的实施经验，更具有可行性。小组在具体工作中出现问题，也可以不断对流程加以修订。

3 组织职能和岗位设计

组织职能和岗位设计可以让企业工作更加有序。组织职能设计与岗位设计也是企业管理最基础的工作。

图 3-1 所示为本章主要内容，即组织职能设计、工作分析、岗位设计和分类。其中，组织职能设计指企业如何设计各类组织，以及如何界定各组织的功能、责任和权限等；工作分析重点在于分析一个岗位的主要工作任务、工作内容、工作条件以及从事该工作的任职要求；岗位设计和分类重点解决企业内部岗位管理的问题。

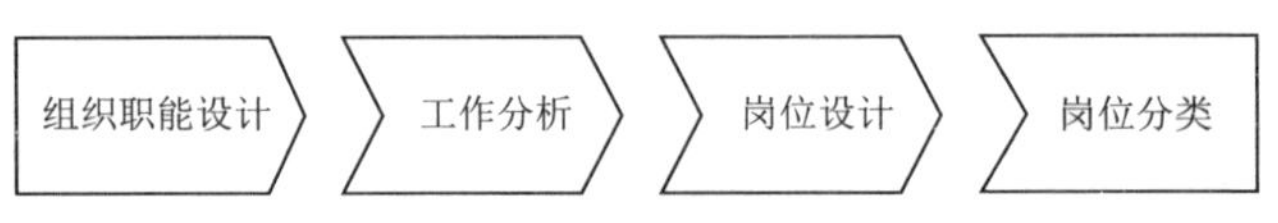

图 3-1　组织职能和岗位设计

3.1　组织职能设计

组织是指人们按照一定的目标，互相协作结合而成的团体。从管理学的角度理解，组织是一个实体，具有明确的目标和结构，并有意识地开展活动。企业组织包括正式组织和非正式组织。本书内容仅涉及正式组织。正式组织在企业内部经过设计固定存在的。最常见的是组织的部门、处室、项目组、事业部等。

3.1.1　组织职能

组织职能设计的方法有很多，本章以价值链为基础说明组织职能的设计方法。价值链是由迈克尔·波特提出，分析企业竞争优势的工具。

1. 价值链

波特认为，每一个企业都是在设计、生产、销售、发送和辅助其产品的过程中进行种种活动的集合体。这些活动都可以用一个价值链来表明。图 3-2 为基本的价值链模型。

价值链的增值活动可以分为基本活动和辅助活动两大部分。

基本活动，即一般意义上的“生产经营环节”，如材料供应、成品开发、生产运行、成品储运、市场营销和售后服务。这些活动都与商品实体的加工流转直接相关。

辅助活动，包括组织建设、人事管理、技术开发和采购管理。这里的技术开发和采购都是广义的，既可以包括生产性技术，也包括非生产性的开发管理。例如，决策技术、信息技术、计划技术；采购管理既包括生产原材料，也包括其他资源的投入管理。例如，聘请有关咨询公司为企业进行广告策划、市场预测、法律咨询、信息系统设计和长期战略计划等。

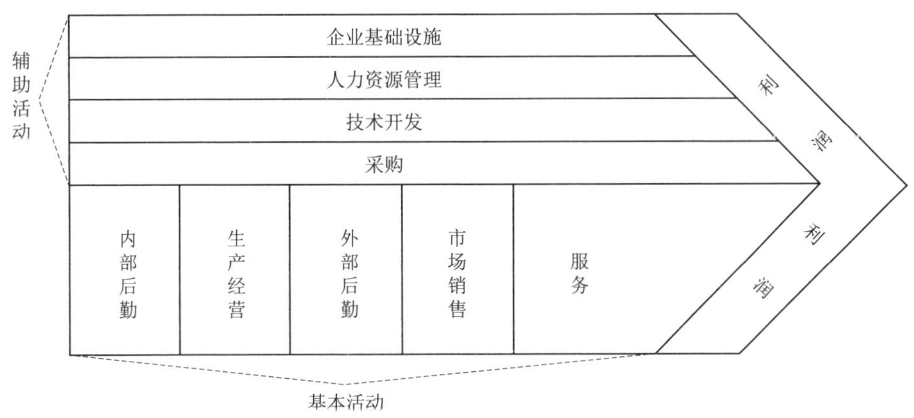

图 3-2　价值链模型

2. 价值链与部门和员工间的联系

价值链的各环节之间相互关联，相互影响。一个环节经营管理的好坏可以影响到其他环节的成本和效益。例如，多花一点成本采购高质量的原材料，生产过程中就可以减少工序，少出次品，缩短加工时间。

一个合理的组织，员工们的工作都可以在价值链的不同环节中得以体现。例如，生产工作是在生产经营环节；薪酬经理，在人力资源管理环节；行政后勤，在基础设施管理和采购环节。对于一个已经存在的组织，我们在各类活动中找到岗位所存在的位置；对于一个新成立的组织，我们可以用价值链预测企业未来需要建设、补充或完善哪些活动，并根据有关活动设计组织或岗位。在实际使用中，管理者可以借助价值链的活动设计企业部门，并在部门中设计相应的岗位。

3.1.2　组织职能设计

通过价值链设计组织职能，需要经过以下程序：确定为实现企业目标需要开展哪些业务、进一步分解各项工作的职责、进行组织结构部门设计、岗位设计。下面以某房地产开发企业为例，对流程进行说明。

1. 描述企业主要业务活动及流程

房地产开发企业的主要业务活动流程由 7 个环节组成。

（1）拿地：通过竞标拍卖、协议谈判等方式获取土地资源。

（2）策划：开发什么样的楼盘，住宅还是商业地产？定位客户，选择销售策略。

（3）规划设计：根据产品和客户定位，规划产品建筑形式，出规划图和设计图。

（4）招标采购：确定工程施工需要的原材料，并采购材料、施工方。

（5）建筑施工：根据设计图施工，开展现场管理。

（6）销售：将产品卖给客户。

（7）物业服务：客户收楼后的物业服务工作。

这些环节的活动构成了房地产开发企业的价值链，价值链上的每一环节即为实现企业目标的主要职能活动。除以上工作外，还有一些辅助活动。例如，招聘员工、融资、领取证照、后勤服务等。

企业工作流程与价值链的关系，如图 3-3 所示。

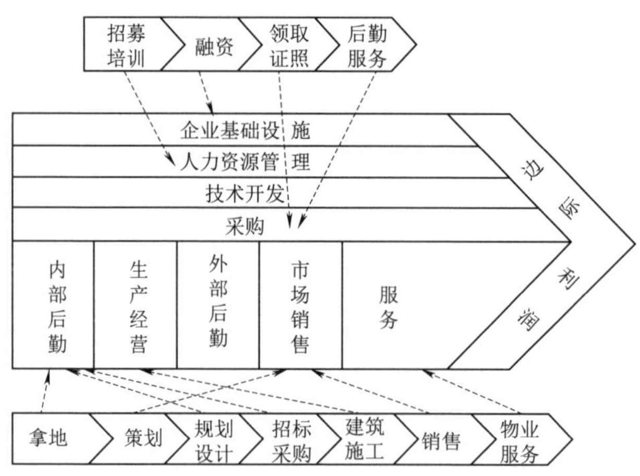

图 3-3　企业工作流程与价值链的关系

2. 根据价值链分解主要职责和任务

将企业工作流程与价值链对比，管理者可以了解每一步工作的主要职责和任务，以及在企业创造价值过程中发挥的作用。在实际工作中，管理者还应当将主要职责进行更为详细的分解，以便将工作落实到具体的部门或岗位。

3. 设计部门及其职能

图 3-4 给出按照工作职责梳理各项工作后，应该设计的部门。不同企业对流程和职责的认识不同，部门设置也是不同的。例如，有的企业将工程预决算工作独立出来，成立专门的工程预决算部；有的企业将招标采购与工程管理职责合为一体，统一由工程部管理。

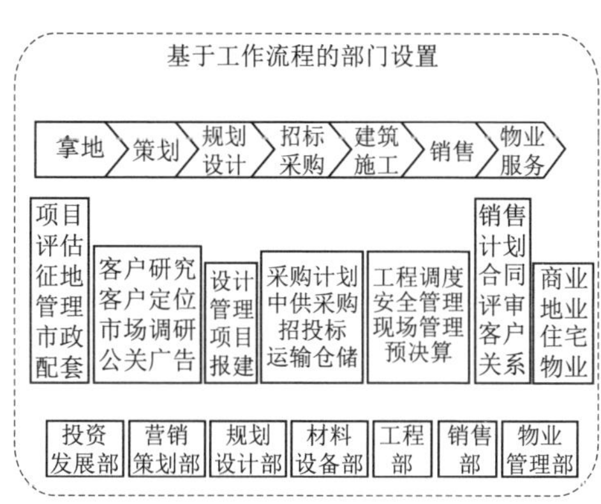

图 3-4　职责分解及部门设计

从图 3-4 中，我们发现，按照工作职责梳理会产生非常多的部门。管理者在实际工作中，会结合组织规模、业务活动内容及人员特点，进行动态调整，将基于流程的部门设计与基于价值链设计的部门进行有机结合，如图 3-5 所示。

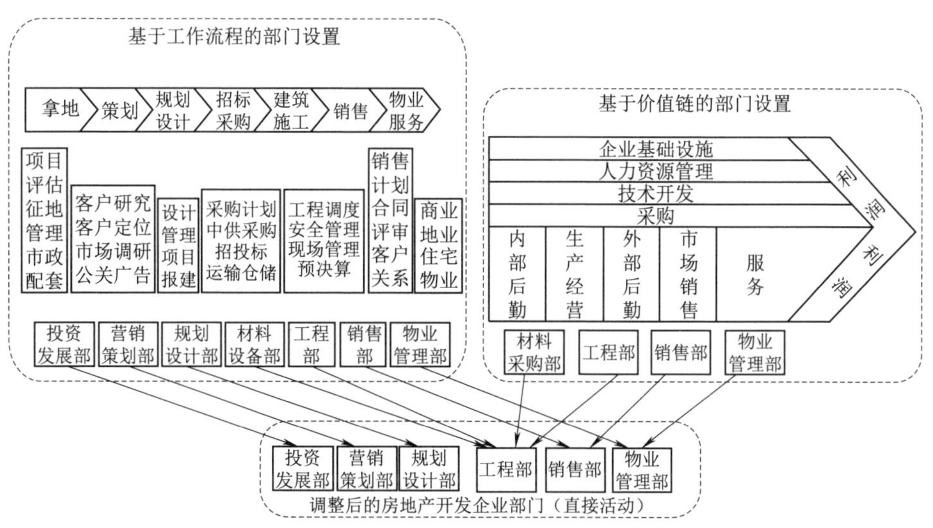

图 3-5　调整后的房地产开发企业部门

3.2 工作分析

工作分析是全面了解、获取与工作有关信息的过程。工作分析的对象是岗位和工作。工作分析的内容是岗位工作汇报关系、工作职责、工作条件、工作绩效标准和任职资格等。为了确保工作分析结果的科学性，工作分析应该按照一定的程序和方法进行。工作分析结果一般是岗位说明书，也有企业根据分析结果，改进工作中的规则或流程。

3.2.1 工作分析内容

工作分析主要包括两方面的内容：工作描述和工作规范。

1. 工作描述

工作描述是确定工作的具体特征，它包括以下几个方面。

（1）工作名称。

工作名称是工作内容的精炼。

（2）工作活动和程序。

工作活动和程序包括所要完成的工作任务、工作职责、所需的资料、机器设备与材料、工作流程、工作中与其他工作人员的正式联系以及上下级关系。

（3）工作条件和物理环境。

工作条件和物理环境包括正常的温度、适当的光照度、通风旋转、安全措施、建筑条件，甚至工作的地理位置等。

（4）社会环境。

社会环境包括工作团体的情况、社会心理气氛、工作中人际关系以及各部门之间的关系等。此外，应该说明企业和组织内以及附近的文化和生活设施。

（5）职业条件。

由于人们常常根据职业条件来判断和解释职务描述中的其他内容，因而这部分内容特别重要。职业条件说明了工作的各个方面的特点：工资报酬、奖金、工作时间、工作季节性、晋级机会、培训和提高的机会、该工作在本企业中的地位以及与其他工作的关系等。下面是某企业一个职位的相关工作描述，见表3-1。

表 3-1　某企业客户服务专员工作描述

岗位名称：客户服务专员
工作职责： 1. 保持与客户的积极沟通，了解和掌握客户的实际需求，反映给相关团队 2. 在客户服务经理的指导下独立处理并执行各项服务工作 3. 有效协调公司内部资源，控制工作进度和质量 4. 及时收集和分析客户的反馈信息，并定期上报给公司 5. 积极维护公司的对外形象，时刻保持一流的服务意识
工作场所： 1. **工作城市**：北京市 2. **工作地点**：东三环北路公司总部一楼，客户服务大厅
社会环境： 1. 直接上级——客户服务经理 2. 部门内客户服务专员共 20 人编制 3. 企业内部经常打交道部门——销售部、生产部和维修部 4. 企业外主要客户——已购买企业产品的客户、对企业产品有购买意向的客户
上班时间及福利待遇： 1. 国家规定工作日 8:30 ~ 18:00 2. 享受双休及国家规定节假日 3. 试用期后上保险（无住房公积金） 4. 13 个月薪资

2. 工作规范

工作规范说明从事某项工作的人所需具备的知识、技能、能力、兴趣、体格和行为特点等心理及生理要求。主要包括以下几方面内容。

（1）一般要求。指从事该工作的一般性要求，如年龄、性别、学历、工作经验等。

（2）生理要求。指该工作对工作人员的身体素质方面的要求，如健康与否、运动的灵活性以及感官的灵敏度、体力等。

（3）心理要求。指工作中个人应具有的知识、技艺、能力、思想素质等个人条件，包括观察力、判断力、记忆力、语言表达能力、决策能力等。以下是文秘职位的工作规范，见表 3-2。

表 3-2　文秘工作规范

岗位名称：文秘
职责总述： 在办公室主任的指导下，完成各项文案编写、核稿工作。具体包括：领导讲话稿的起草，公司对外宣传稿件的起草，公司内部刊物稿件的核对，各项会议、领导讲话的记录、整理等
一般要求： **学历**：大学本科以上学历 **专业**：中文相关专业 **工作经验**：无具体工作经验要求 **其他要求**：在国内有影响的杂志、报纸、期刊有过稿件发表，或在校（工作）期间从事过编辑相关工作
技能要求： 1. **打字速度**：每分钟不少于 50 字，差错率 0. 1% 以下 2. **核对稿件**：每分钟至少 50 字 3. **速记**：每分钟至少 100 字 4. **专业知识**：具备秘书、公文写作相关知识 5. **写作能力**：掌握行文格式，语言通顺简洁、内容充实、结构严谨
素质要求： 1. 为人谦虚、谨慎 2. 具备良好沟通能力 3. 具备一定的抗压能力 4. 作风正派

3. 2. 2　分析程序

工作分析是对员工的工作过程及要求进行分析的过程。开展工作分析需要专门的技术，操作人员还应对企业整体情况有一定的了解。开展工作分析需要企业管理者和员工的参与，涉及面广、涉及人员多。

工作分析程序是决定分析工作质量的重要因素。图 3-6 所示为工作分析的六个程序：筹划准备、信息收集、资料分析、结果整理、分析反馈和领导核定。

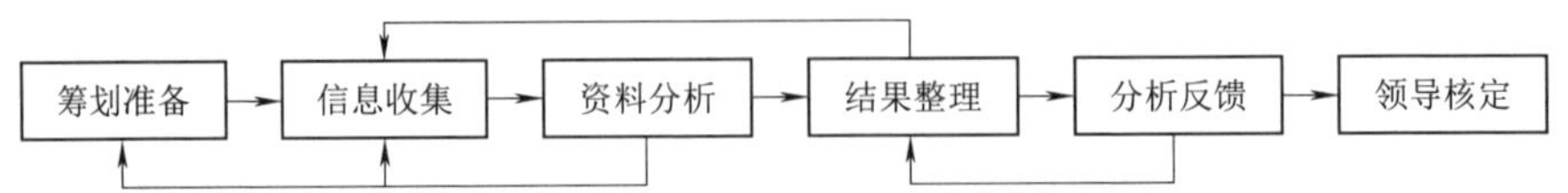

- 确定岗位分析总目标
- 组建工作团队
- 设计调查方案
- 确定访谈对象
- 确定访谈内容
- 统一工作模板
- 宣传工作

- 收集企业情况
- 了解竞争对手情况
- 记录访谈
- 组织问卷调查
- 观察员工工作

- 整理企业运营模式和流程
- 比较竞争对手
- 整理访谈记录
- 整理问题结果
- 整理观察记录
- 工作过程优化

- 工作关系描述
- 工作职责描述
- 绩效标准描述
- 任职资格描述
- 其他内容描述

- 听取被访谈者意见
- 听取各职能负责人意见
- 听取相关领导意见

- 集中审核最终成果

图 3-6　工作分析一般程序

1. 筹划准备

工作团队。企业的工作分析工作通常借助外部咨询机构完成。外部咨询机构在工作时，能够站在第三方的角度，客观地记录企业或员工工作过程，而不会受到现有管理者或员工的影响。工作团队一般包括外部咨询机构员工和企业内部员工。其中，外部咨询机构注重技术环节的把握，企业内部员工给予工作支持，并提供尽可能详尽的企业资料。

工作分析的方法有很多，包括访谈法、问卷法、观察法等。无论采用哪种方法，在工作分析阶段进行访谈都是必需的。由于访谈工作易受访谈者个人沟通能力的影响，所以工作团队在开始访谈之前应提前准备好访谈内容，确定访谈人员，并设计统一模板，以确保访谈结果的标准化。具体例子见表 3-3。因为工作分析也是一项企业全员参与的工作，所以在开展工作之前也应该注意做好宣传工作，让员工了解工作的意义和目的，避免引起不必要的抵触情绪。

表 3-3　某企业工作分析员工访谈日程表

时 间	访谈对象	目标岗位	访谈人		访谈主要问题	成果
			咨询机构	企业员工		
4 月 6 日 13:00	行政主管	前台	咨询顾问	人事专员	1. 前台的直接上、下级是谁 2. 前台的主要工作有哪些 3. 你认为前台应该具有的专业素质有哪些	访谈纪要

2. 信息收集

信息收集主要针对员工岗位，而不是企业运营流程。工作分析主要记录员工的工作过程，对工作过程中职责重复或有漏洞的情况提出调整。工作分析的信息主要在于收集，而不是优化。

工作团队应对企业运营模式和流程有所了解，还应对企业所在行业的一般工作方式有所了解，以正确判断各项信息。

如图 3-7 所示，信息收集常用到的四种方法有历史数据、工作访谈、问卷调查和观察员工工作。

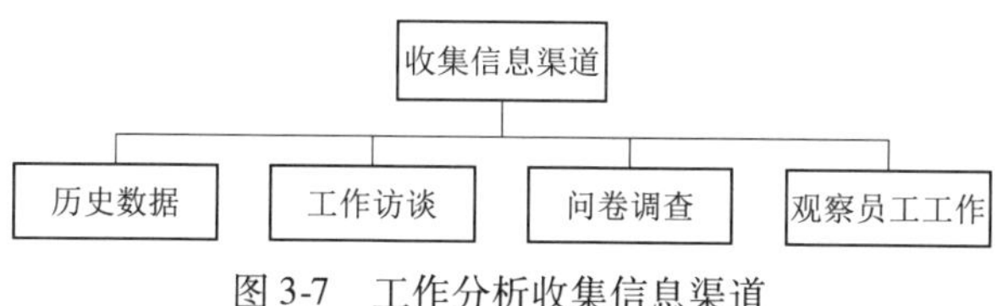

图 3-7　工作分析收集信息渠道

其中，历史数据采集包括员工现有的岗位说明书、企业正式的工作流程、部门职责以及企业发布与员工工作有关的文件等。工作访谈、问卷调查通过访谈或问卷的方式了解员工对工作职责和工作岗位的理解，问卷调查相较于工作访谈速度更快、信息量也更大，但会受问卷设计质量及员工理解水平影响结果可信度。观察员工工作的方式主要适用于操作类员工，应用范围受到一定的限制。

3. 资料分析

资料收集后，需要工作团队根据所掌握的资料鉴别、分析和归纳。

并不是所有收集到的资料都可以直接使用。那些不能被使用的信息就是无效信息。例如，某企业收集到 10 年前的行业运营流程资料，这个运营流程很可能已经不再使用；还有一些工作职责在多部门、多岗位间重复设置或无人承担。有些信息只能作为参考，不能定义为准确信息直接使用。例如，企业文化建设既可能由行政部也可能由人力资源部组织。访谈者很可能得到的结果就是两个部门都不认为企业文化建设是自己的工作内容。这两个部门关于企业文化的态度就只能作为参考。最后如何分工就需要工作团队根据企业工作流程、整体分工和行业内流行作法，提出一个具体的建议。此外，收集的信息中还可能存在虚假信息，这也需要工作团队提前审核，淘汰、纠正无效信息，或重新收集信息。

信息鉴别后，就需要对信息进行分析。信息分析工作量非常巨大，为了更好地整理各项信息，工作团队应该做好关键内容的提取。例如，同样的销售工作，在销售经理眼中就是销售产品，而在管理者眼中，就是完整的细分市场、客户定位、挖掘客户需求、营销策略等工作。工作团队应当在管理者要求的基础上，将从销售经理那里所得到的信息纳入关键信息中，并补充销售经理尚未发现或未开发的职能和工作。

开展资料分析工作要求工作团队有一定的归纳能力。员工、管理者和咨询机构对同样工作，看待角度不同，所理解的程度也不一样。例如，薪酬福利专员在总结自己的工作时提到，每月要做工资表、辞退员工要核定补偿款等工作。这些工作在管理者眼中统称为一项工作，即核定不同员工的薪酬。为什么在薪酬福利专员眼中这些庞杂、琐碎的工作，到管理者眼中就是一项工作呢？因为二者看问题的角度不同。在开展资料分析工作时，工作团队应对员工信息进行一定的归纳，并总结出工作的要点。

4. 结果整理

工作团队对开展工作分析时得到的信息进行分析后，应该形成一定的工作成果，包括工作关系描述、工作职责描述、绩效标准描述、任职资格描述、其他内容描述等。这些内容一般以岗位说明书的形式体现出来，具体内容参见表 3-1。

5. 分析反馈

工作团队完成岗位说明书后，还需要向所在岗位的员工及其上级领导进行反馈，请他们对岗位说明书的具体内容提出意见。在反馈时，工作团队会遇到的一个问题，就是被反馈者往往会以自己目前所做的工作来评价一份岗位说明书是否合理。工作团队的岗位说明书应该以这个岗位而不是员工个人为基础，所以工作团队要不断提醒被反馈者岗位说明书的设计原则，要求其基于岗位或工作而不是个人反馈。

6. 领导核定

按照企业管理正常的审批流程，员工岗位说明书的最终审核权在企业的管理者，所以在工作分析的最终阶段，应该由管理者对岗位说明书的具体内容进行审核。工作团队应将岗位说明书中有所变化的地方、重点关注的点以及反馈的主要问题罗列出来，并根据管理者的最终意见进行修订。

3.2.3　工作分析方法

以上内容中，我们已提到了一些工作分析时会采用的方法。实际工作中，有以下五种方法值得关注。

1. 观察法

观察法就是对工作人员的工作过程进行观察，记录工作行为的各方面特点，了解工作中所使用的工具、设备，了解工作程序、工作环境和体力消耗的过程。观察时，可以用笔录，也可以用事先预备好的观察记录表，见表 3-4，一边观察，一边核对。在运用观察记录表时，必须事先对该工作有所了解。

观察法包括三种：直接观察法，就是观察者亲临现场，观察一个员工完整的工作过程，并记录下来。阶段观察法，是对有些工作周期比较长的工作，选取其关键环节或总结性环节进行观察。与直接观察法相比，阶段观察法所观察的员工工作过程并不完整。工作表演法，主要针对工作周期较长或突发性事件比较多的工作。如安全工作，一般属于突发性事件，就可以通过预演的方式了解安全管理岗位在问题发生时的工作程序和方法。

表 3-4　观察记录表

工作名称：安装轴承			
观察者姓名：××× 被观察者岗位：安装车间操作工		记录时间：20×3 年 10 月 13 日 被观察者姓名：×××	
观察内容：			
工作地点：安装第二车间 观察开始时间：14:00 观察结束时间：15:35			
工作程序			
程序	工作内容	是否关键程序	完成时长（分钟）
1	接收机器	否	1
2	检查螺口	是	2
3	安装轴承	是	5
4	检查调教轴承松紧	是	3
5	安放上流水线	否	1
观察结果			
共完成产品件数：7 件 每件产品完成的时间：12 分钟 不合格产品数量：1 件 不合格率：17.29% 工作中员工休息：1 次 总休息时间：10 分钟 平均每次休息时间：10 分钟 工作完成后员工的状态：□健康□疲劳□非常疲劳			

2. 访谈法

访谈法也称面谈法，是与员工面对面交谈，得到相关信息。访谈法的方式较为直接，访谈者可以直接对某项工作进行详细了解。员工不能清晰表达或表达不准确的，访谈者还可以继续提问，或要求员工进一步解释。访谈的对象可以是一名员工，也可以是几名员工一起访谈，还可以访谈员工的管理者。访谈法的缺点是：访谈法会占用过多的时间；访谈法结构性比问卷调查差，有可能遗漏信息；访谈效果易受主观影响，当被访谈者口才不好时，难以把工作表达清楚，口才过好时，又容易夸夸其谈，而歪曲了事实。所以访谈开始前的准备非常重要。访谈之前，访谈者应该准备好访谈提纲，以引导访谈工作顺利进行。以下为一个访谈提纲例子，见表 3-5。

表 3-5　某企业员工访谈提纲

岗位名称：
被访谈者姓名：　　　　　　　　　　　　　　访谈时间： 被访谈者岗位： 与被访谈岗位关系：□上级□直接上级□同岗位□同僚□直接下级□其他
访谈问题
1. 请问这个岗位的直接上级和直接下级是谁 2. 请问这个岗位的主要工作是什么？请按重要顺序来讲 3. 请您详细描述一下完成各项工作的评价标准是什么 4. 请您详细说一下，这个岗位上一周的主要工作 5. 请问这个岗位有什么决策权？有什么财务权力？有什么人事权力 6. 请问这个岗位的工作中需要与谁打交道？主要做些什么工作 7. 请问这个岗位工作都需要公司给予哪些支持 8. 您认为这个岗位应该具备什么素质 9. 您认为这个岗位最起码要具备什么学历 10. 您认为这个岗位要有什么资质或资格证书

3. 问卷调查

问卷调查法是让相关人员以书面形式回答有关岗位的问题。一般来说，问卷的内容由岗位分析人员编制，由该岗位员工、直接管理者等填写。问卷调查法可以在短时间内收集到所需的信息资料，不必像访谈法那样费时费力，因为省时，调查范围也可以更广。

调查问题的设计难度较大，对问卷设计者的专业要求较高，而且调查问卷不像访谈那样表述精准，也易引起问卷填写者的误解，使回答偏离问题。

问卷调查法的问卷有两种，一种是结构式问卷，见表 3-6，问卷中全部是选择性的问题，这类问卷简单明了，但可得到的信息有限。

表 3-6　结构式工作调查表

1. 工作名称：年终财务审计					
2. 适合此项工作者的年龄					
A. 20 岁以下	B. 21～30 岁	C. 31～40 岁	D. 41～50 岁	E. 51 岁以上	
3. 适合此项工作者的学历					
A. 高中以下	B. 高中	C. 大专	D. 本科	E. 研究生	
4. 担任此工作所需的执业资格或职业资格					
A. 助理会计师	B. 中级会计师	C. 高级会计师	D. 注册会计师	E. ACCA	F. 其他
5. 担任此工作所需工作经验					
A. 1 年以下	B. 1～3 年	C. 4～6 年	D. 6～10 年	E. 10 年以上	
……					

另一种是开放式问卷，见表3-7，问卷中的问题是问答题形式，此类问卷对填写者的理解能力和文字表达能力要求较高。

表3-7　开放式岗位调查问题

姓名： 参与调查岗位名称：	岗位名称： 填表时间：
1. 您认为该岗位应该具备哪些工作职责 2. 您认为该岗位应该具备哪些基本能力 3. 您认为该岗位应该具备哪些专业素质 4. 您认为该岗位工作人员是否应该具备一定的工作经验？如果是，之前的工作经验应该是多长时间 5. 您认为该岗位工作人员应该接受过何等程度的教育 ……	

4. 日志法

日志法是让员工用工作日记的方式记录每天的工作活动。记录过程可以以时间为单位，如每半小时或1小时记录自己的具体工作。也可以以事件为记录单位，如某件事是从几点做到了几点，或从哪天开始，到哪天结束。这种记录内容很详细，但过多、过细的数据，也会增加分析者的工作难度。工作记录会占用员工较多的工作时间。由员工自己记录，也会因为员工个人对工作的不同认识，忽略掉一些关键信息。具体例子见表3-8。

表3-8　工作日志记录表

姓名： 记录时间：	岗位：	
时　间	工作内容	工作结果
8:30～9:00	参加部门周工作例会	汇报了上周工作完成情况和本周工作计划
9:00～9:30		
9:30～10:00	向生产经理解释其薪酬核算方法	生产经理表示已理解方法
	通知销售部统计销售人员月销售业绩	通知完成

5. 关键事件法

关键事件法是由管理者或工作人员回忆某项事件取得成功或失败的关键因素，从而获得工作分析资料。这种方法的优势是，能够抓住分析的重点，而不必陷于纷繁的数据和资料中。缺点是，所总结的关键因素未必是真正影响事件成功或失败的原因，使分析毫无意义。

关于工作分析方法还有很多，但每一种方法有其优势，也有劣势。在实际工作中应该将各种方法结合起来。例如，对于员工任职资格、专业、经验这样的要求，即可以问卷调查法为主。对于员工工作职责、工作评价标准这样的问题，则可以将访谈法和关键事件法结合在一起进行。

3.2.4　岗位说明书

某企业薪酬福利专员岗位说明书，见表 3-9。

表 3-9　某企业薪酬福利专员岗位说明书

基本信息

岗位名称：薪酬福利专员	**工作地点**：北京
岗位类型：专业技术类	**岗位等级**：专业技术 5 ~ 9 级
拟订人签字：张三	**审核**：李四
评审代表签字：王五	**生效日期**：2011 年 12 月

工作关系

所属部门：人力资源部	**所属处室**：薪酬福利处
直接上级岗位名称：薪酬福利经理	**部门负责人岗位名称**：人力资源部经理

同僚岗位名称：员工关系专员、绩效考核专员、干部管理专员

有业务关系岗位名称：生产部计划管理员、行政专员、前台

直接下级岗位名称：无

主要工作职责

职责重要性	工作职责	绩效标准
1	配合薪酬福利经理完成年度薪酬预算的制订	工作及时、数据准确
2	完成月度和年度员工薪酬核算	工作及时、数据准确
3	完成员工社会保障关系的转移、缴费等相关工作	工作及时、数据准确
4	协助薪酬福利经理开展薪酬调查工作	工作计划按要求完成
5	完成人工成本台账的维护	维护及时、数据准确
6	完成日常员工福利核算、台账记录工作	记录准确
7	根据部门整体工作要求，完成部门内勤相关工作	工作完成质量

工作环境

总部办公室，无特殊工作环境说明

任职资格
最低学历要求：本科 **所学专业：**管理学、人力资源管理及相关专业 **工作经验：**至少一年的实际工作经历 **必备的知识和技能：** 1. 人力资源专业知识 2. 了解国家劳动政策及相关法规、北京市规定 **必备的专业资格及等级：**应具有人力资源管理师三级或以上资格，或助理经济师资格 **素质要求：** 1. 具备良好的沟通能力 2. 具备一定的逻辑思考能力 3. 工作细心 4. 具有良好的职业操守
其他说明
职业成长岗位： 人力资源专业经理、下属企业人力资源部副经理 **重点培训内容：** 1. 人力资源专业知识 2. 国家人事政策、法规 3. 企业运营模式和流程 4. 沟通技巧 5. 管理通识

岗位说明书包括以下六方面内容。

1. 基本信息

岗位名称。企业里的岗位名称一般都是根据企业的习惯来称呼。如人力资源部负责人，在国企叫主任、日资企业叫课长、美欧企业叫经理。一个岗位有多种叫法是正常情况。但一个企业里应该有统一的称呼。

岗位类型和等级。岗位类型一般的分类是管理类、专业技术类、市场营销类、操作类等。具体根据岗位分类确定。岗位等级指的是该岗位在企业相应岗位类别中最低要求和最高要求之间的跨度，具体将在本章第四节“岗位分类”中详细说明。

工作分析的审核和时效。工作分析的审核应该记录在工作分析的记录中，以备核对。工作分析具有一定的时效性，随着企业管理流程、管理重点等因素的变化，工作分析的结果是会发生变化的，所以在工作分析中，还应该注明工作分析生效日期。

2. 岗位职责

岗位职责是由员工自己直接完成的工作及完成工作的绩效标准组成。有下属的管理者，其下属所具备的职责不应该写入管理者的岗位说明书中。工作职责应按照主次顺序罗列，也就是最重要的责任放在最前面。

3. 工作关系

工作关系包括岗位所在部门、直接上级、下级和同事等。为了更加形象地表示，工作关系最好能以岗位关系图的形式体现出来。图 3-8 所示为某企业销售经理的岗位关系图。

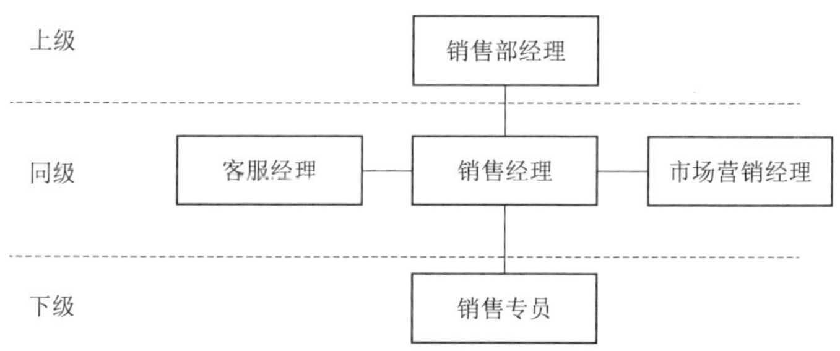

图 3-8　销售经理企业内部岗位关系图

4. 工作环境

工作环境主要针对从事危险作业或需要安全防护的职业，如放射科医生、地质勘探人员、消防员、建筑工人等，此类职业的工作环境对工作影响较大。这些特殊职业也应当享受一定的补贴或福利。

5. 任职资格

任职资格指从事该岗位工作的员工所应具备的知识、技能、经验、体力、心理素质等。

6. 其他内容

其他内容指和工作分析相关的其他内容，每个企业、岗位具体要求略有不同。

3.3　岗位设计

岗位设计和分类是岗位管理工作的重要内容。工作分析、岗位设计和分类是固化岗位价值的过程，为岗位价值评估做准备。

国家有岗位分类标准。按照《中华人民共和国职业分类大典》，我国职业划分为 8 个大类，66 个中类，413 个小类，1 838 个细类（职业）。其中，1 838 个细类即我们所说的岗位。

但这样的分类仍不能满足企业实际使用的要求。像薪酬福利经理这样的岗位，在职业大典中是没有的，所以企业还要进行岗位设计工作。

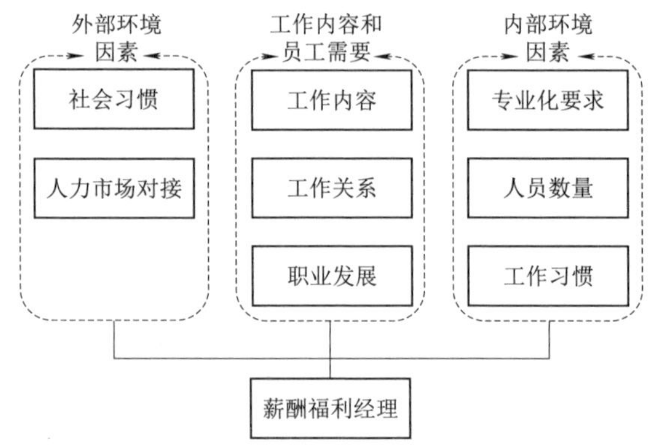

图 3-9　薪酬福利经理岗位设计因素

工作设计要考虑内外因素，图 3-9 所示是薪酬福利经理的岗位设计所要考虑的各项因素。

1. 单独设立薪酬福利经理岗位的可行性

社会习惯：薪酬福利经理不是一个新岗位，在社会上，很多企业已经将薪酬福利经理作为一个常设岗位。

人力市场对接：在人力市场上，对薪酬福利经理的工作内容有共识，按照社会要求，有利于与人力市场接轨。

专业化要求：薪酬福利经理工作内容与其他人力资源专业有明显不同，专业化程度较高。

人员数量：企业拟设立薪酬福利经理岗位 1 人。相似岗位，拟设计绩效考核经理、员工关系经理、培训经理和干部管理经理共 5 人，下级包括 15 名人事专员。数量上可以保证岗位的持续性。

工作习惯：企业自成立起，薪酬福利工作由专人负责，员工对此认可度高。

工作内容：人力资源管理六个模块，相对独立。该岗位可自行处理的工作较多。

工作关系：薪酬福利经理由人力资源部经理领导，下辖两名薪酬福利专员，一名负责薪酬、人工成本，另一名负责福利、社会保险。

职业发展：人事专员的成长路线是人事专员—人事经理—人力资源部经理—人事总监或副总经理。根据分工专业化要求，薪酬福利经理是人事专员成长的必经过程。

2. 单独设立薪酬福利经理岗位的不可行性

社会习惯：仍有很多企业没有细分薪酬福利经理而由人事经理代替。该类企业主要是中小型企业，人力资源部员工在 10 人以下。

人力市场对接：无。

专业化要求：专业分配过细，易对员工全面发展造成不利影响。

人员数量：无。

工作习惯：无。

工作关系：增加薪酬福利经理，增加了管理层级，可以考虑由人力资源部经理直接管理人事专员。

职业发展：无。

从以上分析来看，薪酬福利经理岗位设计的过程中，管理者进行了对比和取舍，岗位设计的目的非常明显。

3.4　岗位分类

岗位设计和分类是岗位管理工作的重要内容。岗位分析、岗位设计和分类是固化岗位价值的过程，为岗位价值评估做准备。

由于企业一般会通过自定岗位的方式解决员工岗位管理的问题，所以企业员工岗位多少会与市场同岗位工作内容、工作责任有所区别。为了便于对岗位的统一管理，企业应该根据岗位工作的具体内容、在企业中的关系和工作责任，将岗位进行分类。

岗位分类一般按照以下程序，如图 3-10 所示。

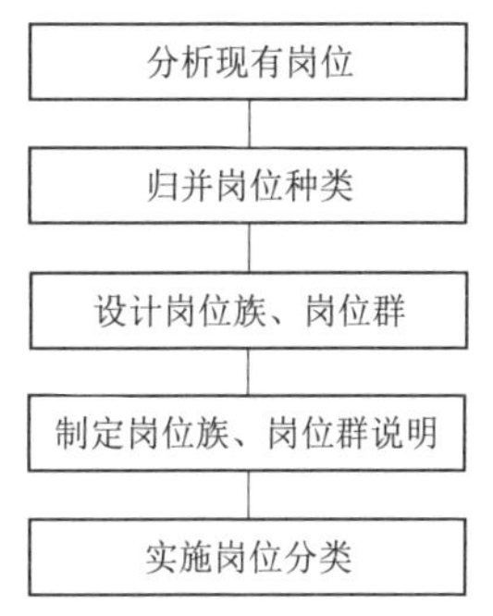

图 3-10　岗位分类程序

1. 分析现有岗位

分析现有岗位要依据岗位说明书和工作流程。

当然，也存在岗位说明书和工作流程与实际工作不符的情况，这时就需要企业进行深一步的调查。例如，采取问卷的形式，按照上一节岗位分析的主要内容，进行一次全面的岗位分析，了解每一项岗位工作的主要内容和所需要的主要技巧，对重要的岗位和工作的梳理要结合访谈进行。

2. 归并岗位种类

岗位种类是几个具体工作内容和职能相近的岗位的合称。岗位种类的划分以工作内容和职能为主。例如，在企业财务部门有计划统计员，销售部门也有计划统计员，其工作内容和职能是相近的。虽然财务部门的计划统计员的主管领导和工作对象与销售部门的主管领导和工作对象不同，但根据工作内容和职能，两个岗位具有很高的相似度。与此相对的，同在销售部下，计划统计员与销售员的工作关系相近，但工作内容和职能却大相径庭。将财务部门的计划统计员与销售部门的计划统计员划为统一的岗位种类是合理的。

3. 设计岗位族、岗位群

在完成员工岗位种类的划分后，企业还应该根据管理要求，将岗位种类进一步归纳为岗位族。岗位族、群与岗位种类的不同在于，岗位族、群的划分并不是根据岗位实际情况，而是根据企业战略要求确定的。岗位族、群的区别主要在分工上，岗位族代表企业流程，岗位群代表职能。例如，一家生产企业，根据战略要求，需要强调几个管理职能，管理、专业、营销和作业类。每一个职能为实现企业战略起到不同的作用。在专业职能中，既有从事公司财务的工作，也有从事公司产品设计的工作。同为专业职能，体现在不同的工作领域和工作职能。据此可以将专业族内设立财务管理和产品设计职群。在财务管理岗位群下，根据企业实际工作，还可以进一步分为融资管理、财务管理、资金管理等岗位种类。岗位种类是根据具体的工作岗位而得，例如财务管理下有成本会计岗位和总账会计岗位。

4. 制定岗位族、岗位群说明

在完成岗位族和岗位群的划分后，企业应该对岗位归类和岗位族、群进行具体说明，以作为岗位分类使用和调整的依据。岗位族、群说明应该包括以下内容：名称、设立目的、具体的岗位名称、主要职责或工作内容、所需的主要专业知识或能力等。

5. 实施岗位分类

实施岗位分类是将现有岗位纳入各岗位族、群中。实施岗位分类后，各类人员的招聘、薪酬、晋升、职业发展、培训、考核等都会受此影响。

表 3-10 为某企业实施岗位分类后的结果。

表 3-10　某企业员工岗位分类表

岗位族	岗位群	岗位种类	岗　位
管理	管理	决策	总经理
		管理	部门经理
		执行	车间主任
专业	供应	采购	采购员
	设计	产品设计	工业设计工程师、产品工程师
		工艺设计	工艺工程师
	生产	调度	车间调度
		生产管理	生产计划管理员、设备工程师
	质管	质量管理	质检员、质量检验工程师
	财务	资金管理	资金会计
		财务管理	总账会计、成本会计、出纳
	人事	人力资源	绩效考核经理、干部管理经理、人事专员
	信息	IT	信息化工程师、硬件工程师、软件工程师
	行政	行政管理	后勤、行政经理、行政专员、前台
		文书管理	文秘、秘书、档案管理员、内刊编辑
市场	策划	营销策划	市场营销经理、市场营销专员、广告专员
	销售	销售管理	销售经理、大区代表、销售代表
	售后	客户管理	客户专员、客户经理
操作类	技工	技工	维修工、车工、钳工、电工
	操作工	操作工	搬运工、操作工

3.5　【HR 必知】岗位、职位和职务

我们经常会在不同的场合遇到三个词——岗位、职位和职务。关于这三个词的含义和使用，在人力资源圈中争议很久了。那么这三个词有什么区别呢？

“职位”是因工作而产生的，是为了完成组织任务的一个节点，依据工作流程和职能建立。许许多多的必要职位联系在一起，构成组织职能。“职位”随组织或任务的变化而增减，其设立对事不对人。

“岗位”是针对人来说的，一般一人一岗。这是“职位”和“岗位”最大的

不同。例如，工厂按照工作流程，需要会计核算工作职能，我们可依此设立“会计”职位。但实际工作中，会计工作可能由一人完成，也可能由多人完成。在由一人完成的情况下，“会计”既是职位也是岗位；在多人完成的情况下，根据工作分工，在“会计”职位下，有成本会计、资金会计等岗位，每个岗位具体工作内容是不同的，但在完成企业会计核算的环节中，所起到的作用是一致的。

职务相对于以上两者来说，是某一职位具体的工作。职位包括三个内容：职务、职责和职权。职务是某职位所要从事的具体工作行为；职责是组织对员工具体的工作标准与要求的承诺；职权是组织对职位所赋予的权利。

当然，在日常使用上，完全可以把职位和岗位合在一起来说。

3.6 【疑难问题解答】

问题 3.1　新成立的企业，是否有必要开展工作分析和评估

工作分析是企业管理工作的一部分，也应该顺应企业管理由简到难，由浅到深的发展规律。工作分析应该随着企业发展而逐步开展。

一般来说，新成立的企业，人员配备一般不足，工作流程也处于磨合时期，会有很多工作或职能无法落实。此时过于强调岗位责任或任务，则有可能造成很多工作没有人做的局面。所以刚刚成立的企业，在制定各部门或重要岗位的工作职责时，往往依据管理者个人经验确定，而不必经历工作分析过程。

不只是新成立的企业，当企业重组、并购或出现较大范围的人员变动时，也不适宜立即开展工作分析。因为工作分析是建立在工作流程和工作职能的基础上，当企业出现并购、重组或大范围的人员变动时，也意味着工作流程、工作职能会发生较大的变化，此时从事工作分析也只能是为企业的工作流程或工作职能调整提供参考，而无实际的意义。

岗位评估工作也存在类似的情况。岗位评估的主要作用是解决薪酬内部公平性的问题。新成立企业薪酬模式一般不太固定，适宜采用的薪酬模式也应该是基于绩效或任务，而不是基于岗位的，所以新成立的企业开展岗位评估工作的意义不大。另外，岗位评估工作需要评审委员会具体参与评定。评审委员会一般由公司管理者、部门管理者、外部专家和绩优员工所组成，新成立企业不具备此条件。

所以新成立企业不适宜开展工作分析和岗位评估工作。

问题 3.2　兼职岗位的岗位说明书应该如何编写

兼职情况在企业中非常普遍。有些员工在一个部门内部身兼多职，有些员工则会跨部门兼职。但兼职并不影响员工岗位说明书的编写。因为岗位说明书是基于岗位而不是某一具体员工的。

兼职员工在编写岗位说明书时，应该根据自己兼任的不同岗位分别编写。如果某位员工既是总经理秘书，还兼任办公室副主任，同时还是公司团委书记。那么这位员工要分别针对这三个岗位编制三份岗位说明书，每一份说明书均按照规定的要求编写。

兼职的发生原因有很多，有些是因为某些岗位没有合适的人，而该岗位工作不能受影响，便委派专人兼任该岗位；有些则是为了给予员工一定的级别或职务，便于员工职业发展或开展工作。前面提到的总经理秘书兼任办公室副主任很可能就是以上两个原因。还有一些岗位的工作并不饱和，安排专人负责易造成人员使用的浪费，于是便由某些员工兼任该岗位。总经理秘书兼任团委书记的工作很可能就是因此发生的。

3.7　【案例分析】某互联网公司工作分析

某互联网公司在重庆市已有十余年的历史，是一家专门从事互联网应用、软件开发及网络硬件销售与维护的高科技企业。企业是百度、谷歌、新浪、网易等多家企业的重庆代理。公司近年来效益增长明显，销售收入和净利润年增长率在30% 以上。公司目前有员工 180 人，组织机构如图 3-11 所示。

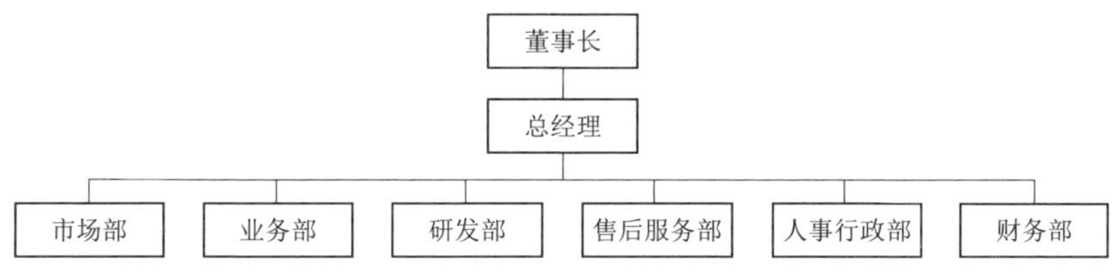

图 3-11　互联网公司组织机构图

市场部负责企业形象推广、市场调研、寻找合作伙伴等；业务部负责产品销售、市场信息收集、市场渠道扩展、广告宣传、采购等；研发部主要根据客户要求，开发制作软件产品并做好质量控制等；售后服务部负责公司硬件业务项目制作及售后服务管理；人事行政部负责企业人事行政具体工作；财务部负责财务结算、报表及资金管理等。

近年来，企业发展遇到以下一些问题。

（1）企业组织机构还是建立之初确立，并随着业务扩张的需要逐渐增加而成，在运行过程中，组织与业务矛盾较多。部门之间、岗位之间的职责和权限缺乏明确界定，推诿扯皮的现象不断发生，有的部门抱怨事情太多，人手不够。有的部门又觉得闲人太多，效率低下，大家都没有干劲儿。

（2）招聘新员工时的工作职责不够清晰。各部门所拿出的工作职责往往笼统含糊，招聘人员无法准确理解，应聘人员在面试时，对应聘岗位工作的理解也五花八门。

（3）很多员工多年没有晋升，意见比较大，存在骨干员工因此流失的情况。

（4）由于员工岗位职责不明确，业绩考核缺乏针对性，员工薪酬与个人业绩不挂钩，员工干多干少拿得差不多，不少员工对此颇有微词。

考虑到以上问题，董事长决定启动薪酬体系重新设计工作，但为了稳妥起见，企业率先开始了工作分析项目。其目的是建立科学、规范的岗位管理体系。具体目标是为所有员工制定一份岗位说明书。

工作分析流程如图 3-12 所示，工作从立项开始，历经 50 天，完成了岗位说明书的制定。

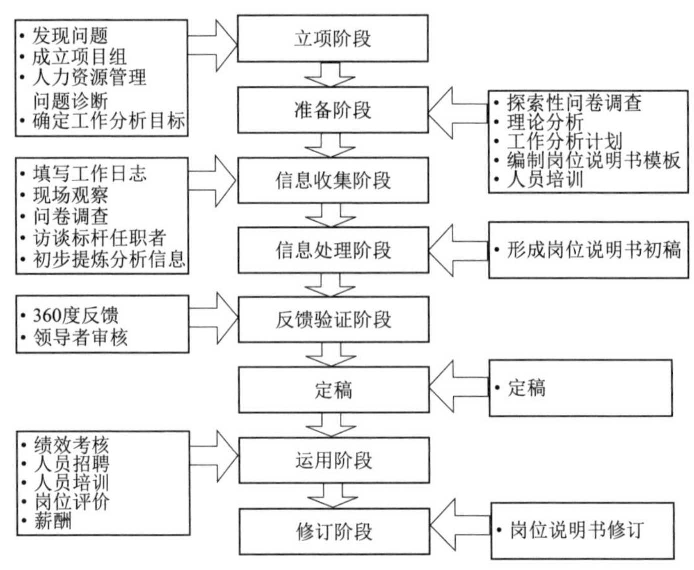

图 3-12　互联网公司工作分析流程

1. 立项阶段

（1）成立项目组。工作是由总经理具体负责。为了顺利推进工作分析工作，总经理决定成立一个单独的项目组负责具体工作。项目组组长由总经理担任，项目组有两个顾问，一个是董事长，另一个技术顾问是总经理从外部聘请的人力资源管理专家。各部门负责人和人事行政部的人事专员都是项目组的成员。具体分工如表 3－11 所示。

表 3-11　工作分析项目组分工表

成　员	担任人员	具体职责
组长	总经理	项目目标决策、进度控制，参与关键决策
技术顾问	人力资源管理专家	提供技术支持
执行成员	人事行政部经理、人事专员	资料整理，项目方案和计划制订、编写，组织开展各项调查，组织培训及沟通工作、项目实施等
其他成员	各部门负责人	根据项目进度给予相关配合

（2）人力资源管理问题诊断。人力资源专家组织项目组对公司人力资源状况进行诊断，其中涉及的岗位管理问题包括以下几点。

① 没有一套完整的工作分析管理体系，没有一套合理的岗位分析实施的管理方法，工作分析的实施大多是依靠人力资源主管及少数人员的主观因素。

②工作分析与企业战略目标联系不紧密，出现了工作分析与企业战略脱节的现象。

③ 岗位说明书没有被认真使用。例如，在招聘人员时，没有根据岗位说明书的任职资格要求选拔和测评人员，造成招聘标准与岗位职责不符。

（3）确定工作分析目标。经过分析，项目组决定将工作分析目标确定为以下几点。

①为战略性的人力资源规划提供基础资料。

②通过工作分析，明确界定各岗位的职责及目标，明确公司中的纵向隶属关系和横向的关联关系。避免职责不清，相互交叉、管理混乱的现象，使所有事项都有具体的岗位对应负责。

③重新编制员工岗位说明书。

2. 准备阶段

（1）工作分析计划。在确定工作分析目标后，项目组根据公司情况，制订了工作分析工作计划，包括人员配置和安排、分析方法和工具设计方案和实施过程。

（2）编制岗位说明书模板。在开始正式的工作分析前，根据人力资源管理专家的建议，项目小组首先编制了岗位说明书的模板。接下来信息的收集、调查工作全部围绕着岗位说明书的模板展开，以确保项目不偏离主题。

（3）人员培训。项目组分别召开了工作分析项目组会议、项目组成员内部培训会、项目启动会议、全体员工动员大会，通过不断培训取得员工的理解和支持。

3. 信息收集阶段

（1）填写工作日志。由员工填写最近一周的工作日志。

（2）现场观察。根据员工工作日志，选取重点岗位，由项目组成员和技术顾问在员工工作现场观察员工工作，并做好记录。

（3）问卷调查。项目组设计了问卷并发放至全体员工进行问卷调查。

（4）访谈标杆任职者。根据问卷调查结果，选取部分重点岗位，访谈现在的任职者和岗位所在部门负责人，并做好记录。

4. 信息处理阶段

初步提炼分析信息。在各项工作结束后，项目组召开会议对收集到的信息进行分析和研究，并形成岗位说明书初稿。

5. 反馈验证阶段

（1）360 度反馈。组织岗位说明书初稿的书面反馈，并组织中高层管理人员、员工代表，对岗位说明书反馈中的问题进行讨论。

（2）召开会议。根据讨论结果，将岗位说明书第二稿移交董事长、总经理和技术顾问评议，最后确定各岗位的职责与要求，对岗位说明书定稿。

6. 定稿

人事行政部整理领导审核的最终意见，以正式通知的形式将岗位说明书公布，并发放至个人。

7. 运用阶段

岗位说明书发布后，对招聘、考核、培训等工作制度相应进行调整和规范。根据薪酬体系设计的日程，岗位说明书将作为岗位评价和核定员工薪酬的依据。

8. 修订阶段

岗位说明书实施一季度后，人事行政部就岗位说明书实施中遇到的问题与各部门经理和员工代表进行座谈，并进行修订。该公司的工作分析进行时间较快，整体过程非常清晰，通过这次工作分析，公司收获了以下成果。

（1）为组织实现管理规范化打下好基础。岗位管理是一项基础工作，岗位分析工作的顺利开展，为规范员工管理打下了好的基础。

（2）明确员工岗位职责，确保员工各司其职，确保岗位职责支持公司战略要求、支持公司业务流程需要。之前工作职责不清的问题得到一定的改善。

（3）工作分析为其他人力资源管理提供了依据。业绩考核、培训、招聘、薪酬管理都可以在工作分析的基础上进一步深化和规范。

【案例启示】

该公司岗位并不复杂，工作分析开展得也非常有序。通过其工作分析过程，我们可以发现工作中的几个关键环节。

（1）工作分析的时机。不同公司或不同的发展阶段，其进行工作分析的目的和侧重点都会有所不同。本案例中开展工作分析是因为工作分析的不足已经严重影响到公司的正常管理活动。这个时间实施工作分析，符合管理者和员工的要求。

（2）高层领导的重视是公司成功进行工作分析的保障。工作分析是一项很基础的工作，不是一个部门推动就可以做好的。本案例中，董事长亲自启动这项工作，总经理担任工作组组长，并关注项目实施的各个环节，这些措施对项目顺利开展都是非常有利的。

（3）宣传培训对工作分析的开展起到了积极作用。本案例中的项目开始前，公司内部就进行了多次的沟通和培训，向员工解释清楚项目进行的必要性和重要性，取得了员工的理解，确保员工积极配合项目工作。

（4）人力资源专家发挥了重要作用。在本案例中，在项目确立目标、项目前期准备、实施等过程中，人力资源专家都发挥了重要作用。工作分析工作没有走冤枉路，也是因为人力资源专家提前预见到在项目开展中可能遇到的问题，并提前做好了准备。

（5）工作分析的结果一定要应用到各项工作中。如果工作分析仅仅是做一份岗位说明书，就没有意义了。本案例中，在岗位说明书发布后，招聘、培训、考核、薪酬等工作都据此进行调整或重建，说明工作分析的结果被用到实处。这也体现出工作分析的真正价值。

4 岗位价值评估

通过岗位价值评估，可以合理体现出不同岗位的价值。建立在工作分析和岗位价值评估基础上的薪酬体系，可以体现出岗位间不同重要性、不同工作难度和不同任职能力要求的差异。

图 4-1 所示为本章主要内容，即岗位价值评估、岗位分级。其中岗位价值评估重点说明如何科学合理地评定企业内部各岗位的重要性和作用；岗位分级是根据评估结果，对相同或相似的价值岗位归类的过程。

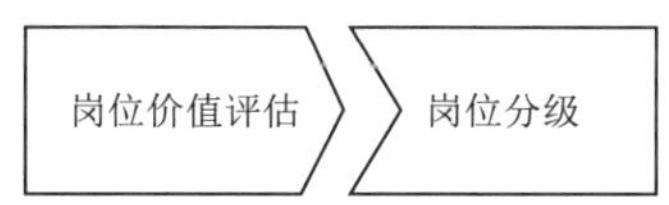

图 4-1　岗位价值评估和岗位分级

4.1　岗位价值评估

岗位价值评估是薪酬确定的基础，通过评估，分析评价企业内岗位价值（包含重要性、复杂性、承担责任大小和所需知识程度），确定岗位的相对价值，并以此作为核定岗位薪酬的依据，体现薪酬的内部公平性。

4.1.1　岗位价值评估原则

岗位价值评估应遵循以下原则。

1. 对岗不对人原则

岗位评估的对象是岗位，不是该岗位上的员工。评估一个岗位的价值应该考虑岗位本身的情况，不是从该岗位员工的表现出发。

2. 系统性原则

每一个岗位的评估要素间都会有一定的联系。在评估岗位时，要体现出岗位间相互作用和依赖的特点。

3. 一致性原则

一致性体现在评价各岗位的指标是统一的，评价指标的标准是一致的，评价方法是统一规定的，数据处理时也是按照统一程序进行的。

4. 全面参与原则

为体现评估结果的公正性，评委要从决策者、管理者、执行者、普通员工和外部专家中选择。

4.1.2 评估程序

岗位价值评估采用不同的方法，程序略有不同，一般的程序如图 4-2 所示。

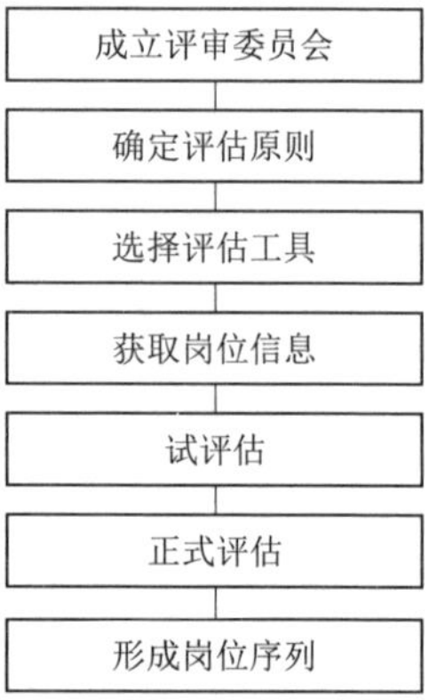

成立评审委员会
确定评估原则
选择评估工具
获取岗位信息
试评估
正式评估
形成岗位序列

图 4-2 岗位价值评估一般程序

1. 成立评审委员会

参与评估的人员一般包括企业管理者、外部专家、绩优员工或员工代表。

2. 确定评估原则

评估原则应在遵守岗位价值评估原则的前提下，根据实际情况予以调整。

3. 选择评估工具

社会上，岗位评估工具比较多，大多经过实践检验。各种工具操作方法不同，设计原理基本一致，评估结果一般不会有大的偏差。企业应选择一套适合自己的工具。

4. 获取岗位信息

岗位信息可来自原有岗位说明书或岗位工作手册，也可通过工作流程精炼。有的企业在实施岗位价值评估时，由企业相关人员对需要评估岗位的主要工作进行说明，以确保评审委员会成员能够得到一致的信息。

5. 试评估

在开展正式评估前，企业应组织部分评委对典型岗位进行试评估。通过试评估，管理者可以评判评估过程中的问题和不足，改进评估工作；通过试评估过程，也可以让评委了解评估方法，确保正式评估结果的可信度。

6. 正式评估

正式评估即按评估工作要求，对全部岗位进行的一次性评估。

7. 形成岗位序列

根据岗位评估的结果，将所有的岗位进行分类，归入不同的岗位等级，从而形成完整的岗位序列。

4.1.3 评估方法

岗位价值评估方法有很多，常用到的有以下三种：排序法、要素计点法和因素比较法。

1. 排序法

排序法首先要选取评分要素。在每一要素评分时，将所有要对比的岗位在一张表格中展现出来，如表 4-1 所示，用行中的岗位与各列岗位相比较。当评分要求岗位行的重要性高于列时，表格中填“1”，相当时填“0.5”，低于列时，填“0”。最后统计各岗位的得分，得分最高的岗位，则在此项因素中最有价值或最重要。

表 4-1　排序法评分

岗　位	总经理	办公室主任	人力资源部经理	财务部经理	市场部经理	生产部经理	客服部经理	得　分
总经理	0.5	1	1	1	1	1	1	6.5
办公室主任	0	0.5	0	0	0	0	1	1.5
人事部经理	0	1	0.5	0	0.5	0.5	1	3.5
财务部经理	0	1	1	0.5	0	0	1	3.5
市场部经理	0	1	0.5	1	0.5	0	1	4
生产部经理	0	1	0.5	1	1	0.5	1	5
客服部经理	0	0	0	0	0	0	0.5	0.5

评审委员会按此原则比较评分，最终的得分为各委员评分的加权平均值。其中，各委员权重一般由企业自定。

2. 要素计点法

要素计点法也称点数法，就是选取一些关键要素，把每一要素分成几个子因素，并对每一个子因素赋予一定的点数，再按照这些关键要素，对岗位进行评价，见表 4-2。在每个岗位的总点数都得出后，点数最高的岗位就是最有价值的岗位。

表 4-2　点数法配点表

关键要素	子因素	权　重	点数（总点数 1 000）
工作技能	知识技术要求	10%	100
	操作复杂程序	10%	100
	看管设备复杂程度	10%	100
	处理事故复杂程度	10%	100
工作强度	脑力劳动强度	5%	50
	体力劳动强度	10%	100

续表

关键要素	子因素	权　重	点数（总点数 1 000）
工作责任	质量责任	10%	100
	产量责任	10%	100
	安全责任	5%	50
	管理责任	5%	50
工作环境	高温危害程度	10%	100
	危险性	5%	50
评分说明： 三级：0 ~ 20；二级：20 ~ 40；一级：40 ~ 60；高级：60 ~ 80；资深级：80 ~ 100			

3. 因素比较法

因素比较法是对排序法的一种改进，排序法是从整体的角度对岗位进行比较和排序，而因素比较法类似点数法，将某一岗位的工作划分为多项主要工作，从每一项工作中提取一定的因素；选取标杆岗位，对每项因素赋予一定的货币值；以某一标杆岗位为基础，对照每个因素将评估岗位与标杆岗位进行比较评分，汇总确定该岗位各项因素的货币值。

因素比较法评估表，如表 4-3 所示。

表 4-3　因素比较法评估表　　单位：元/月

比较项目	标杆岗位			评估岗位
	质检员	操作工	配送工	维修工
智力	500	400	300	500
技能	1 000	800	500	1 000
体力	300	600	800	500
责任	1 200	600	300	800
工作条件	600	800	400	600
合计	3 600	3 200	2 300	3 400

4.1.4　评估结果的使用

评估结果统计出来后，按照排序法和因素比较法，得出的是岗位重要性的排序。排序法岗位评估结果，见表 4-4。

表 4-4　排序法岗位评估结果

岗　　位	排序法得分	排　　序
总经理	6.5	第1位
办公室主任	1.5	第6位
人事部经理	3.5	第4位
财务部经理	3.5	第4位
市场部经理	4	第3位
生产部经理	5	第2位
客服部经理	0.5	第7位

这个排序的顺序代表了该岗位薪酬水平在进行比较的各岗位中的位置。

按照点数法得出的是各岗位所得点数，其排序也代表了该岗位薪酬水平在各岗位中的位置。

4.2　岗位分级

除了将岗位评估的结果直接用于薪酬水平的核定，企业还可以将岗位评估结果作为员工岗位分级的依据。

所谓岗位分级就是承认不同岗位在企业中的地位是不同的。岗位的分级不仅限于岗位间，在同一岗位下，因为员工的能力、绩效等因素不同，也可以划分为若干级别。这个观点也是基于能力的薪酬体系的基本假设之一。正因如此，不同岗位的薪酬是不一样的，即使是同一岗位，由于员工个体能力存在差异，所得到的薪酬也可能不同。

当然，岗位分级不是一项必需的工作，有些企业倡导一岗一薪，无论员工能力如何，既然安排了这样的岗位，就说明员工可以胜任工作，那么同一岗位员工的薪酬就不应有差距。这两种观点代表了不同的薪酬管理理念。岗位分级是企业内部管理行为，每个企业所处行业、管理方式、工作重点不同，是否要进行岗位分级，岗位如何分组的标准也不太一样。

4.2.1　岗位间的级别划分

图 4-3 所示为某公司岗位评估结果，每个岗位之间的差距非常明显。按照之前所说，将岗位差距应用于薪酬，可以确保薪酬水平的内部公平性。如果总经理

年薪是65万元，为了确保薪酬水平的内部公平性，则生产部经理年薪是50万元，市场部经理年薪是40万元，人事部、财务部经理年薪是35万元，办公室主任年薪是15万元，客服部经理年薪是15万元。这样的薪酬分配符合内部公平性原则，但无法真正让员工感到公平。一般的处理方式是保持岗位间差距的趋势，但却保留一定的岗位差距。

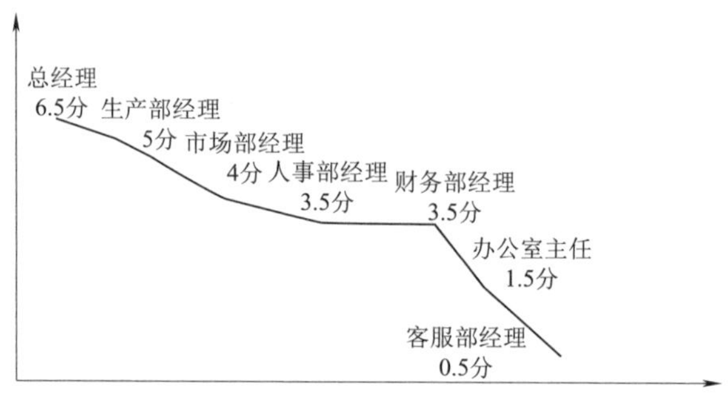

图 4-3　排序法岗位评估结果坐标图

图4-4所示为某企业薪酬分档方案。这个方案是参考分数，将总经理的薪酬确定为第一档标准；分数较为接近的生产部、人事部、财务部和市场部经理的薪酬水平确定为第二档标准；将分数差距较大的办公室主任和客服部经理的薪酬水平确定为第三档标准。这三档标准拉开了岗位间的薪酬差距，但每档标准中的岗位并不像评价分数差距那样大。既体现了岗位的重要性，又不会因同级别人员的薪酬水平差距过大而造成新的不平衡。

如果再考虑到任职者任职能力的问题，就需要将每个岗位内部划分一定的级别。

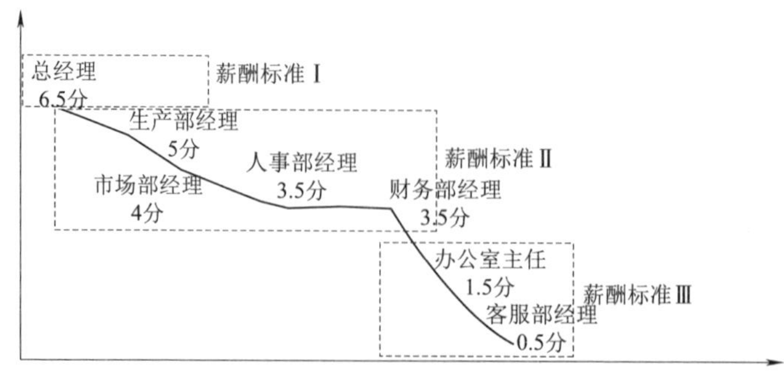

图 4-4　排序法岗位评估结果坐标图——薪酬分档方案

4.2.2　岗位内部的级别划分

岗位内部分级的直接结果使每个岗位的薪酬跨度更大了。图 4-5 所示为某公司薪酬拉宽方案。根据岗位评估的结果，每个岗位的薪酬由一个点，变成一个范围，即同一个岗位的员工，胜任能力不同、绩效水平不同，所得到的薪酬应该不同。同样的，市场部经理绩效水平高时，可以超过岗位评估分数高于自己的生产部经理。这样既满足了薪酬内部公平性的要求，又能引导员工提高自己的能力和业绩水平，以获得更高的薪酬。

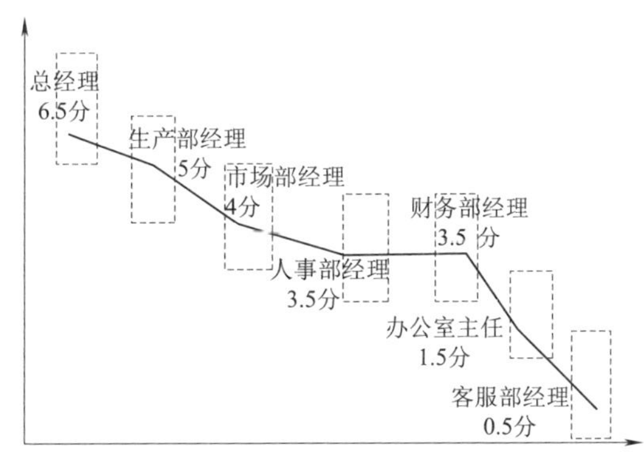

图 4-5　排序法岗位评估结果坐标图——薪酬拉宽方案

按照这个原则，结合岗位的分类和分级情况，企业可以确定员工岗位等级表。

4.2.3　岗位等级表

某企业岗位等级表，见表 4-5。其中，岗位种代表了工作内容相近或相似，以及岗位任职所需知识、技能相同或相近的岗位组成的岗位集合。岗位族则是对岗位种和岗位群的概括。三者相比，岗位种更加注重各岗位间实际工作内容和性质的相似性，岗位族则更加强调岗位所发挥的作用以及对任职者知识、技能的要求。岗位序列的划分是为了方便管理，各企业在实际掌握方面会有所区别。

该企业全部岗位划分为 16 个等级，参考岗位评估的结果，企业将所有的岗位上下浮动、拉宽。如果以岗位等级作为薪酬等级，我们可以发现，岗位间的薪酬有交叉。每一个岗位的发展有跨度，员工只要按照公司的要求，掌握足够的技能，并取得一定的业绩后，薪酬是可以超过岗位等级高于自己的其他岗位员工的。

表 4-5　某企业岗位等级表

岗位族	管理			专业											市场			作业	
岗位群	管理			供应	设计		生产		质管	财务		人事	行政		市场			作业	
岗位种	决策	管理	执行	采购	产品设计	工艺设计	调度	生产管理	质量管理	资金管理	财务管理	人力资源	行政管理	文书管理	营销策划	销售	客户服务	技工	操作工
等级 16																			
等级 15																			
等级 14																			
等级 13																			
等级 12																			
等级 11																			
等级 10																			
等级 9																			
等级 8																			
等级 7																			
等级 6																			
等级 5																			
等级 4																			
等级 3																			
等级 2																			
等级 1																			

岗位等级是静态的，无法解决一个员工是应该进入高一级的等级还是低一级的等级。企业还需要为每一个岗位种划分不同的内部级别，某一岗位种分多少级并没有固定的说法，一般的做法是分为 5 级或 7 级。岗位等级划分标准见表 4-6。岗位内部等级的划分也需要参与相应的标准，这与岗位评价方法非常类似。

表 4-6　岗位等级划分标准

等级	标　准
资深级	业务流程的建立者或重大流程变革发起者 调查并解决需要大量分析的系统性、全局性、特殊困难问题 可以指导整个体系的有效运作 能够洞悉和准确把握本专业的发展趋势，并提出具有前瞻性的思想 具有博大精深的知识和技能 被视为业内权威和领袖

续表

等级	标　　准
高级	对本专业业务流程有全面、深刻的理解，洞察深层问题并给出相应的解决方案 能够以缜密的分析在专业领域给他人施加有效影响，从而推动和实施本专业领域内重大的变革 对于本专业领域内复杂、重大的问题，能够通过改革现有的程序/方法来解决 可以指导本专业内的一个子系统有效地运行 能够把握本专业的发展趋势，并使本专业发展规划与业内发展趋势相吻合 在本专业大多数领域具有全面的知识和技能，对其他领域也有相当程度的了解 被视为本专业领域的专家
一级	能够发现本专业业务流程中存在的复杂问题，并提出系统性的、合理有效的解决方案 能够预见工作中的问题并能及时解决 对体系有全面的了解，并能准确把握各组成部分之间的相关性 能够对现有的方法/程序进行优化，并解决复杂问题 可以独立地、成功地、熟练地完成专业领域内多个较复杂的工作任务，并能有效指导他人工作 具有全面的、良好的知识和技能，在主要领域是精通的，并对相关领域的知识有相当的了解 被视为本领域内经验丰富的骨干力量
二级	能够运用现有的程序和方法解决一般问题，独立负责某专业领域内的工作 在有适当指导的情况下，能够完成工作，在例行情况下有多次独立运作的经验 能够理解本专业领域中发生的改进和提高 工作需要他人的监督和指导，同时在专业领域内有一定的独立性 能够发现流程中的一般问题 具有基础的和必要的知识、技能，且集中于本专业中的一个领域，并在工作中多次得以实践 被认为业务实施的基层主体
三级	按程度处理例行工作，了解与工作相关的局部体系 在指导下利用现有的方法/程序解决一般问题 有限的知识和技能，主要是从事本专业工作所必需的一些基本知识或单一领域的某些知识点 在本专业领域有某个类别的经验 被视为初级者

利用岗位等级划分标准，再根据员工的任职资格和绩效水平，即可确保所有的员工在岗位等级表中找到自己的位置。

4.3　【HR 必知】海氏评估系统和美世评估系统

在工作中，我们会发现很多咨询公司的岗位评估方法与本节介绍的方法不一致。这是因为本节介绍的是一些基本方法，而咨询公司的岗位评估方法是在此基础上进行开发后生成的。因为岗位评估本就是一项很复杂琐碎的工作，并且各咨询公司需要用一套系统解决不同企业的问题，所以咨询公司的岗位评估系统看上去是比较复杂的。各咨询公司中最为出名的岗位评估系统是海氏评估系统和美世评估系统，两者本质上都是要素计点法。

海氏评估系统是一种量化的岗位评价方法，是先以评分的方式确定关键岗位的付酬因素，然后将待评价岗位的付酬因素与关键岗位比较，以确定待评估岗位的工资率。海氏评估系统采用技能、解决问题的能力和承担责任三大要素，若干子因素方面对岗位进行全面评估。

美世国际职位评估法（International Position Evaluation System，IPE 系统）是通过“因素提取”并给予评分的职位价值测量工具。IPE 系统实施 4 因素打分制，4 个因素是指影响、沟通、创新和知识。每一因素划分为 2～3 个维度，每一维度根据不同程度对应不同的权重。IPE 系统共有 4 个因素，10 个纬度，104 个级别，总分 1 225 分。评估结果可以分成 48 个级别。评估过程十分简单，只需依据岗位的具体内容对应着在每一个因素中选择不同的维度、确定相应的程度对应的得分，最后将得分加总即可。IPE 职位评估法，如表 4-7 所示。

表 4-7　某岗位 IPE 职位评估计分表

岗位名称：

<table>
<tr><th>因素</th><th colspan="2">维度</th><th>评定等级</th><th>等级</th><th>评估分值</th></tr>
<tr><td rowspan="5">影响</td><td rowspan="3">组织规模</td><td>组织类型</td><td>制造和销售</td><td rowspan="3">9.5</td><td rowspan="5">282</td></tr>
<tr><td>员工总数</td><td>7 032 人</td></tr>
<tr><td>营业额</td><td>9 500 万元</td></tr>
<tr><td colspan="2">影响性质和范围</td><td>介于战略和远见之间</td><td rowspan="2">12.5</td></tr>
<tr><td colspan="2">岗位贡献程度</td><td>部分</td></tr>
<tr><td rowspan="2">沟通</td><td colspan="2">沟通类型</td><td>介于谈判与策略性谈判之间</td><td>4.5</td><td rowspan="2">82</td></tr>
<tr><td colspan="2">涉及利益架构</td><td>外部共享利益</td><td>2</td></tr>
<tr><td rowspan="2">创新</td><td colspan="2">期望水平</td><td>创造/概念化</td><td>5</td><td rowspan="2">105</td></tr>
<tr><td colspan="2">复杂程度</td><td>多维的</td><td>4</td></tr>
<tr><td rowspan="3">知识</td><td colspan="2">知识水平</td><td>部分知识杰出/丰富工作经验</td><td>7</td><td rowspan="3">218</td></tr>
<tr><td colspan="2">职位角色</td><td>多团队经理</td><td>3</td></tr>
<tr><td colspan="2">应用宽度</td><td>本地</td><td>1</td></tr>
<tr><td colspan="4">合计</td><td>48.5</td><td>687</td></tr>
</table>

4.4　【疑难问题解答】

问题 4.1　为什么岗位评估结果与市场薪酬情况有较大偏差

很多时候，通过岗位评估计算出来的岗位薪酬，与市场薪酬偏差很大。例如，某企业 A 岗位评估得分为 100 分，B 岗位为 200 分，如果岗位评估结果与市场薪酬直接对应，则 A 的薪酬应该低于 B 的薪酬，而且差距不小。但实际上，市场上 A 的薪酬却高于 B 的薪酬。

出现这一情况的原因很容易理解。岗位价值评估只是在公司内部劳动力市场中，对岗位特征（如技能、强度、智力、环境）的比较，没有考虑外部劳动力市场。岗位价值评估只是解决内部薪酬公平感，而不是外部薪酬竞争力的问题。外部劳动力市场人才价格是由市场供需关系决定的。例如，在改革开放初期，随着中国民航业的兴起，空姐成为非常热门的职业，人才市场价值非常高。而飞机驾驶员因为行业限制，是无法从人才市场上招聘到的。民航业开始复兴的时候，市场化选聘的空姐收入与有着丰富飞行经验的机长收入差距不大。随着市场成熟，空姐供给增加，而飞机驾驶员薪酬也引入了市场化因素，两者薪酬才逐渐回归正常。

问题 4.2　为什么每次岗位价值评估的结果都不一致

岗位价值评估是一种管理行为，是根据评估时所选择的评估维度、岗位资料和评估标准，由参与人员进行主观评定，并最终折算为量化结果的过程。每次评估的结果会受到很多因素的影响。

1. 评估维度

一般的岗位价值评估有重要性、复杂性、承担责任大小和所需知识程度四个维度。但每个不同的工具所使用的维度是不一样的。有的评估工具是按照某岗位解决问题所需能力、解决问题的实际能力、对工作结果所负责任、以工作关键环节为评估维度的划分方法；有的评估工具则在岗位重要性、复杂性、承担责任大小和所需知识程度四个维度以外，加入了管理幅度、沟通水平等因素。不同的维度代表不同的管理思想，采用不同的维度评价，也很容易出现不同的结果。

2. 适用对象不同

每一种评估方法所对应的对象是不同的。评估方法一般都是在总结大量实践的基础上建立的，是对历史的总结，所以每一种评估方法对不同的适用对象效果是不一样的。例如，在总结多家制造工厂工作经验的基础上制定出来的岗位价值评估方法对金融行业未必适合。另外，国外管理文化对工作和岗位的理解与我国情况有所差异，所以不同的评估工具会产生不同的评估结果。

3. 评估者对岗位的理解不同

岗位评估主要的环节是评估者评分。评估者对岗位的理解会发生变化，这会造成评估者在不同时期评分时，评分结果不一致，从而造成评估结果的差异。

可见，任何一个评估工具都有其是否适用的问题，所以企业在评估之前要做好评估工具的选择工作。首先，要看评估工具的内容是否适合本企业的情况或管理者的要求；其次，要通过工具提供者了解该评估工具在其他企业的使用情况，特别是与自己行业相同或相近企业的使用情况；最后，在岗位评估完成后，管理者还应该对评估结果进行整体核对，对于与管理者意愿相差过大的岗位，管理者应该有权对其修正或重新讨论、评估。

4.5 【案例分析】某企业海氏评估系统岗位评估实践

某企业为一家民营物流企业。企业以第三方物流为主营业务，兼营内外贸业务，为客户提供一站式全方位的物流服务。企业已与全国各地物流企业建立了紧密的战略伙伴关系，形成了铁路、航空、航运紧密联系，国内各大公路运输企业密切合作，网络覆盖全国各个主要城市和地区，运用互联网及现代信息管理技术对物流全过程进行管理、监控的专业物流服务体系。其下辖物流中心，是企业重要盈利单位。现有68名员工，分布在24个岗位上。岗位设置如表4-8所示。

表4-8 物流中心岗位设置

所属部门	编号	岗位名称	所属部门	编号	岗位名称
经理室2人	01 02	物流中心总经理 经理助理	市场部2人	13 14	市场部经理 副经理
财务部4人	03 04 05	财务部主任 会计 出纳	行政部4人	15 16 17	行政部主任 综合文员 安防员
运输部10人	06 07 08	运输部主任 业务员 押运员	信息部8人	18 19 20	信息部主任 订单员 客服文员
配送部14人	09 10 11 12	配送部主任 运作主管 运作员 司机	仓储部24人	21 22 23 24	仓储部主任 仓管员 配货员 叉车工

企业拟以物流中心总经理、叉车工、会计三个岗位为典型岗位，利用海氏评估系统对各岗位进行评估。

1. 基本思路

沿用海氏评估系统思想，即通过三个方面对岗位价值进行评估，并且通过较为准确的分值计算、确定物流中心各岗位等级。

岗位评估分 = 技能评估分 + 解决问题评估分 + 应负责任评估分

其中，技能评估分、应负责任评估分和最后评估分都是绝对分，解决问题评估分是相对分，经过调整后为最后评估分（绝对分）。

沿用海氏评估系统评估三种付酬因素方面不同分数时，要考虑各岗位的“形状结构”，以确定该因素的权重，据此计算出各岗位相对价值的总分，完成岗位评估。

2. 确定反映物流企业各岗位特点的评估因素

企业选择海氏评估系统中三大要素和八个子因素进行岗位评估，并对各项因素进行定义，如表 4-9 所示。

表 4-9　物流企业岗位评估系统付酬因素描述

付酬因素	付酬因素释义	子因素	子因素释义
技能水平	要使工作绩效达到可接受的水平所必需的专门知识及相应的实际运作技能的总和	知识与学历	指从事该职务要求掌握的职业领域的理论与专门知识。该子系统分为六个等级，从初等业务（第一级）到权威专门技术（第六级）
		工作技能与实际方法	指该岗位要求使用其专业领域内有关的工作程序、技术和实际方法完成组织任务的能力。该子系统分为五个等级，从简单（第一级）到高级（第五级）
		管理能力	指为达到要求绩效水平而具备的计划、组织、执行、领导、控制及评价的能力和技巧。该子系统分为三个等级，即基本（第一级）、较高（第二级）、全面（第三级）
解决问题能力	在工作中发现问题、分析诊断问题、权衡与评价对策、做出决策等能力	工作的复杂性	指一定环境对职务行使者的思维限制程度和体现的复杂程度。该子因素分为五个等级，从几乎一切按既定规则办的第一级（常规的）到只作了含混规定的第八级（复杂级）
		工作的创新性	指解决问题时对当事者创造性思维的要求，该子因素分为五个等级，从无须或较少需要判断、几乎无须动脑的第一级（重复性的），到完全无先例可供借鉴的第五级（高度的）

续表

付酬因素	付酬因素释义	子因素	子因素释义
承担的职务责任	指职务行使者的行动对工作最终结果可能造成的影响及承担责任的大小	决策的层次责任	指在正常工作中需要参与的决策，其责任大小以所参与决策的层次高低作为判断基准。该子因素包含五个等级，从影响度最小的第一级（微小的）到影响度最大的第五级（极大的）
		职务以后果形成的责任	指对工作结果承担的责任，以工作结果对公司的影响大小作为判断责任大小的基准。该子因素包括四个等级，从只需对自己工作结果负责的第一级（单一性的）到对全公司的工作结果负责的第四级（关键的）
		职务贡献（风险）	指可能造成的经济性后果的大小，或指与企业的收入（利润）直接关联度，或是职务，亦可指在不确定条件下，为保证项目的顺利进行所承担的风险，通常以失败后需要承担损失的大小作为判断的基准。该子因素包括四个等级，即微小的、少量的、一般的和大量的，每一级都有相应的金额下限，具体数额要视企业的具体情况而定

3. 确定评估因素权重

物流企业岗位评估系统在评估三种主要付酬因素分数时，须考虑各岗位的“形状结构”，即技能和解决问题的能力两因素相对于岗位责任这一因素的影响力的对比与分配，以确定该因素的权重。物流企业岗位评估系统把岗位“形状结构”分为三种类型：（1）“上山”型，此岗位的责任比智能与解决问题的能力重要；（2）“平路”型，智能和解决问题能力在此类职务中与责任并重；（3）“下山”型，岗位职责不及智能与解决问题的能力重要。三种类型因素权重不同。

岗位价值 = 智能水平 ×（1 + 解决问题能力）× 权重 1 + 承担责任 × 权重 2

其中：“上山”型中权重 1 和权重 2 分别为 40% 和 60%；“平路”型中权重 1 和权重 2 分别为 50% 和 50%；“下山”型中权重 1 和权重 2 分别为 60% 和 40%。

4. 确定评估标准

表 4-10 为智能水平评估表。

表 4-10　技能水平评估表

工作技能与实际方法																
		简单			初等			一般			较高			高级		
管理能力		基本	较高	全面	基本	较高	全面	基本	较高	全面	基本	较高	全面	基本	较高	全面
知识与学历	初等业务	87 100 115	100 115 132	115 132 152	115 132 152	132 152 175	152 175 200	152 175 200	175 200 230	200 230 264	200 230 264	230 264 304	264 304 350	264 304 350	304 350 400	350 400 460
	助理业务	115 132 152	132 152 175	152 175 200	152 175 200	175 200 230	200 230 264	200 230 264	230 264 304	264 304 350	264 304 350	304 350 400	350 400 460	350 400 460	400 460 528	460 528 608
	中等业务	152 175 200	175 200 230	200 230 264	200 230 264	230 264 304	264 304 350	264 304 350	304 350 400	350 400 460	350 400 460	400 460 528	460 528 608	460 528 608	528 608 700	608 700 800
	较高业务	200 230 264	230 264 304	264 304 350	264 304 350	304 350 400	350 400 460	350 400 460	400 460 528	460 528 608	460 528 608	528 608 700	608 700 800	608 700 800	700 800 920	800 920 1 056
	高等业务	264 304 350	304 350 400	350 400 460	350 400 460	400 460 528	460 528 608	460 528 608	528 608 700	608 700 800	608 700 800	700 800 920	800 920 1 056	800 920 1 056	920 1 056 1 216	1 056 1 216 1 400
	权威业务	350 400 460	400 460 528	460 528 608	460 528 608	528 608 700	608 700 800	608 700 800	700 800 920	800 920 1 056	800 920 1 056	920 1 056 1 216	1 056 1 216 1 400	1 056 1 216 1 400	1 216 1 400 1 600	1 400 1 600 1 840

（1）知识与学历。

初等业务：要求具有高中、中技毕业经过职务培训或中专毕业，了解基本的专业理论知识和操作知识。

助理业务：要求具有大学专科毕业或相当程度（中专毕业有 3 年以上专业工作经历，并获得相应的知识、有员级专业职务任职资格），掌握专业基本理论知识和必要的操作知识。

中等业务：要求具有大学本科毕业或相当程度（大专毕业有 2 年以上专业工作经历，并获得相应的知识，有助理级专业职务任职资格），掌握专业基本理论知识和全面的操作知识。

较高业务：要求具有大学本科毕业并有 3 年以上专业工作经历或相当程度（指大专毕业有 5 年以上专业工作经历，并进修获得相应的知识或有中级专业职务资格），掌握专业理论知识和系统的操作知识。

高等业务：要求具有硕士毕业或大学本科毕业并有 8 年以上专业工作经历或相当程度（指大专毕业并有 10 年以上专业工作经历，并进修获得相应的知识或有高级专业职务资格），较系统地掌握专业理论和全面的操作知识。

权威业务：要求具有硕士毕业并有5年专业工作经历或相当程度（指具有高级专业职务任职资格3年以上，或大学本科毕业并有12年以上专业工作经历，并进修获得相应的知识），系统掌握专业理论知识和全面的操作知识，了解国内外专业管理理论和实践的现状及发展方向。

（2）工作技能与实际方法。

简单：要求具有常规操作和按法规、制度、标准、程序从事辅助性业务工作能力。

初等：要求进行常规的操作和按照一般的法规制度、标准，从事具体业务工作，有基本的分析、判断和撰写业务报告的能力。

一般：要求进行比较复杂的操作。能够运用基本概念、原理、理论、原则等知识解决实际问题，完成专业业务工作，有在各类专业人员之间协调和对外进行业务交涉、撰写业务报告的能力。

较高：要求独立从事专业业务工作，谋求技巧上的完善，能够运用系统的专业知识解决比较复杂的实际问题，制订和实施工作程序、工作方案、工作计划，有较强的协调应变能力，对外有交涉、谈判及撰写工作报告的能力。

高级：要求具有审核工作方案、制订工作计划、设计并组织实施管理系统或重大业务项目的能力。能够运用坚实的知识体系、现代管理方法和丰富的管理经验解决企业的重大问题及撰写有创意及推广意义的专业报告或论文。

（3）管理能力：指的是为达到要求绩效水平而具备的计划、组织、执行、领导、控制及评价的能力和技巧。为了减少工作量，规定基层管理者统一定为“较高”（如配送主管等）；中层及以上的管理者统一定为“全面”（如部门经理等）；其他员工一律为“基本”。

5. 对标准岗位进行评估

本文选择的标准岗位，总经理为“上山”型，会计为“平路”型，叉车工为“下山”型。

物流中心总经理在物流中心全面主持工作，而物流中心已经成为一个自负盈亏的机构，所以其在各方面的要求均是很高的。所需知识与学历方面，按照公司的岗位说明书提到的，其要求具有本科学历并且至少在物流行业从事10年以上专业工作经历，或大专毕业并有12年以上专业工作经历，具备很强的内部与外部沟通能力，因此属于“高等业务”；在工作技能与实际方法方面，他需要具有全盘组织实施物流中心各项目，协调内外部关系和各部门间的关系，具备“高级”的技能与方法；物流中心总经理要精通管理的各项专门知识，并要在下属当中树立起自己的绝对权威，方可充分调动物流中心人员的积极性，因此在管理能力上的要求是“全面”。因此按照就高原则，物流中心总经理、副总经理的智能水平评估价值为 1 400。

会计是在财务部主任的领导下具体负责物流中心的多项财务会计工作，在知识与学历方面，要求为本科毕业或专科毕业 3 年工作经验，同时要求具备会计资格证和至少为助理会计师，因此属于“中等业务”；在工作技能与实际方法方面，要求进行较为复杂的财务会计操作，能够利用所学知识解决实际问题，完成专业业务工作，因此是“一般”；在管理能力方面，因为其主要是独立开展工作，无须管理或很少有开展管理工作的必要，因此应为“基本”。所以按照就高原则，会计的智能水平评估价值为 350。

叉车工作为一个技术性很强的岗位，其技术要求比较严格。在知识与学历方面，要求中专或大专学历，有叉车员证，且操作熟练，因此属于“助理业务”；在工作技能与实际方法方面，要求按常规、流程、标准操作即可，因此是“简单”；在管理能力方面，因为其主要是与装卸工、配货员、仓管员一起开展工作，在业务上有指挥装卸工的权力，但这种指挥工作只需要简单的管理能力，因此应为“基本”。所以按照就高原则，叉车工的智能水平评估价值为 115。

6. 综合评价

在对物流中心总经理、会计、叉车工这三个职务做综合评估时，必须考虑各岗位的“形状构成”，以确定因素的权重，进而据此计算出各岗位相对价值的总分，完成岗位评估活动。

物流中心总经理属于典型的“上山”型，此岗位的责任比技能和解决问题的能力重要，但作为一家独立核算的物流中心的负责人，对其智能水平和解决问题的能力也有较高的要求，所以智能和解决问题的能力权重与责任的权重的比例分配可以按照 40% : 60% 分配；会计属于“平路”，智能和解决问题的能力在此类职务中与责任并重，智能和解决问题的能力权重与责任的权重的比例分配可以按照 50% : 50% 分配；叉车工属于典型的“下山”型，此类岗位的职责不及智能与解决问题能力重要，而且智能与解决问题能力所占的比重应该更大一些，所以智能和解决问题的能力权重与责任的权重的比例分配可以按照 70% : 30% 分配。

物流中心三个典型岗位评估测量值，如表4-11所示。

表4-11　物流中心三个典型岗位评估测量值

名称	智能水平	解决问题的能力	承担的职务责任	形状构成
总经理	1 400	87%	800	40%：60%
会计	350	33%	87	50%：50%
叉车工	115	16%	33	70%：30%

根据三个岗位在三方面因素的评分和相应的权重，按照公式“岗位价值＝智能水平×（1＋解决问题能力）×权重1＋承担责任×权重2”计算三个岗位的价值。

物流中心总经理岗位价值＝1 400×（1＋87%）×40%＋800×60%＝1 527.2

会计岗位价值＝350×（1＋33%）×50%＋87×50%＝276.25

叉车工岗位价值＝115×（1＋16%）×70%＋33×30%＝103.28

7. 其他岗位的测评

按以上步骤，对全部岗位进行评估，得到各岗位价值评估结果如表4-12所示。

表4-12　物流中心各岗位评估结果汇总表

所属部门	岗位名称	岗位价值	所属部门	岗位名称	岗位价值
经理室2人	物流中心总经理 经理助理	1 527.2 430.32	市场部2人	市场部经理 副经理	839.2 265.75
财务部4人	财务部主任 会计 出纳	421.8 276.25 133.32	行政部4人	行政部主任 综合文员 安防员	370.66 243.75 121
运输部10人	运输部主任 业务员 押运员	778.4 274.5 98.96	信息部8人	信息部主任 订单员 客服文员	449.86 117.08 141.62
配送部14人	配送部主任 运作主管 运作员 司机	773.2 319.2 198.9 139.52	仓储部24人	仓储部主任 仓管员 配货员 叉车工	953.42 224.4 108.11 103.28

【案例启示】

本案例对海氏评估系统的使用进行了非常详细的说明，重点是评分工具的使用，而不是评分过程的组织。在实际工作中，采用同一套工具评估同一类人群，不同人评分会产生不同的结果。这也体现了岗位评估工作本身的主观性和企业管理的艺术性。从案例中，我们可以总结一些经验。

（1）选择评估工具。现在市场上岗位价值评估工具很多。本章所介绍的美世和海氏的评估工具是较早进入国内市场的成熟产品，也是世界范围内使用范围最广的产品之一。随着国内人力资源管理水平的提高，许多咨询机构都开发了自己的岗位价值评估工具。这些工具有些是为了推向市场的，有些则作为薪酬调查、任职资格管理等工作的配套工具。从本质上来说，各岗位价值评估工具具有很强的相似性。只不过在指标维度、指标定义等方面存在较大的不同。管理者在开展岗位评估工作时，可以自己选择成熟的产品，也可以请外部机构主持开展这项工作。使用不同工具，评估结果会有不同，但整体上不应该有过大的差异。

（2）选择典型岗位。案例公司中选择了物流中心总经理、会计和叉车工三个典型岗位。这三个典型岗位跨越管理类、专业类和操作类，分别处于公司的不同层级。三个岗位的工作为大家所熟悉，在评估时容易形成较为一致的认识。通过对典型岗位的评估，可以检验评估工具和评估方法，也可以让评估人熟悉和了解岗位评估工作。

（3）评估结果。本案例的工作成果是产生岗位评估结果。实际工作中，这仅仅是下一步工作的开始。评估结果的应用范围非常广，如薪酬、定级等。管理者通过结果的应用也可以检验岗位评估结果的准确性。

5 薪酬调查和分析

薪酬调查是企业通过一定的方法，收集一定时期、某一范围员工薪酬信息的过程。薪酬调查，调查的是薪酬信息，企业通过分析所获取的数据，形成反映市场薪酬状况的报告，就可以根据自身需要制定相应的薪酬政策。薪酬调查是确保企业薪酬设计外部竞争性的基础。

薪酬调查一般按照图 5-1 所示的程序开展。

图 5-1　薪酬调查的一般程序

5.1　薪酬调查准备工作

在开始正式的薪酬调查前，应该先做好薪酬调查的准备工作。

如图 5-2 所示，薪酬调查的准备工作包括四个方面的内容：明确调查目的、界定调查内容、确定调查对象和选择调查方式。

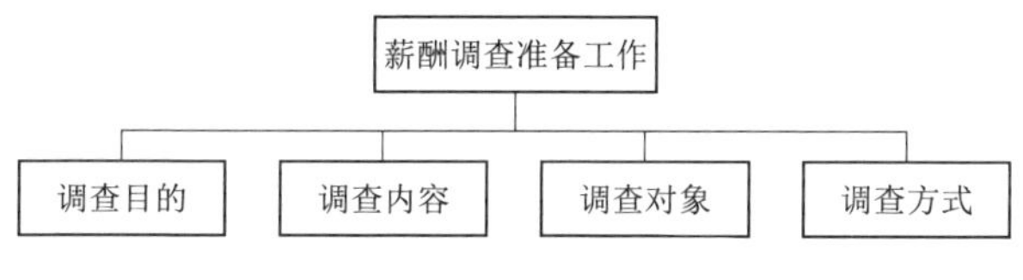

图 5-2　薪酬调查准备工作

5.1.1　调查目的

通过薪酬调查，企业可以得到薪酬信息，这些信息是企业制定薪酬政策的依据。

1. 调整员工薪酬水平

薪酬调查最主要的用途是作为调整员工薪酬水平的依据。从事薪酬调查大多是竞争性比较强的企业，这类企业往往面对激烈的市场竞争，竞争不仅限于产品，也涉及人才。通过市场调查，企业能够合理制定员工薪酬水平，以发挥薪酬在人才竞争中的作用。

2. 帮助企业了解同行业竞争对手薪酬管理情况

薪酬调查提供给企业的不仅是薪酬水平，还提供薪酬结构和人工成本管理等信息。通过薪酬调查，企业可以了解同行业竞争对手薪酬管理的策略，以及人工成本给竞争对手造成的影响，并将此作为企业战略调整的依据。

3. 帮助企业了解社会工资动态和薪酬管理潮流

薪酬调查是提高企业管理科学化的手段之一。掌握了薪酬调查数据，可以确保企业能够及时了解社会工资的总变动趋势，并依此分析人才市场的未来供需情况。通过薪酬调查，企业还可以了解其他企业在薪酬管理方式、方法上是否有创新，或薪酬管理的潮流所在，以帮助企业修订和完善薪酬管理方式，确保企业管理的科学性。

5.1.2 调查对象

薪酬调查的对象包括社会、行业、企业薪酬情况以及岗位和个人薪酬情况等。

社会薪酬情况代表劳动者总体薪酬收入情况，反映薪酬总体的趋势。行业薪酬情况则代表与企业相关的行业薪酬变化情况，相比社会薪酬情况，行业薪酬情况更具可比性。

薪酬调查一般是针对关键岗位开展的。关键岗位是在岗位价值评估时，被确定为标杆的那些岗位。这些岗位具有代表性，工作职能和任职要求可以模式化，在企业中的核心作用也较为明确。管理者可以通过对关键岗位的比较，获得全体员工薪酬状况。

5.1.3 调查内容

薪酬调查的内容可以是薪酬结构，也可以是薪酬的给付方式；可以是具体的薪酬标准，也可以是薪酬范围或薪酬的变动趋势。

确定薪酬调查的对象，要结合薪酬调查的目的。如果企业薪酬调查的目的是调整薪酬，那么为了体现员工薪酬的竞争力，就需要调查竞争对手和市场流动比较大的关键岗位的薪酬水平。薪酬调查的范围也不限于调查薪酬水平，还应该了解薪酬结构和近几年薪酬变化的趋势。这些因素都与员工薪酬调整直接相关。

如果企业只是了解其他企业人工成本管控情况，那么薪酬调查的对象可以更加宏观一些。例如，竞争对手企业员工人工成本总额与企业效益的关系、员工薪酬结构、薪酬变化趋势和给付方式等。

如果企业是想了解社会薪酬的变化趋势，则只需了解近年来社会劳动力薪酬的变化趋势及本地区竞争对手薪酬平均水平和变化趋势即可。

5.1.4 调查方式

薪酬属于企业核心信息。如何获得准确、全面的薪酬数据，一直是一个难题。薪酬调查的方法包括：政府部门薪酬数据、专业机构薪酬调查、半官方薪酬调查和非正式薪酬调查。

1. 政府部门薪酬数据

政府部门会定期发布人力资源数据，其中有些与薪酬有关。例如，国家统计局和地方统计局会在统计年鉴中发布某行业或地区的平均工资水平，劳动管理部门也会定期公布工资指导线。政府部门的薪酬数据一般是通过行政手段获得，其涵盖范围非常广，数据比较全面，国家很多经济政策也是依此来确定，所以政府部门的薪酬数据较为权威。

政府部门的薪酬数据也有缺点。一是政府部门的薪酬数据取样主要来自财务和统计报表，员工非薪酬性收入一般无法在报表中体现，还有些企业为了规避工资总额管理责任或节税，低报薪酬数据。这些都会影响政府部门的薪酬准确性。二是政府部门的薪酬数据一般不区分企业规模、企业性质。薪酬数据中既包括金字塔尖的企业，也包括金字塔底的企业，其薪酬数据只能作为参考，对企业确定员工薪酬水平、制定薪酬策略的帮助有限。

2. 专业机构薪酬调查

专业机构进行薪酬调查的优势是其薪酬调查的针对性较强。专业机构一般都有多年固定用户的积累，其薪酬调查工作模式稳定，数据的准确度更高。现在较大规模的机构还可以根据客户的要求定制报告。机构的薪酬调查也有缺点：专业机构的薪酬调查源于企业的参与，所以其掌握的数据量有限，并不能反映行业或地区的整体情况。

3. 半官方薪酬调查

有些协会、组织也会发布一些薪酬调查数据。这些数据都是针对特殊的群体，完成特定的任务。近年来，有些网站或媒体也会定期发布薪酬调查数据，这些数据的可信度较低，在使用时应该注意区分数据调查的范围和准确性。

4. 非正式薪酬调查

非正式薪酬调查是日常使用最多的薪酬调查方式。例如，在面试的时候，企业可以从面试者处了解一些薪酬信息，猎头公司也会发布一些薪酬指导数据。有时通过同学聚会、同行业组织聚会等也可以收集到一些薪酬信息。但是这些薪酬信息要么不全面，要么可信度不高，也都只能作为参考。

5.2 调查岗位匹配

企业绝大部分的薪酬调查是基于岗位的。在开展薪酬调查之前，企业首先应该与咨询机构确定被调查岗位的匹配性。

5.2.1 组织位置的匹配

同一岗位在不同组织机构中的作用是不同的。

如图 5-3 所示，A 企业拟对销售部经理岗进行调查，在 A 企业中销售部经理由总经理直接领导。然而在咨询机构提供的数据库 B 中，大部分企业在销售部经理和总经理之间有销售总监。那么直接用 B 中的销售部经理薪酬来衡量 A 企业的销售部经理的薪酬是不恰当的。虽然是同一岗位，但两者在不同环境下，所承担的责任和工作内容是不一样的。

同样，如图 5-4 所示，在 A 企业没有销售部经理一职，是由销售总监直接领导若干个销售经理。那么，用咨询机构提供的销售部经理的薪酬来衡量销售经理的薪酬也是不合适的。

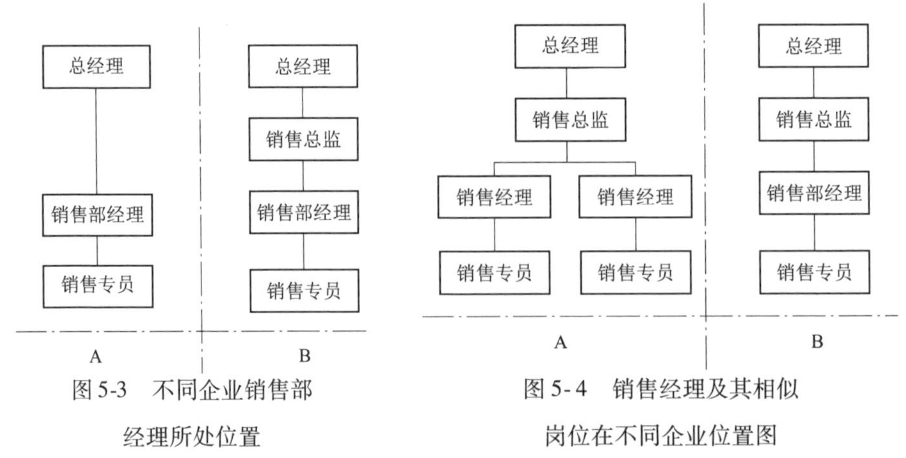

图 5-3　不同企业销售部经理所处位置

图 5-4　销售经理及其相似岗位在不同企业位置图

以上两类情况是比较常见的。企业岗位与咨询机构提供的模板或数据库中大部分企业的管辖关系不同，薪酬数据是不能直接引用的。

咨询机构实际上已经注意到这个问题。在薪酬调查前，企业应该首先将企业岗位图确定下来，与咨询机构提供的职位图相核对，并参考具体岗位的工作职责、工作权限和任职资格进行详细分析。由于咨询机构的数据来自众多的企业统计，所以最终的结果往往是企业调整自有岗位的职责判断，以略高于或略低于对应岗位的薪酬水平作为参考。

5.2.2　岗位职责的匹配

调查岗位的职责匹配与调查岗位在组织中的位置情况类似。同样的销售部经理，即使具有相同的组织位置，也并不意味着就可以完全参考调查数据，因为两者具体的工作职责也许是不同的。

表 5-1 是某房地产企业销售部经理与咨询机构所提供的标准岗位销售部经理的职责比较。很明显两者岗位职责存在较大的差异。

表 5-1　企业销售部经理与咨询机构提供的销售部经理岗位职责比较

企业销售部经理岗位职责	咨询机构提供的销售部经理岗位职责	比　较
1. 根据企业经营计划和目标，拟订部门的目标与工作计划，并跟踪执行 2. 主持部门日常工作，撰写和修改本部门各专业管理制度，并组织实施 3. 制订部门费用年度预算，并逐月加以控制 4. 跟踪销售重点客户，对销售人员提供支持，以确保销售目标的达成 5. 负责本部门员工的考核、奖惩等事项 6. 建立健全销售档案 7. 据市场需求的变化，及时向相关部门反馈市场信息	1. 制订销售策略和销售流程，拟订销售计划，执行并反馈 2. 监督、汇报部门销售任务的完成情况 3. 控制并管理部门的整体业务发展，并对现场售楼处进行管理 4. 开展销售代表的培训，有效完成公司销售经营目标 5. 维护并开拓客户建立经常性联系渠道 6. 负责企业项目配套的洽谈、签约工作	共同点： 1. 计划管理 2. 部门整体控制 3. 重点客户跟进 不同点： 1. 企业销售部经理具有制订年度预算、考核部门员工、健全销售档案、收集市场信息的职能 2. 咨询机构提供的销售部经理具有部门内员工培训和企业项目洽谈、签约工作

不同企业同一岗位的工作内容是不同的，这种差异难以量化区分。管理者可以通过调整自有岗位的职责判断，以略高于或略低于对应岗位的薪酬水平作为参考。

5.2.3 岗位层级的匹配

为了解决以上问题，根据岗位分析和岗位分类的有关知识，咨询机构提供了一个方法，就是在考核岗位名称和岗位职责的基础上，给出一个岗位级别，如房地产行业岗位层级，见表5-2。

表5-2 咨询机构提供的房地产行业岗位层级（部分）

岗位层级	通用管理体系	人事体系	市场营销体系	规划设计
决策层（19～25）	总经理、总经济师、总会计师、总建筑师、总工程师	人事副总经理	市场副总经理	总建筑师
高级管理层（15～19）	事业部经理	人事总监	市场总监	规划设计总监
管理层（11～15）	—	人力资源经理	市场经理、媒体策划经理、公关经理	首席建筑师
主管（8～11）	—	人事主管、培训主管、薪酬主管	市场主管、媒体策划主管、公关主管	高级建筑师、高级结构师、高级电气师
专业人员（5～8）	—	人事专员、培训专员、薪酬专员	市场专员、媒体策划专员、公关专员	建筑设计师、结构设计师、强电工程师、弱电工程师
办事员（3～5）	—	人事助理	市场部助理	规划设计部助理
操作员（1～3）	—	—	—	—

岗位层级是咨询机构进行薪酬调查的一项基础。如图5-5所示，企业所要做的事情是，首先比对岗位名称，根据本企业岗位名称，在咨询机构提供的标准岗位中寻找相应岗位；其次比对岗位职责，并根据岗位层级对应表，纳入相应的岗位层级。

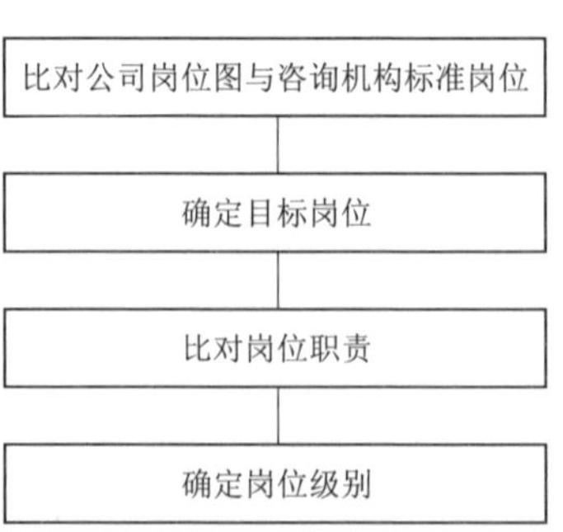

图5-5 岗位层级匹配程序

通过以上调整，某一岗位的薪酬问题就转化为某一层级的薪酬水平问题，这样就可以避免纠结于某一岗位是应该叫部门经理还是叫专业经理，某一岗位的职责应该有 8 项还是 9 项这类的问题。这种做法的可行性，在于薪酬管理不只是科学管理，管理者的薪酬管理水平要通过管理的艺术性体现。企业的岗位与咨询机构的标准岗位的差异，既为薪酬管理者出了一道难题，也为薪酬管理者灵活调控提供了依据。

5.3　薪酬数据收集

薪酬数据的收集过程对薪酬调查报告的质量非常重要。薪酬数据的收集、汇总和分析是统计工作。统计的样本、统计方式和对统计结果的汇总分析非常重要。薪酬调查数据收集的过程中，要注意几个环节，即数据来源、样本数量、数据收集方式和薪酬数据的有效性。

5.3.1　薪酬数据的来源

薪酬数据来源要注意科学选择薪酬样本企业、确保薪酬调查岗位的匹配性和内容的一致性。

1. 科学选择薪酬样本企业

薪酬调查的样本企业选择对调查结果影响很大。薪酬调查的样本企业应该从与企业有竞争关系或对企业能够产生竞争威胁的企业中选择。一般要考虑四项因素。

（1）同一区域企业。企业人员流动大部分是在一定区域内的。这个一定区域，并不仅限于一个城市或省份，应该按照经济区域来考虑。例如，苏州某企业进行薪酬调查，调查区域不应仅限于苏州市或江苏省，应该放在长三角地区统一考虑。对一些高级管理职位，因为其流动范围更大，区域就应该是京、沪、穗、深，甚至全国范围。

（2）同行业企业。人员流动一般更倾向于在行业内流转，即使是人力资源管理这样的通用专业岗位，人们也更希望在接下来的工作中继续选择同行业发展。样本企业要倾向于选择同行业企业。关于行业的选择，《国民经济行业分类》中将国内行业区分为 20 个门类、98 个大类，薪酬调查的范围应该考虑到这些行业分类，必要时还要适当考虑行业的上游行业或下游行业企业，因为这也是人才流动的一个方向。

（3）同性质企业。企业性质划分方式有很多，这里指的是国有企业、外资企业和民营企业。现在企业管理的市场化水平比较高，人才在不同性质企业流动的情况也越来越多。从整体趋势看，这三类企业文化存在不小的差距，所以，了解同性质企业对薪酬决策是有帮助的。

（4）同规模企业。国家统计局在划分企业规模时，参考了员工数量、营业收入和资产总额三项指标，并按照一定的标准将企业划分为大、中、小型企业。一般来说，企业规模越大，管理层级越复杂，而员工的收入相对也高一些。人才流动时，一般会向企业规模更大的企业流动。薪酬调查时，也应该注意有一个向上原则。当开展薪酬调查的是大型企业时，则样本企业中大型企业数量应该超过70%；当开展薪酬调查的是中型企业时，其大型企业数量应该在50%左右；当开展薪酬调查的是小型企业时，其大、中型企业数量不应低于70%。

2. 确保薪酬调查岗位的匹配性

各企业岗位的命名及工作内容不同。在确定岗位时，应首先建立一个标准岗位。标准岗位确定后，无论是开展薪酬调查的企业，还是提供薪酬调查数据的企业都应该按照确定的岗位标准，结合自己企业岗位设计的特点，选择适合的岗位和岗位层级，填报相关的薪酬数据。

薪酬调查工作会定期多次开展，例如，参与企业每年或每两年参与一次薪酬调查。多次参与可以为管理者提供薪酬数据的变化情况，以便于对未来变化趋势做出判断。为了确保数据前后的一致性，岗位标准应在一定的时期内保持稳定，尽量减少大的改动。

3. 确保薪酬调查内容的一致性

薪酬是一个比较宽泛的概念。薪酬包括或应该包括哪些内容，并没有一致的说法。有的企业会把企业支付的所有与员工有关的费用都计到员工薪酬上，而员工则只把企业给予自己的货币性收入算为薪酬。在薪酬调查时，一定要有一个统一的薪酬标准。较为一致的认识是，薪酬包括固定薪酬、浮动薪酬、社会福利、企业自有福利和津贴五类。

5.3.2 样本数量

选取样本的数量越大，所调查的数据就越接近实际情况；数量越小，调查数据的误差就越大。从理论上来说，样本数量越多就越理想，就越符合薪酬调查的精准要求，越合理。但样本数量增加，也会导致企业调查费用的增加、调查时间的延长。所以，实际操作中薪酬调查样本量应该控制在一个合理的范围。

薪酬是企业的核心数据，并不是所有的企业都愿意参与薪酬调查的过程。薪酬调查的样本筛选也难以按照一般统计那样，从备选的整体数据中按比例或随机选取企业。薪酬调查一般都是从咨询机构每年现有的数据库中选择。

关于样本的选择，咨询机构会给企业提供以下两种选择。

（1）每年固定的薪酬调查工作。咨询机构每年会开展薪酬调查工作。对参与其薪酬调查的企业，会赠送或优惠提供一份所在行业薪酬调查数据报告。这份报告一般是全口径的，其样本数量就是参与薪酬调查数据提供企业的数量。很多企业往往只参与一家咨询机构的薪酬调查。对咨询机构来说，这个客户数据存在唯一性。也就是说，只有一家咨询机构可以得到这家企业的薪酬数据。例如，企业 A 参与了机构 B 的薪酬调查，那么 A 也就向 B 提供了自己的薪酬数据。同样从事薪酬调查的机构 C、D，就无法获得 A 的这些数据。所以开展薪酬调查的企业，一定要选择好咨询机构，看其是否擅长或一直从事自己企业所在行业的薪酬调查工作，否则，很容易选择一个错误的样本库。

（2）企业定制薪酬调查报告。企业并不参与咨询机构的薪酬调查，直接从咨询机构购买数据。企业需要根据咨询机构提供的样本清单，选择合适的样本企业。一般来说，从成本和准确性两者平衡的角度考虑，咨询机构会建议企业将样本数量控制在 10～30 家的范围内。这个范围是一个经验数据，是经过实践检验的一个既经济又较为准确的合理范围。在这个范围内，企业应从区域、行业、企业性质和规模四个角度来选择。表 5-3 是某企业的薪酬调查样本选择情况。

表 5-3　某企业薪酬调查样本选择情况

<table>
<tr><td colspan="12">区　　域</td></tr>
<tr><td colspan="3">同一城市企业</td><td colspan="3">半径 200 公里内企业</td><td colspan="3">半径 500 公里内企业</td><td colspan="3">其 他 企 业</td></tr>
<tr><td colspan="3">10%</td><td colspan="3">35%</td><td colspan="3">40%</td><td colspan="3">15%</td></tr>
<tr><td colspan="12">行　　业</td></tr>
<tr><td colspan="3">上 游 企 业</td><td colspan="3">同 行 业</td><td colspan="3">下 游 企 业</td><td colspan="3">其　　他</td></tr>
<tr><td colspan="3">10%</td><td colspan="3">70%</td><td colspan="3">10%</td><td colspan="3">10%</td></tr>
<tr><td colspan="12">企 业 性 质</td></tr>
<tr><td colspan="4">国　　企</td><td colspan="4">外　　资</td><td colspan="4">民　　企</td></tr>
<tr><td colspan="4">80%</td><td colspan="4">5%</td><td colspan="4">15%</td></tr>
<tr><td colspan="12">规　　模</td></tr>
<tr><td colspan="4">大　　型</td><td colspan="4">中　　型</td><td colspan="4">小　　型</td></tr>
<tr><td colspan="4">45%</td><td colspan="4">35%</td><td colspan="4">20%</td></tr>
</table>

5.3.3 薪酬收集方式

薪酬数据收集的方法有很多，比如，从有关报告中摘取数据、非官方沟通等。薪酬调查报告的数据一般是通过问卷方式收集，其准确性会受问卷设计水平的影响。

在薪酬数据问卷中，包括以下内容：企业基本信息、各岗位薪酬信息及各岗位职责、企业岗位图和任职资格要求。表5-4所示为某咨询机构在收集薪酬数据期间向企业提供的薪酬调查问卷。

表5-4 某企业薪酬调查问卷（部分）

企业基本信息												
企业名称：												
所在地区：							所属行业：					
经营规模：□大型□中型□小型							组织形式：□国有□外资□民营□其他					
资产总额：							营业收入：					
利润总额：							员工数量：					
工业增加值：							成本费用总额：					
人工成本总额：							工资总额：					
各岗位薪酬信息												
序号	岗位名称	岗位编码	岗位类别	岗位级别	岗位人数	分位值	年度固定工资	年度浮动工资	奖金	福利费	补贴或津贴	年度薪酬总额
1						最高值						
						中位值						
						平均值						
						最低值						
2						最高值						
						中位值						
						平均值						
						最低值						

1. 企业基本信息

企业基本信息包括企业所属行业、企业性质、规模等信息，还包括一些基础的财务数据，如资产规模、营业收入、利润总额，以及与人工成本指标核算有关的数据，如核算劳动生产率需要用到的工业增加值，核算人事费用率等需要用到的人工成本总额和企业成本费用总额等数据。

2. 各岗位薪酬信息

表5-4中各岗位薪酬信息按照最高值、中位值、平均值和最低值提供，企业不必提供每位员工的具体薪酬。也有机构要求填写每位员工的薪酬情况，这样的调查更为准确，但企业填写时的顾虑也较多。各岗位薪酬信息中包括了岗位类别、层级等内容，这需要与薪酬调查所提供的标准岗位相一致。各岗位薪酬信息中还包括调查的主要部分，即薪酬结构和薪酬水平。

3. 各岗位职责、岗位图和任职资格要求

岗位职责、岗位图和任职资格要求有助于咨询机构核对员工岗位与标准岗位对照情况。当某岗位人数、薪酬水平出现较大变化，或某岗位名称不符合标准岗位要求时，咨询机构通过岗位职责和岗位图与标准岗位进行比对，通过岗位的任职资格将岗位划入适当的岗位层级中，以对薪酬调查中不同企业的特殊情况进行修订。

5.3.4 薪酬数据的有效性

薪酬调查数据收集后，还要进行适当的选择，以确保薪酬数据的有效性，提高薪酬调查报告的准确性。这项工作可以从以下几个步骤着手。

1. 设计问卷环节

在问卷环节，尽可能提供封闭式问题，如采用选择题形式。当使用填空题形式时，也应该提供可供选择的问题提示，或详细标注如何填写。在填写数字时，应提示数字的单位。在每一份问卷后，一般都会有一个详细的填写说明，按照填写说明对每一个需要填写的项目进行详细说明。在问卷中，一般设计者都会留下联系方式，以确保问卷填写者在遇到问题时，保持顺畅沟通。

2. 核对数据环节

在收到数据后，并不能立即使用，发放问卷者应对问卷数据进行初步的筛选，以确定数据的准确性。对于不清楚或有误的数据，应重新与问卷填写者核对，或删除该数据。例如，当问卷中存在员工重复填报时，就会出现员工薪酬信息中员工人数超过企业基本信息中员工人数的情况，这时需要重新核对。对于问卷中有明显问题的数据也应予以删除，如有的员工薪酬过少，远低于最低工资要求，则有可能是数据录入错误，或该员工处于非正常工作状况，也应删除有关信息。当有效数据样本过少时，该岗位数据也不应纳入有效数据中。虽然在问卷发放时，选择了样本企业的数量，但实际每个企业岗位设计不同，就有可能出现某个岗位在样本企业中数量过少的情况。根据经验，当这个岗位总数量少于 5 人或低于样本企业的 15% 时，就不应将其作为有效数据使用。

5.4 薪酬数据分析

收集薪酬数据后，还要对其进行汇总和分析。数据汇总和分析的技术性较强。相比较而言，薪酬数据的汇总阶段在问卷设计时就已经设计好，经过薪酬数据有效性的筛选后，可以根据问卷中各项信息汇总结果。薪酬数据的分析是考验问卷调查者对薪酬管理专业水平掌握的程度。一名优秀的薪酬数据调查者，是可以从平凡的数据中发现很多有趣信息的。

5.4.1 薪酬调查报告中常用的名词

了解如何分析薪酬调查数据，应对薪酬报告中常用到的一些名词或术语有所了解。

1. 工业增加值

工业增加值是计算劳动生产率的基础。工业增加值一般包括：利润、税金、工资、福利、保险和资产折旧。这个指标指的是劳动者创造的货币价值量，用工业增加值除以员工从业人数就是劳动生产率。劳动生产率是人工成本管理中最核心的指标之一，一般的薪酬调查都会统计工业增加值指标。

2. 成本费用总额

成本费用总额指企业生产经营总支出的成本和费用的总和，包括营业成本、税金及附加、销售费用、管理费用和财务费用。其中，员工薪酬会根据工作分摊进不同的科目，如工人工资会计入营业成本，而职能部门的员工工资则会计入管理费用中。通过统计成本费用总额和人工成本总额，可以了解人工成本在企业总成本费用中所占比例。

3. 工资总额

工资总额的统计口径并不一致，国家统计局、财政部、人力资源和社会保障部的解释不尽相同。不同企业对工资项目的说法也不一致。在薪酬调查报告中会涉及工资总额的调查，与前面的指标一样，工资总额的统计对人工成本分析和比较是有一定作用的。一般来说，按照国家统计局的标准，工资总额由六部分组成：计划工资、计件工资、奖金、津贴和补贴、加班加点工资和特殊情况下支付的工资。

4. 人工成本总额

人工成本总额的界定与工资总额相似，目前还没有一个公认的方法，特别是企业实际管理中，很多企业把为员工开设的食堂、举办的春游、晚会都划入人工成本范畴。现在官方可供我们借鉴的、使用较为广泛的人工成本总额是人力资源和社会保障部规定的人工成本范围，包括：职工工资总额、社会保险费用、职工福利费用、职工教育经费、劳动保护费用、职工住房费用和其他人工成本支出。其中，职工工资总额是人工成本的主要组成部分。

以上四项指标，工业增加值、成本费用总额、工资总额和人工成本总额都被归纳为财务指标，这些数据在企业的会计财务报表中就可以找到。

5. 岗位编码

岗位编码设计的目的主要有两个：一是便于管理；二是在人力资源信息化中，便于统计和计算。在同一咨询机构下，岗位编码是唯一的，所以在大量的薪酬数据核算中，通过岗位编码既能提高工作效率，又能减少差错的可能。

6. 分位值

分位值是统计学中常用到的术语，随着越来越多的企业对薪酬调查报告的接纳，这个词也逐渐为更多的管理者所接触。

什么是分位值？如图 5-6 所示，如果我们随机选择 11 个数字，并按照从小到大的顺序排成序。我们从中选取 25、50、75 分位的数据。按照计算，25 分位值是排在序号为 3.5 的数字，也就是有 25% 的数字是小于 3.5；50 分位是排在第 6 位的数字，同理有 50% 的数字小于 6；75 分位是排在第 8.5 位的数字，有 75% 的数字小于 8.5。为简便起见，在统计中也会将 25、50、75 分位数确定为序号为 4、6、8 的数字。

管理者普遍认为，25%（25 分位）代表较低的薪酬水平，75%（75 分位）代表较高的薪酬水平，50%（50 分位）代表中间水平。

分位值与平均值不同，图 5-6 中这一组数字的平均数是 3 473。高于 80% 的数字，主要是因为最后两位数字过大。在薪酬分析中，分位值可以较好地避免员工平均工资被提高的问题，能够更清楚地体现员工的实际收入。

序号	金额	
		最低值（第1位），1 000
1	1 000	
2	1 100	
3	1 400	25分位数（第3.5位），1 450=1 400+0.5×（1 500−1 400）
4	1 500	
5	1 800	
6	2 000	50分位数（第6位），2 000
7	2 200	
8	2 700	75分位数（第8.5位），3 100=2 700+0.5×（3 500−2 700）
9	3 500	
10	10 000	
11	11 000	最高值（第11位），11 000

各位数字算数平均值为3 472.73=（1 000+1 100+1 400+1 500+1 800+2 000+2 200+2 700+3 500+10 000+11 000）

图 5-6　分位值

7. 年度薪酬总额

年度薪酬总额反映每个岗位职工收入的总和。收入口径根据薪酬调查中薪酬结构确定，与一般意义上的财务指标不同。这一点也需要引起统计者的注意。

5.4.2　表格分析、柱状图和饼图

薪酬调查问卷的数据统计是基础，核心是数据分析。问卷统计者应该掌握薪酬调查问卷的分析方法。在薪酬调查问卷分析中，表格分析是经常被用到的分析工具。表格分析的优点在于数字清晰，问题是当数据量比较大的时候，重点不够突出。

以下是根据薪酬调查结果统计出来的某企业各层级的薪酬结构占比情况。表5-5 与图 5-7 用柱形图表示的方法和图 5-8 用饼图表示的方法比较，表格法的优劣就可以很清楚地展现出来。

表 5-5　企业各层级薪酬结构占比

岗位层级	年度薪酬总额	年度固定收入	年度浮动收入	年度福利	津贴及其他
总监级	100%	40%	40%	15%	5%
经理级	100%	50%	28%	15%	7%
主管级	100%	60%	12%	20%	8%
员工级	100%	70%	5%	18%	7%

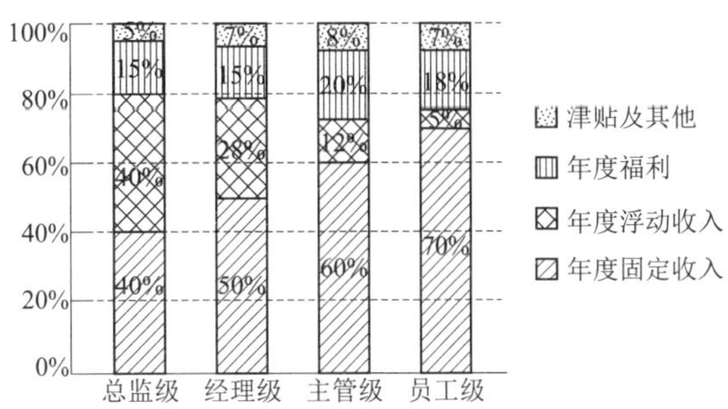

图 5-7　企业各层级薪酬结构占比（柱形图）

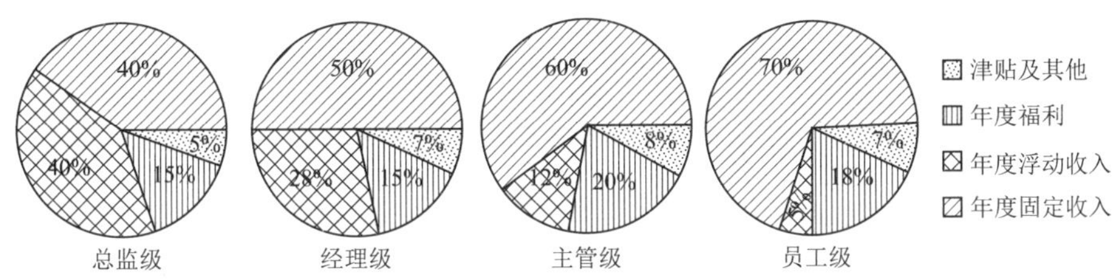

图 5-8　企业各层级薪酬结构占比（饼图）

几张图表所反映的内容是一致的，表格是客观的数字，更为清晰准确，而柱形图则将每个岗位薪酬结构形象地展现出来，饼图展示得更为直观。然而，数据量较大时，饼图所展示的结果则会显得很烦琐。

每位管理者对数据要求不同，表格虽不够生动，却严谨而具体。饼图更为形象，柱形图介于两者之间。表格、柱形图或饼图无所谓哪一个更好用，而是要根据具体的情况，适当采用。

5.4.3　回归分析

回归分析也是薪酬设计中经常会使用到的分析方法。回归分析就是确定两种或以上变量间相互依赖的定量关系的统计方法。在薪酬调查分析和薪酬设计中运用回归分析的前提是，存在薪酬随岗位、业绩等因素变化而同向变化的内在联系。

业务人员发放薪酬时，要依据业绩情况确定薪酬水平。每位业务人员的业绩和薪酬水平都可以在图 5-9 中用一个点表示出来。通过对所有数据的分析，我们发现，业务人员的薪酬水平围绕在图中一条曲线的周围，那么就可以认为这条曲线是业务人员薪酬的回归曲线。通过计算该曲线的函数，可得到较为合理的业务人员业绩与薪酬水平的计算公式。

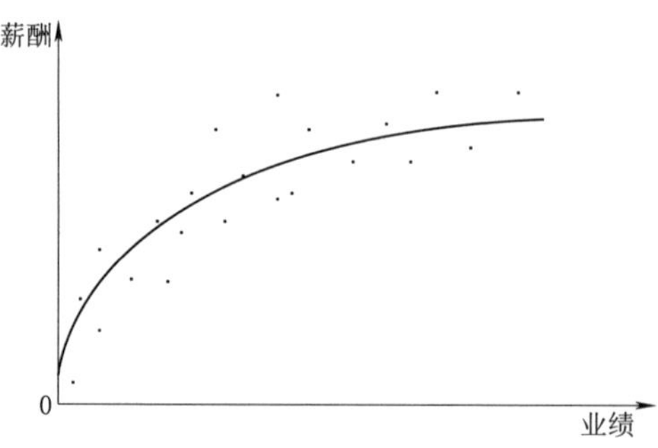

图 5-9　业绩与薪酬的回归分析

在薪酬调查中，得到了某一类岗位薪酬总额随岗位层级的变化情况，如表 5-6 所示，企业同时利用回归分析即可计算出本企业员工的实际薪酬水平。

表 5-6　某一类岗位薪酬总额随岗位等级变化情况

职位等级	25 分位（元）	50 分位（元）	75 分位（元）	平均值（元）	实际薪酬（元）
1	23 168	28 281	34 611	22 502	24 752
2	26 089	31 860	39 065	25 742	28 316
3	29 379	35 892	44 092	29 449	32 394
4	33 083	40 435	49 766	33 691	37 060
5	37 255	45 552	56 170	38 543	42 397
6	41 953	51 317	63 398	44 094	48 503
7	47 243	57 811	71 556	50 444	55 488
8	53 200	65 128	80 764	57 708	63 478
9	59 908	73 370	91 157	66 019	72 620
10	67 463	82 655	102 888	75 527	83 079
11	75 969	93 116	116 128	86 404	95 044
12	85 549	104 900	131 072	98 848	108 733
13	96 336	118 176	147 938	113 083	124 391
14	108 484	133 132	166 976	129 369	142 306
15	122 163	149 980	188 463	148 000	162 800

通过图 5-10，我们很容易发现企业的实际薪酬水平在市场情况中的竞争力是怎样的。

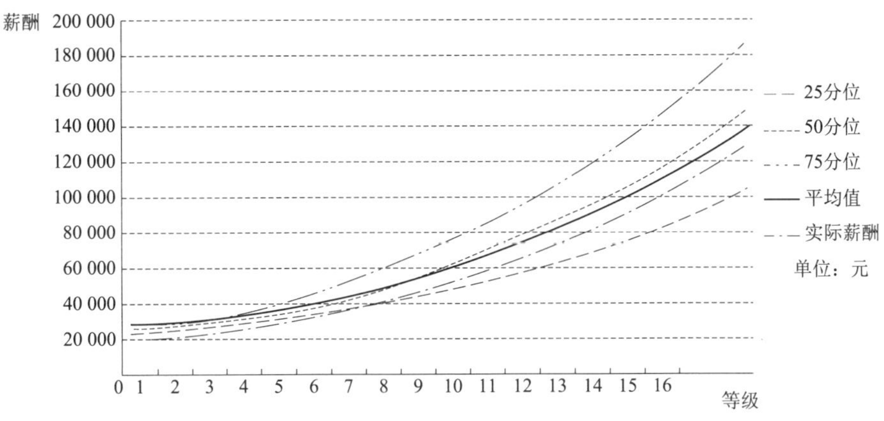

图 5-10　某一类岗位薪酬总额随岗位等级变化情况（曲线图）

5.4.4　历史分析

在对薪酬调查的数据进行整理和分析时，还应该注重对数据的历史分析。薪酬调查工作一般是逐年展开的，所以虽然参加薪酬调查的企业只填写了当年的数据，但咨询机构却可以根据历史调查情况，分析薪酬水平的历史变化情况。与历史变化的比较分为两种比较方式：一是与上年同期的比较；二是三年或更长时间的增长率。

5.5　薪酬数据使用

薪酬调查数据对研究机构来说，其研究价值更大，对企业来说，则是要如何利用好薪酬调查数据，为企业管理决策和改进提供参考。薪酬数据是基础的数据，可以应用到的环节很多，以下提供几种数据的使用方式。

5.5.1　市场定位

如前所述，25 分位到 75 分位代表市场薪酬水平由低到高的排列情况。通过比较，管理者可以了解企业薪酬水平的市场竞争力。如果一个企业同岗位同层级员工的薪酬水平达到市场薪酬水平的 50 分位，则说明该薪酬水平是一个中等的水平。如果市场中有 10 名从业者，那么该员工薪酬在第 5 或 6 位。如果某岗位薪酬水平达到市场薪酬水平的 75 分位，则表示只有 25% 的人的薪酬水平超过了该员工。企业很容易便能得出结论，即其所核定员工的薪酬标准是高了还是低了。

一般市场薪酬 75 分位的薪酬能够吸引到中等偏上能力的人才，而市场薪酬 25 分位的薪酬则只能吸引到中等偏下能力的人才。对市场薪酬水平的了解，可以让企业知道现有员工的薪酬在市场总体的水平。这会影响到企业发展的人才战略，企业如果想吸引更多、更好的人才，就应该让薪酬更具竞争力。

5.5.2 岗位匹配

薪酬调查报告提供薪酬信息的同时，还提供了各岗位的工作职责、等级划分和任职要求等信息。通过相应岗位人员工作职责等信息的比对，企业还可以了解市场上比较通行的某岗位工作内容和职责。企业可以通过比较发现，本企业在岗位职责和工作内容的制订上有哪些不足之处，并可以就此调整相应的岗位工作内容。

这种调整有两种可能。一是企业岗位职责与工作内容向薪酬调查报告中的内容靠拢。一般情况下，如果两个岗位的工作内容有 70% 以上的重合，就可以视为工作内容是一致的。这样做的好处是，岗位工作标准化，较为容易补充人才。二是企业也拉开与市场传统岗位工作的差距以限制人才的流动。

例如，在医药行业有产品经理岗位，按照市场普通的定位，产品经理与销售经理、质量经理一样，是公司管理流程中的一个环节，其薪酬水平与其他专业经理也比较相似。但在一些企业，却将产品经理的职责扩大，一名产品经理负责从产品研发、市场推广到产品进入消费者手中的全部环节。这个产品经理的职责范围很大，薪酬水平自然也很高。但对产品经理的这种定位只在这一家或几家企业内部有效。产品经理如果离职，即使仍在其他企业从事产品经理的工作，由于岗位定位不同，也可能无法获得之前企业的薪酬水平。这一岗位职责的设计，实际上防止了人才的流失。

5.5.3 薪酬调整

利用薪酬调查报告调整员工薪酬水平是较为常用的方法。企业将员工调薪与市场调查报告挂钩，根据每年市场整体薪酬变化情况决定员工调薪比例。

更为复杂的方法是要分岗位、分岗位层级、分区间考虑如何调整员工的薪酬。

1. 分岗位

虽然总体的薪酬水平在变化，但每年的薪酬调查报告都会向我们展示出不同的岗位的薪酬水平变化是不同的。某年，广东的整体薪酬涨幅为 9.58%，但因为珠三角地区出现的用工荒，导致了操作类人员薪酬水平提高比例超过 30%。所以，在薪酬调整上，除了参考薪酬调查的数据，还要详细分析市场环境等因素，分岗位考虑薪酬调整的政策。

2. 分岗位层级

薪酬水平越高的人群，薪酬增长的幅度越大，而薪酬水平越低的人群，薪酬增长的幅度越小，这也是基尼系数不断变大的一个原因。因为高端人才的可替代性要远远低于低端人才，所以企业往往会优先考虑高端人才的要求。企业根据薪酬调查结果调整岗位层级时，也应该考虑到这个因素。

3. 分区间

薪酬调整时，按照区间调整可以确保薪酬调整工作的弹性。按区间调整，就是并不直接将员工的薪酬一次调整到位，而是将员工薪酬区间的上限或一部分调整到理想水平，如图 5-11 所示。当员工通过自己努力，提高能力或绩效水平后，才可以拿到理想的薪酬。这样的好处是可以通过薪酬调整鼓励员工提高个人能力或绩效水平。问题是员工能力和绩效水平的提高往往不是员工主观可以决定的，所以即使将员工薪酬区间划入合适的水平，员工也未必拿得到这个薪酬水平，反而打击员工的积极性。

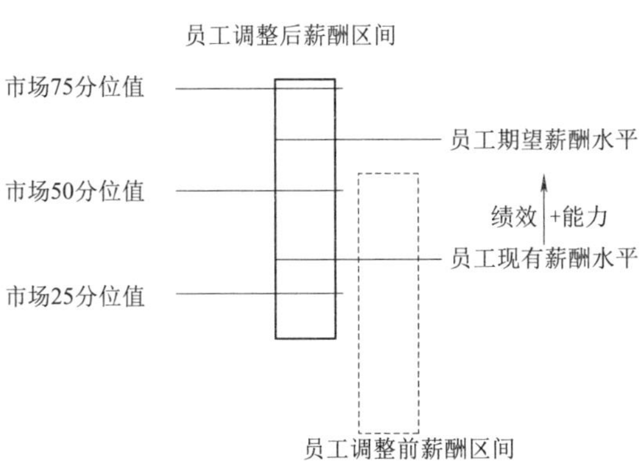

图 5-11　分区间调整员工薪酬

5.6 【HR必知】工资指导线

我国1994年颁布的《中华人民共和国劳动法》（以下简称《劳动法》）规定："用人单位根据本单位的生产经营特点和经济效益，依法自主确定本单位的工资分配方式和工资水平。"也就是说，在市场经济体制构建的过程中，企业成为分配主体，实行自主分配。《劳动法》又规定："工资水平在经济发展的基础上逐步提高。国家对工资总量实行宏观调控。"所以企业确定的工资水平不仅要与企业自身效益增长水平相适应，还必须与整个社会经济发展水平相适应。这就需要政府通过某种形式来对企业工资水平的确定进行宏观调控和指导。在此背景下，中国参考借鉴了新加坡等国的有益经验，制定和实施了工资指导线制度。

工资指导线综合考虑本地区当年经济增长、物价水平、劳动力市场状况及上年企业工资水平等因素。工资指导线由工资增长预警线、工资增长基准线和工资增长下线组成。

工资增长预警线也就是工资增长的上限，是对工资增长较快、工资水平较高企业提出的预警和提示。

工资增长基准线是年度货币工资平均增长目标，是对生产经营正常、有经济效益的企业合理的工资增长水平。

工资增长下线主要适用于经济效益较差或亏损企业，这类企业的货币平均工资增长在工资指导线适用的年度内允许零增长或负增长，但向在法定工作时间内提供正常劳动的劳动者支付的工资不得低于当地最低工资标准。

以下为2015～2019年北京市工资指导线情况，如表5-7所示。

表5-7 2015～2019年北京市工资指导线

类 别	2015年	2016年	2017年	2018年	2019年
上线	16%	15%	14%	13%	—
基准线	10.5%	9%	8.5%	8.5%	8～8.5%
下线	3.5%	4%	4%	4%	3.5%

工资指导线制度并不是强制制度，只是提供企业调整员工薪酬的依据。企业可以按照工资指导线调整员工工资，也可以由自己制定、调整标准。

5.7 【疑难问题解答】

5.7.1 怎样选择薪酬调查机构

以下是一般企业与薪酬调查机构在开展薪酬调查工作的前期沟通过程，如表5-8所示。

表 5-8　企业与薪酬调查机构的前期沟通过程

步　骤	沟　通　内　容	要　　点
1	了解调查机构发展背景	机构成长历史 业务特点 地区调研开展情况 行业调研开展情况 口碑
2	初步接触，提出调查需求	企业岗位设计 企业薪酬调查用途 调研范围 调研目标对象要求
3	研究成功案例	机构报告样本分析 机构成功案例了解
4	预估调研费用	报价及沟通
5	达成合作意向	签订合作意向，明确依此来要求

在选择薪酬调查机构时，调查机构的调研经验是重点要考虑的。各薪酬调查机构的专业性各有侧重，但专业水平相差不大。薪酬调查工作非常强调调研经验和数据的积累。一般来说，报告的质量与历史调研数量和调研数据的多少有关。所以，选择一个本地区、本行业、有长期调研经验的机构是一个更为恰当的选择。

在选择薪酬调查机构时，还要注意三点：一是要做好沟通工作，在调研前期就应该将企业需求尽可能详尽地提供给调查机构，以确保机构可以准确、全面地提供备选方案，确保整体调查顺利开展和调查报告的质量。二是要提前了解调查机构的报告样本。每个机构的薪酬调查报告是不同的。在选择调查机构前，一定要提前了解机构的报告是否可以为企业的调研需求提供帮助。三是口碑，调研过程有很多因素难以预计。例如，调研数据的真实性、调研时间和进度等。这些因素难以用合同或量化要求衡量。在选择调查机构前，适当了解一下机构的口碑，对工作也是有帮助的。

5.7.2 市场薪酬调查与企业内部薪酬调查的不同

企业的薪酬调查包括外部市场的薪酬调查和内部员工的薪酬调查，平时我们提到的薪酬调查都是指外部市场的薪酬调查。同为薪酬调查两者有很大的不同。

内部员工的薪酬情况企业一般是掌握的，所以对内的薪酬调查重点并不是调查员工薪酬水平是多少，而是员工对薪酬的满意度如何。习惯上把内部员工对薪酬态度的调查称为员工薪酬满意度调查，内部员工薪酬水平的调查称为员工薪酬状况分析。通过内部员工薪酬调查，企业可以知道员工对薪酬的想法、了解员工的希望，并修改或调整薪酬制度和管理方法。员工薪酬满意度调查主要以问卷为主，一般还要找一定比例的员工进行谈话。员工薪酬状况分析，则是由薪酬管理专业人员，根据已有的薪酬数据，进行对比、分析等。内部员工的薪酬调查数量由内部员工数量决定，一般来说，薪酬状况的调查是包括全体员工的，而薪酬满意度调查则按员工数量提取一定的比例。

市场薪酬调查主要是调查市场上同地区、同行业或某岗位员工的薪酬水平、薪酬结构等内容。市场薪酬调查的数据，一般作为企业薪酬决策的参考。在市场薪酬调查形式上，比较可靠的方式就是调查问卷。市场薪酬调查的样本，可以根据企业要求、费用预算等，增加或减少，一般没有固定的数量限制。

5.8 【案例分析】三茅网《2019 年中国 HR 生存发展白皮书》（节选）

2019 年，三茅人力资源网（简称三茅网）对全国 30 857 个 HR 样本，从地域、行业、职级、模块、企业性质、工作年限、企业规模等多个维度，薪酬、生存、职业展望、生活状态等现状进行了详细地对比和解读，形成《2019 年中国 HR 生存发展现状白皮书》。以下从其中薪酬调查数据中摘取部分内容。

1. 样本构成

（1）样本地域分布，如表 5-9 所示。

表 5-9　样本地域分布

省　　市	百分比	省　　市	百分比	省　　市	百分比
广东	22. 50%	福建	2. 60%	新疆	0. 90%
北京	8. 30%	安徽	2. 50%	甘肃	0. 70%
浙江	7. 40%	陕西	2. 40%	江西	0. 70%
江苏	6. 90%	重庆	2. 40%	海南	0. 50%
四川	5. 60%	广西	1. 80%	内蒙古	0. 50%
上海	5. 30%	天津	1. 70%	黑龙江	0. 30%
山东	5. 20%	云南	1. 70%	宁夏	0. 30%
湖北	4. 00%	辽宁	1. 50%	海外	0. 20%
河南	3. 90%	吉林	1. 30%	西藏	0. 20%
湖南	3. 30%	山西	1. 20%		
河北	3. 00%	贵州	1. 10%		

（2）样本从业年限比例，如图 5-12 所示。

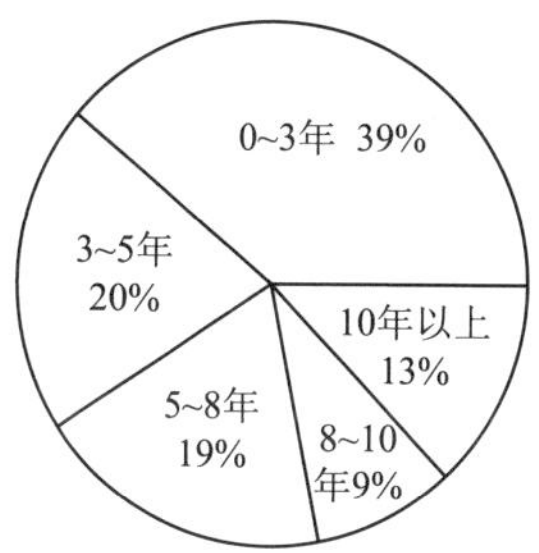

图 5-12　样本从业年限比例

（3）样本企业性质，如图 5-13 所示。

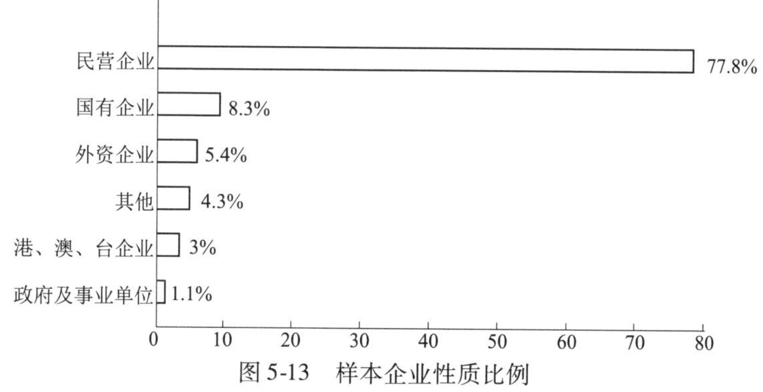

图 5-13　样本企业性质比例

（4）样本职务比例，如图 5-14 所示。

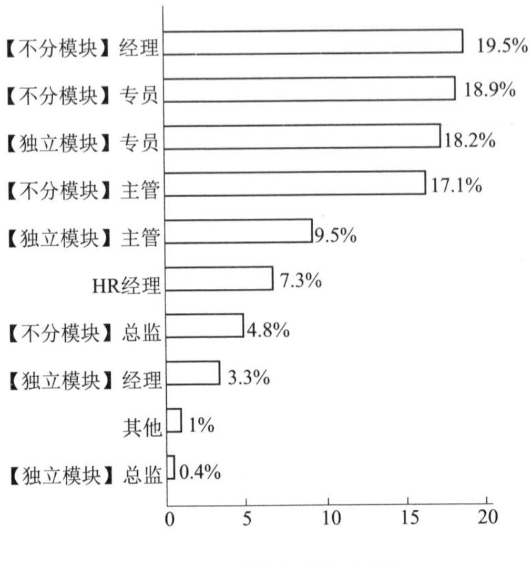

图 5-14　样本职务比例

（5）样本企业规模比例，如图 5-15 所示。

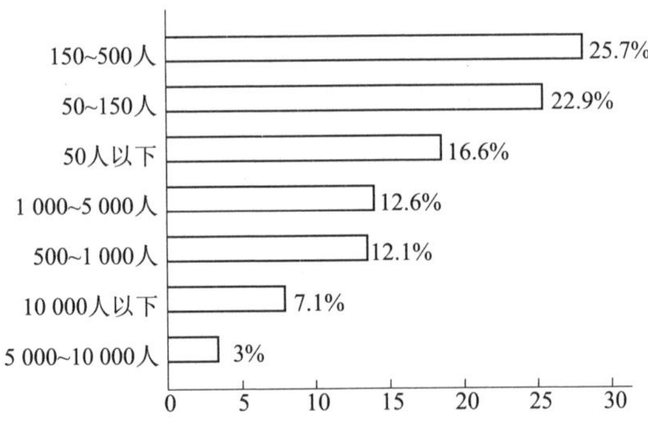

图 5-15　样本企业规模比例

（6）样本模块比例，如图 5-16 所示。

（7）样本行业比例，如表 5-10 所示。

（8）HR 从业者男女比例，如图 5-17 所示。

2. 数据分析

（1）各行业 HR 平均薪酬对比，如表 5-11 所示。

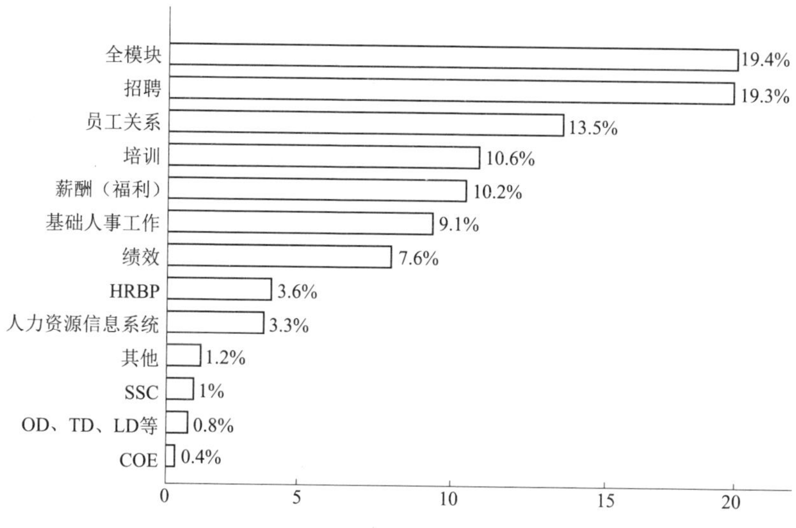

图 5-16　样本模块比例

表 5-10　样本行业比例

行　　业	百分比
计算机/通信/互联网/电子	19.90%
房地产/建筑	11.70%
汽车/机械制造/仪表设备	11.10%
其他	8.80%
贸易/批发/零售业	8.50%
教育/培训/院校	5.90%
能源/冶炼/材料/化工	5.40%
制药/生物/医疗保健服务	5.20%
酒店/餐饮/旅游	4.40%
金融业（保险/银行/投资）	4.00%
商业服务（咨询/会计/公关/认证/中介/外包）	3.80%
物流/交通/仓储	3.50%
文化传播（媒体/广告/出版/娱乐/体育/艺术品）	2.60%
轻工业加工（纺织制衣/礼品玩具等）	1.70%
农林牧渔及相关加工	1.40%
造纸/印刷	1.10%
政府/公共事业/学术科研	1.00%

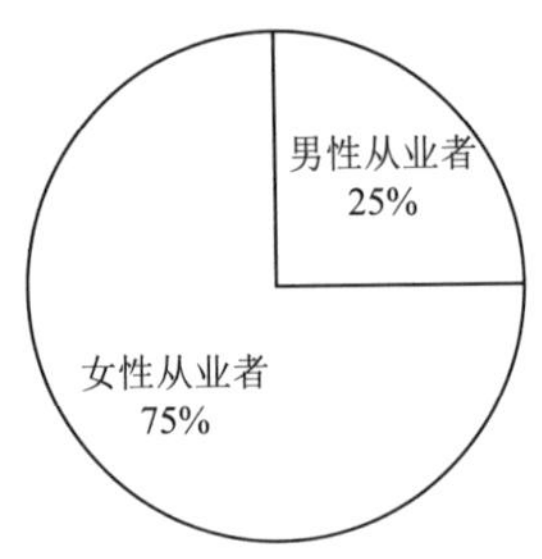

图 5-17　HR 从业者男女比例

表 5-11　各行业 HR 平均薪酬对比

行　业	平均月薪（元）
计算机/通信/互联网/电子	8 445
造纸/印刷	8 292
政府/公共事业/学术科研	8 208
房地产/建筑	8 014
制药/生物/医疗保健服务	7 960
能源/冶炼/材料/化工	7 831
金融业（保险/银行/投资）	7 740
文化传播（媒体/广告/出版/娱乐/体育/艺术品）	7 548
物流/交通/仓储	7 286
汽车/机械制造/仪表设备	7 192
贸易/批发/零售业	7 147
酒店/餐饮/旅游	7 104
轻工业加工（纺织制衣/礼品玩具等）	7 025
教育/培训/院校	6 522
农林牧渔及相关加工	6 324
商业服务（咨询/会计/公关/认证/中介/外包）	5 946

解读：从数据来看，平均薪酬最高的属互联网行业为 8 445 元，整体来看，所有行业中 HR 的平均薪酬均没有过万。薪酬下滑最明显的是金融行业，此前这一行业位居薪酬榜首位，均薪近万，现在经济增速放缓，金融行业作为上游行业，最先触碰到敏感点，薪酬呈下滑趋势，下降至 7 740。值得一提的是，不被看好的传统造纸印刷行业今年的薪酬却达到了 8 292，位居第二。2018 年，纸价出现过一次规模宏大的涨价，因此行业的景气也传导到了从业 HR 的薪酬上。

分析：职业没有所谓的热门与冷门，HR 的薪酬也紧随着社会环境的发展而变化，每个行业都有风险也并存着机遇，是否能够抓住快速发展的列车，也需要HR 不断更新自己，更是要对行业有前瞻性。

（2）各省市 HR 平均薪酬对比，如表 5-12 所示。

表 5-12　各省市 HR 平均薪酬对比

省　市	平均月薪（元）	省　市	平均月薪（元）	省　市	平均月薪（元）
上海	10 460	山东	7 073	陕西	5 931
北京	10 398	海南	7 021	宁夏	5 833
深圳	9 372	浙江	6 897	河南	5 767
杭州	9 372	广西	6 810	河北	5 600
福建	8 210	天津	6 808	云南	5 375
重庆	7 938	湖南	6 462	安徽	5 345
广东	7 706	西藏	6 365	吉林	5 125
成都	7 647	新疆	6 350	黑龙江	4 765
广州	7 518	湖北	6 333	内蒙古	4 533
江苏	7 433	江西	6 313	甘肃	4 250
山西	7 214	贵州	6 275		
四川	7 162	辽宁	6 105		

解读：和往年一样，上海北京作为经济政治中心，平均薪酬也位居第一、第二，深圳作为改革开放的前沿紧跟其后，位居第三。

HR 的平均薪酬也反映我国区域的经济状况，总体来说，居于前列的均是东部沿海地区，偏低的为甘肃、黑龙江、内蒙古自治区，平均薪酬不到北京上海的一半。而重庆、杭州等新一线城市崛起得很明显，这些地区的 HR 平均薪酬甚至已经排到了广州之前。

分析：北上广深是 HR 追求高薪的首选从业之地，而新兴的一线城市杭州、成都等也如同雨后春笋般成长，想换城市的 HR 们，不妨考虑往这几个城市去发展，与这些新兴城市共同成长。

（3）各职级 HR 平均薪酬对比，如图 5-18 所示。

解读：从助理到总监，这是一个 HR 的职业发方向，从助理到专员的薪酬范围突破不大，但是晋升到管理层之后薪酬就开始明显提高了。

分析：很多 HR 在基层的时候，因为做考勤、做工资条等简单的工作太过于烦琐枯燥，以至于没有突破管理层就半路转行了，其实，越往上层，HR 的待遇将会增加得越明显。同时，越是往高处走，越是需要 HR 具备极高的专业性，不管是哪个阶段都要保持学习的能力。

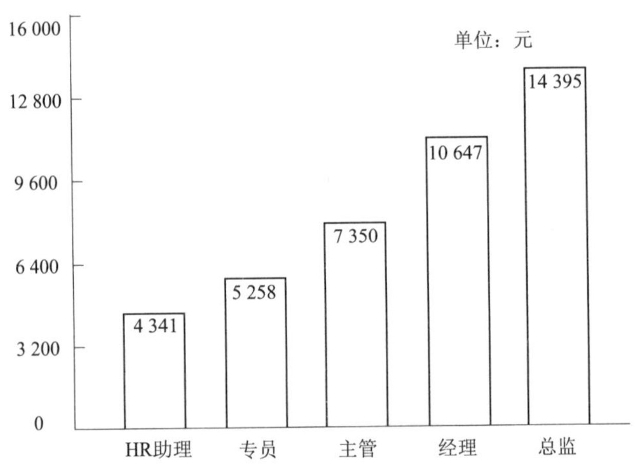

图 5-18　各职级 HR 平均薪酬

（4）各模块 HR 平均薪酬对比，如图 5-19 所示。

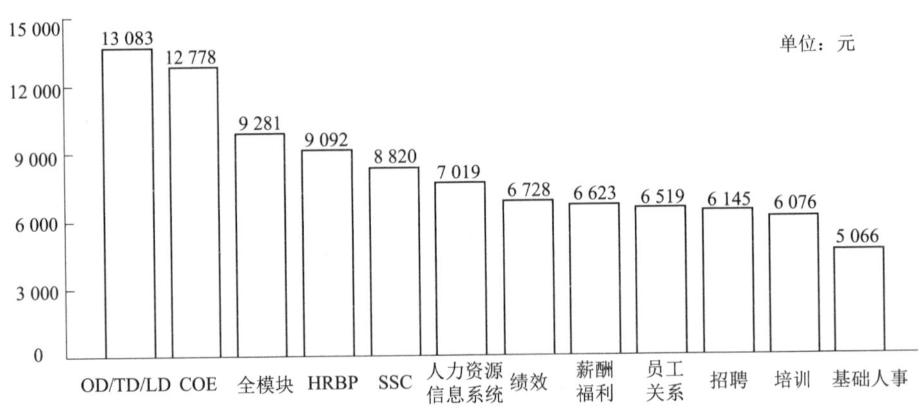

图 5-19　各模块 HR 平均薪酬对比

解读：所有模块中，平均薪资最低的版块是基础人事为 5 066，OD/TD/LD 这样的组织战略型岗位薪酬是最高的，平均薪酬能达到 13 083。整体来看，HR 三支柱这样的新领域，薪酬水平要比传统模块高出许多。

分析：基础人事在整个模块中平均薪酬最低，而 OD/TD/LD 等高层决策岗位破万，也说明了 HR 要想实现“暴富”，就要不断地去学习深造，接触新的领域，提升自己的业务能力。

（5）各地区 HR 专员薪酬对比，如表 5-13 所示。

表 5-13 各地区 HR 专员平均薪酬对比

省 市	平均月薪（元）	省 市	平均月薪（元）	省 市	平均月薪（元）
北京	7 520	湖北	4 781	江西	4 082
深圳	7 080	贵州	4 688	黑龙江	4 053
上海	7 031	福建	4 654	甘肃	4 014
杭州	6 122	安徽	4 600	西藏	3 965
广州	5 984	山西	4 537	云南	3 889
广东	5 845	海南	4 504	广西	3 815
四川	5 619	重庆	4 410	陕西	3 757
江苏	5 462	新疆	4 307	河北	3 723
成都	5 450	山东	4 188	内蒙古	3 500
浙江	5 438	吉林	4 167	宁夏	3 250
辽宁	5 250	湖南	4 133		
天津	4 833	河南	4 105		

解读：今年专员薪酬排行前三的地区分别为北京、深圳、上海，为 7 520、7 080、7 031，相比较于去年前三的北京、上海、广东 6 719、6 094、5 462，今年总体上升了一个幅度。从这一条数据也可以清晰地看出，人力成本正在不断拔高。

分析：对于新入行的 HR 来说，北上广深杭是首选之地，在这些一线或新一线城市，相对容易得到一个更高的起点。

（6）各地区 HR 总监平均薪酬对比，如表 5-14 所示。

解读：从整体的数据来看，达到总监级别之后，有 20 个地区过万，占据榜首的是北京 18 857；最低的黑龙江也达到 7 350，不少地区薪酬都有了很大的跨度。

分析：这个表格数据也进一步说明，无论你是在什么地区，只要足够努力，都有机会成为行业的佼佼者、成为金字塔最顶端的那一群人。

表 5-14　各地区 HR 总监平均薪酬对比

省　市	平均月薪（元）	省　市	平均月薪（元）	省　市	平均月薪（元）
北京	18 857	江西	13 420	河南	8 750
上海	16 833	湖南	12 750	湖北	8 750
深圳	16 500	天津	12 750	内蒙古	8 624
杭州	15 800	成都	12 333	西藏	8 560
广东	15 643	四川	12 167	贵州	8 500
河北	14 833	广州	12 167	山西	8 500
浙江	14 623	辽宁	11 500	甘肃	8 350
山东	14 561	陕西	11 500	海南	8 340
江苏	14 507	云南	9 682	安徽	8 213
福建	14 325	新疆	9 365	黑龙江	7 350
广西	14 226	吉林	9 120		
重庆	13 625	宁夏	9 115		

（7）各行业招聘模块 HR 平均薪酬对比，如表 5-15 所示。

表 5-15　各行业 HR 招聘模块平均薪酬对比

行　业	平均月薪（元）
计算机/通信/互联网/电子	7 383
文化传播（媒体/广告/出版/娱乐/体育/艺术品）	7 175
农林牧渔及相关加工	7 167
物流/交通/仓储	7 032
金融业（保险/银行/投资）	6 595
房地产/建筑	6 568
制药/生物/医疗保健服务	6 475
能源/冶炼/材料/化工	5 690
汽车/机械制造/仪表设备	5 667
贸易/批发/零售业	5 643
造纸/印刷	5 632
政府/公共事业/学术科研	5 417
教育/培训/院校	5 250
轻工业加工（纺织制衣/礼品玩具等）	5 150
酒店/餐饮/旅游	5 125
商业服务（咨询/会计/公关/认证/中介/外包）	4 717

解读：招聘模块薪酬对比来看，计算机/通信/互联网行业的薪酬依然是最高，平均薪酬为 7 383；而最低的行业为商业服务（咨询/会计/公关/认证/中介/

外包)，平均薪酬仅为 4 717。

分析：随着互联网行业的兴起，对互联网技术人才的需求也增加，这个行业对于人才也是最舍得投入的，自然而然的，HR 的薪酬也随着行业发展得到了提升。所以想从事专项招聘的 HR，建议多了解互联网公司的人才需求情况，为自己转型做铺垫。

（8）各行业 HR 主管平均薪酬对比，如表 5-16 所示。

表 5-16　各行业 HR 主管平均薪酬对比

行　业	平均月薪（元）
计算机/通信/互联网/电子	8 757
金融业（保险/银行/投资）	8 722
制药/生物/医疗保健服务	8 356
房地产/建筑	7 733
文化传播（媒体/广告/出版/娱乐/体育/艺术品）	7 409
汽车/机械制造/仪表设备	7 237
物流/交通/仓储	7 188
能源/冶炼/材料/化工	7 083
贸易/批发/零售业	6 688
轻工业加工（纺织制衣/礼品玩具等）	6 500
政府/公共事业/学术科研	6 460
农林牧渔及相关加工	6 233
酒店/餐饮/旅游	5 895
教育/培训/院校	5 882
商业服务（咨询/会计/公关/认证/中介/外包）	5 429
造纸/印刷	5 333

解读：总体上行业之间的主管薪酬差异还是很大的，最高的互联网行业和最低的造纸印刷业相差近 3 500，所以说到了一定高度之后，选择平台还是很重要的。

分析：从专员到主管的跨度其实并不难，关键是从业者要明确好自己的方向，机遇与平台是你进阶成功的一半，当大家能力都相差无几的时候，行业平台的选择就会成为决定性因素，未来几年假如能力达到高度，不妨多考虑往前沿行业转行。

（9）不同规模企业 HR 经理平均薪酬对比，如图 5-20 所示。

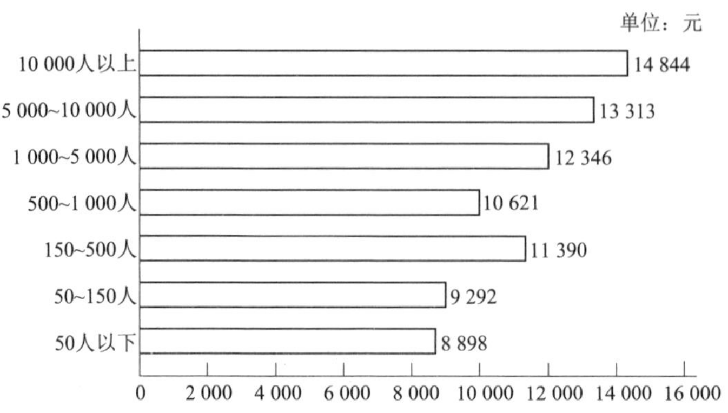

图 5-20　不同规模企业 HR 经理平均薪酬对比

解读：随着级别的提升，薪酬也水涨船高，企业规模往上走，HR 的薪酬也相应提升了不少，薪酬基本上都能破万，这对 HR 来说也是不小的激励。

分析：越是大型企业，对人才架构、宏观发展、信息化的要求就更高，而高层级 HR 的技能和经验，往往也只有在一定规模的组织当中，才能有效地应用。

（10）各职级 HR 涨薪方式情况对比，如表 5-17 所示。

表 5-17　各职级 HR 涨薪方式情况对比

职级/涨薪方式	跳　槽	职级/岗位晋升	公司普调	领导常识加薪	其　他
专员	30%	19%	25%	15%	11%
主管	36%	27%	17%	15%	5%
经理	36%	24%	17%	20%	3%
总监	36%	24%	17%	27%	2%

解读：与往年的数据不一样的是，各个职级中，跳槽都是 HR 涨薪的首选项，其中主管、经理、总监通过跳槽涨薪的比例高达 36%，而在往年，越往高层，HR 涨薪的方式会越往晋升方面靠拢。经济寒冬之下，大家都在忙于求生。

分析：现代社会发展迅猛，企业更新换代快，职场人换工作的频率较之前高了很多，HR 群体也不例外，很多 HR 还没等到普调、晋升的时间节点，就因在公司发展受限、有了更好的工作机会等原因离职了。但大部分 HR 的工作能力跟经验都是一路跟着增长的，跳槽的时候议价能力也跟着提高，所以 HR 可以根据自身的发展状况随机应变。

（11）各行业 HR 涨薪幅度对比，如表 5-18 所示。

表 5-18　各行业 HR 涨薪幅度对比

行　业	小于 1%	1～5%	5～10%	10～20%	20～30%	30% 以上
计算机/通信/互联网/电子	13%	22%	25%	24%	11%	5%
酒店/餐饮/旅游	21%	28%	19%	21%	9%	2%
物流/交通/仓储	10%	36%	20%	27%	2%	5%
能源/冶炼/材料/化工	11%	29%	33%	16%	3%	8%
政府/公共事业/学术科研	23%	41%	25%	8%	2%	1%
轻工业加工（纺织制衣/礼品玩具等）	10%	20%	30%	15%	10%	15%
造纸/印刷	17%	9%	45%	26%	2%	1%
农林牧渔及相关加工	27%	40%	11%	18%	3%	1%
金融业（保险/银行/投资）	12%	23%	21%	25%	15%	4%
贸易/批发/零售业	15%	29%	27%	15%	9%	5%
汽车/机械制造/仪表设备	9%	31%	28%	15%	12%	5%
教育/培训/院校	26%	27%	16%	20%	10%	1%
商业服务（咨询/会计/公关/认证/中介/外包）	26%	37%	15%	13%	5%	4%
制药/生物/医疗保健服务	15%	23%	31%	23%	6%	3%
文化传播（媒体/广告/出版/娱乐/体育/艺术品）	7%	20%	30%	23%	13%	7%
房地产/建筑	14%	16%	28%	23%	10%	9%
其他	15%	25%	25%	20%	8%	7%

解读：轻工业加工（纺织制衣/礼品玩具等），房地产/建筑行业等行业涨薪幅度比较可观，其中涨幅超 30% 的，轻工业加工比例高达 15%，房地产/建筑行业占比 9%；而政府/公共事业/学术科研普遍偏低，样本数据中有 89% 的涨幅不超过 10%。

分析：一直到 2018 年上半年，房地产/建筑行业都保持着高速的增长，这种增长也反映到了 HR 的薪酬水平之中。政府/公共事业/学术科研涨薪幅度偏低，但年终及其他福利很多，这也是一种平衡。

（12）不同职级 HR 年终奖对比，如表 5-19 所示。

表 5-19　不同职级 HR 年终奖对比

职　级	年终奖与月薪比值
总监	1.91
经理	1.55
主管	1.33
专员	1.17
HR 助理	0.99

解读：从职级来看，职级越高的 HR，年终奖的系数也越高，不同职级的年终奖系数差异极大。拿 HR 助理跟总监对比，HR 总监的平均年终奖比助理多将近两倍。

分析：HR 的薪酬、年终奖等待遇都是跟职级直接挂钩的，到了更高的职级，就有更多机会挑战更高的薪酬及年终奖，且职级越高越明显，所以 HR 平时要培养自己的核心竞争力，工作中注意总结规律，掌握更高效的工作方法，做更有价值的事情提升自己。

【案例启示】

薪酬调查报告有企业定制的薪酬调查报告，还有一类是机构对外发布的薪酬调查报告。两者比较，企业定制的薪酬调查报告在内容上更加具体，例如，企业定制的薪酬调查报告会明确到每一岗位、每一个薪酬项目。但机构对外发布的薪酬调查报告则更为宏观，从此类薪酬报告上，往往可以发现某类企业或岗位的薪酬发展趋势，或机构的观点。这份《2019 年中国 HR 生存发现白皮书》属于机构对外发布的薪酬调查报告。这份报告具备了本章所介绍的薪酬调查报告中的很多内容。

从结构上看，这份报告包括：HR 调查样本情况、薪酬总体情况、在不同地区、不同行业、不同企业性质、不同岗位层级中薪酬情况。基本涵盖了一般薪酬调查报告的报告范围。从内容上看，因这份报告受调查方式所限，所提供 HR 薪酬结构和水平方面的信息有限，这也是此类报告的特点。从分析工具上看，报告大量使用柱形图和表格，使得报告更为生动、直观。整个薪酬报告对薪酬调查工作的起因、组织、结果以及相关指标都做出详细地说明，而且在报告中加入报告编写者的观点，这些都是值得我们学习的。

6 薪酬水平

企业在完成薪酬调查后，应该参照市场薪酬水平确定本企业员工薪酬水平。确定薪酬水平，管理者需要选择适合企业发展的薪酬水平策略，人力资源工作者则需要将策略落实到每一个岗位和员工身上。这就不仅仅需要一个薪酬水平策略，还需要制定具体岗位的薪酬标准。薪酬水平设计过程如图 6-1 所示。

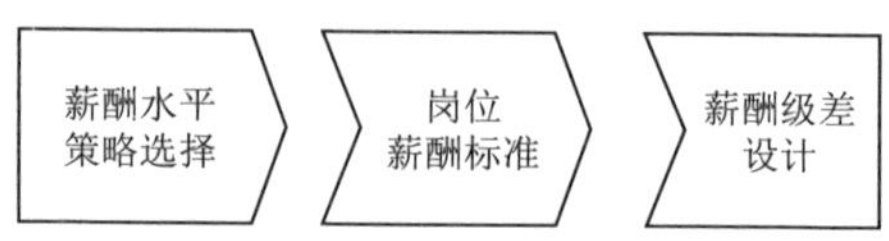

图 6-1　薪酬水平设计环节

6.1　薪酬水平策略

企业决定采用哪种薪酬策略，应充分考虑企业战略方向、企业发展阶段、企业支付能力和员工成熟度的影响等，具体如表 6-1 所示。

表 6-1　企业薪酬水平策略选择因素

因　素	条　件	薪　酬　策　略
企业战略方向	拓展型战略	高于市场薪酬平均水平
	稳健型战略	低于或维持市场平均薪酬水平
	收缩型战略	低于市场平均薪酬水平
企业发展阶段	初创期	低于或维持市场平均薪酬水平
	成长和成熟期	高于市场薪酬平均水平
	稳定和衰退期	低于市场平均薪酬水平
企业支付能力	现金流确保一年内支付能力	低于市场平均薪酬水平
	现金流确保三年内支付能力	高于市场薪酬平均水平
员工成熟度	高于同行业平均水平	高于市场薪酬平均水平
	与同行业平均水平一致	低于或维持市场平均薪酬水平
	低于同行业平均水平	低于市场平均薪酬水平

1. 企业战略方向

员工薪酬水平必须和企业发展战略结合起来。

拓展型战略是企业采取积极进攻态度的战略形式。企业的主要任务是谋求发展、开发新产品、新市场、引入战略投资者等。这个时期，企业对未来发展的预期较好，需要通过吸引及留住人才，以确保战略能够顺利实施，所以应该采取高于市场薪酬平均水平的薪酬策略，以吸引人才。

稳健型战略是企业采取稳定发展态度的战略形态。企业受行业影响，无增长要求，维持现有产品、技术、市场渠道等成为最重要的任务。由于维持成本低于拓展成本，企业没有必要通过提高薪酬水平吸引新的人才。企业仅注意防止薪酬过低造成现有人才的流失即可，所以企业应采取的薪酬策略是维持或低于市场平均薪酬水平。

收缩型战略是企业采取保守经营态度的战略形态。受行业或产品的影响，企业并不谋求发展，只是希望现有的产品或市场缩小速度减慢，并通过适当减低成本，维持原有的投资回报率。企业只希望核心人才的稳定，而其他员工的减少不但不影响企业战略实施，还能减少企业的成本投入，所以一般会采取低于市场平均水平的薪酬策略。

2. 企业发展阶段

薪酬水平必须与企业的发展阶段相适应。企业确定自身的薪酬水平、建立薪酬体系时，应考虑处于什么样的发展阶段。

初创期企业发展前景不明确。企业会以高于市场的薪酬吸引一些核心人才。但整体上看，企业在薪酬策略上比较保守，整体上受支付能力、员工成熟度等因素影响会采取低于或维持市场平均薪酬水平的薪酬策略。

在成长期和成熟期，企业需要迅速成长，以开发足够好的产品，并占领市场。企业需要吸纳人才以促进企业各项经营措施的实现。通过高于市场薪酬平均水平的薪酬策略可以帮助企业实现吸纳和留住人才的目标。

在稳定期和衰退期，企业会通过成本领先取得竞争优势，并获得高于同行业的投资回报率。企业会通过低于市场平均薪酬水平的薪酬策略，减少成本支出。

3. 企业支付能力

薪酬支付需要使用企业有限的资金。提高员工薪酬水平不一定能起到正激励作用，降低员工薪酬水平则一定会起到负激励作用。企业一旦确定员工薪酬处于具备市场竞争力水平的策略，就要做长期保持这一水平的准备。在资金上也应提前做好计划。一个良性循环是，企业支付给员工高于市场平均水平的薪酬，员工创造高于同行业平均水平的劳动生产率，企业得到高于同行业平均水平的投资回报。企业可以从获得多的投资回报中，拿出一部分，继续给予员工超过市场平均水平的薪酬。

这个良性循环是比较理想的。企业能否获得高于同行的投资回报，不仅受到企业给予员工薪酬多少影响，还会受到市场整体好坏、企业技术为顾客接受程度、企业市场营销策略、行业竞争情况等多种因素的影响。从长远考虑，企业即使没有达到理想的投资回报率，也应坚持员工的薪酬水平策略，并因此做好员工薪酬资金的筹措工作。这对企业是一个挑战。企业中期战略一般以三年为一个周期，薪酬策略会随企业战略的调整而调整。当企业在未来三年内，预期现金流较充裕时，可以采用高于市场薪酬平均水平的薪酬策略，否则宜采用维持或低于市场薪酬平均水平的薪酬策略。

为了既保持薪酬水平对员工的吸引度，又不用准备过多的资金，很多企业对不同岗位采用不同的薪酬水平策略。就是确定一些关键岗位，关键岗位员工的薪酬高于市场平均薪酬水平，以确保企业能够从市场上吸引人才，而非关键岗位员工的薪酬低于市场平均薪酬水平，以控制人工成本。

4. 员工成熟度

员工成熟度包括员工知识、技能、经验和绩效水平等。员工成熟度与薪酬水平正相关。一般来说，知识技能越高、经验越丰富的员工市场竞争力越强，流动性也就越大，对企业的生存和发展所起的作用也越突出，越应该获得高于市场平均水平的薪酬。反之，员工薪酬水平不宜高于市场薪酬平均或中位水平。

有些企业会采用提高绩效薪酬的薪酬策略。绩效薪酬固然可以提高员工的薪酬竞争力，也很容易造成员工流失率的提高，所以在绩效薪酬的使用上企业仍要谨慎。

6.2 岗位薪酬标准

薪酬水平策略最终要落实到员工身上。企业即使选择了薪酬水平高于市场平均水平的策略，也会存在低于市场平均水平薪酬的岗位。在设计具体岗位薪酬标准的时候，还应该分清标准岗位和一般岗位的区别。

6.2.1 标准岗位薪酬标准

较为常用的标准岗位是企业中层管理岗位和专业技术岗位中的骨干岗位。企业高层管理岗位一般具有较强的薪酬议价能力。企业会参照市场薪酬水平确定高级管理岗位的薪酬标准。相反，企业最基层岗位的员工薪酬议价能力很弱，可替代性也非常强，所以企业根据员工流失率确定员工薪酬水平。中层管理者和专业技术骨干处于高层管理岗位和基层工作者之间，具有一定的管理能力和专业技术素质，工作流动性受薪酬影响较大，最适宜作为标准岗位。

市场薪酬调查报告可以为企业提供某一岗位的薪酬水平，通过对企业薪酬水平策略的选择，可以确定企业希望采用的薪酬分位值。例如，某企业希望将市场薪酬调查报告中人力资源部经理 75 分位值 20 万元，作为企业人力资源部经理薪酬总额的参考标准。如图 6-2 和表 6-2 所示，该企业还对人力资源部岗位说明书中规定的岗位职责、工作关系、任职资格，以及人力资源部经理的历史业绩水平四项进行对比，得出对标系数，最终按照调查岗位 75 分位值乘以对标系数确定。

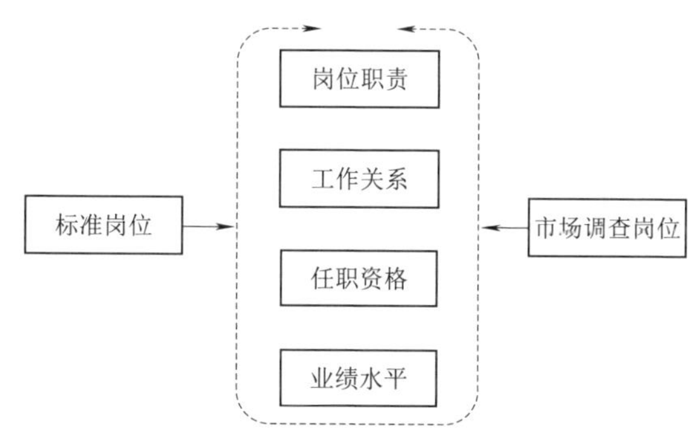

图 6-2　标准岗位与市场调查岗位的比较

表 6-2　人力资源部经理与调查岗位相似度评分

维　　度	评　分　标　准
岗位职责	职责相同达到 7 条，且人力资源部经理每多一条职责加 0.1 分；相同未达到 7 条，每少一条扣 0.1 分
工作关系	直接向总经理汇报加 0.1 分
任职资格	选择 5 项比对指标，每一项不足调查岗位的，扣 0.1 分；每一项高于调查岗位的，加 0.1 分
历史业绩水平	三年内，每出现一次良好以下的，扣 0.1 分；每出现一次优秀以上的，加 0.1 分

这种评分方法未必科学，但管理者可以得到一些启发。

6.2.2　一般岗位薪酬标准

在标准岗位薪酬确定后，一般岗位薪酬要根据岗位评估结果参照标准岗位薪酬标准确定。某企业岗位评价结果如表 6-3 所示。

表 6-3　某企业岗位评价结果

序　号	岗位名称	得　分	序　号	岗位名称	得　分
1	总经理	1 969. 4	15	财务部经理	620. 1
2	副总经理	1 506. 7	16	会计经理	450. 2
3	总经理助理	833. 3	17	资金经理	423. 5
4	市场开发部经理	618. 5	18	会计	286. 8
5	项目开发经理	433. 3	19	出纳	220. 4
6	市场调研员	305. 4	20	人力资源部经理	633. 4
7	工程部经理	654. 8	21	人事主管	440. 6
8	水、电工程师	480. 3	22	人事专员	297. 7
9	建筑工程师	505. 4	23	行政部经理	520. 3
10	结构工程师	491. 1	24	文秘	311. 9
11	工程部内勤	200. 1	25	行政主管	255. 4
12	销售部经理	586. 7	26	信息主管	278. 8
13	销售主管	450. 6	27	文员	188. 9
14	销售员	281. 5	28	司机	165. 2

管理者可以根据标准岗位的薪酬水平和岗位评分与一般岗位的岗位评分比，确定一般岗位的薪酬标准。例如，人力资源部经理薪酬水平确定为 20 万元，其岗位评价得分为 633. 4 分，行政部经理岗位评价得分为 520. 3 分，依此我们可以计算出行政部经理薪酬水平为 16. 43 万元（520. 3 ÷ 633. 4 × 20）。不过这样的方式似乎过于理想化，因为我们不太可能确保岗位评价分数能够客观反映岗位价值。

另一种较为常用的做法是，按照岗位评价结果，将岗位划分为不同的等级。根据标准岗位的薪酬水平确定每一个岗位的薪酬等级，并按照岗位评价结果的得分高低核定一般岗位的薪酬水平。以下为一般岗位薪酬水平确定的例子，如表 6- 4所示。

表 6-4　一般岗位薪酬水平的确定

薪酬等级	岗位评价分数范围	岗　位	岗位评价得分	标准岗位薪酬水平	一般岗位薪酬水平
20 级	1 900 ~ 2 000	总经理	1 969. 4		
19 级	1 800 ~ 1 900				
18 级	1 700 ~ 1 800				
17 级	1 600 ~ 1 700				
16 级	1 500 ~ 1 600	副总经理	1 506. 7	750 000	
15 级	1 400 ~ 1 500				
14 级	1 300 ~ 1 400				
13 级	1 200 ~ 1 300				
12 级	1 100 ~ 1 200				
11 级	1 000 ~ 1 100				
10 级	900 ~ 1 000				
9 级	800 ~ 900	总经理助理	833. 3		400 000
8 级	700 ~ 800				
7 级	600 ~ 700	工程部经理 人力资源部经理 财务部经理 市场开发部经理	654. 8 633. 4 620. 1 618. 5	200 000 210 000	200 000
6 级	500 ~ 600	销售部经理 行政部经理 建筑工程师	586. 7 520. 3 505. 4		160 000
5 级	400 ~ 500	结构工程师 水电工程师 销售主管 会计经理 人事主管 项目开发经理 资金经理	491. 1 480. 3 450. 6 450. 2 440. 6 433. 3 423. 5	140 000 120 000	120 000
4 级	300 ~ 400	文秘 市场调研员	311. 9 305. 4		80 000
3 级	200 ~ 300	人事专员 会计 销售员 信息主管 行政主管 出纳 工程部内勤	297. 7 286. 8 281. 5 278. 8 255. 4 220. 4 200. 1	50 000	50 000

续表

薪酬等级	岗位评价分数范围	岗　　位	岗位评价得分	标准岗位薪酬水平	一般岗位薪酬水平
2 级	100 ~ 200	文员 司机	188.9 165.2		40 000
1 级	0 ~ 100				

这样的做法也有问题，例如，人事专员岗位评价为 297.7 分，市场调研员岗位评价为 305.4 分，两者差距是 7.7 分。工程部内勤岗位评价为 200.1 分，与人事专员差距为 97.6 分。只是因为人事专员评分 300 分以内，就使得其薪酬与评分相差 7.7 分的市场调研员拉开了差距，而与评分相差 97.6 分的工程部内勤保持在一样的水平内。这显然不合理。

为了避免这样的问题，实施岗位制薪酬的企业，一般会将岗位薪酬等级的差距模糊化，完全按照岗位等级划分薪酬水平的标准。如下面的例子，如表 6-5 所示。这时的岗位评价分数和薪酬调查标准岗位的市场薪酬水平只是作为了一个参考。

表 6-5　岗位工资制级别工资标准

岗位等级	薪酬水平	岗　　位	岗位评价得分	标准岗位薪酬水平
总经理级		总经理	1 969.4	
副总经理级		副总经理	1 506.7	750 000
总经理助理级	400 000	总经理助理	833.3	
部门经理级	20 000	工程部经理 人力资源部经理 财务部经理 市场开发部经理	654.8 633.4 620.1 618.5	200 000 210 000
	160 000	销售部经理 行政部经理	586.7 520.3	
主管级/工程师级	140 000	建筑工程师 结构工程师 水电工程师 销售主管	505.4 491.1 480.3 450.8	140 000
	120 000	会计经理 人事主管 项目开发经理 资金经理	450.2 440.6 433.3 423.5	120 000

续表

岗位等级	薪酬水平	岗　　位	岗位评价得分	标准岗位薪酬水平
主办级	80 000	文秘 市场调研员 人事专员 会计	311.9 305.4 297.7 286.8	
	50 000	销售员 信息主管 行政主管	281.5 278.8 255.4	50 000
文员级及其他	40 000	出纳 工程部内勤 文员 司机	220.4 200.1 188.9 165.2	

岗位制工资标准按以上标准划分，总经理和副总经理按照企业整体业绩情况核定年薪，总经理助理级及以下员工按照岗位制工资核定年薪。其中，部门经理级、主管级/工程师级、主办级都在各级别中划定了两级薪酬标准。

这种薪酬水平确定的方法，在实施岗位薪酬体系的企业中是常常被用到的。

6.3　岗位薪酬级差设计

按照以上方法可以确定每个岗位的薪酬，做到一岗一薪。但同样一个会计师，一位在企业工作十年的硕士生，另一位是刚刚进入企业的大学毕业生。两者采用一样的薪酬标准，即同一岗位不同的员工采用同一薪酬，也会引起员工的不满。为解决这一问题，企业在薪酬水平设计时，常常将岗位薪酬设计成了一个范围而不是一个数值。

6.3.1　岗位薪酬跨度

企业在解决上面提到会计师的问题时，并不会教条地让一个有十年工作经验的硕士生和一个刚刚参加工作的大学毕业生拿到一样的薪酬。如果企业不在岗位设计上调整，就会在岗位薪酬水平上进行区分。一般情况下，企业会在某一岗位薪酬水平的基础上进行适当的上浮和下调。

上浮20%　12 000元
会计师　10 000元
下调20%　8 000元

图 6-3　岗位工资的调整范围

如图 6-3 所示，如果前面会计师的薪酬水平是 10 000 元/月，那么按照20%的调整比例，同一岗位不同员工的薪酬水平就可以控制在12 000元/月到8 000元/月之间，薪酬最高员工薪酬达到同岗位薪酬最低员工的1.5倍。这也就拉开了岗位薪酬跨度。

1. 岗位工资调整的跨度

会计师的薪酬调整跨度就是岗位薪酬水平上浮或下调的比例。同一岗位薪酬上下限应该在多大范围之内才是一个合理的范围，并没有明确的标准。公认的观点是这个跨度与岗位有关。其影响因素包括三点：一是岗位级别，在企业岗位级别越高，这个跨度就越大；二是岗位任职资格的复杂程度，岗位任职要求能力越复杂，这个跨度就越大；三是岗位绩效影响，一般来说，管理类岗位影响最高，而作业类岗位影响最低。

根据以上原则，按照经验，岗位薪酬水平的变化范围如下。

（1）对于低水平的服务、生产和维修人员来说是10～20个百分点。

（2）对于在办公室、技术和辅助专业人员来说是20～30个百分点。

（3）对于较高水平的专业人士、行政和中级管理人员来说是30～40个百分点。

（4）对于较高水平的管理人员来说是40个百分点或以上。

2. 跨度的评定标准

再次回到会计师的问题。如何拉开工作十年的老员工与刚刚毕业的新员工岗位薪酬水平，需要考虑两个因素。

第一是任职资格。员工任职资格超过岗位说明书中任职资格标准的，即可按照100%进入，每有一项不足，则考虑扣除5～10个百分点。任职资格因素反映了员工能力因素。

第二是历史业绩。每年员工业绩完成要求，就应该给予一定的上浮，上浮比例应该根据公司当年整体业绩完成好坏而计算出的可调薪工资总额来确定。一般绩效完成后的薪酬增幅应在5%左右。历史业绩可以拉开新老员工的薪酬水平差距，这个差距反映了员工对企业的历史贡献，能够为员工接受。

6.3.2 岗位间薪酬差距

同一岗位内部的薪酬跨度问题得到解决，但不同岗位间也会存在薪酬差距的问题。岗位之间的薪酬差距可以反映不同岗位的工作重要性，传统的行政管理是按照管理级别设计的，总经理、副总经理代表了企业高管，部门经理、副经理代表了中层干部，在管理干部和普通员工之间，还会有专业主管、经理或工程师一类的岗位。企业的管理层级变为了四级，总经理、部门经理、主管、员工。有些企业还要复杂得多。因为行政层级的存在，每个层级的员工都希望自己的薪酬能够与其他层级的员工不同，以显示自己层级的重要性。同一层级的员工，也希望企业采用一岗一薪的方式，以突出自己工作重要性。基于以上的要求，如果企业真的采取一岗一薪的方式，薪酬管理工作将是一个复杂而庞大的工程。所以企业往往对薪酬采用分类管理的方式。

在表 6-5 中，按照企业内部的不同行政级别，全部按照 20% 的浮动比例确定其薪酬范围后，形成如图 6- 4 所示的各级别薪酬跨度表。

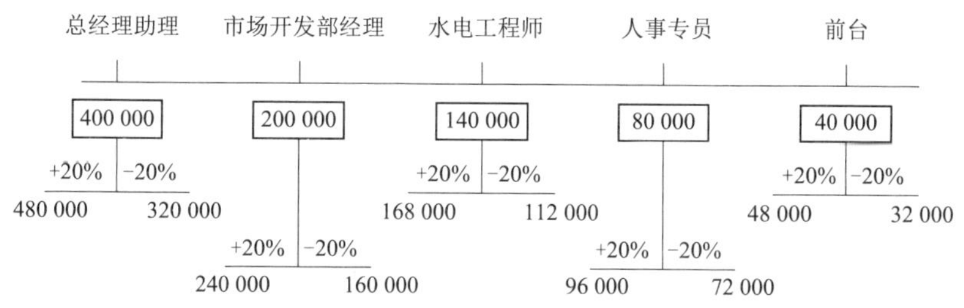

图 6- 4　某企业各级别薪酬跨度表

每一级岗位的薪酬都相对稳定，员工进入该级别后，薪酬即可以确保得到提升。这是传统人力资源管理的方法。好处是，薪酬管理方式简单而明了，员工要想得到更高的薪酬，就需要不断地晋升级别。问题是，级别与级别的薪酬差距明显，下一级员工无论如何也无法达到上一级员工的薪酬水平，两级之间没有交叉，员工只能通过级别晋升提高薪酬，如图 6-5 所示。而级别晋升会受到企业职数的限制，只有当岗位空缺出现时，员工才有晋升的可能，这就是所谓的千军万马过独木桥的局面。当员工能力提升到可以胜任上一级别工作的时候，有三个选择：一是不计回报地继续努力工作。二是观望机会的出现。三是离开企业，去寻找新的发展机会。

为了解决因为没有空缺岗位，无法满足员工在岗位晋升无望的情况下提高薪酬水平的要求，有些企业适当提高了每级员工岗位薪酬跨度比例，例如，将原来基于标准值 20% 的调整比例，调整为 30% ，如图 6-6 所示，以确保各级员工之间薪酬出现交叉。这样当员工岗位级别晋升无望时，也可能通过很好的绩效表现，获得上一级别人员的薪酬。这样调整的好处是确保了岗位晋升无望，而又能够继续努力工作的员工的利益。然而，通过岗位晋升获得个人发展以及提高薪酬水平的整体情况并没有质的变化。

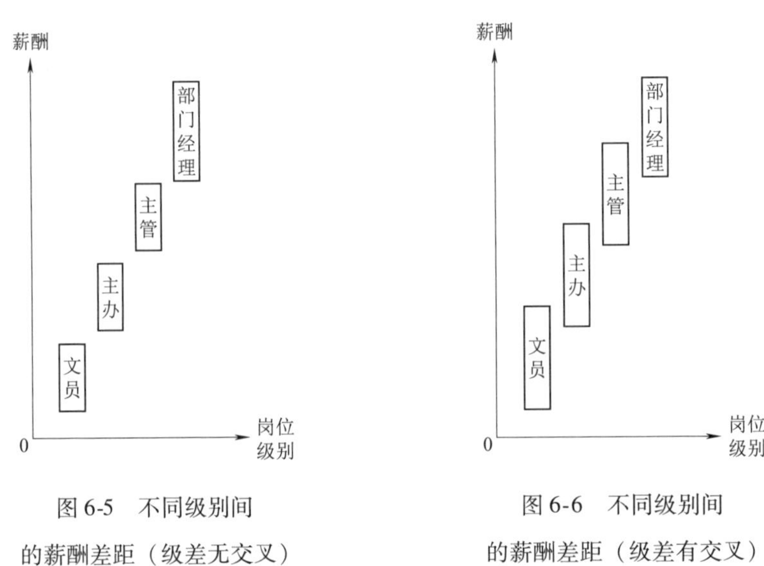

图 6-5　不同级别间的薪酬差距（级差无交叉）

图 6-6　不同级别间的薪酬差距（级差有交叉）

破解这个难题，在企业行政级别或管理岗位无法满足员工晋升要求的情况下，企业开发了一条新的成长道路，我们称其为专业发展，这也被大家称为双通道发展。员工既可以按照管理岗位一路走下去，承担更多的工作责任、管理更多的员工，也可以按照自己的专业岗位一路走下去，获得更深入的专业知识。在职业发展的过程中，双通道发展打破了企业原有的薪酬等级限制。如图 6-7 所示，一个工程师一样可以获得像副总经理那么多的薪酬。

这种级别间薪酬差距，需要设计出每一级别薪酬的上限及下限，以及薪酬交叉多少。首先确定某一个岗位的标准值，并纳入相应的级别中，再按照适当的比例上浮或下浮，以确定这一级别之上或之下的级别。如图 6-8 所示，按照人事主管可以纳入人力资源管理一级员工的中间值为基准，其薪酬为 12 000 元/月。按照这个标准上调 40% 后，确定人力资源高级员工的薪酬中间值，下调 40% 后确定人力资源二级员工的薪酬中间值，继续下调 40% 后，确定人力资源三级员工的薪酬中间值。每级员工按照中间值向上、向下浮动 30%，即可以确定该级别的薪酬范围。

如图 6-7 所示的岗位间薪酬等级分配的方法，对于以往基于岗位的薪酬管理方法是一个挑战。当每个员工都存在按照个人专业继续发展的可能时，员工的个人成长成为首要目标，岗位晋升是次要目标。员工只要自己努力提高专业技能就有可能获得薪酬增长。这是一个很完善的理论，但实际使用时，仍会有一些问题需要注意。

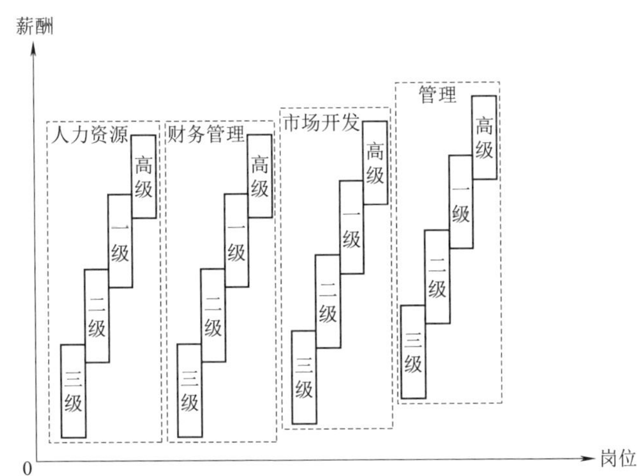

图 6-7　按专业分类的岗位间薪酬差距

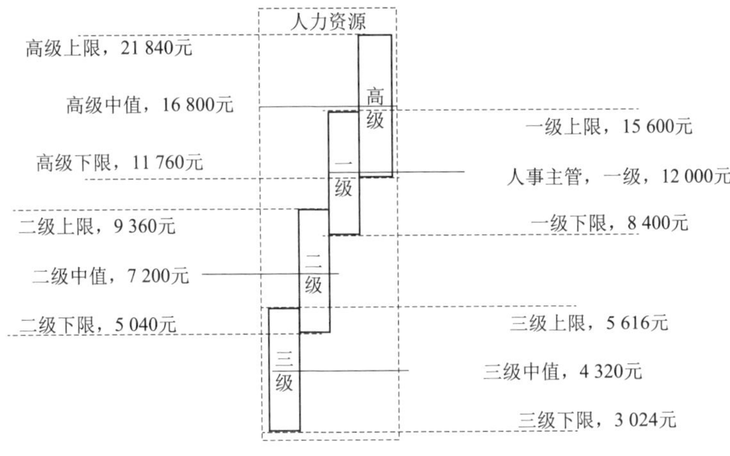

图 6-8　人力资源专业级别薪酬差距设计

一是企业未必需要很多高技能的员工，员工技能提高也意味着人工成本的上升，开发员工专业成长通道，提高了企业人工成本，增加了薪酬总额控制的难度。

二是如何评定员工技能仍是一项具有挑战性的工作。无法科学评定员工的技能水平，专业发展级别晋升的标准就不好确定，专业晋升也会面临不公的问题。

三是该方法并非对所有的企业都适用。对于规模较小、发展时期尚不成熟的企业，采用更为简单、直接的薪酬管理方式效果更佳。

6.3.3 薪点和级差设计

按照岗位等级，企业可以确定不同的薪酬等级。同时，企业还需要设计员工在薪酬等级中逐渐晋升的过程。

薪点工资制提出了一套员工薪酬等级随能力晋升而提高的解决方案。在薪点工资制中，每个岗位级别的员工都被赋予了一定的薪点，企业规定每个薪点所代表的货币金额，并以此确定员工的薪酬。例如，员工薪点是 1 000 点，每个薪点的货币价值是 1.2 元，那么员工的薪酬就是 1 200 元。

每个员工在薪点表中都可以找到自己的位置，如人事主管被评为薪等五级，薪级 1 级，那么薪点就是 10 080，如果每一个薪点的货币价值为 1.2 元，就代表人事主管的薪酬为 12 096 元，如表 6-6 所示。

表 6-6　薪点表

薪等	薪级								
	1	2	3	4	5	6	7	8	9
十二	49 560	51 920	54 280	56 640	59 000	61 360	63 720	66 080	68 440
十一	40 320	42 240	44 160	46 080	48 000	49 920	51 840	53 760	55 680
十	32 760	34 320	35 880	37 440	39 000	40 560	42 120	43 680	45 240
九	25 200	26 400	27 600	28 800	30 000	31 200	32 400	33 600	34 800
八	19 320	20 240	21 160	22 080	23 000	23 920	24 840	25 760	26 680
七	15 540	16 280	17 020	17 760	18 500	19 240	19 980	20 720	21 460
六	12 600	13 200	13 800	14 400	15 000	15 600	16 200	16 800	17 400
五	10 080	10 560	11 040	11 520	12 000	12 480	12 960	13 440	13 920
四	7 560	7 920	8 280	8 640	9 000	9 360	9 720	10 080	10 440
三	5 544	5 808	6 072	6 336	6 600	6 864	7 128	7 392	7 656
二	4 032	4 224	4 416	4 608	4 800	4 992	5 184	5 376	5 568
一	2 940	3 080	3 220	3 360	3 500	3 640	3 780	3 920	4 060

在薪点表确定后，企业要把不同管理和专业技术的岗位全部纳入薪点表中。薪点表中的薪等和薪级设计，体现了员工的职业发展历程。员工薪级的晋升一般与员工个人的能力水平和绩效表现有关，薪等的晋升与员工的岗位晋升有关。如

果人事专员在薪等四等，当晋升到四等的顶点时，其薪点数已经超过了薪等五等1 级的人事主管，达到了 10 440 点。这体现了前节提到的岗位间薪酬差距。

一名人事专员是从一等 1 级开始进入薪点表，虽然岗位没有发生变化，但随着员工能力的提高和业绩的增长，他一样有可能从人力资源 3 级提高到 1 级，并纳入 7 等以上的薪等，如表 6-7 所示。

表 6-7　岗位与薪等对应表

<table>
<tr><th colspan="2">项　目</th><th colspan="2">管理类</th><th colspan="2">专业类</th><th colspan="2">市场类</th><th>作业类</th></tr>
<tr><th>层级</th><th>薪等</th><th>经营</th><th>管理执行</th><th>人力资源</th><th>战略管理</th><th>市场营销</th><th>销售</th><th>技工</th></tr>
<tr><td rowspan="2">中坚层</td><td>十二</td><td>高级</td><td></td><td></td><td></td><td></td><td></td><td></td></tr>
<tr><td>十一</td><td>1 级</td><td></td><td></td><td rowspan="2">高级</td><td></td><td></td><td></td></tr>
<tr><td rowspan="3">核心层</td><td>十</td><td>2 级</td><td>高级</td><td rowspan="2">高级</td><td rowspan="2">高级</td><td></td><td></td></tr>
<tr><td>九</td><td rowspan="2">3 级</td><td>1 级</td><td rowspan="2">1 级</td><td></td><td></td></tr>
<tr><td>八</td><td rowspan="2">2 级</td><td rowspan="2">1 级</td><td rowspan="2">1 级</td><td rowspan="2">高级</td><td></td></tr>
<tr><td rowspan="3">骨干层</td><td>七</td><td></td><td rowspan="3">2 级</td><td></td></tr>
<tr><td>六</td><td></td><td rowspan="2">3 级</td><td rowspan="3">2 级</td><td rowspan="2">2 级</td><td rowspan="2">1 级</td><td></td></tr>
<tr><td>五</td><td></td><td>高级</td></tr>
<tr><td rowspan="4">基础层</td><td>四</td><td></td><td></td><td rowspan="3">3 级</td><td rowspan="2">3 级</td><td rowspan="2">2 级</td><td>1 级</td></tr>
<tr><td>三</td><td></td><td></td><td rowspan="3">3 级</td><td>2 级</td></tr>
<tr><td>二</td><td></td><td></td><td></td><td rowspan="2">3 级</td><td rowspan="2">3 级</td></tr>
<tr><td>一</td><td></td><td></td><td></td><td></td></tr>
</table>

这样的设计在理论设计上是很完美的。员工不必与其他人比，只要自己能力提高并按要求完成业绩任务就可以得到薪酬激励，而且薪酬上限远远超出了人力资源岗位起始薪酬，甚至能达到最低层的 10 倍。但这样的薪酬方法设计也有其问题，一个人事专员的工作难度是一定的。从经济角度考虑，人事专员岗位的能力刚刚胜任人事专员岗位的工作是最经济的。如果人事专员的能力达到了人力资源高级的程度，就造成了人才的浪费，还增加了企业的成本。在设计阶段要解决好这个问题。一般的操作手法是薪点表的晋升机制和薪酬表中薪等和薪级的差距两个方面考虑。

在晋升机制上，通常用到的方法是延长晋升的时间。例如，每晋升一个薪级需要一年的时间，按照表 6-6 的设计，员工从最低级到最高级需要经历 100 百年以上。在薪等晋升上设计了一定的限制。例如，员工达到一定的岗位后才可以向上晋升薪等。也就是说，人事专员的薪酬跨度是人力资源 3 级和 2 级，如果人事专员无法晋升到人事主管，就不可能晋升到人力资源 1 级或高级。

在薪级的差距上，需要参考市场薪酬调查数据和岗位任职资格。通过市场薪酬调查数据，企业确定人事主管的合理薪酬为 10 000 点，人事专员的合理薪酬为 5 000 点。按照任职资格，人事专员的任职要求为本科学历、1 年工作经验。人事主管的任职要求为硕士学位、5 年工作经验，其中学历取得需要 3 年时间，工作经验积累需要 4 年时间。在薪级设计时，人事专员应该至少需要 4 年时间才可以达到人事主管的薪点。考虑到前面提到的薪酬标准范围，按照 20% 确定人事主管的薪级，则人事专员应至少需要 4 年，才可以达到人事主管薪酬的低限 8 000 点。如果每年晋升一级，则人事主管与标准的人事专员间的薪级应该不少于 4 级，每级的级差应该不大于 750 点。

6.4 【HR 必知】宽带薪酬

20 世纪 90 年代，以爱德华 · 罗勒为代表的一批美国学者提出了战略性薪酬体系的理论。战略性薪酬体系由三大部分构成：宽带的工资体系，与企业、团队和个人业绩紧密结合的奖励体系，非货币的、自助餐式的福利体系。其中，宽带的工资体系也就是所谓的“宽带薪酬”。因宽带工资体系是由爱德华 · 海提出，所以宽带薪酬也被称为海氏薪酬制。根据海氏方法，可以很客观和科学地给每一个职务一个评价点数。

宽带薪酬是相对于窄带薪酬而言的，它是在组织内用少数跨度较大的工资范围来代替原有数量较多的工资级别的跨度范围。具体到企业，就是将原来十几甚至二十几、三十几个薪酬等级压缩成几个级别，但同时将每一个薪酬级别所对应的薪酬浮动范围拉大，从而形成一种新的薪酬管理系统及操作流程，如图 6-9 所示。

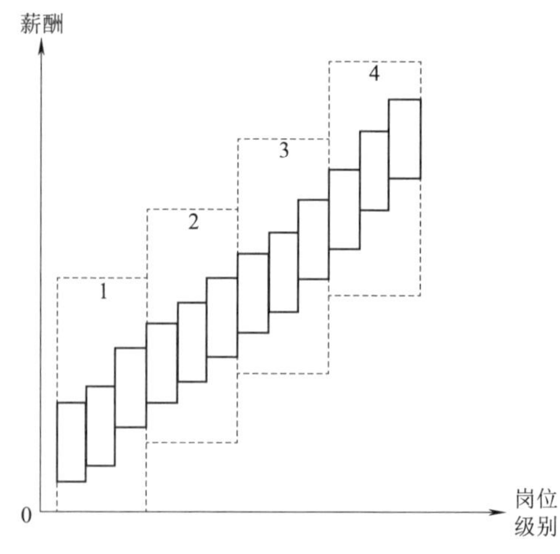

图 6-9 宽带薪酬示意图

美国薪酬管理学会将宽带薪酬定义为：宽带薪酬结构指对多个薪酬等级以及薪酬变动范围进行重新组合，从而变成只有相对较少的薪酬等级以及相应的较宽薪酬变动范围。宽带中的“带”指工资级别，宽带则指工资浮动范围较大，其实质就是从原来注重岗位薪酬转变为注重绩效薪酬。注重绩效，职级减少，多个岗位被归到同一职级中，将宽带拉大，使员工薪酬有更加灵活的升降幅度。

一般来说，每个薪酬等级的最高与最低值之间的区别变动比率可达到100%甚至更高。一种典型的宽带薪酬体系可能只有 4 个等级的薪酬级别，每个薪酬等级的最高值与最小值之间的区间变动比率可能达到200% ~300% 。而传统薪酬结构中，同一岗位等级上的薪酬浮动范围通常只有40% ~50% 。如财务总监，过去是 8 万 ~12 万元之间，中间只差 4 万元，当以 12 万元招不到人又不能不招时，就必须采用“宽带”薪酬的方法，加宽薪酬幅度，如 8 ~20 万元。

因此，宽带薪酬的实质可简要地描述为：简化基本工资等级，拉大等级范围，淡化岗位，关注业绩，员工由关注岗位转移到关注找到一个适合自己的岗位，并在此岗位上干出业绩。

6.5　【疑难问题解答】

6.5.1　不具备支付条件能否采用高薪酬策略

企业采用哪一种薪酬策略应该充分考虑到企业的支付能力。但这并不意味着，现金有限的企业就不能采用高薪酬水平的薪酬策略。

薪酬包括现金薪酬和非现金薪酬。一般在制订薪酬策略的时候，所考虑的是社会、企业和员工都公认的现金薪酬。利用好非现金薪酬一样可以起到激励的作用。

在第一章中，我们列举了 IT 企业中经常使用到的“金手铐”——股权激励就是一种非现金激励，百度公司在尚不具备现金支付能力的时候，向员工承诺了股权激励，当百度公司具备现金支付能力的时候，其股权激励措施就明显发生了变化。除了股权激励，利润共享计划、虚拟股票计划等都是比较有效的非现金激励方式。

采用非现金激励有一个重要的前提，就是非现金激励能够在企业与员工之间形成等同于现金激励作用的共识。否则，企业承诺再多的激励，员工不认可，也就失去其激励作用。

6.5.2　薪酬设计是否一定要拉开薪酬级差

本节用了大量篇幅介绍如何拉开薪酬级差。但这并不是说，所有的薪酬体系都应该拉开级差。企业薪酬方法要根据企业发展战略、发展时期、企业性质、企业规模等因素确定。

在大型企业，企业管理层级复杂、管理岗位众多，通过拉开级差，可以起到对岗位分类管理的作用。但小型企业，管理结构比较简单、各岗位设计也很单一，就没有必要一定要拉开岗位级差，这时候采用最简单的岗位薪酬制往往是最好的办法。

薪酬设计不能为设计而设计，要注重薪酬方法的实用性，能够起到作用才是关键，黑猫白猫抓住老鼠都是好猫。

6.6 【案例分析】伟大的5美元

20世纪初，是美国汽车产业蓬勃发展的时期，多家汽车制造公司蓬勃发展。汽车工人也在各个公司之间频繁流动。流动的员工无法保证汽车品质的稳定，员工的流动也使得众多汽车制造商不愿意为员工支付更高的费用。为此，员工与厂商间的劳工冲突一直不断。

为了应对这些问题，1914年，美国福特汽车公司发表了一个声明。

福特汽车公司作为世界上最大的同时也是最成功的汽车制造公司，将于1月12日起，开创汽车工业界工人薪酬制度的最伟大变革。

首先，工人的劳动时间从9小时缩短为8小时，而且每位工人都将获得公司利润的分成。年满22岁的工人最低日工资为5美元。现在的最低工资为9小时2.34美元。

约10%的工人会立刻享有利润分成。年龄在22岁以下的工人数量只占10%，他们每个人都有机会证明自己有资格得到5美元日工资。

利润分成不会等到年终一次发放，福特先生和考森斯先生（福特公司创始人之一）会预估公司本年度的利润前景，确定一个相对合理的数字奖励工人。分成会随工资每半月发放一次。

工厂现在实行的是9小时两班倒工作制。以后将会改为三班倒，每班工作时间为8小时。公司目前共有15 000名工人，我们将会再雇佣四五千名工人。现在每天工作9小时只拿2.34美元的工人今后每天只需工作8小时，而工资至少为5美元。

所有年满22岁的工人都适用这个标准，无论他从事何工种。18～22岁之间的年轻人要想获得利润分成，必须做到节制、节约、沉稳、勤劳，而且让主管及其他工人感到满意，不会把工资滥用在放纵的生活上。

需要养家、家有寡母、弟弟妹妹的年轻工人的待遇与 22 岁以上的工人的待遇等同。

预计将有超过 1 000 万美元分配给各位工人。

这一声明公布后，来自世界各地的工人开始涌向福特。福特公司门口前来应聘的人挤满了整个曼彻斯特大道，每人都想拿 5 美元工资。12 000 多名求职者围住福特公司，并且还有源源不断的人向这条大街上涌来。福特没有办法满足所有的求职者，只好请他们回去，但是失去机会的求职者不肯离去。政府不得已只好出动了消防车来驱赶他们。愤怒的人群将水管割断。同时，在南方长期受压迫的黑人听到这个消息“在福特可以像白人一样获得 5 美元的日薪”，他们仿佛看到了生活的希望，于是便开始向底特律转移，而且他们写了专门歌颂福特的蓝调：“我要去底特律，去找一个叫福特的人，找一份好工作，不再挨饿！”美国媒体感叹道：“5 美元引起了美国全国性的人口大转移。”

据 1914 年 11 月福特进行的一项调查，仅有 29% 的福特工人出生在美国，其他 71% 则来自 22 个不同国家。成千上万的劳动者中最优秀的分子被吸收进厂。其次，这些进厂的工人只有两条路可以选择：要么无条件地服从，拼命跟上传送带的转动速度以挣到诱人的 5 美元工资；要么被淘汰，由云集在厂门口跃跃欲试的其他人来代替自己。

在不到一年的时间里，这一措施使福特工厂员工年流动率由 370% 跌到了 16%，劳动生产率大幅上涨。而此期间，工厂内推行的流水线作业得以顺利进行，劳动效率十数倍地增长。而规模的增长，又带动了价格的迅速下降，这对福特汽车能够在短时间内走入千家万户起到了极为重要的作用。1914 年福特的年利润是 3 000 万美元，而在实行日薪 5 美元后，1916 年，年利润就达到了 6 000 万美元。20 世纪 20 年代，福特也顺利地成为“世界首富”。

福特的成功不但保持了福特公司的领先优势，而且给管理界带来了新的思考。如何合理地制订员工的薪酬策略变得像如何开发一项新产品、引进一项管理技术一样，成为企业管理者必须要考虑的问题。

【案例启示】

具有竞争力的薪酬，可以获取优秀的人才，也可以提高员工的忠诚度和工作积极性，表面上看，高薪酬水平增加了企业的人工成本，实际上，人力成本的投入和其他资本投入是一样的，也存在着投入产出的问题，所以，福特“5 美元”实施后，为企业带来了更大的价值。

7 薪酬结构

薪酬结构设计是薪酬设计中非常重要的一个环节。如果说薪酬水平是决定要给员工多少钱，那么薪酬结构就是决定要怎样把这些钱交给员工。如前所述，薪酬包括众多的要素，每一项要素所能够起到的激励作用是完全不同的。设计薪酬结构就是分配薪酬要素的构成，其对薪酬管理的效果起到决定性的作用。薪酬结构设计的程序如图 7-1 所示。

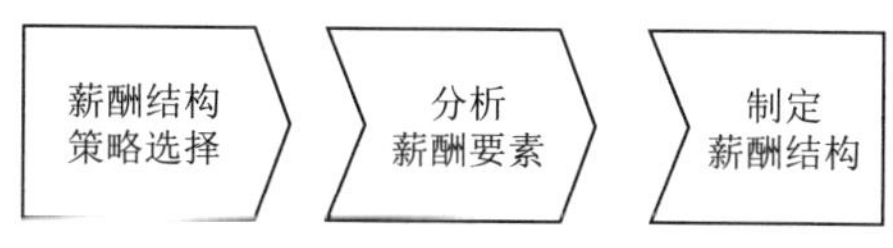

图 7-1　薪酬结构设计程序

7.1　薪酬结构策略

设计一个所有人都认可的薪酬制度，几乎是不可能的事情。薪酬结构设计决定是否保留以及如何使用某项薪酬要素。每一项要素都有其积极作用和消极作用。薪酬设计就是对这些积极作用和消极作用的权衡，以获得对企业和员工最为有效的薪酬构成。

7.1.1　薪酬结构确定原则

企业确定薪酬结构，一般要遵循以下原则。

1. 内部工作价值的一致性

薪酬设计最基本原则是确保内部的公平性。也就是说，薪酬结构要让员工感觉到公平，要让职责更重要的员工获得更多的薪酬。薪酬结构设计应该体现员工的岗位价值。不同岗位价值的员工，薪酬应该有所差距，以便让员工在内部薪酬比较中，能够获得公平感。

2. 薪酬与能力的一致性

管理者按照能力给付员工薪酬时，所考虑的是能力越高的员工可以为企业带来越高的绩效，可以为企业发展提供越多的帮助。薪酬结构中有体现能力的部分，例如，按照员工技能水平拉开同岗位不同员工的薪酬差距。在薪点制工资下，同岗位不同的员工也会纳入不同的薪级之中。这样做的问题是，能力高的员工是否真的可以为企业带来更高的绩效？这个问题还没有一致的结论。

3. 薪酬与员工贡献的一致性

“员工贡献越大，薪酬越高”的原则是企业所有者最希望得到的结果。员工为企业做出贡献了，就应该受到激励。反之，企业没有必要激励没有为企业做出贡献的员工。在薪酬结构中，绩效和奖金对员工的业绩贡献体现得最为直接。但绩效和奖金并不是员工薪酬管理的全部。企业管理者认为最为理想的状态是员工完全按照绩效和奖金领取报酬。这样的薪酬设计缺乏保障职能，在企业的成长期如此设计是没有问题的。而企业一旦遇到困难，员工会自然地寻找条件更好的企业合作。为了确保企业的稳定，按绩效确定薪酬也要有所约束。

4. 与外部市场的一致性

薪酬设计要考虑薪酬外部竞争性。外部竞争性取决于外部市场。企业的竞争对手不仅来自同行业、同地区的竞争对手，还包括与企业某个岗位存在流动可能的外部企业。

薪酬调查是解决外部市场薪酬水平的好办法。企业使用薪酬调查的结果，是要确保薪酬水平与外部市场的可比性。另外，企业还应该注意在薪酬结构上，也要遵循市场普遍做法。员工在使用外部市场薪酬数据时，往往只看到自己薪酬水平较低的部分，而不会综合考虑整体薪酬水平。这就要求企业要利用好不同薪酬要素的特点，加强整体薪酬水平意识的宣传。

7.1.2 如何与战略衔接

近年来，薪酬体系要体现企业战略目标几乎成为所有企业对薪酬体系设计的要求。企业战略要求薪酬体现激励作用。企业可以通过薪酬吸引和留住人才，并确保长期发展。如表 7-1 所示，薪酬结构的不同内容可以反映不同的战略要求。

表 7-1 薪酬结构与战略要求的关系

内　　容	激励作用	吸引人才	留住人才	长期发展
基本薪酬		√	√	
短期奖励	√			
长期激励	√		√	√
福利		√	√	√
津贴			√	

企业对员工的激励作用，需要通过不同的激励措施体现。员工取得绩效就应该受到鼓励，不论是短期激励还是长期激励，都能够激励员工努力完成任务。企业能够通过薪酬政策吸引人才的关键是员工基本薪酬和福利在市场的竞争力。员工薪酬总额与人才流入一般呈正相关关系。企业留住人才，需要在基本薪酬、福利、津贴以及长期激励上都有所保障。员工更喜欢在竞争激励的企业中获得超额奖励，在竞争不那么激励的环境中得到长期发展。为了企业长期发展，企业应当将员工未来收入与企业的长期收益联系起来。

7.1.3　如何与企业发展衔接

薪酬结构设计还要与企业发展阶段相适应。企业在不同的发展阶段，需要制订不同的薪酬策略。薪酬的不同要素，可以在薪酬体系中发挥不同的作用。薪酬结构及水平与企业发展时期的联系如表 7-2 所示。

表 7-2　薪酬结构及水平与企业发展时期的联系

内　容	初创期	成长期	成熟期	衰退期
基本薪酬	低	有竞争力的	有竞争力的/高	高
短期奖励	有竞争力的	有竞争力的	高	低
长期激励	高	有竞争力的	有竞争力的	低
福利	低	有竞争力的	高	高
津贴	低	有竞争力的	有竞争力的	高

初创期，奖励的作用最为明显。初创期企业无力支付过高的基本薪酬，但可以通过对企业发展的预期，将员工的视野集中在企业未来发展的收益上。成长期，员工的作用非常重要，企业薪酬结构的各个要素均应具有市场竞争力。成熟期，企业的任务是确保成熟期的延续，稳定人才最为关键，而稳定人才的核心在于高于竞争对手的薪酬水平。衰退期，企业要确保人才的稳定，分享企业收益已不是很重要。

7.1.4　薪酬结构的几种形式

薪酬结构设计有几种形式，如表 7-3 所示。

表 7-3 薪酬结构形式

项目	高弹性薪酬	调和型薪酬	高稳定性薪酬
特点	绩效薪酬所占比例很高，基本薪酬等所占比例很低	绩效薪酬与基本薪酬等各占一定的合理比例	基本薪酬所占比例很高，绩效薪酬等所占比例很低
优点	激励性强 激励与业绩相关	既有激励性也有安全感	收入波动很小 员工安全感和归属感强
缺点	员工收入波动很大 员工缺乏安全感和归属感 易产生不公平感	设计难度大	易导致员工惰性

高弹性薪酬，即员工的薪酬变化比较大。高弹性薪酬策略的激励性最强。例如，房屋中介公司的员工完全靠市场吃饭。当房地产红火的时候，大街上中介公司林立，房屋中介人员的收入也很高。市场一旦下滑，就会有大批门店关闭，房屋中介人员离职。可见高弹性薪酬固然能为企业带来高额收益，但也加剧了企业的经营风险。

调和型薪酬，兼有弹性和稳定性的特点，是大多数企业所采取的薪酬方式。企业会针对内部不同员工的不同特点，并根据企业发展的不同阶段和战略要求，采取不同的薪酬管理方式。例如，企业制订销售人员的薪酬策略时通常会采取高弹性薪酬。企业业绩增长，销售人员可以获得高额收入。企业业绩下降时，企业仍会给销售人员一定的生活保障，以稳定员工。

高稳定性薪酬，员工的薪酬变化较为稳定，员工薪酬与企业业绩挂钩不是很明显。这就如同足球裁判，其正常收入，并不会因为一场球赛是“0:0”，还是“10:1”而发生变化，也不会受球场上座率的影响。裁判只需要关注其判罚的过程是否符合规则，不需要关注比赛的结果。

7.2 基本薪酬

基本薪酬具有高稳定性的特点。基本薪酬是对员工收入的基本保障，所以企业应确保员工基本薪酬在较长时间内的稳定性，确保其不会因外界其他因素的变化而频繁变动。在没有特殊理由时，企业不能随意降低员工基本薪酬。基本薪酬也是薪酬结构中的主要部分。

7.2.1　基本薪酬分类

如图 7-2 所示，基本薪酬的具体形式有很多，企业可以单独使用，也可以合并使用。

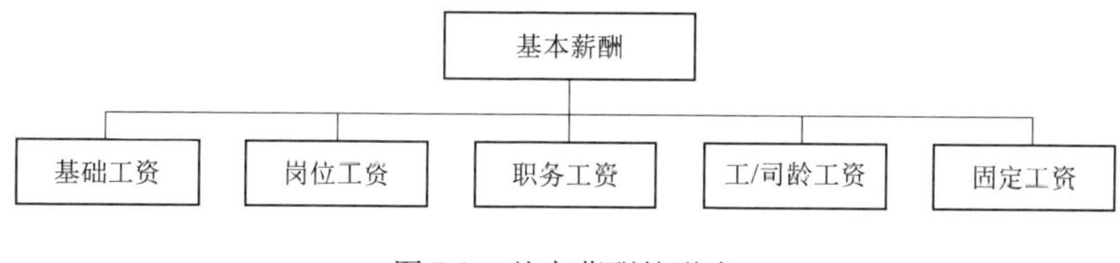

图 7-2　基本薪酬的形式

1. 基础工资

基础工资的主要作用是维持员工正常的生活水平。基础工资一般会与居民最低生活工资、职工平均工资或物价水平挂钩，每年进行调整。其设计的初衷是，员工基础工资部分可以保障员工维持正常地吃、穿等生活需要。例如，某企业将当年当地职工最低工资作为员工的基础工资，并逐年调整。

2. 岗位工资

采用因岗定薪政策的企业中，不同岗位员工基本薪酬不同。有些企业也把因岗定薪的部分叫作岗位工资。岗位工资一般直接根据岗位价值评估的结果确定。如表 7-4 所示，员工在某岗位任职，便获得相应岗位的薪酬标准。

表 7-4　行政部岗位评估与岗位工资

岗位名称	岗位评估得分	岗位工资（元/月）
行政部经理	4 200	4 000
文秘	3 500	3 500
行政主管	3 140	3 000
档案管理员	2 500	2 500
文员	2 121	2 000
前台	1 088	1 000

3. 职务工资

职务工资是因员工职务级别而确定的，是对岗位工资的补充。职务工资的设计是为了体现薪酬的内部公平性。有些企业会按员工职务级别设计不同的薪酬标准，例如，副科级、科级、副处级、处级等的职务工资是不同的。如表 7-5 所示，每一级职务有一定的职务工资。一名主管级员工，升任部门经理后，只能领取部门经理的岗位工资和主管级员工的职务工资。员工只有在其职务级别晋升为经理级后，才能领取经理级的职务工资。在基于能力的薪酬体系下，也有类似的设计。员工进入薪点表时的位置，不是与员工岗位同步变化，而是与员工岗位级别相关。当员工岗位变动，岗位级别没有变化时，员工进入新的岗位，只能在原有的薪等薪级中变动。

表 7-5　某企业职务工资对应表

职　务　级　别	职务工资（元/月）
总经理级	2 000
副总经理级	1 800
总经理助理级	1 400
经理级	1 100
副经理级	900
主管级	800
副主管级	650
主办级	400
副主办级	250
文员级	150
辅助文员级	100

4. 工/司龄工资

第二次世界大战后的日本，年功序列制工资制度成功地大范围使用。在人才稀缺、企业没有足够支付能力的情况下，为了确保员工的工作稳定，年功工资可以作为企业留住人才的保障。20 世纪 90 年代后，全球经济结构发生了大的变化，传统的薪酬模式也受到了挑战。新的管理思想认为，企业绩效并不仅依靠工作经验，依据年功定工资标准的模式已经落伍。稳妥起见，目前很多企业仍然会将工龄或司龄工资作为基本薪酬的一部分，但影响已经大大降低。年功工资下，员工工资随工作年限的增加不断增长。不止工/司龄工资随员工工作时间而增长，国家在很多与员工利益有关的法规中也规定了工龄是区分员工利益的标准之一，例如，《职工带薪年休假条例》规定了员工年休假天数与工作时间长短有关。员工工作年限达到相应标准，年休假时间也会增加，这说明了工/司龄工资作为保障性薪酬的合理性。

5. 固定工资

随着职能工资制的不断普及，越来越多的企业摒弃了细分员工基本薪酬的做法，而以一个固定金额作为员工的基本薪酬。这也被称为固定工资制。各企业的销售人员是最早实施固定工资制的群体。20 世纪 80 ~ 90 年代最为普遍的做法是销售人员工资结构采用底薪加提成的方式。底薪就是员工的基本薪酬，即固定工资。企业核定标准时不必考虑员工工作年限和能力水平。销售提成则完全根据业绩确定，有销售业绩就有提成，没有销售业绩就没有提成。

职能工资制中，确定员工的基本薪酬标准需要参考员工工作技能水平、任职岗位等因素，经过周密的设计后，呈现在员工面前的就是一个固定工资水平。

7. 2. 2 基本薪酬的设计方法

基本薪酬要解决内部公平性的问题，所以员工基本薪酬是应该存在差异的。在设计基本薪酬时，企业拉开不同员工之间的薪酬差距通常采用以下四种方法：要素分类法、年薪比例法、点数法和公式计算法。

1. 要素分类法

要素分类法是基本薪酬各要素按照所对应级别分别确定要素标准。企业在汇总各要素标准后，综合确定员工总基本薪酬水平。要素分类法的核心是核心员工各项基本薪酬项目都要体现岗位差距，如表 7-6 所示。

表 7-6 某企业月工资计算标准

项　目	计 算 标 准
基础工资	每年 4 月份，根据市人社局公布的当年职工最低工资标准，调整员工基础工资。计算方法为：某岗位对应级别系数 × 当年职工最低工资标准。 岗位对应级别系数：总经理为 2；副总经理级为 1. 8；总经理助理级为 1. 5；部门经理级为 1. 4；主管级为 1. 3；主办级为 1. 2；其他员工为 1. 1
岗位工资	总经理为 6 000 元；副总经理级为 5 200 元；总经理助理级为 4 500 元；部门经理级为 3 600 元；主管级为 2 800 元；主办级为 2 000 元；其他员工为 1 000 元
职务津贴	总经理为 2 000 元；副总经理级为 1 500 元；总经理助理级为 1 300 元；部门经理级为 800 元；主管级为 500 元

续表

项　目	计 算 标 准
司龄工资	员工在公司连续工作满 1 年的员工，每月司龄工资为 50 元；满 2 年的员工每月司龄工资为 100 元；连续工作满 3 年的员工每月司龄工资为 150 元；连续工作满 4 年的员工每月司龄工资为 250 元；依此类推，之后在公司工作每增加 1 年，月司龄工资标准相应增加 100 元整，累积到第 10 年；从第 11 年开始，月司龄工资相应增加 150 元

2. 年薪比例法

年薪比例法是设计者在计算员工基本薪酬时，首先确定员工年度薪酬水平和年薪中基薪和绩效薪金的比例，再由此反推每类员工的基本薪酬水平。如图 7-3 所示，年薪比例法近年来较为多见。这个方法有利于企业工资总额的整体控制，有利于管理者对员工收入水平的整体把握。同时，员工也能对不同岗位级别的薪酬差距形成共识，减少不公平感。

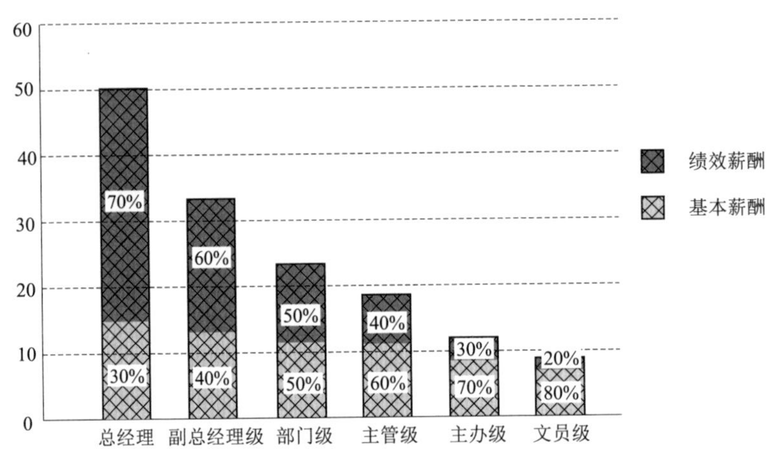

图 7-3　年薪比例法核定员工基本薪酬

3. 点数法

点数法就是通过薪点表，事先确定不同等级员工的基本薪酬水平。企业根据员工能力和业绩情况进行综合评定后，将员工纳入适当的薪等薪级，如表 7-7 所示。

表 7-7　员工基本薪酬标准表

岗位	岗位级别	工资级别	薪等薪级	岗位	岗位级别	工资级别	薪等薪级
专业技术	正高	1	九等 2 级	管理岗位	正厅	3	十等 1 级
		2	八等 9 级		副厅	4	九等 2 级
		3	八等 6 级		正处	5	八等 1 级
		4	八等 2 级		副处	6	七等 3 级
	副高	5	七等 6 级		正科	7	六等 4 级
		6	七等 3 级		副科	8	五等 4 级
		7	七等 1 级		科员	9	四等 5 级
	中级	8	六等 5 级		办事员	10	二等 8 级
		9	六等 1 级	工勤岗位	高级技师	技工 1 级	五等 1 级
		10	五等 5 级		技师	技工 2 级	四等 1 级
	初级	11	五等 1 级		高级工	技工 3 级	三等 1 级
		12	四等 5 级		中级工	技工 4 级	二等 1 级
	员级	13	二等 8 级		初级工	技工 5 级	一等 2 级

4. 公式计算法

公式计算法是根据核定基本薪酬所参考的要素，设计基本薪酬计算公式，并按公式计算得出基本薪酬。用公式计算法核定基本薪酬，技术上较为复杂，对设计者的专业能力有一定的要求。由公式计算法核定的基薪以后仍需要专业人员不断地维护、调整。公式计算法核定的基薪针对性较强。企业在设计基本薪酬计算公式时，一般仅设计总经理等核心岗位的基本薪酬计算公式，其他员工基本薪酬则按照管理级别，根据总经理等核心岗位基本薪酬的一定比例确定。

例如，某企业按照以下公式确定总经理基本薪酬：

$$\text{总经理基本薪酬 } W = W_0 \times L \times R$$

其中，W 为总经理年度基本薪酬。

W_0 为年度基本薪酬基数，W_0 = 上年度公司职工平均工资的 6 ~ 8 倍。

L 为企业成长系数，L = 营业收入发展速度（本年营业收入 ÷ 上年营业收入）× 40% + 利润发展速度（本年利润总额 ÷ 上年利润总额）× 60%。成长系数最高为 1.5。

R 为基本薪酬调节系数。如遇重大未预见因素致使经营业绩考核结果失真，或有其他特殊情况，经董事会讨论决定，可给予适当系数予以调节。

公司副总经理年度基本薪酬按照总经理的 70% ~ 90% 确定；中层干部年度基

本薪酬按照总经理的50% ~70%确定；部门内主管级员工年度基本薪酬按照总经理的40% ~50%确定，普通员工年度基本薪酬按照总经理的30% ~40%确定。

7.3 绩效薪酬

绩效薪酬是根据企业与员工事先约定，依据绩效任务完成情况核定的薪酬部分。绩效薪酬具有低稳定性特点。绩效薪酬中的绩效指绩效考核。简单地说，绩效薪酬是根据员工绩效完成效果给付的薪酬。

7.3.1 绩效薪酬计算方法

绩效薪酬有很多种计算方法。按照计算绩效薪酬的参考因素，绩效薪酬的计算方式一般包括以下几种。

1. 与组织绩效挂钩

随着战略薪酬管理模式观念的推广，将员工绩效与企业绩效结合起来成为趋势。企业核定负责人或部门负责人的绩效，通常用其所负责的组织考核结果来替代。

如图7-4所示，在绩效薪酬的核算上，通常按照绩效薪酬基数乘以考核系数的方式。其中，绩效薪酬基数的核定办法有很多种：第一种方法是根据员工的基本薪酬计算而来。例如，员工基本薪酬是10万元，那么根据员工的工作责任、工作难度等因素，可以在10万元的基础上，进行适当的上浮或下降，以合理拉开不同员工间的绩效薪酬基数。第二种方法是每个级别的员工采用一个固定的绩效薪酬的基数。例如，某企业规定的，年末总经理的绩效薪酬基数是20万元、部门经理是10万元。同一级别的员工都会按照这样的标准来核算。第三种方法是根据年薪总额及绩效薪酬在年薪中的占比计算。如上一节所介绍的，员工的绩效薪酬基数再乘以员工绩效考核后所得到的系数，就可以计算出员工绩效薪酬。

以上介绍的是总经理或部门负责人的绩效薪酬核算办法。普通员工的绩效成绩无法用一个组织的绩效成绩替代，所以企业要将普通员工的绩效薪酬与组织绩效相联系。较常采用的方法是，将组织绩效作为一个系数，决定员工可获得绩效薪酬系数，计算公式如下：

$$\text{绩效薪酬考核系数} = \text{员工考核系数} \times \text{部门考核系数} \times \text{企业考核系数}$$

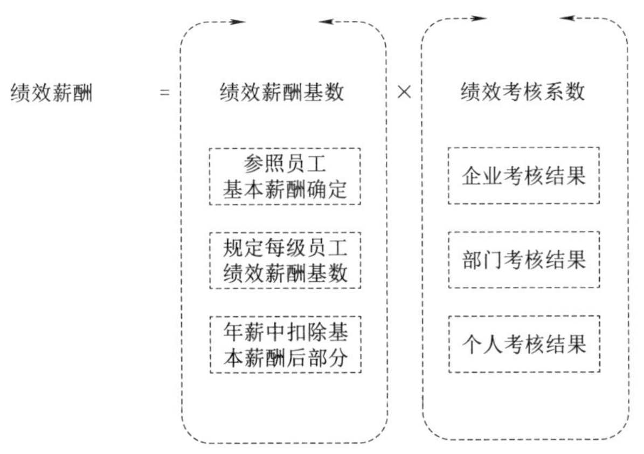

图 7-4　绩效薪酬计算公式

2. 与业绩或工作成果挂钩

企业中有些员工直接与企业经济效益指标联系。例如，销售人员工作目标就是实现企业收入。车间的生产工人工作目标就是按照工作计划尽可能地生产出足够多的产品。此类员工的绩效薪酬核算也会采用直接与工作业绩或工作成果挂钩的方式。例如，销售人员按照实现销售收入的数量提成，销售人员每实现 1 万元的销售收入，按照 2% 提取销售提成；或生产工人在工作任务数量基础上，每多生产一件商品，可以提取 20 元绩效薪酬等。

绩效薪酬与业绩或工作成果完全挂钩的方式存在一定的问题，即员工在实际工作中出现工作失误，应该如何在绩效薪酬上予以处罚。通常的做法包括两种：一是考核扣分的方式。公司在布置员工工作任务的同时，也会向员工下达工作行为指标。如果员工工作行为指标未完成，则按照差距，直接扣减绩效薪酬。例如，销售人员的考核指标中规定，销售人员应该按时上报销售报表。每出现一次延误考核扣除 1 分，考核每扣 1 分，绩效薪酬扣除总数的 2% 或直接扣 100 元。二是销售或生产人员的绩效薪酬分为两部分，一部分按照考核行为评定，另一部分按照工作业绩评定。员工考核指标完成了，就可以获得第一部分的薪酬。员工既完成了考核指标，又按照企业要求开展工作，才可以获得全部薪酬。

3. 与考核评价挂钩

企业中还有一部分员工，并不直接对企业的经济效益负责。这些员工完成的工作任务也难以用一个简单的数量予以评价。例如，职能部门工作的员工。核定此类员工的绩效薪酬，一般是以员工绩效薪酬的基数乘以员工绩效系数。这一点和前面与组织绩效挂钩员工绩效薪酬的核定方法较为类似。但不同点在于，很多企业在评定员工绩效时，并不是简单地依据员工个人考核得分评分，而是将员工考核得分在一定的范围内进行排序，并根据不同的类别确定不同的绩效薪酬分配系数。例如，在一个年度内，员工考核得分都在 90 分以上，按照排序要求，成绩靠前的员工可以多获得一部分绩效，而成绩靠后的员工则扣减一部分绩效。第二年，员工考核得分没有高于 90 分的，但仍然要按照这个方法排序，以达到鼓励一部分优秀员工、惩罚一部分落后员工。也就是说，员工个人考核得分并不直接影响其绩效薪酬，员工考核得分的排序情况才对员工的绩效薪酬产生直接影响。这种方法的存在为企业绩效考核工作增加了很大的难度。

7. 3. 2　绩效薪酬与基本薪酬的比例关系

前面提到，不同岗位的员工的基本薪酬与绩效薪酬占年薪比例是不同的。这样设计的前提是，员工通过自己的工作努力，可以提高工作绩效，并应该因此受到激励。员工绩效薪酬占年薪的比例越高，说明员工完成绩效后所获得的超额回报也就越高。员工不能完成绩效也会失去更多的绩效薪酬。员工绩效薪酬占年薪的比例越低，说明员工完成绩效后所获得的超额回报也越有限。同时，员工不能完成绩效所失去的绩效薪酬也是有限的。

管理者认为，企业的业绩应该与员工的绩效直接联系在一起。对企业业绩完成承担责任大、工作任务重要的岗位，就应该有更多的绩效薪酬与组织业绩联系起来。相反，承担责任有限、工作任务也没有那么重要的岗位，就没有必要参与组织业绩超额绩效的奖励。如表 7-8 所示为企业中不同岗位基本薪酬和绩效薪酬在总薪酬中的占比情况。

如表 7-8 中所列，员工岗位级别越高，基本薪酬占比越小，绩效薪酬占比越大。岗位与级别越低，基本薪酬占比越大，绩效薪酬占比越小。员工绩效薪酬占薪酬总额的比例，代表员工薪酬与效益的关系。

表 7-8　不同岗位基本薪酬和绩效薪酬在薪酬总额中占比情况

类　别	岗　位	基本薪酬占比（%）	绩效薪酬占比（%）	类　别	岗　位	基本薪酬占比（%）	绩效薪酬占比（%）
管理	总经理	30	70	专业技术类	总工程师	60～70	40～30
	副总经理	30～40	70～60		工程师	70～80	30～20
	总经理助理	30～40	70～60		人事专员	70～80	30～20
	部门经理	40～50	60～50		技术员	70～80	30～20
	销售部经理	30	70	市场类	营销策划	60～70	40～30
	部门主管	50～60	50～40		销售员	20～30	80～70
	销售部主管	20～30	80～70	作业类	技工	80～90	20～10

7.4　奖金

奖金是企业给予员工的，企业超过预期收益后的奖励部分。与绩效薪酬相比，奖金的支配权完全在企业。企业实现超额利润，可以决定是否发放、向谁发放、发放多少奖金。绩效薪酬需要事先约定，员工达到绩效标准可以获得多少奖励。奖金可以在事前约定，也可以事前不约定，由管理者根据员工具体的表现，事后决定发放形式。

奖金的作用也是激励。如图 7-5 所示，激励理论所展示的，企业对员工的激励是为了让员工产生公平感和满足感，以确保员工在下一个工作周期中能够继续努力工作。按照员工们的想法，企业制订年度工作任务和绩效指标，员工们按照工作努力完成各项工作任务，就应该获得应有的绩效奖励。企业超额完成任务所产生的剩余价值一定包含员工的额外努力，所以员工们有获得超额奖励的要求。在企业中承担责任越重、工作内容越综合、与企业经济效益指标越接近的员工，这种自我满足的需要感就越强，越希望企业能够给予他们超额努力以回报。

奖金需要起到的作用是，员工们在下一期的工作中仍要努力工作。

1. 超额利润

所谓超额利润，就是利润的超额部分。强调超额利润是因为并不是企业实现了利润就应该给员工奖励，因为按照企业与员工的工作关系，双方已就正常经营可以实现的利润达成了合作关系。超额利润是根据某一时期企业的预算，按照相应资源配给，企业完成了超过预算利润的部分。所以超额利润是企业正常计划实现利润之外的部分。

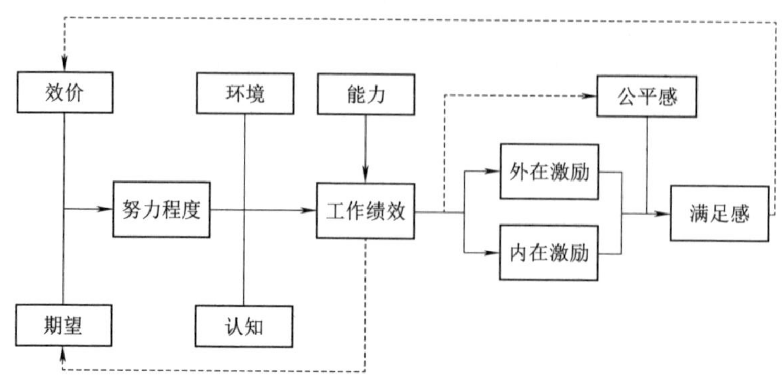

图 7-5 综合激励模型

在计算超额利润时，应注意考虑两个因素：一是企业的预算是否准确。实际工作中存在预算不准，而员工没有付出多余的工作，即产生了超额利润的情况。例如，房地产市场好的时候，绝大部分的超额利润不是因为销售人员努力，而是因为市场形势好转产生。二是在经营过程中，企业增加了资源的投入，从而形成了超额利润。例如，企业增加了资本投入，从而造成产出超过了年初预期，那么这一部分超额的利润是否应该归功于员工的努力，也很难说清楚。

无论什么原因造成的企业利润超过了预算，员工都会对奖金存在期望。企业如果不给予一定的奖励，很容易造成员工的失落感，而影响下一周期工作中员工的努力程度。但上面提到的两种情况下，企业给予员工的奖金比例应适当降低。

2. 奖金类型

按照奖励群体不同，奖金可以分为集体奖励和个人奖励。

集体奖励的奖励对象是一个集体。这个集体可以是企业全体员工，也可以是企业从事某项目或专项工作的项目组成员。集体奖励来自超额利润。也有项目奖励是因为项目组完成了某项特定工作而给予的。

个人奖励是对表现出色的员工给予的奖励。例如，员工获得了荣誉称号、被评为优秀员工、在某项工作中取得了突出的成绩都可以获得奖金。个人奖励的目的在于鼓励员工的工作行为，以确保员工继续保持良好的工作状态。

3. 奖金计算方法

在按照利润的超额部分给予奖励时，要注意计算时的三种情况：固定比例、比例递增、比例递减。

如图 7-6 所示，固定比例（直线 a）就是按照一个固定的比例予以奖励。例如，企业确定奖励比例是10%，超额利润为100万元（Y）时，奖励金额为10万元；超额利润为200万元（X）时，奖励金额为20万元；超额利润为300万元（Z）时，奖励金额为30万元。

比例递增关系（曲线c）就是企业越额利润越高，给予奖励的比例越大。例如，当企业超额利润为100万元（Y）时，奖励金额低于10万元；超额利润为200万元（X）时，奖励金额为20万元；超额利润为300万元（Z）时，奖励金额高于30万元。即实现的超额利润越高，员工可获得的奖励计提比例就越高，就会激励员工努力完成更高的绩效。在企业初创期或市场开拓期，企业需要快速占领市场或获得回报，采用递增函数有利于促进员工在短期内实现最佳的业绩。

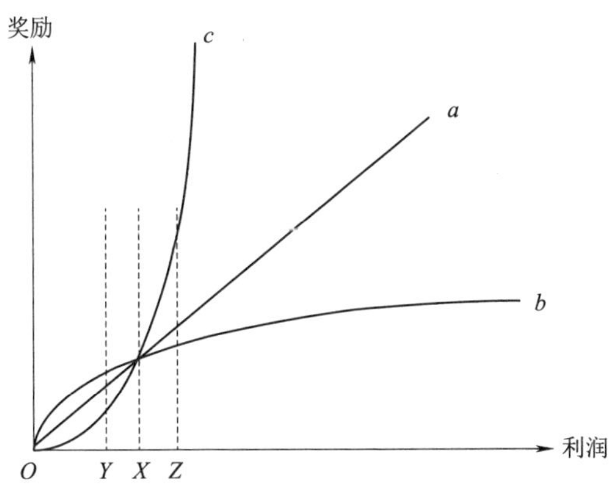

图 7-6　计提利润的三个函数

比例递减（曲线b）与比例递增相反。当企业超额利润为100万元（Y）时，奖励金额高于10万元；超额利润为200万元（X）时，奖励金额为20万元；超额利润为300万元（Z）时，奖励金额低于30万元。即实现的超额利润增高，员工可获得的奖励计提比例会逐渐降低。这会造成员工在达到一定的绩效水平后，就停止或减低超额利润的数量。在企业成熟期或市场占有量达到一定的规模后，一般会采取类似的奖励政策，因为此时企业较为注重长期发展，而不是短期内能实现的利润数量。企业盲目提高超额利润的奖励，很容易导致管理者为实现短期利润而牺牲企业的长期利益。

7.5　福利

福利的作用是对薪酬项目的补充和完善。企业福利包括基本福利和补充福利两部分。其中，基本福利指国家规定企业应该确保或可以为员工提供的福利项目。企业在执行基本福利时应该参照国家或地方的有关规定。补充福利则是企业根据自身特点，确定的福利项目。补充福利更加具有针对性，其保障和激励的作用也更加明显。

7.5.1 基本福利

《中华人民共和国社会保障法》和《住房公积金管理条例》规定企业应当为员工缴纳的五项社保保险和住房公积金，也就是俗称的“五险一金”。再加上其他由国家发布的福利规定，构成了企业基本福利的整体框架。

1. 基本养老保险

费用缴纳：企业和员工共同缴纳，缴费比例由各地方规定。

使用：基本养老保险个人账户内金额不得提前支取。

员工达到法定退休年龄时累计缴费满 15 年的，按月领取基本养老金；达到法定退休年龄时累计缴费不足 15 年的，可以缴费至满 15 年，按月领取基本养老金；也可以转入新型农村社会养老保险或者城镇居民社会养老保险，享受相应的养老保险待遇；员工因病或者非因工死亡的，其遗属可以领取丧葬补助金和抚恤金，个人账户余额可以继承；员工在未达到法定退休年龄时因病或者非因工致残完全丧失劳动能力的，可以领取病残津贴。

2. 基本医疗保险

费用缴纳：企业和员工共同缴纳，缴费比例由各地方规定。

员工达到法定退休年龄时累计缴费达到国家规定年限的，退休后不再缴纳基本医疗保险费，按照国家规定享受基本医疗保险待遇；未达到国家规定年限的，可以缴费至国家规定年限后享受基本医疗保险待遇。

使用：员工就医时，符合基本医疗保险药品目录、诊疗项目、医疗服务设施标准以及急诊、抢救的医疗费用，按照国家规定从基本医疗保险基金中支付。

3. 工伤保险

费用缴纳：企业缴纳，员工不缴纳，缴费比例由各地方规定。

使用：员工因工作原因受到事故伤害或者患职业病，且经工伤认定的，享受工伤保险待遇。其中，经劳动能力鉴定丧失劳动能力的，享受伤残待遇。工伤员工符合领取基本养老金条件的，停发伤残津贴，享受基本养老保险待遇。基本养老保险待遇低于伤残津贴的，从工伤保险基金中补足差额。

4. 失业保险

费用缴纳：企业和员工共同缴纳，缴费比例由各地方规定。

使用：失业人员符合下列条件的，从失业保险基金中领取失业保险金。失业前用人单位和本人已经缴纳失业保险费满 1 年的；非因本人意愿中断就业的；已经进行失业登记，并有求职要求的。

失业人员失业前用人单位和本人累计缴费满 1 年不足 5 年的，领取失业保险金的期限最长为 12 个月；累计缴费满 5 年不足 10 年的，领取失业保险金的期限最长为 18 个月；累计缴费 10 年以上的，领取失业保险金的期限最长为 24 个月。重新就业后，再次失业的，缴费时间重新计算，领取失业保险金的期限与前次失业应当领取而尚未领取的失业保险金的期限合并计算，最长不超过 24 个月。

5. 生育保险

费用缴纳：企业缴纳，员工不缴纳，缴费比例由各地方规定。

使用：企业已经缴纳生育保险费的，员工享受生育保险待遇；员工未就业配偶按照国家规定享受生育医疗费用待遇。生育津贴所需资金从生育保险基金中支付。生育津贴按照员工所在用人单位上年度职工月平均工资计发。

6. 住房公积金

《住房公积金管理条例》规定企业应当为员工缴纳住房公积金。与社会保险不同，《住房公积金管理条例》是由国务院发布，它不是一项法律，而是一项规定。虽然在条例中要求企业应该为员工缴纳住房公积金，但很多企业并未按此执行。

费用缴纳：企业和员工共同缴纳，缴费比例由各地方规定。各地方一般规定缴费金额的上限，2014 年北京市开始增加了对缴费金额下限的规定。按照规定，员工和企业住房公积金的缴存比例均不得低于职工上一年度月平均工资的 5%，有条件的城市，可以适当提高缴存比例。

员工住房公积金的月缴存额为本人上一年度月平均工资乘以职工住房公积金缴存比例。企业为职工缴存的住房公积金的月缴存额为员工本人上一年度月平均工资乘以单位住房公积金缴存比例。两者一般是相同的。

使用：住房公积金应当用于职工购买、建造、翻建、大修自住住房。具体缴存比例由住房公积金管理委员会拟订，经本级人民政府审核后，报省、自治区、直辖市人民政府批准。

员工可以使用住房公积金的情况包括：购买、建造、翻建、大修自住住房；离休、退休的；完全丧失劳动能力，并与单位终止劳动关系的；出境定居的；偿还购房贷款本息的；房租超出家庭工资收入的规定比例的。

员工死亡或者被宣告死亡的，职工的继承人、受遗赠人可以提取职工住房公积金账户内的存储余额；无继承人也无受遗赠人的，职工住房公积金账户内的存储余额纳入住房公积金的增值收益。

7. 带薪休假

《职工带薪年休假条例》规定了员工应当享受带薪年休假。同《住房公积金管理条例》一样，这项条例也是由国务院规定的。

条例规定：员工连续工作 1 年以上的，享受带薪年休假。企业应当保证职工享受年休假。职工在年休假期间享受与正常工作期间相同的工资收入。

具体休假时间根据员工累计工作时间计算，已满 1 年不满 10 年的，年休假 5 天；已满 10 年不满 20 年的，年休假 10 天；已满 20 年的，年休假 15 天。国家法定休假日、休息日不计入年休假的假期。

条例同时规定了，在一定条件下，员工不享受当年的年休假：员工依法享受寒暑假，其休假天数多于年休假天数的；员工请事假累计 20 天以上且单位按照规定不扣工资的；累计工作满 1 年不满 10 年的员工，请病假累计 2 个月以上的；累计工作满 10 年不满 20 年的员工，请病假累计 3 个月以上的；累计工作满 20 年以上的员工，请病假累计 4 个月以上的。

年休假在 1 个年度内可以集中安排，也可以分段安排，一般不跨年度安排。单位因生产、工作特点确有必要跨年度安排职工年休假的，可以跨 1 个年度安排。

单位确因工作需要不能安排职工休年休假的，经职工本人同意，可以不安排职工休年休假。对职工应休未休的年休假天数，单位应当按照该职工日工资收入的 300% 支付年休假工资报酬。

8. 法定节假日

《劳动法》和《全国年节及纪念日放假办法》规定了全国年节及纪念日假期。

《劳动法》规定，企业应当在元旦、春节、国际劳动节、国庆节以及法律、法规规定的其他休假节日安排员工休假。《全国年节及纪念日放假办法》则具体规定了节日安排。

全体公民放假的节日共 11 天：

新年，放假 1 天（1 月 1 日）。

春节，放假 3 天（农历除夕、正月初一、初二）。

清明节，放假 1 天（农历清明当日）。

劳动节，放假 1 天（5 月 1 日）。

端午节，放假 1 天（农历端午当日）。

中秋节，放假 1 天（农历中秋当日）。

国庆节，放假 3 天（10 月 1 日、2 日、3 日）。

部分公民放假的节日及纪念日：

妇女节（3 月 8 日），妇女放假半天。

青年节（5 月 4 日），14 周岁以上的青年放假半天。

儿童节（6 月 1 日），不满 14 周岁的少年儿童放假 1 天。

中国人民解放军建军纪念日（8 月 1 日），现役军人放假半天。

另外，少数民族习惯的节日，由各少数民族聚居地区的地方人民政府，按照各该民族习惯，规定放假日期。

全体公民放假的假日，如果适逢星期六、星期日，应当在工作日补假。部分公民放假的假日，如果适逢星期六、星期日，则不补假。

9. 企业年金

企业年金和大额补充医疗保险是对社会保险中的基本医疗保险和基本养老保险的补充。这两项保险国家并未要求必须执行。

企业年金是在政府强制实施的公共养老金或国家养老金之外，企业在国家政策的指导下，根据自身经济实力和经济状况建立的，为本企业职工提供一定程度退休收入保障的补充性养老金制度。

参加企业年金的企业应符合以下条件：依法参加基本养老保险并履行缴费义务；具有相应的经济负担能力；已建立集体协商机制。

缴费方式：企业年金所需费用由企业和员工个人共同缴纳。

企业缴费每年不超过本企业上年度职工工资总额的 8%。企业和职工个人缴费合计一般不超过本企业上年度职工工资总额的 12%。

使用：员工达到国家规定的退休年龄时，可以从本人企业年金个人账户中一次或定期领取企业年金。员工未达到国家规定的退休年龄的，不得从个人账户中提前提取资金。

出境定居人员的企业年金个人账户资金，可根据本人要求一次性支付给本人。

员工或退休人员死亡后，其企业年金个人账户余额由其指定的受益人或法定继承人一次性领取。

10. 大额补充医疗保险

各地方都对大额补充医疗保险做出规定。

大额医疗保险是在参加基本医疗保险的基础上，由企业按员工和退休人员缴费基数的一定比例，员工和退休人员个人每人每月按一定金额缴纳保险费。职工和退休人员缴纳了大额医疗保险费的即享受大额医疗保险待遇，发生超过基本医疗保险统筹基金最高支付限额的医疗费用时，由大额医疗保险支付其医疗费用。大额医疗保险支付医疗费用的范围同基本医疗保险相同。

7.5.2 企业自有福利

企业自有福利是相对于基本福利而言的。企业自有福利设立与否的决定权在于企业管理者。基本福利的作用主要在于保障，而自有福利的设立则主要体现在对基本福利的补充和对员工的激励。

基本福利是国家规定对全社会的工作者的保障福利项目，其设计目标针对的是大多数人群和大概率事件。对企业而言，仍会存在特殊事件发生的情况，例如，员工因公出差发生意外，企业在规定外要给予一定的抚恤金，这样的费用都可以通过意外保险予以规避。企业有必要未雨绸缪，提前做好应对的准备。

福利的激励作用体现在，企业已经帮助员工考虑好了众多的保障需要。例如，员工不再为住房问题、发生重大疾病的费用问题、子女教育问题而担忧，这会让员工产生归属感，而更加努力地工作。

1. 商业补充保险

基本福利中已经包含一部分保险内容，但企业仍有必要为员工办理商业补充保险。

主要原因是，社会保险中保险范围有限。例如，除基本保险中规定的员工意外，如出国、出境期间的医疗费用、交通事故等其他责任应支付的医疗费用、医保报销标准外的其他医疗费用等，这些费用发生的可能性比较大。企业办理商业保险，还可以分散企业员工工伤和各类生活中意外事故引起巨额支付的风险。企业为员工提供意外或疾病导致的停工补助，还可以体现企业对员工的关爱，增强企业凝聚力。企业一般会在社会保险之外，为员工提供综合意外险和交通意外险等保险。

有个别企业还会为员工购买商业养老保险。商业养老保险支付周期比较长，每一期企业为员工支付的现金数量是有限的，而且员工一旦离开企业，企业可不再为员工缴纳此项费用。商业养老保险也是稳定员工的一项措施。

2. 住房保障

住房保障也是很多企业采用的福利项目。住房保障分为三类：第一类是由企业提供员工生活用房。在这种情况下，企业统一租赁，或将自有产权的住房提供给员工居住。这项福利可以为员工节省住房费用，也不过多占用企业的资金成本。第二类是企业提供住房补贴，这类福利类是纯粹的货币式薪酬。第三类是由员工购买住房，并支付首付款，由企业承担员工的一部分房贷费用。此类费用也是企业给予员工货币形式的补偿。员工在房贷压力的影响下，会考虑离开企业后的现金成本增加，而更愿意留在企业。

3. 交通保障

交通保障的福利项目包括以下三种形式。

一是企业为员工提供交通设备，例如，上下班的班车或为一定级别的员工配备自用车等。这样做的优点是，企业拥有车辆的所有权，员工一旦离职或岗位发生变化，相应福利标准也发生变化。问题是，提供交通设备会增加企业的当期现金支出。车的所有者为企业，当发生交通事故等情况时，会出现企业承担赔偿责任的问题。

二是企业为员工提供购置车辆的分期付款费用。与前一形式相比，车的所有者为个人，企业向个人提供现金，供个人支付购车款项。员工离职时，同样会考虑企业停止此项福利后给自己带来的现金风险。

三是企业直接为员工提供交通补贴。

4. 就餐保障

就餐保障一般是通过企业直接提供给员工工作餐或向员工发放餐费补贴两种

形式。由企业直接提供工作餐，可以节省就餐保障的成本，还可以确保工作餐的卫生情况，但企业统一安排工作餐，往往不能满足员工不同的口味需要。

5. 培训

很多企业将培训也算为一项福利。严格说，与完成工作直接相关的技术或知识性培训是企业所应该提供的，所以不应算作福利范畴。可算作福利范畴的培训项目包括学历教育、员工自己安排的培训项目等。企业可以采取费用报销，或直接发放培训补贴的形式给予员工该项福利。

6. 工作时间

弹性工作制是一项企业福利。有些企业对某些人群，例如，中层干部、技术人员规定了弹性工作时间。即员工可以安排自己的工作时间，可以选择在家或在企业办公，可以选择工作的时长和时间段。但当企业要求员工按时出席会议或活动时，该类人群应该能够确保按企业要求准时出席。弹性时间可以让员工合理安排自己的工作，也是员工希望企业所采取的福利形式之一。但弹性工作时间并不适合所有员工。

除国家规定的假期之外，很多企业规定了员工的休假时间。员工工作时间达到要求或取得了突出业绩，就可以享受到企业休假安排。有些企业还会一并提供员工休假期间的旅游计划。

7. 其他福利

企业自定福利项目还有很多，比如，节日补贴、物价补贴、春节开门利是等。

综合以上企业福利，我们可以发现，企业自定福利的形式很多，福利实现的手段也多种多样。在企业设计福利项目时，应当把握好员工需求与企业承受能力两方面因素，这样才能充分发挥福利的保障作用。

7.5.3 福利的货币计算

企业福利支出也是成本费用的一部分。由于福利项目繁多、支出方式也比较复杂，企业在计算福利项目的成本时，需要把握好福利成本的计算方法。

企业在计算福利成本时，可以参考三种方式：一是以企业实际支出作为成本计算；二是以所提供福利的市场价值作为福利成本计算；三是以员工所得作为福利成本计算。

以下以某企业为员工提供的自住房作为比较。

某企业在工厂内为员工建了一栋宿舍楼，并免费让员工使用。

第一种方法：以企业的实际支出计算。企业支出的福利成本为该栋宿舍楼的建筑成本和维护人工、材料费用。以建筑成本 3 500 元/平方米计算，该栋楼建设面积 3 000 平方米，总计 1 050 万元，房屋使用年限按照 30 年，即每年的建筑成本为 35 万元；加上每年的维护人工和材料费用 15 万元，即每年企业支出为 50 万元成本。

第二种方法：按照房屋市场租金水平确定成本。市场 100 平方米住房租金为 3 000元/月，则 3 000 平方米的月租金为 9 万元，每年成本为 108 万元。

第三种方法：假设这栋楼解决了 30 户员工的住宿问题，而每户员工的房屋费用预期为 2 500 元，即全年总成本为 90 万元。

可见，三种计算方法的成本是不同的。造成企业支付与员工所得的福利不同的原因为福利市场价值与成本之间的差距。企业在计算员工薪酬所得时，可以根据企业要求自行选择。一般情况下，按照企业的实际支付成本计算更为简单。因为员工在节省资金的同时，也放弃了选择权。

7.6　津贴

国家和地方对一些特殊工种、特定条件下工作、特殊地区等要求给予一定的补贴。这些津贴是针对特点人群，在特定条件下发放的。

企业也会自定一些特殊补贴，此类津贴也是针对某类人群享有。例如，员工长期在外地工作，会享有驻外补贴，从事夜班工作享有夜班补贴等。

综合来看，补贴是对福利项目的补贴，可以体现企业对员工的关爱。由于补贴的范围一般会受到特定条件的限制，所以在设计薪酬体系时，补贴一般并不纳入薪酬总额计算范围之内。

7.7　中长期激励

中长期激励是一把双刃剑。

实施中长期激励的好处是，中长期激励可以将员工与企业的长期发展联系到一起，以促使员工为企业长期价值努力工作，提高员工的凝聚力；中长期激励可以避免企业当期人工成本支出过高的问题，缓解企业的资金压力；中长期激励可以确保员工的长期利益，有利于吸引并留住优秀人才。

但中长期激励也存在一些问题。中长期激励中的股票计划，实际上削减、摊薄了股东的资本，会引起股东的不满；中长期激励延长了员工的支付时间，员工会损失相应的货币时间资本；中长期激励可以采用股票期权等形式，也存在员工在获得股权后，仅仅关注股市变化，而忽略了企业价值的实际增长的情况。

中长期激励一般包括任期激励、股票期权计划、虚拟股票等方式。

7.7.1 任期激励

任期激励就是企业将员工的薪酬分为两部分，一部分与当年企业实现的效益挂钩，根据年度经营业绩考核情况核定并支付，而另一部分则与企业任期业绩挂钩，根据企业任期业绩完成情况予以核定。

设立任期激励是因为年度企业效益指标不能综合反映企业实际效益。为了完成年度利润指标，管理者也许会将优质资产或收益提前兑现。例如，在房价上涨时期，管理者可以通过减低房屋的售价，而获得较高的当期收益。从长期来看，如果保持高房价减少当期的销售率，在下一年企业有可能取得更高的收益。所以为了确保长期收益的稳定，企业往往会限制管理者当期收益的提成比率，以确保企业长期利益。

财务制度的核算方法也会造成企业当年收益与长期收益之间的矛盾。在核算长期收益时一项重要的财务指标是资本保值增值率。这就要求管理者要确保资本持续收益水平，防止管理者为追求短期收益，出售企业优质资产。

如何核定任期激励或中期激励，如图 7-7 所示，可以参照某企业的做法。

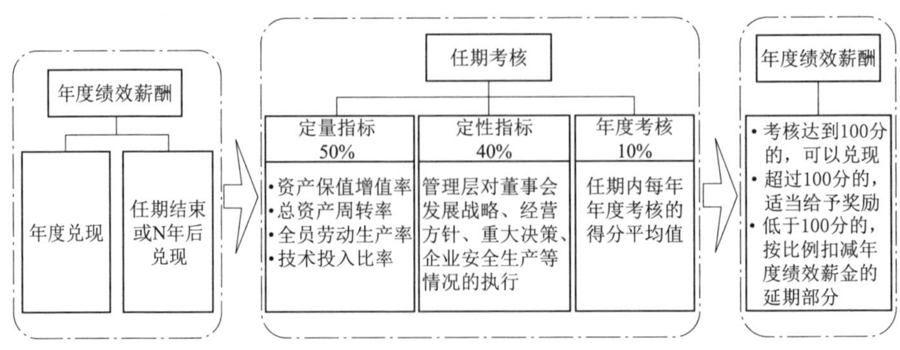

图 7-7　某企业任期激励方案

高级管理人员的年度绩效薪酬的 70% 当期兑现，30% 在任期后，根据任期考核结果兑现。

任期考核结果依据任期指标确定，任期指标包括：定量指标、定性指标和年度考核指标三部分。其中，定量指标包括资产保值增值率、总资产周转率、全员劳动生产率和技术投入比例。四项指标合计 50 分。定性指标为管理层对董事会发展战略、经营方针、重大决策、企业安全生产等情况的执行，由董事会根据宏观经济形势、行业发展状况以及企业实际情况，采用综合评分的方式进行考核。指标合计 40 分。年度考核指标指任期内每年年度考核的得分平均值。指标合计 10 分。

任期考核指标总分达到 100 分的，高级管理者可以兑现年度绩效薪酬延期支付的 30% 部分，超过 100 分的，按照得分适当给予奖励，低于 100 分的，则按比例扣减年度绩效薪金的延期部分。

7.7.2　股票期权计划

股票期权计划是将股权转化为薪酬激励的过程。目前，较多采用的方式包括员工持股计划和股票期权等。

1. 员工持股计划

员工持股计划指企业部分人员按照与资产所有者约定的价格出资购买一定数量的本企业股票（股份），并拥有股票（股份）的一切权利。企业骨干人员持股可以作为企业员工持股计划的一部分，也可以独立进行。

如表 7-9 所示，员工持股计划必须要包括的内容有：企业股权结构；哪些员工可以参与持股计划；员工持股总量控制和员工股票的分配方案；员工股票如何管理以及员工股票的出售条件等。

表 7-9　某公司员工持股计划书

一、员工持股总额
以每股 1 元人民币定价，企业总股本共计 8 000 万股，总金额共计人民币 8 000 万元。 员工所持股份占公司股权总额的 15%，总金额共计人民币 1 200 万元。其中，公司高管所持股份占公司股权总额的 8%，总金额共计人民币 640 万元，公司普通员工所持股份占公司股权总额的 7%，总金额共计人民币 560 万元
二、员工持股资格
符合以下条件的人员具有购买和持有企业向内部员工奖励、募集股份的资格 1. 与企业签订正式劳动合同且通过试用期后正式工作满 12 个月的员工 2. 企业董事、监事 3. 企业派往子企业、联营企业工作，劳动合同仍在本企业的外派人员，且符合第 1 条规定者

<table>
<tr><td>三、员工持股方式</td></tr>
<tr><td>员工持股方式有以下两种
1. 出资购股
具有持股资格的员工，按照公司规定的比例及金额，以个人出资购买相应数量的股权。员工购股时，可给予下列政策优惠
允许员工购股时可应需求实行分期付款，首期付款不得低于购股款总额的 50%，付款期限不得超过两年
2. 奖励股权
在企业股权奖励范围内的员工，按照公司规定的比例，以企业奖励的方式无偿获取相应数量的股权
企业股权奖励范围
总经理、副总经理、公司指定的业务及技术骨干人员</td></tr>
<tr><td>四、员工持股分配</td></tr>
<tr><td>根据员工工作岗位和贡献，将所有具备资格的员工划分为如下等级，以及每等级购买额度
等级 1：董事、总经理、副总经理级，购买额度共 280 万股，占基本股比例 3.5%；奖励额度 120 万股，占基本股比例 1.5%；合计额度 400 万股，占基本股比例 5%
等级 2：总经理助理、指定技术和业务骨干级，购买额度共 120 万股，占基本股比例 1.5%；奖励额度 120 万股，占基本股比例 1.5%；合计额度 240 万股，占基本股比例 3%
等级 3：部门负责人级，购买额度共 160 万股，占基本股比例 2%；奖励额度 0 万股，占基本股比例 0；合计额度 240 万股，占基本股比例 2%
等级 4：员工级，购买额度共 400 万股，占基本股比例 5%；奖励额度 0 万股，占基本股比例 0；合计额度 400 万股，占基本股比例 5%
具有持股资格的员工，因个人原因未能按等级额度足够购买的，未购买部分视其放弃相关权利，不予以保留。未获购买部分的股权，企业有权采取其他方案另行分配</td></tr>
<tr><td>五、员工持股管委会</td></tr>
<tr><td>企业成立员工持股管委会，由全体具有股份购买资格的员工选取 3 名代表，及企业委派的 2 名代表共同组成，负责人由企业委派的 2 名代表中的 1 人担任
员工持股委员会行使以下职能
（1）负责主持和召开持股员工会议
（2）审查员工购股资格
（3）确定员工个人购股数额
（4）负责股权的购回
（5）定期向持股员工报告员工持股会工作情况
（6）管理预留股权和备用金
（7）组织持股员工推选公司的董事和监事</td></tr>
<tr><td>六、员工购股程序（略）</td></tr>
</table>

七、股权管理及回购
员工持有的股份不能退股。脱离公司的员工，其所持股权根据不同情况分别予以处置。脱离公司包括退休、自动离职、被辞退或解聘、被开除或死亡等情形 自员工获得相应股份之日起至公司上市的时期内，员工所持股权不参与分红，并按以下办法管理 （1）员工脱离公司时，其所持股权仅可以在内部转让，持股委员会负责办理转让审批及相关手续，未实现转让的，转作预留股份 （2）在公司上市之前自动离职、被辞退或解聘、被开除的员工，公司按个人出资额购回所持股份 （3）在公司上市之前退休、死亡员工所持股份，公司按上年末相应股权的账面净资产值购回 （4）员工也可在具有持股资格的员工之间转让其所持有的股权，持股委员会负责办理相关的审批及变更手续 （5）持股员工脱离公司时，经离职审查确认不对公司损失承担经济责任的，方可以上述不同方式处置其持有的股权，对公司损失负有个人责任的，应以其所持股权抵扣赔偿 （6）公司上市后员工所持有的股权依照中国证监会及相关股票交易所的现行规定管理并处置

2. 股票期权

股票期权又称购股选择权，指参与者在与所有者约定的期限内，有以某一预先确定的价格购买一定数量本企业股票的权利。这种期权往往是无偿赠予的，通常不可再转让。购买这种股票的行为称为行权，约定的购买价格称为行权价。标准的期权激励，经营者可以决定行权或不行权。如果行权，股票解冻后，经营者可以将股票转让兑现，转让价与行权价之差，便构成经营者的长期收入。

例如，2011 年万科 A 出台的股票期权激励计划中，规定了部分高管人员的期权激励计划。其中规定股票期权的授权日为 2011 年 4 月 25 日，授予对象包括董事会主席在内的 810 名员工，授予股份总量为 10 843. 5 万份股票期权。如果未来全部行权，所能产生的最大股份数占计划颁布时公司股本总额的 0. 986 2% 。股票期权计划规定行权价格为 8. 89 元/股。即参与该计划的员工于行权日可以以 8. 89 元/股的价钱购买公司股票。

行权安排为：股票期权计划的有效期为 5 年。授予的股票期权于授权日开始，经过 1 年的等待期，在之后的三个行权期，第一、第二和第三个行权期分别有 40% 、30% 、30% 的期权在满足业绩条件前提下获得可行权的权利。未满足业绩条件而未能获得行权权利的股权或者行权期结束后未行权的股票期权将立刻作废，由公司无偿收回并统一注销。

7.7.3 虚拟股票

虚拟股票指企业授予激励对象一种“虚拟”的股票。激励对象可以据此享受一定数量的分红权和股价升值收益。虚拟股票的持有者没有所有权和表决权，不能转让和出售，在离开企业时自动失效。在虚拟股票持有人实现既定目标条件下，企业支付给持有人收益时，既可以支付现金、等值的股票，也可以支付等值的股票和现金相结合。由于虚拟股票并不涉及企业股票的所有权授予，只是奖金支付方式，所以其更像一个长期的利润分享计划。

虚拟股票与股票期权的差别在于如下。

（1）相对于股票期权，虚拟股票并不是实质上认购了公司的股票，它实际上是获取企业的未来分红的凭证或权利。

（2）在虚拟股票的激励模式中，其持有人的收益是现金或等值的股票；而在企业实施股票期权条件下，企业不用支付现金，但个人在行权时则要通过支付现金获得股票。

（3）报酬风险不同。只要企业在正常盈利条件下，虚拟股票的持有人就可以获得一定的收益；而股票期权只有在行权之时股票价格高于行权价，持有人才能获得股票市价和行权价的价差带来的收益。

如表 7-10 所示，企业虚拟股票计划一般要包括授予人选、股份分配、分红方式、分红条件、股权转让及相关的禁止条款等。

表 7-10　公司虚拟股票实施计划

一、授予人选	由董事会提名，人力资源部根据以下标准在可选范围内确定具体人员名单，报经董事会批准 1. 在公司的历史发展中做出突出贡献的人员 2. 公司未来发展急需人才 3. 年度工作表现突出人员
二、股份分配	虚拟股份按年度授予，授予时间为本公司本财年财务决算后的一个月内 个人年度授予额度 = 年度每基点授予份数 × 岗位系数 × 工龄系数 其中 本年度基点为 50 份 岗位系数，优秀员工为 0.5，部门主管为 1，部门经理为 1.5，副总经理为 2 工龄系数，在企业工作不足 1 年为 0，超过 1 年，每增加 1 年在 0.5 的基础上加 1，最多为 2

三、分红	虚拟股权的分红收益按每位持有者的虚拟股份总额计算 （一）分红收益计算 虚拟股份分红收益 = 虚拟股份数量 ÷ 本单位股本 × 分红红利 其中：分红红利 = 本单位当年税后净利润 × 分红比例 分红比例由财务部根据本单位实际情况进行测算，由董事会提出分配比例并报本公司股东会批准后实施 （二）分红条件 全年任务实现目标的 80% （三）分红发放条件 财年发生的应收账款比例小于 20% （四）分红发放时间 红利分配时间为各授予单位下一个财年的第 6 个月 （五）资格免除与股权扣除 1. 离职或开除则资格自动免除 2. 因决策失误或严重违纪行为等原因导致公司出现损失的，可以通过阶段性免除虚拟股权的享受资格、扣除虚拟股权的方式作为经济上的处罚。处罚由董事会决定 对决策失误行为，可根据决策失误的原因、失误的性质以及损失在多大程度上可以挽回等具体情况决定个人对损失承担的责任，并据此将损失折算成股份数量，在失误行为主体所持有的虚拟股权数额内作相应的扣除，直到扣完为止 3. 对于员工恶意欺诈、贪污腐败等严重违纪行为，无论造成损失金额大小，除依法追究相关责任外，其所持有的虚拟股权全额扣除
四、股权转换	企业整体上市时，虚拟股权可以通过一定的对价方案转化为股票期权，具体转换方案另行制订
五、附加条款	在任何情况下，持有人不得将虚拟股权进行按揭、出售或转让。

7.8　薪酬结构设计

前面提到了很多的薪酬要素。一套科学合理的薪酬体系，并不是所能体现的薪酬要素越多越好，而是要根据企业的具体情况有所选择。薪酬结构设计就是将各薪酬要素有机地结合在一起的过程。

在薪酬结构设计中，一般要考虑的薪酬要素包括基本薪酬、绩效薪酬、奖金和福利四个部分。津贴是一个岗位所应该持有的，且法律法规有明确规定。津贴一般只作为薪酬要素予以统计，而不必单独设计。

在以上四个部分中，在薪酬结构设计过程中需要考虑三个问题，不同岗位选用哪些薪酬项目、薪酬要素各部分占薪酬总额的比例、特殊岗位薪酬结构如何设计。

7.8.1 选用哪些薪酬项目

不同薪酬要素在薪酬中作用是不一样的。

如表7-11所示，该企业的薪酬项目中，超额利润奖励只是针对总经理和副总经理，其他员工的浮动薪酬只有绩效工资这一部分。补充养老保险、补充医疗保险和电话费也不是全员都有的。企业在设计薪酬或福利项目时，充分考虑了这些项目的具体作用。在成本最优的前提下，确定某薪酬项目的享有对象不同。在该企业的薪酬项目中，总经理和副总经理没有交通费补贴，部门负责人以上人员没有住房补贴，是因为该企业已通过其他方式为以上人员提供相应的待遇。

表7-11 某企业各岗位薪酬内容

岗 位	基本工资	绩效工资	超额利润奖励	五险一金	补充养老保险	补充医疗保险	过节费	交通费	电话费	住房补助
总经理	√	√	√	√	√	√	√		√	
副总经理	√	√	√	√	√	√	√		√	
行政部经理	√	√		√	√	√	√	√	√	
销售部经理	√	√		√	√	√	√	√	√	
人事主管	√	√		√			√	√	√	√
车间主任	√	√		√			√	√	√	√
调度	√	√		√			√	√		√
普工	√	√		√			√	√		√

7.8.2 通用薪酬结构设计模型

薪酬结构设计应该考虑到基本薪酬、绩效薪酬、奖金和福利的影响。其中，福利设计一般按照层级关系确定、奖金的设计与超额利润或超额任务的完成联系在一起。福利和奖金可以作为薪酬之外的额外因素。在一般岗位的薪酬结构设计上，只需要考虑标准薪酬结构，也就是基本薪酬与浮动薪酬之间的比例。这个浮动薪酬可以包括绩效薪酬和奖金，也可以只包括绩效薪酬。

基本薪酬与浮动薪酬的比例不同，会产生不同的激励效果。基本薪酬的比例越高，薪酬结构的稳定性越强，薪酬的保健作用越强；基本薪酬的比例越低，员工薪酬受绩效影响的程度越高，薪酬的激励作用就越强，稳定性就越差。

如图 7-8 所示，岗位层级越高，薪酬结构激励性越强。其中，不同岗位类别中，员工薪酬比例也应该体现出差异性。这些都要根据具体岗位性质和工作内容的不同来决定。在图 7-8 所示的企业中，基本薪酬比例最高的是管理类岗位中的普通员工，也就是具体的行政、人事、财务等人员。他们的工作内容对企业效益的影响是间接的，工作重要性排在较低的级别，所以薪酬应以高稳定为主。基本薪酬与浮动薪酬的比例确定为 75% 和 25% 。基本薪酬比例最低的岗位是营销类人员中的中、基层员工。他们的工作业绩直接反映到企业利润上，所以对他们应该采取高激励的薪酬方式，与业绩挂钩的浮动薪酬占薪酬总额 70% 的比例。

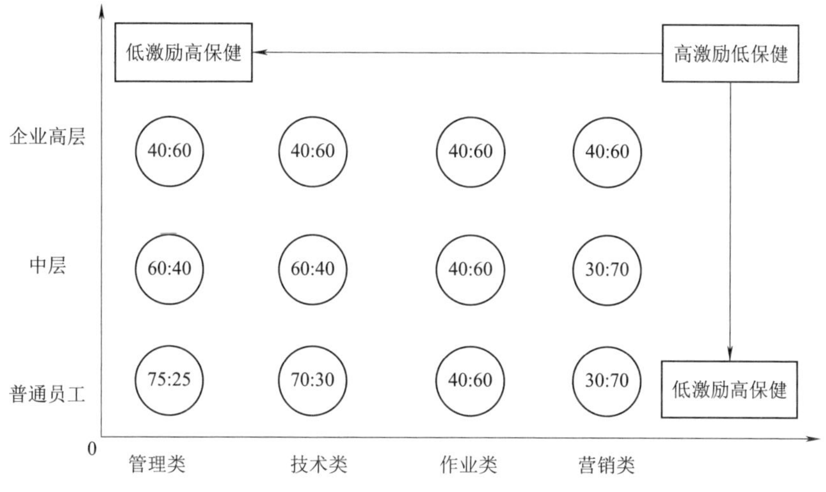

图 7-8　某企业薪酬结构中基本薪酬与浮动薪酬比例对比

图 7-8 中的基本薪酬与浮动薪酬比例对比参考岗位类别和岗位层级，以及薪酬的激励性和保健性作用。在企业通用薪酬结构设计中，也可以参考此图，按照不同的岗位类别和层级，确定出员工不同的薪酬结构。

7.8.3　特殊岗位薪酬结构设计

实际工作中，通用性结构并不能解决企业所有岗位的问题，这就需要管理者在设计通用性薪酬结构的基础上，增加特殊岗位薪酬结构的设计。特殊岗位薪酬结构设计，应该针对具体岗位，单独制定。

1. 高级管理者薪酬结构

高级管理者薪酬较常采用年薪制的结构。国内采用的年薪制与欧美通行的年薪制略有不同。国内较常采用的高级管理者年薪包括：基本薪酬、绩效薪酬或奖金、中长期激励、福利、津贴，以及职务消费等。

基本薪酬，代表高级管理者岗位的重要性和工作难度，一般占薪酬总水平的30% 以内。

绩效薪酬或奖金，体现高级管理者业绩水平，一般占薪酬的 60% 以上。

中长期激励。目前较常采用的类型是任期激励和期权激励。除非有单独的期权计划，一般中长期激励应占到管理者年薪 10% 左右较为适宜。

福利和津贴。高级管理者的福利和津贴主要起保健作用，在年薪中所占比例一般不应超过 10% 。

职务消费。近年来，对高级管理者的薪酬研究范围已经扩大到职务消费，严格意义上来说，职务消费并不是管理者薪酬。但在国内，的确存在管理者通过职务消费增加个人收入的情况。所以职务消费的管理重点不在于其水平的高低，而在于职务消费管理的规范性。

2. 销售人员薪酬结构

销售人员是企业获得收入的一线人员。销售人员的薪酬与企业收入相关。为了激励销售人员创造更多的收入，企业会尽可能地加大销售人员激励力度。极端的做法是，销售人员没有基本薪酬，只有销售提成和很少的福利。较为常用的做法是，销售人员的薪酬结构包括三部分：基本薪酬、销售提成和福利。销售提成在薪酬结构中的比例根据企业管理政策、企业产品在市场上的竞争性等确定。

3. 生产工人薪酬结构

与销售人员类似，生产工人也是一线人员。生产工人创造的是产品而不是收入。生产工人所创造的产品与企业效益存在一定的联系，却又没有销售人员那么直接。

核定生产工人的薪酬，一般采用三种方法：计时、计件和计效。

计时制，是按照员工的工作时间计算薪酬，出勤有薪、不出勤无薪、加班有加班费。

计件制，是按照员工工作产品的数量计算薪酬。

计效制，是规定员工工作数量计数，达到基数可以获得一定的奖励，超过基数后，每增加一定数量的产品，可以按增加数量获得一定的奖励。

4. 科研或技术人员薪酬结构

科研或技术人员的薪酬结构也有其特殊性。科研或技术人员的工作业绩不是呈线性增长的。有可能科研人员的科研工作周期长达几年，这几年时间内在科研项目没有结束时，其绩效根本无法衡量。有时也存在技术成果转化为绩效后的价值无法衡量的情况。科研或技术人员薪酬多采用跨财务统计周期的项目奖励。

项目奖励应该与科研或技术人员具体参与的项目有关，其计算周期应根据项目周期确定，不受具体时间限制。对周期较长的项目，还可以在项目过程中进行成本预支。

对科研和项目人员的薪酬还应该考虑到他们工作性质，增加一些个性化的福利。例如，弹性工作时间、舒适的工作环境、相关的体育设施或福利等。这些激励的作用也是非常有效的。

7.9　【HR 必知】自助餐式福利

自助餐式福利又称为弹性福利制，指企业为员工提供一份福利菜单，其内容选择由每一位员工参与，在一定的金额限制内，员工依照自己的需求和偏好可自由选择、组合，其中包含现金及指定福利在内的两项或两项以上的福利项目。

自助餐式福利起源于 20 世纪 70 年代的美国。当时美国已经出现了几家自助餐式福利制的雏形。1978 年，美国制定税务法，规定员工可以从企业所提供的现金或福利措施中自由选择，如果选择的是福利措施，此部分不必并入所得缴税。这个法案同时也准许员工以扣抵薪资的方式来取得更多或更优越的福利措施。此法案通过并付诸实施后，自助餐式福利就有如雨后春笋般地纷纷出现。据调查，20 世纪 80 年代初全美只有 8 家企业实施此项制度，而在 80 年代末实施此制度的组织已超过 800 家，并且这一数字一直在持续增加。

自助餐式福利具有传统福利制度不可比拟的优点。

（1）员工有了更大的自主权，可以根据自己的情况，选择对自己最有利的福利。自主选择提高了员工的满意度，也可以改善员工与企业的关系。

（2）企业通常会在每个可供选择的福利项目之后标示金额，这样可以让员工了解企业为此付出的成本，使员工具有成本意识，也能清楚企业为员工的实际投入。

（3）通过统计发现，应聘者大都认为实施自助餐式福利的企业更有活力，因此更愿意到此类企业就职。另外，实施自助餐式福利的企业员工离职率也低于其他未实施自助餐式福利的同类企业。

自助餐式福利在实施时，也有一些问题需要重视。

（1）自助餐式福利的实施过程较为复杂、烦琐，造成承办人员的工作负担，行政费用也会增加。

（2）自助餐式福利一般会造成企业福利支出的成本增加。企业每增加一项可供选择的福利，就是增加了一个福利项目，所以在实施自助餐式福利前，企业应做好成本的计划和控制。

（3）部分员工在选择福利项目时，未仔细考虑或对该项目缺乏了解，以至于选择不实用的福利项目，造成浪费。

学术界由自助式福利引申出了自助餐式薪酬的观点。美国学者特鲁普曼在其著作《薪酬方案》一书中详细阐述了自助餐式薪酬的概念。所谓自助餐式薪酬，也称为整体薪酬，就是把薪酬细分为五大类十种成分，五大类是工资、补贴、发展机会、生活品质和私人因素。在总薪酬不变的情况下，公司员工可以放弃工资而增加发展机会的概率，也可以放弃补贴而增加工资收入。例如，某位员工可以因为配偶已经购买了全家人的医疗保险，而放弃自己的医疗保险，要求拿到更多的现金工资。到今天，越来越多的公司已经注意到自助餐式薪酬的好处。这的确是一种能够提高员工满意度的好办法。

7.10 【疑难问题解答】

7.10.1 薪酬结构是不是越简单越好

在20世纪80年代，每个工作者的工资条都会是长长的一条，上面列举着各项工资、补助的名录，员工看着工资条，可以认真核对哪一项工作自己没有做好，影响了自己的收入。大家把工资条放到一起，又可以比对，为什么甲的岗位工资比乙高，而乙的奖金比甲高。通过比对，每一个员工都很清楚，我要怎样做才可能提高自己的工资。

时至今日，在简化薪酬结构的大趋势下，每个人的薪酬项目也变得极为简单，大家的工资条放到一起，基本就是比对一下基薪水平差距是多少，工资总额差距是多少。比对项目简单了，如何提高薪酬也变得更直接了，要么提高岗位等级，要么提高绩效。

那么，简化的工资表是否就更好呢？

实际上，近二十年来，薪酬管理进步的同时，薪酬管理以岗位为基础，以绩效为核心的观念并没有改变。而薪酬项目的简化，实际上就是把可以展现给员工的那些项目，留在了人力资源部来完成，并以最简单的结构展现到员工面前。这样做是利弊参半的。

优点是：薪酬结构简单、清晰，可以提高日常薪酬管理的效率，企业对员工薪酬控制、人工成本总额控制效率都得以提高。通过简化的工资结构，企业对员工的具体要求变得更为直接，员工努力的方向也非常明确。

缺点是：薪酬结构简单，提高了薪酬设计的难度，因为结构简单并不代表薪酬内容就可以简化，人力资源管理者仍需要通过大量的分析和测算，将薪酬所包含的技术因素纳入简单的薪酬结构中；同时，简单的薪酬项目，也影响了员工对薪酬项目的理解。企业需要花费大量的时间告诉员工薪酬是根据什么确定的，并提示员工如何提高薪酬和薪酬的激励作用体现在哪些方面。

所以，薪酬结构的简化并不能简单地用好坏来评价。如果企业需要让每一个员工通过工资条就知道自己哪项工作要如何做、哪项能力要提高，不妨把薪酬项目都列出来，让员工胸中有数。如果企业是强调绩效和层级导向的，那么可以把薪酬项目做得更为简单一点，让员工清楚岗位和绩效的关键作用。

7.10.2　如何区别福利和津贴

福利和津贴都是工资、绩效、奖金以外的薪酬项目。两者是有所区别的。

一般来说，福利是全体员工都应该享有的，同一项福利各级员工享有的标准可能是不同的，但福利只区分员工等级，并不区分员工的工作内容。如过节费，每一个员工都应该享有，虽然可能享有的标准不同，但这应该是一项福利。

津贴是根据员工具体的工作内容确定的，并不是全体员工都应该享有的。如高温津贴，应该是在户外从事高温作业的人员才有资格享有，办公室工作人员、公司管理人员就不应该享有这项津贴。

为了体现自己的福利优势，企业在归类时，常常将津贴项目纳入福利中。例如，有的企业在福利项目中，列举了员工生育金项目，即员工生育后企业会发给员工一定的现金奖励，那么这项奖励实际上只针对生育职工，所以这是一项津贴而不是福利。

7.11 【案例分析】某上市公司高级管理人员薪酬方案

1. 适用范围

董事长、副董事长、总经理、副总经理、董事会秘书及公司董事会认定的其他高级管理人员。

2. 管理机构

董事会薪酬与考核委员会负责对公司高管人员进行考核、提出薪酬标准建议并对执行情况进行监督。

3. 薪酬支付原则

公平性原则：依据职位价值、个人付出、工作能力及业绩结果付薪，体现责任与贡献的差别。

激励性原则：通过目标管理和绩效考核，实现股东利益与管理团队利益、短期与长期利益的统一。

竞争性原则：依据同行业市场薪酬水平付薪，使公司薪酬水平有一定的市场竞争力。

4. 薪酬结构

如图 7-9 所示，高管人员的实际薪酬由基本工资、补贴、年度绩效工资、年度利润超额奖励和福利五部分组成，即

年度总薪酬 = 月度基本工资 ×12 + 年度补贴 + 年度绩效工资基数 × 绩效成绩 + 年度利润超额奖励 + 年度福利

其中，基本工资及补贴为固定收入，按月发放。年度绩效工资和年度利润超额奖励为浮动收入，考核年度结束后发放。年度绩效工资与个人绩效成绩相关，年度利润超额奖励与公司利润目标完成情况和个人绩效成绩相关。

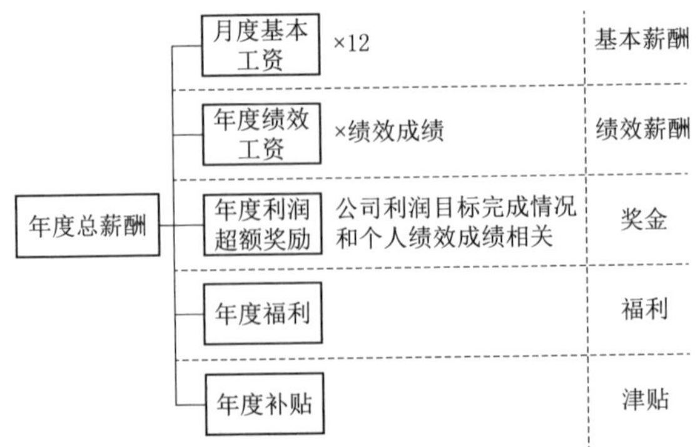

图 7-9 高管人员年度总薪酬结构

5. 薪酬水平

参考经营同类业务企业的市场薪酬水平的中位值，采用多行业薪酬水平加权平均回归的方式，确定公司总体薪酬水平。薪酬与考核委员会根据各岗位价值评估及套档评分，提出各高管人员年度基本现金收入建议，报董事会审批通过后确定。

6. 年度基本现金收入

各高管人员年度基本现金收入总额 = 月度基本工资 ×12 + 年度补贴 + 年度绩效工资基数

根据董事会审议通过的各高管人员年度基本现金收入总额，按以下比例确定月度基本工资及年度绩效工资基数：

月度基本工资 = （年度基本现金收入总额 – 年度补贴） ×80% ÷12

年度绩效工资基数 = （年度基本现金收入总额 – 年度补贴） ×20%

7. 年度绩效工资

薪酬与考核委员会根据年度股东会或董事会设定的绩效目标，在年度考核期结束时，对高管人员工作绩效进行考评，提出绩效成绩评定建议，报股东会或董事会批准后确定。绩效目标中的净利润指标不得低于上年末经审计合并归属于母公司所有者权益的 6% 。

年度绩效工资收入 = 年度绩效工资基数 × 绩效成绩

8. 年度利润超额奖励

年度利润超额奖励依据公司净利润超额完成情况发放，与绩效成绩及净利润超额完成比例相关。

（1）超额奖励提取。

薪酬与考核委员会根据年初董事会或股东会设定的年度利润超额奖励提取比例，提出高管团队奖金总额建议，报董事会或股东会审批。

当个人绩效成绩在 70 分以上时，有资格参与高管团队超额奖金分配。

（2）超额奖励分配原则。

总经理奖金 = 总奖金 ÷ （分配人数 +0.5） ×1.5

董事会可根据实际贡献情况调整总经理奖金系数。

副总经理及其他高级管理人员奖金由薪酬及考核委员会及总经理根据个人工作绩效结果进行分配，但是绩效分数低于 70 分时，无资格参与奖金分配。

董事长及副董事长的奖金由股东会考核发放。

（3）超额奖励的发放。

各人奖金总额的80%于考核当期支付，余下的20%存入银行延期支付，延期支付的部分，于本届任期届满，或正常离任满一年后支付。出现重大过失或本人原因提前离职的将不予发放。

延期支付的全部款项按存入期内各阶段的银行利率计算利息，兑现时本息一次付清。

9. 补贴和福利

补贴和福利按国家有关法律法规的要求及董事会批准的标准发放。

【案例启示】

高级管理人员的薪酬结构设计是员工薪酬设计中难度较大的一部分。高管薪酬结构和水平对企业其他员工薪酬设计会产生重要影响。如何合理地确定高管人员的薪酬水平和薪酬结构就成为一项很重要的工作。现代企业中，较为流行的高管薪酬是采用年薪制的方法。年薪制下，高管薪酬中哪些部分是基本薪酬、哪些部分是绩效薪酬的概念已经较为模糊。

本案例中高管人员的薪酬结构却非常清楚，其薪酬结构中包括基本薪酬、绩效薪酬、奖金、福利和津贴，是一个较为全面的薪酬结构。而且基本薪酬水平和绩效薪酬基数根据市场调查结果的中位值确定，其确定依据也非常明确、具体。绩效薪酬水平根据绩效考核结果确定，确保了高管人员的薪酬与业绩相挂钩，符合薪酬管理的一般要求。除绩效薪酬外，企业还设立了超额利润的奖励，而且超额利润的计算方法也非常明确。此外，在福利和津贴上，企业按照国家法律规定执行。本案例中的薪酬结构各项目清晰，计算方式也非常直接，这些都是值得借鉴的。

8 薪酬总额控制

薪酬总额管控是为了实现薪酬管理经济性原则。薪酬的经济性并不是薪酬总额越少越好，而是要确保薪酬在管理者可控范围之内。薪酬总额管控包括薪酬计划管理、定岗定编定薪、薪酬结构调控、差异化薪酬策略、薪酬非货币化等。

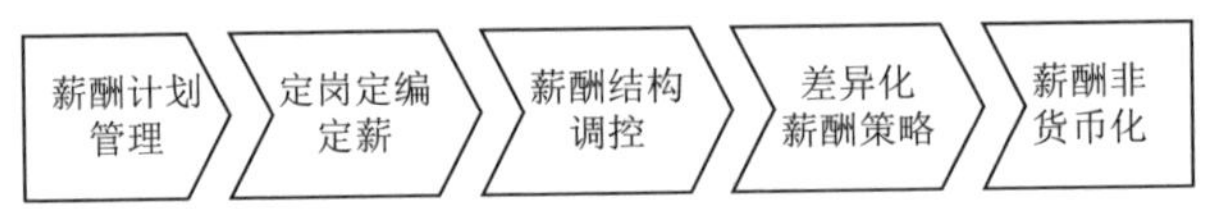

图 8-1 薪酬总额管控常用方法

8.1 薪酬计划管理

薪酬计划管理是普遍采用的一种薪酬总额管控方法。管理者对企业经营活动进行全面的预算和筹划，并在执行过程监控和调整，指导经营活动的改善。常见的薪酬计划管理模式包括工效挂钩、工资总额预算管理等方式。

8.1.1 薪酬计划管理的影响因素

影响企业薪酬计划管理的因素有很多，主要来自企业外部和企业内部两方面。

企业外部因素包括市场薪酬水平、物价水平和国家政策。市场薪酬水平指企业所在地区或所属行业的不同企业同类员工薪酬标准。企业参与市场竞争要全盘考虑员工薪酬水平竞争性的问题。考虑市场薪酬水平就是要确保企业支付薪酬总额能够确保企业吸引、保留或激励员工。物价水平指薪酬总额计划要根据 CPI、生活水平等变化设定工资水平的增长幅度。增长幅度低于物价变化的，员工实际收入水平在下降。反之，员工实际收入水平在提高。国家政策指各级劳动保障部门制定的企业薪酬政策，如工资指导线。它可以为企业薪酬总额控制提供一定的参考。

企业内部因素包括企业经济效益、人力资源管理效率及其他因素。经济效益一般指企业利润总额、营业收入、企业增加值等。经济效益指标可以反映企业的薪酬支付能力。根据经济效益指标确定员工薪酬总额也可以体现管理责任共担，管理效益共享的管理理念。人力资源管理效率指反映劳动效率和人力成本投入产出比及人员结构等指标，一般包括全员劳动生产率、人均利润率、人工成本占营业收入比例等。对劳动效率低、效益差的企业，应调减企业薪酬增长水平，反之应该适当调高薪酬增长水平。其他因素指企业遇到重大经济责任、安全生产事故等限制性因素。限制性因素具有刚性特点。企业因限制性因素对薪酬总额进行调整的，可以不考虑内外部影响因素。

8.1.2　工效挂钩

工效挂钩全称为工资总额与效益相挂钩，是国家对国有企业的工资管理方式之一。1993 年，劳动部正式发布了《国有企业工资总额同经济效益挂钩规定》，开始在全国国有企业内推行工效挂钩制度。工效挂钩指通过企业经济效益决定企业工资总额水平。企业效益越好，工资越高。一些非国有企业也借鉴了工效挂钩制度的成功经验，尝试推行工效挂钩制度。其挂钩指标也更为复杂，不仅包括了利润总额、利税总额这样的经济效益规模指标，还采用了销售额、产量等指标。

1. 企业实施工效挂钩的条件

企业实施工效挂钩制度应具备以下条件。

一是坚持以经济效益为中心，确保企业资产保值增值。即企业的目标是盈利和企业资产的增值。非盈利单位并不具备实施工效挂钩的基础。

二是坚持“两低于”原则。即企业工资总额增长幅度低于本企业经济效益的增长幅度，职工实际平均工资增长幅度低于本企业劳动生产率的增长幅度。

三是要坚持既负盈又负亏的原则。即经济效益增长时按核定的比例增提工资总额，下降时按核定比例减提工资总额。但对挂钩经济效益指标增长过快的，在计提新增效益工资时要严格执行分档计提办法对员工工资总额的增长进行限制。当企业效益急剧下滑时，也规定了允许提取工资的低限。

2. 工效挂钩管理

每年初，企业根据当年工效挂钩清算情况提出下一年度工效挂钩基数的申请，经上级单位审核后执行。上级单位审核企业工效挂钩清算结果时，参照上年企业工资总额基数、利润总额基数和浮动比例，以上年工资总额实际提取和发放数、利润总额实际完成数，并扣除企业当年一次性补发上年工资、成建制划出职工工资等因素，以及企业按照规定增人产生的工作或并购、新建或成建制划入职工的工资、按国家规定增加的其他工资项目后确定。对清算工资总额超过应提或应发标准的，在核定下年基数时予以扣除，并给予企业相应的处罚。

3. 工效挂钩基数的核定

工效挂钩企业基数包括经济效益基数、工资总额基数和浮动比例三项。

（1）经济效益基数的核定。

工效挂钩的经济效益指标以实现税利为主，之后逐渐调整为与利润总额指标挂钩。企业可根据企业生产经营特点不同，选择实物（工作）量、业务量、销售收入、创汇额及劳动生产率、工资利税率、资本利税率等综合经济效益指标作为复合挂钩指标。

（2）工资总额基数的核定。

工资总额基数一般以上一年工资总额为基础，核减一次性补发上一年工资、成建制划出职工工资以及各种不合理的工资性支出；核增上一年增人、转正定级、成建制划入职工的翘尾工资，以及国家规定的其他增减工资的因素后确定。

（3）浮动比例的确定。

浮动比例是对工资总额与效益挂钩额度的调节，由各企业根据自己的情况确定，一般为0.3～1。

4. 工效挂钩清算

工效挂钩执行情况的清算公式为：

企业当年应发工资＝核定的工资总额基数＋新增效益工资＋单列工资

其中，新增效益工资＝工资总额基数×浮动比例×（当年实现利润总额－利润总额基数）÷（利润总额基数＋工资总额基数×浮动比例）

新增效益工资超过核定的工资总额基数较高时，根据相关规定按比例折减新增效益工资。

单列工资包括按国家政策当年新增人员工资、新建扩建项目移交前的人员工资、当年新设立企业人员工资、当年新兼并收购企业人员工资等。

表8-1 某企业工效挂钩清算表

项　　目	行次	金额	项　　目	行次	金额
一、工效挂钩企业情况	1		二、工效挂钩清算情况	9	
（一）子企业户数	2		（一）本年利润总额情况	10	
其中：二级子企业户数	3		1. 核定的利润总额基数	11	
三级子企业户数	4		2. 实际完成利润总额	12	
三级以下子企业户数	5		3. 利润增加数	13	
（二）全年平均职工人数	6		4. 浮动比例（1：　）	14	
其中：平均在岗职工人数	7		5. 新增效益工资	15	
（三）当年政策性接收人数	8		（二）本年核定应提取工资总额情况	16	

续表

项　　目	行次	金额	项　　目	行次	金额
1. 核定的工资总额基数	17		新建扩建项目移交前的人员工资	24	
2. 核定新增效益工资	18		当年新设立企业的人员工资	25	
3. 本年核定应提工资总额	19		当年新兼并收购企业人员工资	26	
三、工资总额实际提取和发放情况	20		其他	27	
（一）本年实际提取工资总额	21		（二）本年企业实际发放工资总额	28	
其中：单列工资	22		（三）本年企业应付工资余额	29	
政策性增人工资	23		（四）上年企业应付工资余额	30	

5. 实施工效挂钩管理的问题

工效挂钩管理将员工收入与企业效益联系在了一起，实现对工资总额的管控。工效挂钩管理方式也存在一些不足。

（1）工效挂钩强调对工资总额过程管理较弱。工效挂钩采取年初核定基数，年底清算的方式，对企业在管理过程中工资总额的管控不足。企业即使出现了超发行为，也只能在下一年的基数中核减，而缺乏在出现问题时及时调控的措施。

（2）实施工效挂钩的企业，大多只与利润总额挂钩。这也造成了企业为提高工资总额，而片面追求创造利润，忽视了企业全面指标的完成和长期发展。这与薪酬的激励目的并不一致。

（3）工效挂钩具有一定的局限性，对企业效益不佳、初创期及受市场波动影响较大的企业，单纯以效益指标难以客观评价员工的实际工作业绩。工效挂钩企业限制了企业工资总额，也会影响企业员工工作的积极性。

6. 企业工效挂钩清算实例

某企业实施工效挂钩的工资总额管理方式，经核定当年工资总额基数为 200 万元，利润总额基数为 2 000 万元。工资浮动比例为 1∶0.7。当年实际实现利润总额 2 500 万元，实际发放职工工资总额 280 万元。企业当年按新增设一户企业，该企业当年发放工资总额 50 万元，企业当年利润总额为 50 万元。

依此情况，核定企业当年新增效益工资为：

新增效益工资 = 工资总额基数 × 浮动比例 ×（当年实现利润总额 − 利润总额基数）÷（利润总额基数 + 工资总额基数 × 浮动比例）

= 200 万元 × 0.7 ×（2 500 万元 − 2 000 万元）÷（2 000 万元 + 200 万元 × 0.7）

= 33 万元

但在以上的计算中，存在新增企业的50万元利润，所以在核定该公式时，应当在利润总额中扣除50万元。

即　　新增效益工资＝200万元×0.7×（2 450万元－2 000万元）÷（2 000万元＋200万元×0.7）＝29万元

单列工资项目为企业当年新增设的一户企业发放的工资总额50万元。

综合以上，按照工效挂钩核定的企业当年应发工资总额为：

企业当年应发工资＝核定的工资总额基数＋新增效益工资＋单列工资
＝200万元＋29万元＋50万元
＝279万元

企业实际发放280万元，当年超发了1万元工资，该1万元将在核定下一年工资总额基数时予以扣除。

8.1.3　工资总额预算管理

工资总额预算管理是对企业工资总额的预算管理。国资委对中央企业普遍采取了工资总额预算管理的工资总额管控模式。在国资委依法调控下，中央企业围绕发展战略，依据年度生产经营目标、经济效益情况和人力资源管理要求，对年度工资总额的确定、发放和职工工资水平的调整，做出计划安排并进行有效控制和监督。工资总额预算管理模式是一种通用的工资总额管理方法，也可以为非国有企业使用。以下内容基于国资委对中央企业工资总额预算管理制度和某国有企业的工作实践编写。

1. 工资总额预算管理过程

（1）分级管理。

根据全面预算管理程序，单位工资总额预算采取分级管理的方式。各单位根据规定，审核汇总本单位工资总额预算，及时报告预算执行情况，配合开展管理工作。各单位根据实际情况，负责本单位的下属单位工资总额预算审核、调整、过程监控、清算和评价工作。

（2）预算编制。

各单位在财务预算编制时，结合年度生产经营预算目标，编制工资总额预算，提交工资总额预算报告。报告中应包括上年度工资总额预算预计完成情况、本年度工资总额预算、年度经营目标预算、相关指标预算、工资与业绩联动机制等。

上级单位根据集团总体要求或国资委对集团批复的工资总额预算方案，按照分级管理的原则，对下级单位工资总额预算进行批复，确定本年度工资总额预算。

（3）过程监控。

各级单位按月分解执行工资总额预算，定期填报工资总额预算执行情况表报上级单位审核、备案。

（4）清算和评价。

本年工资总额预算执行清算评价工作，在下一年度 3 月底（财务决算周期）开展。各单位向上级单位汇报全年工资总额预算执行情况报告。各级单位结合工资总额预算业绩挂钩指标情况，根据集团总体要求或国资委核定集团工资总额预算计划批复。

2. 工资总额基数核定

本年度工资总额预算以上年度实际发放工资总额为基础。即本年度工资总额基数就是上级单位批复的工资清算额。

工资总额清算额 = 工资总额基数 × 工资总额考核挂钩系数 ± 工资总额单列值

其中，工资总额考核挂钩系数指工资总额增减与业绩挂钩规定。原则上，业绩上升，工资总额增长同谋大；业绩下降，工资总额也应相应下降或少增长。国资委规定中央企业工资总额决定机制为：“工资总额预算与利润总额等经济效益指标的业绩考核目标值挂钩，并且根据目标值的先进程度（一般设置为三档）确定不同的预算水平。

（一）企业经济效益增长，目标值为第一档的，工资总额增长可以与经济效益增幅保持同步；目标值为第二档的，工资总额增长应当低于经济效益增幅。

（二）企业经济效益下降，目标值为第二档的，工资总额可以适度降低；目标值为第三档的，工资总额应当下降。

（三）企业受政策调整、不可抗力等非经营性因素影响的，可以合理调整工资总额预算。

（四）企业未实现国有资产保值增值的，工资总额不得增长或者适度下降。”

工资总额单列值包括一次性补发上年度工资、成建制转入/转出职工工资、不合理的工资性支出、经营者绩效增长、上级单位批复的特别奖励和其他符合上级单位规定的项目。

一次性补发上年度工资、成建制转出职工工资、不合理的工资性支出应直接核减；增人、成建制转入职工工资应该增翘尾工资、经营者绩效增长、上级单位批复的特别奖励等。

增人增资翘尾工资 = 新职工月平均工资 × 新职工人数 ×（12 − 本年度工资发放月数）

增资翘尾工资 = 职工月平均增资 × 增资职工人数 ×（12 − 本年度增资月数）

3. 工资总额预算的问题

目前实施的工资总额预算管理制度是对工效挂钩管理模式的改进，既保留了效益导向的原则，又增加了调节收入分配结构等因素，在制度设计上也增加了备案制等多种模式。工资总额预算管理实施以来的效果是非常明显的。但在实施过程中，工资总额预算管理也暴露出一些问题。

（1）工资基数的连续性。工资总额预算管理适用于稳定发展的企业。其工资总额预算以上年实际发放工资总额为基础编制，即默认了企业上年工资总额与利润总额等效益指标关联的合理性，但并未对利润总额等效益指标的形成原因进行考察。当企业业绩是非经常性收益等与员工成本投入关系不大时，执行起来会出现问题。

（2）业绩联动指标单一。工资总额预算管理强调与效益挂钩，一般选择利润总额、净利润、经济增加值等指标作为挂钩指标。效益导向固然重要，但制度也忽略了企业发展不同阶段经营重点要求的不同。

（3）未充分考虑人员数量和质量变化对工资总额的影响。工资总额预算管理以上年工资实际发放数为基础，对工资总额进行调控。其忽略了用工人数和用工人员质量变化的影响。该办法强调薪酬总额整体控制，忽视了个体影响。

4. 企业工资总额预算实例

某企业实施工资总额预算管理，上年实际发放工资 500 万元，利润总额实现 1 000 万元。当年公司利润总额预算 1 200 万元，自报工资总额预算为 600 万元（同比增长 20%），经上级单位核定，考虑到经济增长、集团整体效益增长等因素，批复其年度预算工资总额为 560 万元（增长 12%）。

当年，企业实际完成 1 200 万元，发放工资总额 570 万元。其中，企业 8 月份新引进大学生（8 月份起薪）5 名，月均工资 4 800 元；7 月份上年引进的 8 名大学生转正定级工资月平均增加 300 元。经上级单位核定，该企业实际工资总额预算完成情况为：

工资总额清算额 = 工资总额基数 × 工资总额考核挂钩系数 ± 工资总额单列值

该企业实现了利润总额预算目标，工资总额基数按 560 万元核定。

公司规定新进大学生工资可作为单列工资，在清算时予以核定。当年增加5 名大学生产生单列工资 = 4 800 × 5 × (12 − 5) = 168 000（元）；上年 8 名大学生转正产生单列工资 = 300 × 8 × (12 − 6) = 14 400（元），合计新增单列工资 182 400 元。

工资总额清算额 = 560 万元 + 18.24 万元 = 578.24 万元。实际发放工资总额考虑单列工资后满足工资总额预算要求。企业当年工资总额发放在预算控制范围之内，未出现超发情况。

8.2　定岗定编定薪

定岗定编定薪是在企业“三定”的基础上，增加定薪因素。“三定”指的是定编、定岗、定员。定编指定编制，即管理者对组织机构模式、结构和人员配置、数量的设计过程。定岗指定工作岗位，即对工作岗位的具体组织职能和职责范围、内容以及工作流程及工作任务数量等进行设计，形成不同工作岗位的责权划分。定员指确定岗位各类人员数量及人员素质，即不同岗位的任职资格标准。定岗定编定薪是在“三定”基础上增加定薪因素，即确定每一岗位的薪酬标准。通过规范企业员工数量、岗位、任职条件和岗位薪酬标准等因素，管理者可以通过增加、减少人员、岗位以达到控制员工工资支出的目标，实现薪酬总额管控的目的。

8.2.1　定岗定编定薪的影响因素

定岗定编定薪工作会受到内外部因素的影响。

1. 外部影响因素

外部影响因素包括技术进步、劳动力市场的变化、竞争对手的实践等。

（1）技术进步。技术进步对劳动力的使用产生了很大的影响。机器设备正在代替越来越多的岗位。随着技术的发展，定岗定编工作重心也在不断向核心岗位和核心人才转移。

（2）劳动力市场的变化。劳动力市场会对企业定岗定编工作产生影响。中国劳动力人口已达到高峰，城市化率也接近发达国家水平。未来企业劳动力人口将出现长期持续下降的局面。同时，劳动力结构也会发生明显的变化。这些因素也将对企业如何设计岗位产生影响。

（3）竞争对手的实践。各企业的管理方法也会互相借鉴，特别是在同行业或竞争对手之间。一旦有好的做法，会迅速得到推广。

2. 内部影响因素

（1）企业战略。定岗定编定薪工作要满足企业战略要求，并围绕战略实施设计。不同的战略指导下，企业的经营管理模式不同，定岗定编策略也不同。

（2）企业发展阶段。不同发展阶段，企业规模、发展重点、管控模式等都存在着差异。这些差异也影响定岗定编定薪工作的开展。

（3）运营模式。不同企业运营模式不同，岗位、编制的确定方法也不同。定岗定编要理顺每个岗位及其流程上下游环节的关系，明确岗位的角色和权限，建立岗位间协作依存的关系。

（4）岗位特质。岗位特质是岗位在工作条件、工作责任与任职资格等方面的特点。不同岗位实现不同的职能，承担不同的职责。

（5）员工素质。员工素质表现为工作效率和业务能力。企业现有员工素质会决定编制的数量和薪酬的水平。现有人员素质较低时，人员编制数量多，薪酬低；反之，人员编制数量少，薪酬高。

8.2.2 定编的工作方法

关于定岗和定薪的方法，在本书第 4 章和第 6 章已做过说明，本节仅对定编方法进行说明。

定编的方法有很多种，在此仅举出 8 种最为常用的方法。

1. 按劳动效率定编

指根据工作任务和岗位任职员工的劳动效率以及出勤等因素来计算岗位人数的方法。实际上就是根据岗位工作量和劳动定额来计算岗位应定编几人。本方法适用于操作类岗位。

2. 按设备定编

指依据实际应用的设备的台数和需要开动的班次、人员看管定额，以及出勤率来计算岗位编制的一种方法。本方法主要适用于以机器操作为主的岗位。

3. 按岗位定编

指依据岗位数量的多少以及岗位工作量的大小来计算岗位任职者数量的方法。本方法既适用于应用连续性的生产机器设备组织生产的企业，也适用于一些既不需要操纵机器设备又不需要实行劳动定额的人员。

4. 按比例定编

指按照整个企业在职人员的数量或者某一类人员总数的比例来计算岗位所需多少编制的方法。此方法适用于基层管理和专业技术人员。

5. 按业务数据定编

指依据企业的利润、市场占有率、人工成本、营业收入等进行定编的方法。

6. 按组织机构、职责范围和业务分工定编

指先确定组织机构和各职能部门，明确各项业务分工和职责范围后，根据业务工作量的大小及复杂程度，结合工程技术人员和管理人员的能力和技术水平来确定岗位所需人数的方法。

7. 按业务流程定编

指根据岗位的工作量确定各个岗位单个员工单位时间的工作量，然后根据业务流程衔接，结合上一步骤的相关分析结果，确定各岗位编制的人员比例，再根据企业整体业务目标，确定单位时间流程中总的工作量，从而确定各岗位需要多少编制的方法。

8. 按经验定编

指进行岗位定编工作的人员依据以往的经验来确定岗位所需人数的方法。本方法主观性强。

8.2.3　定岗定编的工作过程

定岗定编的方法有很多种，如图 8-2 所示，某企业定岗定编工作开展首先是对现有岗位进行梳理，其次对岗位进行设置，即定岗程序，最后完成各岗位工作职责和所需任职条件的明确。

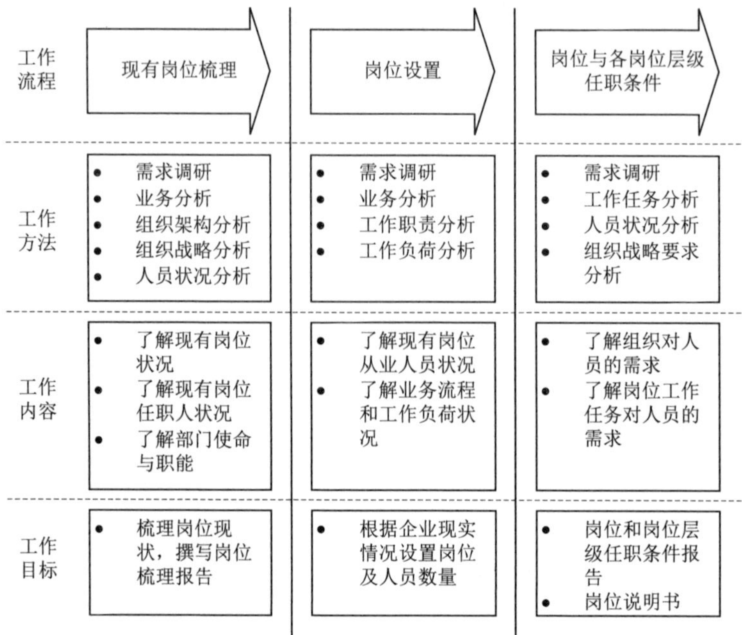

图 8-2　某企业定岗定编工作过程

1. 现有岗位梳理

定岗定编采用的方法主要包括资料分析法、访谈法和标杆对比法，如图 8-3 所示。

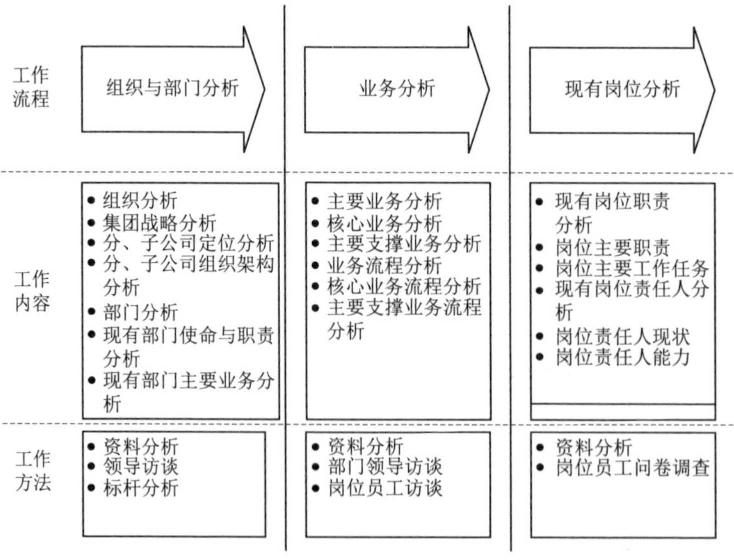

图 8-3　岗位梳理工作过程

（1）资料分析法。在确定要解决的问题后，先搜集相关资料，然后对资料进行分析，发现问题，再依据所发现的问题，找到合适的解决方案。

（2）访谈法。定岗定编工作要与被访谈者进行面对面的交流，以了解管理者需要以及工作方法、工作职责、工作流程及任职要求，并将这些落实到具体的定岗定编工作中。

（3）标杆对比法。指参照同行业做得比较好的企业进行对比，发现不足，并实施改进措施。

2. 岗位设置

岗位设置是定岗定编的核心工作程序，如图 8-4 所示。管理者按照自上而下的原则，首先确定组织机构，再明确部门职能和岗位。在定岗定编过程中，要充分考虑到企业现状、组织要求及具体的工作量。其中，工作量分析是难点。企业应将岗位工作按照日常工作和阶段性工作进行区分。日常工作代表某岗位固定的工作量，而阶段性工作可以通过工作分工和具体工作控制实现在不增加岗位的前提下，顺利完成各项工作的要求。

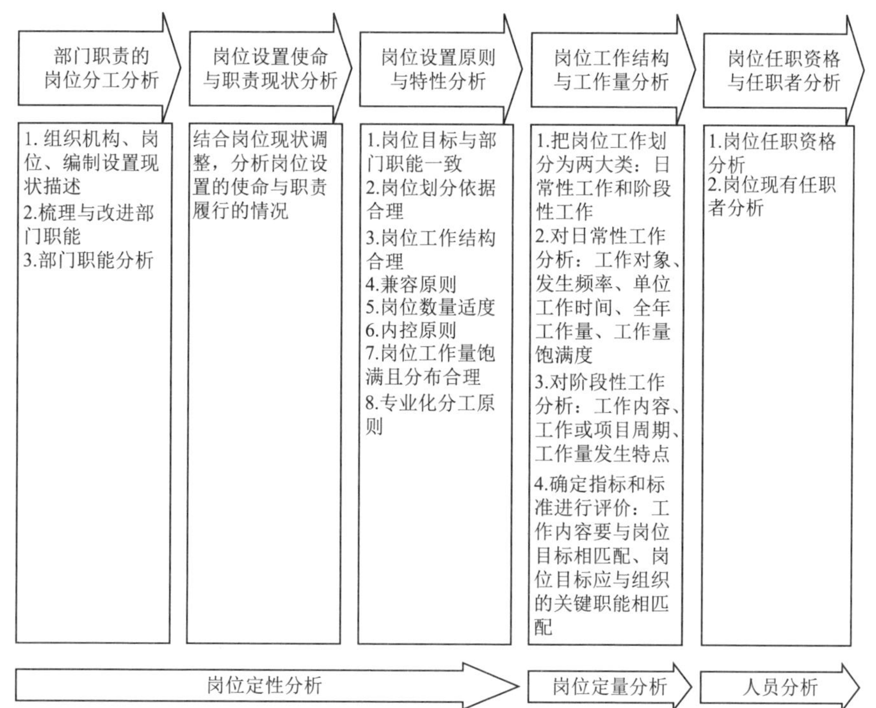

图 8-4　岗位设置工作过程

3. 岗位和各岗位层级任职条件

分析确定某岗位员工所需要具备的任职条件要从某岗位工作职责分析入手，一般从知识、技能，工作经验与所需培训，资质证书或执业资格，从事工作所需要具备的一般（通用）能力和专业能力等几个方面入手。可以采用问卷调查、访谈法，经有经验的管理或专业人员分析后提出，如图 8-5 所示。

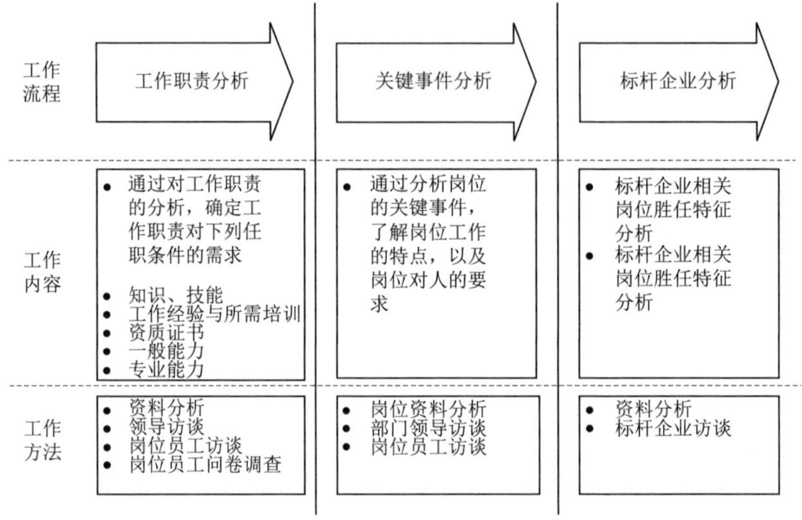

图 8-5 总结提炼任职资格条件工作过程

8.3 薪酬结构控制

薪酬结构对企业激励作用在第 7 章中已有详细介绍。薪酬结构不同项目应与企业战略要求匹配。如表 8-2 所示。同样，对薪酬结构的调整应该与企业战略要求相匹配。从薪酬总额管控角度来看，员工薪酬结构的调整就是增加或减少不同类型员工的薪酬结构内容，这与企业的用人政策也是息息相关的。

表 8-2 薪酬结构与战略要求的关系

内　　容	激励作用	吸引人才	留住人才	长期发展
基本薪酬		√	√	
短期激励	√			
长期激励	√		√	√
福利		√	√	√
津贴			√	

在薪酬结构的管控中，基本薪酬是固定部分，仅与员工所从事岗位、具备的任资资格或工作经验有关，其调整具有刚性。短期激励和长期激励部分一般与企业和员工业绩实现相关，具有较大的弹性，在薪酬管控过程中的可塑性也是最强的。福利部分可以增加员工的归属感，也需要体现内部公平性。福利部分与基本薪酬、激励薪酬不同。福利刚性很强，一旦下降，极易在员工中产生不稳定情绪。津贴部分有一定的特殊性，一般不应当作为薪酬管控的调整手段。

8. 3. 1　薪酬结构比例调节

第 7 章中提到某企业不同岗位员工基本薪酬与绩效薪酬在薪酬总额中占比情况。如表 8-3 所示。这一比例不是固定不变的。管理者可以根据管理需要在工作中不断调整基本薪酬与绩效薪酬在薪酬总额中所占比例，以达到员工薪酬总额可控的状态。

表 8-3　不同岗位基本薪酬和绩效薪酬在薪酬总额中占比情况

类　别	岗　位	基本薪酬占比（%）	绩效薪酬占比（%）	类　别	岗　位	基本薪酬占比（%）	绩效薪酬占比（%）
管理	总经理	30	70	专业技术类	总工程师	60 ~ 70	40 ~ 30
	副总经理	30 ~ 40	70 ~ 60		工程师	70 ~ 80	30 ~ 20
	总经理助理	30 ~ 40	70 ~ 60		人事专员	70 ~ 80	30 ~ 20
	部门经理	40 ~ 50	60 ~ 50		技术员	70 ~ 80	30 ~ 20
	销售部经理	30	70	市场类	营销策划	60 ~ 70	40 ~ 30
	部门主管	50 ~ 60	50 ~ 40		销售员	20 ~ 30	80 ~ 70
	销售部主管	20 ~ 30	80 ~ 70	作业类	技工	80 ~ 90	20 ~ 10

例如，某企业通过薪酬结构的重新设计，达到调节薪酬结构中不同因素以应对薪酬总额刚性增长压力的目标。

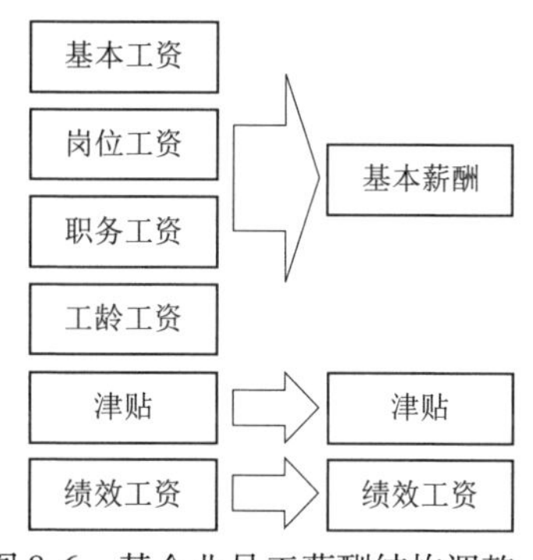

图 8-6　某企业员工薪酬结构调整

如图 8-6 所示，某企业在原有薪酬体系的基础上，实施了新的薪酬体系。新的薪酬体系将原结构中的基本工资、岗位工资、职务工资和工龄工资统一合并到基本薪酬当中。在原有的薪酬结构中，基本工资根据员工职级在当地最低工资到职工平均工资间确定，岗位工资根据员工所在岗位确定，职务工资根据员工管理职务级别确定，工龄工资根据员工工作年限及在本企业工作年限确定。以上四个项目中，基本工资每年随当地最低工资和社平工资的变动调增、工龄工资每年随员工在工作年限的增加调增。调整后的基本薪酬将以上四部分统一管理。结合薪酬体系的调整，对员工岗位序列及任职标准进行重新核定。以每年的任职资格晋升评价代替了原有的随社会工资和工作年限固定递增的模式。每年任职资格晋升评价由企业管理者根据当年工作业绩目标、薪酬总额予以控制。

以薪酬结构的各部分为基础，调整薪酬结构可以从基本薪酬、短期激励、长期激励、福利和津贴等项目的调节分别开展。

8.3.2 基本薪酬的调节

调节基本薪酬，就是对基本薪酬结构要素的不同组合及标准的设计。不同要素的特点和可调节弹性是不同的。可调节弹性指该指标可随某一内外部因素调整的可能性，如表 8-4 所示。

表 8-4 基本薪酬要素的特点及调节弹性

项目	基础工资	岗位工资	职务工资	工/司龄工资	固定工资
决定因素	最低工资标准、社会职工平均工资、物价水平	员工任职岗位	员工职务级别	工作时间	决定因素涵盖前几者
调节要点	是否随外部因素变化 是否同幅调整	员工岗位 岗位工资标准	员工职务级别 员工晋升速度 职务工资标准	工作时间 每年工/司龄工资标准	大都与员工任职岗位或任职资格有关

综合来看，对基础工资的调整弹性低，效果差，也极易引起员工的不稳定感。

1. 基础工资

基础工资受最低工资标准、社会职工平均工资和物价水平变化影响，这些都是外部因素。企业可调整内容包括是否与外部影响因素挂钩或与哪些因素挂钩以及是否随外部因素的变化同比例调整。企业可以将当地最低工资标准作为基础工资标准，也可以将社会职工平均工资标准或其某一比例作为基础工资标准。同样，企业可以决定是否随外部影响因素同比例变化。例如，某企业基础工资标准为当地社会职工平均工资水平的 70% 。当新一年社会平均工资较上年增长了

10% 。数据公布后，企业为了控制薪酬水平的增长，决定基础工资按照 5% 调增。

在员工薪酬构成中，由于基础工资占比一般较低，所以调整基础工资的方法对企业薪酬总额影响较小。

2. 岗位工资

岗位工资与员工任职岗位有关。企业岗位工资相对固定，不适宜频繁地调整。岗位工资的下调也会让员工产生降薪的感觉。管理者在调整岗位工资时应从适当增加岗位级数方面入手。例如，人力资源部内原是三级员工：人力资源部经理、人事主管和人事专员。其中，人力资源部经理岗位工资为 8 000 元，人事主管岗位工资为 4 000 元，人事专员岗位工资为 2 000 元。员工直接从人事专员晋升为人事主管，岗位工资增长较多。管理者可以增加晋升过程，同时解决人事专员的晋升与岗位工资增长过快的问题。即人事专员调整为初级人事专员、人事专员和高级人事专员。岗位工资分别为 1 500 元、2 000 元和 3 000 元。

3. 职务工资

职务工资是具有一定的管理职务人员所享有的，是企业中一部分人的薪酬。职务工资的调整影响范围比较小。企业可以结合组织或岗位的调整对管理职数或职务工资进行调整，以达到控制工资总额的目的。例如，某企业上一年收入和利润均有所下降，为了达到工资总额与效益增长相挂钩的目标，管理者决定当年员工管理职务晋升暂停一年。这一举措看似对管理职数的调整，实际上却实现了控制管理人员薪酬总额的目的。

4. 工/司龄工资

工/司龄工资是企业内较常采用的一种工资形式。一般企业中工龄工资和司龄工资是不同的。通过调整两者标准，可以达到控制工资总额的目的。如表 8-5 所示，某企业通过调整工/司龄工资标准，在掌握员工工/司龄总时间的前提下，可以达到降低或提高工资总额的目标。

表 8-5　某企业员工工/司龄工资调整的测算

方案	员工工龄总额	工龄工资标准	工龄工资总额	员工司龄总额	司龄工资标准	司龄工资总额	工/司龄工资总额
原方案	135 年	180 元/年	24 300 元	75 年	600 元/年	45 000 元	69 300 元/年
工资总额增长方案	135 年	120 元/年	16 200 元	75 年	840 元/年	63 000 元	79 200 元/年
工资总额下降方案	135 年	180 元/年	24 300 元	75 年	480 元/年	36 000 元	60 300 元

工/司龄工资额度在员工工资总额中所占比例很小。所以实际控制效果有限。

5. 固定工资

固定工资的核定一般是以员工岗位、任职资格或工作经验等因素综合核定。各项调整因素在管理后台进行核定和计算，在员工工资表中体现出来的就是固定工资项目。目前，各企业采用固定工资方式核定员工薪酬，常常与薪点表结合使用。对固定工资的调整可以借鉴以上调整项目逐项调整，并在固定工资总额中予以体现，也可以直接按照固定工资所使用薪点表，对每个薪点数值进行调整，以达到控制薪酬总额的目标。这个方法在第6章中已有详细说明。

8.3.3 短期激励的调节

短期激励主要包括员工绩效工资和奖金。如表8-6所示，管理者主要通过调整绩效工资和奖金分配的形式实现工资总额管控目标。

表8-6 绩效工资和奖金的特点及调节弹性

项目	绩效工资	奖　金
决定因素	绩效工资基数、绩效工资系数、员工考核指标和考核结果	企业超额效益实现情况、管理者意愿
调节要点	以什么作为员工绩效工资基数 绩效工资系数如何决定 员工考核指标是否符合管理者要求 员工考核结果是否合理	企业计划效益目标是否合理 是否超计划完成 管理者是否愿意让员工参与超额收益的分配 管理者愿意让员工参与多少超额收益的分配

1. 绩效工资

通过调节绩效工资实现工资总额管控的目标，首先要了解绩效工资的核定机制。大多数企业的绩效工资的计算可以用以下公式概括：

绩效工资＝绩效工资基数×绩效工资系数

其中，绩效工资系数与员工或组织绩效考核结果有关。

（1）绩效工资基数。

绩效工资基数通常采用常数或员工基础薪酬的某一部分确定。采用不同的基数对绩效工资影响较大。某员工工资包括基本工资和绩效工资两部分，其中基本工资包括基础工资、岗位工资、职务津贴和工龄工资。如表8-7所示，方案一是以员工基本工资总额作为绩效工资基数，方案二绩效工资基数不包含工龄工资，方案三绩效工资基数包括基础工资和岗位工资两部分，方案四绩效工资基数仅包含基础工资，方案五员工绩效工资基数按照某一固定标准（如该员工职级）确定。以下五种方案绩效工资基数不同，在相同绩效工资系数的情况下，绩效工资金额差距很大。

表 8-7　绩效工资基数的对比测算

方　案	基础工资	岗位工资	职务津贴	工龄工资	绩效工资基数	绩效工资系数	绩效工资金额
方案一	2 000 元	5 000 元	2 000 元	600 元	9 600 元	1.1	10 560 元
方案二	2 000 元	5 000 元	2 000 元		9 000 元	1.1	9 900 元
方案三	2 000 元	5 000 元			7 000 元	1.1	7 700 元
方案四	2 000 元				2 000 元	1.1	2 200 元
方案五					5 000 元	1.1	5 500 元

（2）绩效工资系数。

绩效工资系数的使用非常灵活。同样的考核得分可能对应到不同的绩效工资系数，也会形成不同的绩效工资。

表 8-8　绩效工资系数的对比测算

方　案	绩效工资基数	考核得分	考核等级	绩效工资系数	绩效工资金额
方案一	5 000 元	90 分	—	0.8	4 000 元
方案二	5 000 元	90 分	—	0.9	4 500 元
方案三	5 000 元	90 分	—	1.0	5 000 元
方案四	5 000 元	90 分	A	1.1	5 500 元
方案五	5 000 元	90 分	个人 A 部门 C	0.99	4 950 元

如表 8-8 所示，在绩效工资基数为 5 000 元，员工考核得分为 90 分的情况下，采用不同的绩效工资系数核算方法，会导致不同的绩效工资水平。方案一适应的规则为，员工考核 90 分的，绩效工资系数按照 0.8 计算。方案二中员工绩效工资系数为员工考核得分除以满分 0 分。方案三中员工考核得分 90 分以上的，绩效工资系数为 1。方案四和方案五首先将员工考核得分转化为员工考核等级，再根据考核等级核定绩效工资系数。其中，方案四直接与员工考核等级挂钩，即员工考核得分 90 分的为 A 级员工，绩效工资系数为 1.1；方案五与员工考核等级和部门考核等级双挂钩，即员工考核得分为 90 分的为 A 级员工，个人绩效工资

系数为1.1，部门考核等级为C的，部门绩效工资系数为0.9。员工最终绩效工资系数为部门绩效工资系数与个人绩效工资系数的积，即0.99。以上不同的方案企业可以在每年度进行调整，从而达到控制薪酬总额的目的。

2. 奖金

企业是否发放奖金及发放多少奖金，受是否存在超额利润以及超额利润的多少决定。管理者在制订奖金方案时，也会充分考虑员工薪酬总额情况。所以奖金也是调节员工工资总额的一个有效手段。

实施与效益挂钩的奖金方案是较为常用的方法。最为直接的挂钩方式是按照超额效益的一定比例计提员工奖金，并根据当年员工工资总额决定奖金的兑付形式。例如，某企业当年实现利润2 000万元，较上年增加了400万元，按照规定，计提超额部分的20%，即80万元，作为员工工资发放。但当年员工工资总额已达到管控上限标准。公司可以将当年奖金预留到员工奖金池中，视下一年企业效益及员工薪酬实际发放情况，再决定如何发放。

8.3.4 长期激励的调节

长期激励一般包括任期激励、股权激励等要素。本节以股权激励为基础进行说明。在薪酬总额管控过程中，对股权激励的管控关键在两个环节。一是股权激励授权的条件；二是股权激励的兑现比例。

1. 股权激励授权条件

股权激励一般都会明确授权条件。某上市公司股票期权行权条件如下。

（1）根据公司考核办法，激励对象上一年度绩效考核为合格以上的。

（2）首期行权时，公司上一年度扣除非经常性损益后的净利润增长率不低于17%，且上一年度主营业务收入增长率不低于20%。

（3）首期以后行权时，公司上一年度主营业务收入与第一次行权上年一相比复合增长率不低于15%。

（4）公司未发生如下任一情形。

最近一个会计年度的财务会计报告被注册会计师出具否定意见或者无法表示意见的审计报告；最近一年内因重大违法违规行为被中国证监会予以行政处罚；中国证监会认定不能实施期权激励计划的其他情形。

（5）激励对象未发生如下任一情形。

最近三年内被证券交易所公开谴责或宣布为不适当人选的；最近三年内因重大违法违规行为被中国证监会予以行政处罚的；具有《中华人民共和国公司法》规定的不得担任公司董事、监事、高级管理人员情形的。

在以上的行权条件中，对业绩水平做出了明确的说明。企业业绩水平提高了，员工才可以兑现股权，获得收益。这相当于从预期收益中提取的员工薪酬，不占用现有员工薪酬额度。

2. 激励兑现比例

企业效益提高，甚至超过了预期，多发一些薪酬给员工，这件事是合理的。但发放薪酬并不是越多越好。薪酬发放过少，起不到激励效果，发放过多，会增加企业的负担，引导员工过分关注长期激励而忽视短期要求。管理者要确定一个合适的额度，以确保既满足员工激励要求，又不让企业承担过高的成本压力。

上市公司股权激励方案中会有所限制，例如，国资委曾经规定，在行权有效期内，激励对象股权激励收益占本期股票期权授予时薪酬总水平（含股权激励收益）的比重，境内上市公司及增外 H 股公司原则上不得超过 40%，境外红筹公司原则上不得超过 50%。股权激励实际收益超出上述比重的，尚未行权的股票期权不再行使。这样的规定是从薪酬总额角度予以管控，也是对长期激励作为员工激励的补充、完善形式最好的诠释。

8.3.5　福利的调节

福利是薪酬的重要组成部分。通过对福利形式、标准进行调节，同样可以达到控制薪酬总额的目的。

1. 自助餐式福利

第 7 章，我们介绍了自助餐式福利这一弹性福利制度。实施自助餐式福利需要管理者对企业所能够提供的福利内容有全面的认识，并可以整体把握，这本身就是薪酬总额管控的一部分。自助餐式福利可以满足员工更加个性化的要求，提高福利的激励和保障作用。企业以不变的投入，获得了更加高效的回报。另外，自助餐式福利改变了每项福利各自为战的局面。管理者整合企业资源，统一与福利提供者谈判。社会上也出现了许多专门整合各类资源并提供个性化服务的企业。因为自助餐式福利实施规模的增加，福利项目增多，激励的作用更为明显，同时福利费用也有所下降。

2. 福利标准调整

企业也可以通过取消或调整某些福利项目，以达到薪酬总额控制的目标。例如，某企业在实施新的薪酬体系时，经测算员工薪酬平均增幅在5%。管理者认为这个增幅高出了自己的预期，于是在最终方案中，在确保原薪酬方案不变的前提下，取消了员工交通补贴项目，以确保最终员工薪酬平均增幅控制在2%以内。

管理者也可以通过为员工提供福利服务，以达到控制福利标准的目的。例如，上一章提到的企业盖员工宿舍的案例中，第三种方案为某企业为30位员工发放住房补贴2 500元/（户·月）。全年费用为90万元。第一种方案为企业在工厂内为员工建了一栋宿舍楼，总计花费1 050万元，房屋使用年限按照30年计算，即每年的建安成本为35万元（1 050万元÷30年）。加上每年的维护人工和材料费用15万元，即每年企业支出为50万元（35万元+15万元）成本。短期来说，企业福利费用支出很大，但从长期来看，住房福利得到了保障，而且成本也有所下降。

3. 福利总额与业绩挂钩

薪酬总额可以与业绩联动，福利总额一样可以与业绩联动。企业可以通过建立与业绩相联系的福利标准，达到管控的目的。例如，某企业采用薪酬总额与利润总额变动挂钩的方式，当年企业利润总额每增长1%，员工薪酬总额增长0.5%。在薪酬总额中，福利占薪酬总额的比例为12%，按照此比例计算，当年企业利润总额增长1%，员工福利总额增长0.06%。为了确保员工福利的相对稳定性，企业对福利总额的控制采用了两年内统一清算的方式，即第一年员工计划福利总额有变化时，暂按原有福利总额标准计算，如果第二年核算福利总额仍有增加，则第二年统一调整福利标准，将两年增加额合并发放；当第二年核算福利总额有所减少，则在综合确定两年福利变动总数后，相应调整福利标准。实施这样的调整后，企业福利可塑性提高，总额也得到了有效地控制，最为关键的是，在员工心目中建立了，效益好，福利升的概念。

除了企业利润、收入等业绩考核指标实施可变动的福利标准外，企业还可以根据市场物价变化情况，调整员工福利标准。例如，公司交通补贴，可以采取与油价挂钩的方式，当油价下调达到一定比例，企业可适当下浮交通补贴标准。

8.4 非货币化激励

薪酬包括货币化薪酬和非货币化薪酬。企业较为常用的非货币化薪酬包括嘉奖、表彰、给予发展机会等。除此以外，通过股票（股本）激励的方式也是一个非常有效的手段。

8.4.1　非货币化薪酬的激励特点

非货币薪酬一般不会增加企业的现金压力，并为企业在成长初期，为员工提供竞争力的薪酬创造了条件。采用非货币化薪酬对企业减少人力成本支出，提高人力成本管控力度也是非常有利的。采用非货币化有一个重要前提，就是企业和员工对企业的非货币化激励措施能够达成共识。管理者在实施非货币化薪酬激励时，要提前了解员工的诉求，再实施针对性的激励。

8.4.2　发展机会激励

通过提供个人、工作或专业发展学习机会，实现激励措施的方法适用于知识型人才。知识型人才普遍受教育程度高，通常具有较好的物质条件。他们希望通过自己的努力取得成功，展现自己的水平，获得他人的认可与尊重。知识型岗位的特点是知识和技术更新频率较快。而个人的成熟会与其掌握新知识、新技术的情况相关。向此类员工提供足够多的发展机会，比单纯提薪更加有效。

以下以某医院的激励措施为例。医院是高知识员工的聚集地，通过对医院高层次人才的工作动机分析，发现薪酬虽然仍然是他们衡量自身价值的一个重要指标，但已经不是关键性的指标。因此在设计医院高层次人才的激励时重点应放在非经济薪酬因素。某医院制订了以下几个方面的激励措施。

1. 个人发展激励。

（1）确立适当的目标，提出工作挑战。使高层次人才的个人职业发展目标与医院的发展目标协调一致，以增强他们的集体责任感，激励他们更出色地完成工作。

（2）医院设立了专门的奖项对在专业领域上取得的成果的本院人员授予荣誉，体现一种被认可和关注的自我实现感。

（3）选派高层次人才到国内外知名大医院学习进修，进一步提高他们的专业技术水平，扩大知识面，实现自我，知识更新的需要。

2. 工作激励

医院在现有组织部门和科室设置的前提下，根据本院高层次人才特点和影响，增加了以高层次人才名字命名的专业服务组，并按照科室配置了相应的人员和设备，指定研究方向和重点。这些措施体现了医院能够正确认识高层人才个体专业长处和兴趣所在，对高层次人才给予了充分的信任和尊重。

3. 环境激励

客观环境对人才积极性的形成和发展具有不可忽视的推动和制约作用，工作环境包括物理环境、无形的工作氛围等，直接影响他们的工作积极性，特别是医院内部环境的建设。医院对高层次人才提供了优先的科研配套经费和实验场地配置。

4. 组织文化激励

医院良好的组织文化是事业生存和发展的基础，对医院卫生专业人才有着广泛而深刻的影响。医院培育和保持一种自主和协作信任、创新和学习的组织文化，消除内部不利于沟通与交流的体制障碍，针对高层次卫生人才的特点，鼓励开展创新技术的组织文化环境，允许失败，不扼杀创新思想，将人才个人的职业设计融入医院的发展规划中，增加他们的责任感和成就感。

8.4.3 文化激励

良好的组织文化和员工对企业的文化认同感可以提高激励效果。建立与企业战略要求相配套的组织文化是非常重要的。

某企业为一家电子商务企业。电子商务企业生活节奏快，员工具有年轻化、知识型和高收入三个特点。其个性非常突出，这与这一行业特点有关。电子商务时代便利的信息获取渠道使人开阔了视野，丰富了知识与经验，而知识和经验正是人的个性形成与发展的重要基础。于是，电子商务时代先进的通信手段促进了人的个性的形成与发展。同时，电子商务时代便利的信息发布渠道使员工的个性有了更加方便、接受面更广的展现舞台。他们已经习惯于在这个舞台上发挥自己的个性，并喜欢不受约束和压抑的环境。这也促进了员工个性的进一步发展。

某企业针对以上行业和员工特点，在打造组织文化，发挥文化的激励作用方面，做了一下尝试。

1. 建立企业和员工的共同愿景

企业员工一旦建立了良好的愿景，不但可以增加员工对企业的忠诚度，还可以进一步激励员工充分发挥自身的能力，将自身的努力工作与企业的发展联系在一起。企业管理者通过以下途径帮助员工建立愿景：一是在员工的职责范围内，授予更多的决策权，以使员工感觉自己与企业的联系更加紧密，对企业的未来有更强的责任感和使命感。二是企业给予员工更多的培训机会，尤其是层次较高的培训。不仅满足员工学习的愿望，而且还是企业对员工的一种愿景承诺，传递了企业与员工建立长期合作关系的信号。三是让员工了解企业的运行状况。建立一种经常性的制度，向员工发布有关企业现状的各种信息，这有利于增强员工的归属感，并能使员工将自身的发展与企业的发展结合起来。

2. 建立情感文化

情感激励是满足职工精神需要的一种重要手段，包括尊重、认可、信任、褒扬、关怀等。情感激励因素能满足职工较高层次的需要。企业从以下几方面着手：一是企业管理者与员工建立适当的私人关系。为此管理者必须关心员工，这不仅仅是员工生日送个生日蛋糕这么简单，而应当是真正了解员工的生活、性格，与其建立友谊。二是与员工多进行非正式的沟通。这种沟通的内容可以是关于企业的，也可以是与企业无关的个人兴趣、私人活动等。关键是它必须是通过非正式渠道、非正式方式进行。这有助于加强互相的信任，建立亲密的关系，使员工感觉自己受到尊重。三是适当鼓励非正式组织的形成。非正式组织能为其成员提供交流感情的机会，满足其社交需要，在一定程度上弥补正式组织对个体的忽视，并且有助于组织中人际关系的改善，从而增强成员对组织的认同感和归属感。

3. 建立尊重文化

企业员工的个性越来越突出，忽视这一点将可能抑制员工的创造力，并影响员工的情绪，尤其可能会导致高素质员工的外流。管理者通过以下的方法体现对员工的尊重：一是授予员工更多决策权。这不但可以帮助员工建立良好的愿景，还表明企业鼓励员工用自己的方式完成工作，达到目标，在决策中体现个性，而不仅仅是简单地执行上级的命令，从而激发员工的工作热情和创造力。二是为员工，尤其是高素质员工制定弹性工作制度。弹性工作制度可以避免呆板、机械的工作方式，激发员工的工作热情和创造力，提高工作效率，同时获得心理的满足，提高员工对企业的忠诚度。

4. 建立创优文化

企业文化正是一种被企业成员普遍认同的“共同的理想和信念”，所以一旦企业建立起了优秀的企业文化，就可以使企业的价值观内化成为员工自身的价值观，于是就会形成一种比工资奖金、工作环境等物质条件更强的力量，留住人才，并且激励他们为企业的发展而努力工作。

8.5 【HR必知】人力资源效率指标

人力资源效率指标是人力资源管理的核心指标。管理者通过对指标的分析了解员工工作效率及人力资源管理水平。人力资源效率指标包括劳动分配率、全员劳动生产率、人事费用费、人工成本利润率、人工成本占总成本比重等指标。

1. 劳动分配率

劳动分配率是企业人工成本与增加值的比率。也就是企业在一定时期内新创造的价值用于支付人工成本的比例。它反映企业人工成本投入产出水平。其计算公式为：

劳动分配率 = 企业当期人工成本总额 ÷ 企业增加值 ×100%

其中，企业的增加值是企业在一定生产的产品中增加的价值。增加值是财务统计中的一项指标，是企业通过一系列生产活动创造的价值总和。企业增加值中的价值包括了发放给员工的工资和福利、企业创造的利润、计提的固定资产折旧和企业应缴纳的企业所得税等各项税费等。企业增加值可以在财务决算报表中获得。

劳动分配率的理想情况为，人工成本高于一般水平，增加值也高于一般水平，计算得出的劳动分配率低于一般水平。当企业的劳动分配率高于同行业其他企业时，则代表创造同样价值的情况下，企业投入的人工成本高于其他企业。在不考虑企业增加值构成的情况下，说明企业人工成本控制及人力资源配置和管理上的效率要低于同行业水平。这时企业应当采取措施减小人工成本水平。

2. 全员劳动生产率

全员劳动生产率指标指平均每一个员工在一定时期内创造的价值。劳动生产率越高，代表每位员工所创造的价值就越多。反之，每位员工所创造的价值就越低。其计算公式如下：

全员劳动生产率 = 企业增加值 ÷ 员工平均人数

其中，员工平均人数一般采用企业从业人员人数。企业也可以按照直接从事生产的员工数量计算企业员工平均人数的，其反映的是生产工人的劳动生产效率。

劳动生产率也常常作为宏观分析和比较的指标，一个国家的劳动生产率越高，代表其劳动力素质与能力越高。反之，则说明该国家劳动效率较低。

3. 人事费用率

人事费用率指企业人工成本总额占销售收入的比重。它表示企业生产和销售的总价值中有多少用于人工成本支出。其计算公式如下：

人事费用率 = 人工成本总额 ÷ 销售收入（营业收入）×100%

人事费用率高低与企业生产规模大小和行业生产销售特点密切相关。从公式中可以看出，如果企业的销售业绩较好，销售额较大，即使人工成本较高，也在企业能够接受的范围之内，人事费用率仍然可以达到一个理想水平。反之，如果企业的销售额较低，就要适当控制人工成本支出。人事费用率的倒数表示了企业每投入 1 元钱的人工成本可以创造的收入是多少。

4. 人工成本利润率

人工成本利润率反映员工收入与企业效益的关系，其计算公式如下：

人工成本利润率 = 利润总额 ÷ 人工成本总额 ×100%

通过人工成本利润率的变动趋势，可以分析企业经营环境的变动趋势。

5. 人工成本占总成本的比重

人工成本占总成本的比重指人工成本总额与企业总成本的关系，其计算公式为：

人工成本占总成本的比重 = （人工成本总额 ÷ 总成本）×100%

其中，总成本包括生产成本（营业成本）及税金、管理费用、财务费用和销售费用。

人工成本占总成本的比重反映企业人工成本含量，即活劳动对物化劳动的吸附程度。这一比值越低，反映活劳动所推动的物化劳动越大，即通过人工成本所能够推动的企业成本越多，效率越高。反之，活劳动所推动的物化劳动越小，效率越低。该指标用于衡量企业有机构成高低和确定人工费用定额。由于各行业要素密集程度不同，有资本密集型、技术密集型、劳动密集型，因此，不同行业人工成本占总成本的比重这一指标可能差异很大。

8.6 【疑难问题解答】

8.6.1 做好非货币化激励还需要定期调整员工薪酬吗？

根据马斯洛的需要层次论，员工首先满足低层次激励要求，然后才会在高一层次的需求中得到满足。就像员工先要满足温饱的需要，然后才会有获得尊重和自我实现的要求。非货币化激励是对员工薪酬激励模式的补充，并不能替代员工货币薪酬激励的效果。同样，非货币化激励也并不适用于所有的员工。

一般来说，非货币化激励对知识型员工、中高级管理人员中的激励效果比较好。这是因为以上人员一般情况下薪酬水平达到了平均水平之上，员工更需要获得薪酬之外其他形式的满足。而对操作类、基层管理专业人员，应该更多地从货币化激励方面寻找措施。

8.6.2 国家对收入增长“两低于”和“两同步”的实施背景

1992 年，国务院发布的《国有企业转换经营机制条件》正式提出“两低于”这一收入增长调控的原则。即“企业工资总额增长速度低于本企业经济效益（依据实现利税计算）增长速度，职工实际平均工资增长速度低于本企业劳动生产率（依据净产值计算）增长速度”。这一政策的提出，指导思想是“大河有水，小河满”“先国家、集体，后个人”“先生产、后生活”。国家对工资总量的调控开始引入市场机制，但仍以计划调控为主。确保工资增长与效益增长不出现倒挂的情况。进入二十一世纪以后，随着经济发展方式的转变，国家要构建消费需求的长效机制。“努力实现居民收入增长和经济发展同步、劳动报酬增长和劳动生产率提高同步”（简称为实现居民收入增长“两同步”）这体现了国家包容性增长的要求，目的是让经济全球化和经济发展成果惠及所有国家和地区、惠及所有人群，在可持续发展中实现经济社会协调发展。

“两低于”和“两同步”并不矛盾，其反映的是对工资总额管控模式变化。它们是薪酬管控模式的两种不同要求。实现两个同步是国家从追求“国富”转向追求“民富”。对企业来说，收入分配与效益联动的要求没有变化。

8.7 【案例分析】某企业业绩联动机制

某企业为中央企业下属二级单位，是一家电子产品制造企业。按照国资委和集团要求，实施工资总额预算管理。该企业需要根据国资委和集团企业要求，制定本企业的工资与效益联动机制。

1. 联动机制构建的参考因素

（1）与国资委和集团要求保持一致。

（2）控制人工成本过快增长，将经济效益作为主要因素。其中经济效益包括收入、利润、经济增加值等指标。

（3）注重人工成本效益，将投入产出指标作为重要影响因素。工资总额管理在注重利润等总量指标增长的同时，注重人工成本投入产出效益的提升，注重发展的质量和效益。

（4）缩小差距，考虑企业与行业及所在地区水平的差距。在设计联动机制时，要充分考虑企业在当地的竞争力，以及集团内部企业之间的平衡，避免收入差距进一步扩大。

2. 国资委工资总额预算模型

根据国资委有关文件要求，国资委对中央企业工资总额核定按照以下公式：

$$W = N_1 \times P_0 \times (1 + Y)$$

其中，W 为本年度集团核定工资总额，由集团公司自行预测。

N_1为本年度集团平均人数。

P_0为上年度集团平均工资。

Y 为本年度预算年度集团平均工资增长率。

3. 集团公司工资总额预算模型

集团公司根据国资委的要求，制定了集团公司对二级企业管控的工资总额预算模型，具体规定为："工资总额预算，指直接支付给本公司全部员工的工资总额预算"，"当年从业人员（包括在岗职工和其他从业人员）工资总额预算有固定部分（J）和浮动部分（F）两部分组成"。从业人员工资总额预算为核心，分为固定部分（J）和浮动部分（F），分别设定了计算公式。

（1）从业人员工资总额固定部分（J）的预算公式：

$$J = J_0 \times R \times (1 + X)$$

其中，J_0为上年度从业人员人均实发工的 60%。

R 为本年度预算平均从业人员人数。

X 为固定部分预算增幅比例，根据主要经济指标增幅确定。主要经济效益指标是利润总额、经济增加值和营业收入三项指标增幅加权计算值，其中利润总额增幅权重为 40%，经济增加值增幅权重为 30%，营业收入增幅权重为 30%。具体核定区间如表 8-9 所示。

表 8-9　固定部分预算增幅与主要经济指标增幅对照表

主要经济效益指标预算	固定部分增幅 X 范围
超过集团平均增幅水平	中线—上线
同比上年度实际完成情况提高	下线—中级
同比上年度实际完成情况下降	下线以下

（2）从业人员工资总额浮动部分（F）预算公式：

$$F = F_0 \times R \times \Delta L \times (1 + Y) \times K$$

其中，F_0 为上年度从业人员人均实发工资的 40%。

R 为本年预算平均从业人员人数。

ΔL 为本年度利润总额增量（含减亏）。

K 为调节系数，集团公司以国资委批复的工资总额预算额度为依据，按照分类管理原则，每年测算确定一次。

Y 为扣减比例。

当 $\Delta L > 0$ 时，劳动生产率、人工成本利润率、人事费用率三项人工成本投入产出指标均优于前三年平均水平的，$Y = 0$；有一项劣于前三年平均水平的，$Y = 10\%$；有两项劣于前三年平均水平的，$Y = 20\%$，有三项劣于前三年平均水平的，$Y = 30\%$。$\Delta L \leqslant 0$ 时，$\Delta L \times (1 - Y) \times K$ 值为零。

工资总额浮动部分按上述办法测算后，采取分档递减、分段计算的办法确定。具体比例如表 8-10 所示。

表 8-10　浮动部分预算分档递减对照表

浮动部分人均增幅（A）	实际确定比例
$A \leqslant 15\%$ 的部分	100%
$15\% < A \leqslant 20\%$ 的部分	50%
$20\% < A \leqslant 30\%$ 的部分	30%
$30\% < A$ 的部分	10%

4. 企业工资总额预算基础模型

为保持政策一致性，也为了管理的权威性，企业工资总额预算管理模型的基本框架与集团企业保持一致。基本公式为：

$$W = J + F$$

其中，W 为企业年度核定所属单位工资总额。

J 为固定部分。

F 为浮动部分。

其中，$J = J_0 \times R \times (1 + X)$

J_0为上年度从业人员人均实发工资的 60%。

R 为本年度预算平均从业人员人数。

X 为固定部分预算增幅比例。

$$F = F_0 \times R + \Delta L \times (1 - Y) \times K$$

其中，F_0为上年度从业人员人均实发工资的 40%。

R 为本年预算平均从业人员人数。

ΔL 为本年度利润总额增量（含减亏）。

K 为调节系数，集团企业以国资委批复的工资总额预算额度为依据，按照分类管理原则，每年测算确定一次。

Y 为扣减比例。

当 $\Delta L > 0$ 时，劳动生产率、人工成本利润率、人事费用率三项人工成本投入产出指标均优于前三年平均水平的，$Y = 0$；有一项劣于前三年平均水平的，$Y = 10\%$；有两项劣于前三年平均水平的，$Y = 20\%$；有三项劣于前三年平均水平的，$Y = 30\%$。$\Delta L \leqslant 0$ 时，$\Delta L \times (1 - Y) \times K$ 值为零。

5. 工资总额预算模型的细化和完善

集团的工资总额预算管理模型考虑整个集团众多单位、不同业态、不同发展阶段的企业，需要有一定的调节空间，在决定机制上留有余地供下属企业根据实际工作情况进行调节。案例企业是集团下属一家子企业，在政策制定时应该充分考虑自身情况。一是集团的办法明确了工资固定部分增幅的区间范围，但对于区间内的具体取值没有规定；二是考虑了主要经济指标增幅，但未能考虑经济指标绝对水平高低对增幅的影响；三是规定了现有工资水平偏低或偏高的企业，固定部分增幅可适当上浮或下浮，但对调节幅度没有明确规定。基本模型在实操中不能满足企业的具体需求，需进一步细化。

在集团工资预算模型中，对工资浮动部分已有明确规定，除了浮动系数 K 值需要根据工资总额预算总量测算外，没有人为调控的模糊地带。固定部分（F）中的增幅 X 的确定是唯一能够做细化的变量。公司的工资总额预算管理核定办法作为对集团公司办法的补充和细化，重点明确了固定部分预算增幅比例（X）的确定方式，其计算公式如下：

$$X = X_0 \times E \times \beta$$

其中，$X_0 \times E$ 为固定部分增幅 X 的基础部分。

X_0为基准值。

E 为资效匹配系数，根据人工成本投入产出效益相对情况确定。

β 为工资调节系数，对标当地社会平均工资和企业平均工资，对工资水平偏高或偏低的企业进行调节。

（1）根据主要经济指标，确定基准值 X_0。

公司主要经济指标增幅（营业收入增长占 30% 权重，利润增长占 40% 权重，EVA 增长占 30% 权重）记为 B，集团公司主要经济指标增幅记为 B_0。

固定部分增幅的上线、中线、下线分别记为：L_H，L_M，L_L。

所属单位的 X_0根据主要经济指标增幅确定，具体如下。

a：$B > B_0$（主要经济指标高于集团平均水平，工资固定部分增幅，中线—上线）

思路是效益超出集团平均水平的幅度越高，固定部分增幅越高。计算公式为：

$$X_0 = L_M + \frac{(B - B_0)}{B_0} \times (L_H - L_M)$$

b：$0 < B < B_0$（主要经济指标同比改善，工资固定部分增幅，下线—中线）

思路是效益同比改善但低于集团平均水平，低的幅度越高，距离中线的差距越大。计算公式为：

$$X_0 = L_M + \frac{(B_0 - B)}{B_0} \times (L_M - L_L)$$

c：$B < 0$（主要经济指标同比下降，工资固定部分增幅，下线以下）

思路是效益同比下降，降低的幅度越达，距离下线的差距越大，计算公式为：

$$X_0 = L_L + B \times L_L$$

当 $B < -100\%$ 时，$X_0 = 0$。

（2）引进资效匹配系数 E，强调投入产出效率。

思路为衡量工资水平和人工成本投入产出效益的匹配程度。

$$E = \sqrt{\frac{F}{W}}$$

$$\text{其中，}F = \left(\frac{\text{企业近三年劳动生产率}}{\text{集团近三年劳动生产率}} + \frac{\text{个体近三年人工成本利润率}}{\text{集团近三年人工成本利润率}} + \frac{\text{集团近三年人事费用率}}{\text{企业近三年人事费用率}}\right) \div 3$$

$$W = \frac{企业从业人员平均工资}{集团从业人员平均工资}$$

（3）对基本部分 $X_0 \times E$ 进行限定为保持与集团公司预算管理办法的有效对接，同时进一步促进经营目标的完成，对固定部分增幅 X 的基础部分做如下要求。

a：当 $X_0 \times E$ 高于集团公司设定的上线 L_H时，取值为 L_H。

b：若单位未能完成集团下达的主要经济指标，固定部分增幅的基础部分需下调，具体如表 8-11 所示。

表 8-11　固定部分预算增幅的基础部分下调对照表

主要经济指标达成率	100%	[95%，100%]	[85%，95%)	[70%，85%)	70% 以下
$X_0 \times E$	不扣减	下浮 5%	下浮 10%	下浮 20%	下浮 30%

（4）考虑内部公平，引入工资调节系数 β。

单位从业人员平均工资记为 W_I，企业从业人员人均工资记为 W_H，当地社会平均工资记为 W_S。

$$\beta = \begin{cases} \sqrt{W_S \div W_I}，当 W_I < W_S 时，低于社会平均工资 \\ \sqrt{2.5 \times W_S \div W_I}，当 W_I > 2.5\,W_S 时，高于社平工资的 2.5 倍 \\ \sqrt{1.5 \times W_H \div W_I}，当 W_I > 1.5\,W_S 时，高于集团平均水平的 1.5 倍 \\ \sqrt{(2.5 \times W_S \div W_I) \times (1.5 \times W_H \div W_I)}，当 W_I > 2.5\,W_S 且 W_I > 1.5\,W_H 时， \\ 高于社会平均工资的 2.5 倍，且高于集团平均水平的 1.5 倍 \end{cases}$$

【案例启示】

在案例企业工资总额预算实施细则当中，除浮动部分调节系数 K 值需根据总量测算外，基本没有讨价还价的模糊地带。在具体的公式设计中，充分体现“紧密围绕经营，密切关注效益，兼顾薪酬水平”的原则，具体体现在以下几点。

（1）挂钩效益，促进经营。

对接集团办法要求，将主要经济指标增幅作为工资固定部分增幅的决定性因素。（对应基准值 X_0）

为激励各单位全面完成经营指标，对未能完成主要经济指标的，按一定比率下调工资固定部分的增幅。（对应基础部分的限定）

对接国资委和集团重点对利润指标的关注，将利润增量作为工资浮动部分的决定性因素。（对应 ΔL）

（2）关注成本，资效匹配。

偏离率是对指标的横向比较，反映了单位指标相对行业平均水平的优劣；人工成本投入产出效益偏离率与工资水平偏离率的比值反映了单位工资和效益的匹配程度，将此作为工资固定部分增幅的重要影响因素，可促进资效匹配。（对应资效匹配系数 E）

弹性是对指标的纵向比较，反映了指标的变化幅度和发展方向。对接集团办法，将人工成本投入产出效益指标的改善情况作为工资浮动部分的重要影响因素，以促进提高人工成本投入产出效益。（对应浮动部分扣减比例 Y）

（3）调节差距，对接市场。

受诸多历史因素影响，案例企业内部分单位薪酬差异较大，故设置工资水平调节系数，对工资偏高或偏低的单位进行调节，这也是对集团办法中工资固定部分增幅适当上浮/下浮条款的有益补充。（对应工资调节系数）

企业业绩联动机制是工资总额管控研究的重点和难点问题。本案例以当前实施面最广，实施最为成功的国有企业某基层单位工资总额管理中业绩联动机制为例，进行详细的说明。该案例体现出业绩联动机制设计时的四个特点。

（1）业绩联动机制的上下对应。

实施业绩联动机制的一般为集团型企业，下属企业在制定本企业业绩联动机制时，不能脱离上级单位业绩随着调动机制的整体框架。因为业绩联动机制比较复杂，如果下属企业单独制定一套机制，很容易与上级要求脱节。出现违反工资总额管控要求的情况。

（2）关注薪酬全部结构。

业绩联动机制是与员工的薪酬总水平挂钩，而不是简单地挂钩固定薪酬或浮动薪酬。这样才能体现出业绩决定下的工资总额管控要求。

（3）既考虑薪酬总量又考虑工资水平。

联动机制控制的是员工平均工资，而不是工资总额。加之员工数量的控制，即可以形成既挂钩工资总额又挂钩员工平均工资水平的情况。避免了企业通过调整员工结构对工资总额进行调控的情况。

（4）真正体现业绩要求。

本案例联动机制中时刻体现了上级单位的效益指标要求和企业实际完成的情况。真正体现了管理者对业绩的要求。这也是业绩联动机制的核心。

9 薪酬体系的实施

设计薪酬体系的目的是解决企业管理问题，提高管理效率。薪酬体系设计的好坏需要通过实践检验。一套设计再好的薪酬体系，不能实施或实施中遇到问题过多，都会面临失败的危险。实际工作中，薪酬体系不能使用的例子比比皆是。如何推进薪酬体系应该引起企业的重视。如图 9-1 所示，薪酬体系在实施阶段要解决好四个方面的问题：做好新旧薪酬体系的对比、做好薪酬试运行的测算工作、制定薪酬制度和实施细则以及宣传和实施反馈。

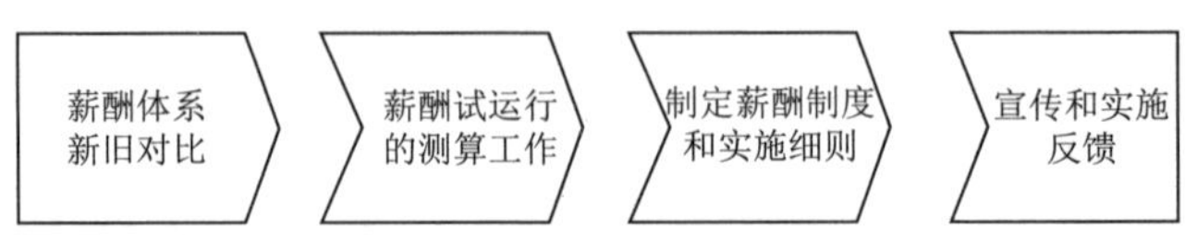

图 9-1　薪酬体系实施过程

9.1　薪酬体系的对比

企业在设计薪酬体系之前，会进行员工薪酬满意度的调查，并做出薪酬现状分析。如图 9-2 所示，在本书第 2 章提到，通过现行薪酬体系的诊断报告，管理者可以知道薪酬体系中存在的问题。经过工作分析、岗位价值评估、市场薪酬调查、薪酬水平和薪酬结构设计，管理者可以将设计好的薪酬体系与薪酬诊断报告中的问题进行比对，就可以确定新的薪酬体系是否可以解决问题。

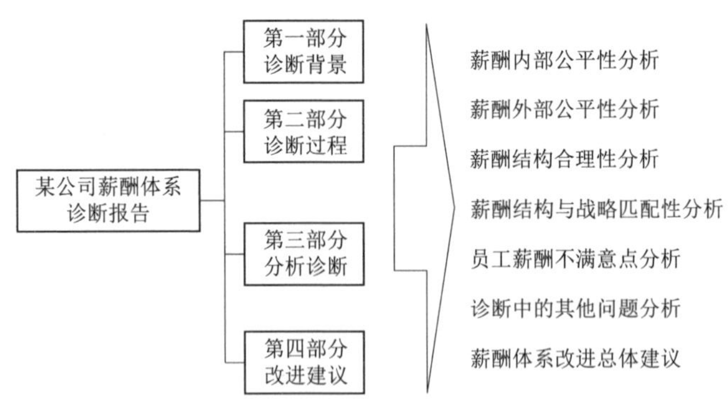

图 9-2　薪酬体系诊断报告结构

新旧薪酬体系的比对应该是全方位的。管理者不仅要了解新的薪酬体系是否可以解决薪酬内外部公平性、薪酬结构合理性和薪酬结构与战略匹配性的问题，还要解决员工对薪酬不满的关键点及诊断中发现的其他问题，并提出具体的改进意见。管理者应该清楚每一个薪酬方案都有其不足，所以要想通过一劳永逸的方法解决所有的问题是不可能的。管理者应该在问题与解决方案之间进行取舍，重点关注关键环节。

1. 内部公平性比较

内部公平性比较是通过员工基本薪酬水平的差距体现出来的。具体可参考的数据是岗位等级差距和同一岗位层级内不同员工的薪酬差距。

岗位层级之间，同一岗位层级不同员工之间的薪酬差距多少合适，并没有定论。岗位层级和同一岗位层级不同员工之间的薪酬差距存在如图 9-3 所示的三种情况。

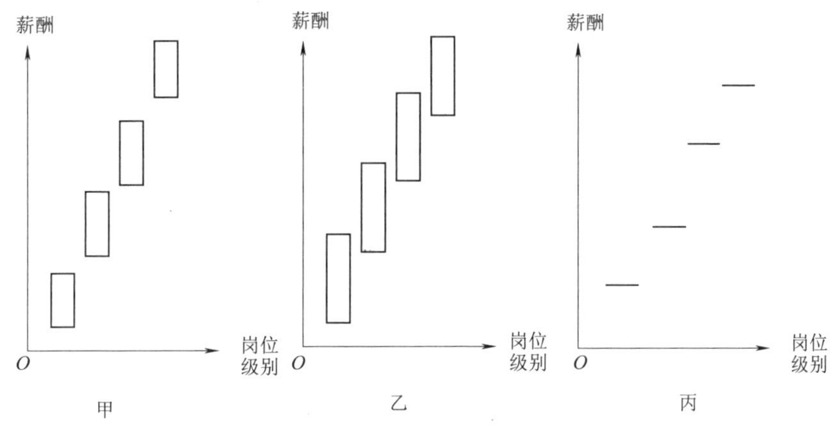

图 9-3　不同岗位薪酬差距的几种情况

甲所示的是岗位层级间的薪酬水平不存在交叉。乙所示的是岗位层级间的薪酬水平存在交叉。甲乙两种情况所展示的同一岗位层级员工的薪酬是存在差距的，这就可以确保薪酬内部公平性。丙所展示的是岗位层级间不存在交叉，且每一岗位层级只有一个薪酬标准，这明显不符合薪酬内部公平性的要求。

2. 外部公平性比较

企业判断员工薪酬是否具备外部公平性，需要将员工薪酬水平和结构与外部市场比较。外部公平性的比较，除了企业因为自身发展时期影响或薪酬战略对整体薪酬水平的决定因素外，如图 9-4 所示，还应该关注到以下岗位的薪酬水平。

无论企业在什么时期，稀缺岗位或核心岗位的薪酬标准都需要采取高于市场 50 分位值的薪酬水平。对大部分基础岗位，要根据企业发展阶段和战略要求，比较员工薪酬水平处于市场哪一个水平。可替代性强的岗位，应该低于市场 50

分位值水平。

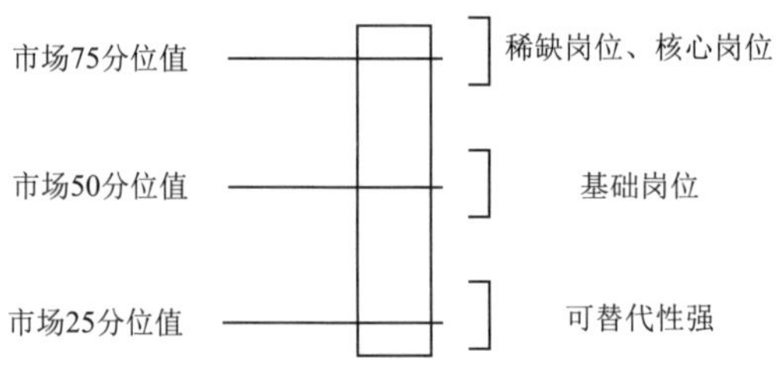

图 9-4　重点关注岗位薪酬水平

3. 薪酬结构合理性比较

企业判断员工薪酬结构是否合理。需要分析薪酬中固定薪酬、浮动薪酬、福利和津贴之间的比例关系。如图 9-5 所示，每一级员工固定收入未必一定要按照这样的比例分布，但级别越高、管理范围越大、对企业效益影响越直接的岗位，其浮动部分所占比例就应该越大。这样的薪酬结构较为合理。

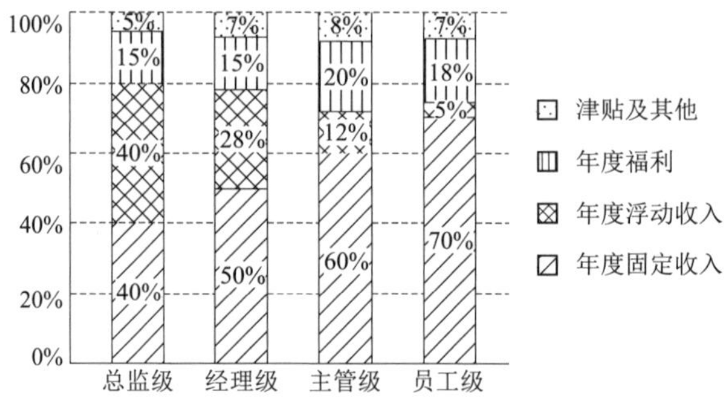

图 9-5　不同岗位员工薪酬结构比例

4. 薪酬结构与战略匹配性比较

企业比较薪酬结构与战略是否匹配，要关注两点：一是薪酬是否受到绩效水平的影响；二是薪酬是否与企业战略发展的长期性相一致。

其中，绩效是决定员工薪酬水平的重要依据。绩效目标应该确保与战略目标相一致，个人绩效应该确保与组织绩效相一致。

员工中长期激励设计是衡量薪酬体系设计与企业战略发展长期性是否一致的主要因素。在这个环节中，股权激励不是唯一的选择，利润分享计划、任期激励等都一样可以起到长期激励的作用。

5. 具体问题的比较

在薪酬体系解决具体问题的方面，要因问题而论。

例如，员工提出薪酬水平过低，那么薪酬体系在解决员工薪酬水平过低上是否有举措，或者通过新的薪酬体系是否可以让员工意识到，实际上员工的薪酬水平已经不低了。这些措施都应该在新的薪酬体系中体现出来。

6. 薪酬体系改进总体建议

在完成以上新旧薪酬体系的对比后，管理者有必要对新的薪酬体系进行总体权衡，以评估新的薪酬体系是否可以达到预期的效果。薪酬体系的调整是对企业根本管理制度的调整，也是企业劳资双方博弈的过程，所以在确定实施一项新的薪酬体系时一定要总体权衡，实施薪酬体系后的利弊各占多少。

例如，某企业管理者希望推行绩效工资制，然而在薪酬设计阶段才发现，企业的岗位管理、绩效考核并不完善。所以在薪酬体系开展了一段时间后，不得已将工作中止一年。这一年中，管理者先着手理顺了员工岗位，之后理顺了绩效考核体系。通过一年的实践，员工逐渐适应了人力资源规范管理的方式，之后才重启薪酬体系推广，并取得了成功。

对薪酬体系的总体权衡要考虑薪酬，还要考虑企业管理文化和薪酬管理推行的管理基础是否具备，以及考虑员工对薪酬体系调整的可接受程度等因素。

9.2　薪酬测算

薪酬测算是薪酬体系设计中一个关键环节。薪酬测算是根据员工条件，将员工薪酬信息模拟带入新薪酬体系的过程。通过模拟测算，企业可以预估薪酬体系实际运行后的效果如何。管理者通过薪酬测算可以检验前期薪酬设计时的设想是否可行，并提前做好人工成本控制，确保薪酬体系的实施在可控制的范围之内。

薪酬测算的过程如图 9-6 所示。

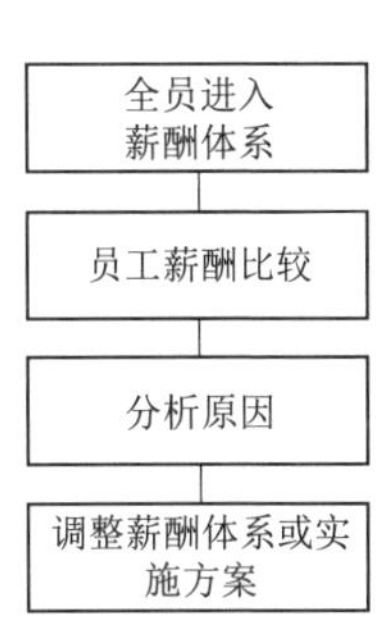

图 9-6　薪酬测算过程

9.2.1　全员进入薪酬体系

薪酬测算首先要将现有员工，按照薪酬体系中的规定，全部纳入新的薪酬体系之中，再与历史情况进行对比。以某实施岗位制工资的企业为例。

该企业岗位如图 9-7 所示，企业岗位层级分为五层，高管层、部门层、主管层、文员层和作业层。其中高管层采用年薪制，作业层采用计件工资制，市场部人员采用业务提成制，三类人员单独制订薪酬方案。部门层、主管层和文员层员工要纳入新的薪酬体系中。

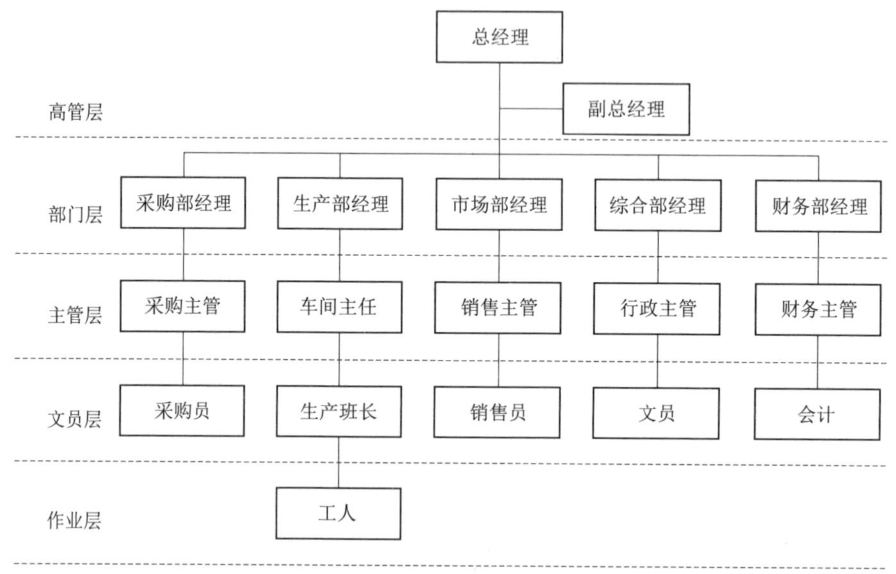

图 9-7　某企业岗位图

薪酬方案规定，员工按照岗位级别，对应的年薪情况如表 9-1 所示。

表 9-1　企业岗位年薪对照表

岗位级别	年薪固定浮动比例	岗位名称	薪等	薪　级（元）				
				1	2	3	4	5
部门层	50%∶50%	—	一	168 000	176 000	184 000	192 000	200 000
		采购部经理、生产部经理	二	138 000	144 000	150 000	156 000	162 000
		财务部经理、综合部经理	三	120 000	126 000	132 000	138 000	144 000
主管层	60%∶40%	—	四	90 000	96 000	102 000	108 000	114 000
		采购主管、车间主任	五	75 000	80 000	85 000	90 000	95 000
		行政主管、财务主管	六	60 000	65 000	70 000	75 000	80 000

续表

岗位级别	年薪固定浮动比例	岗位名称	薪等	薪级（元）				
				1	2	3	4	5
文员层	80%∶20%	—	七	40 000	44 000	48 000	52 000	56 000
		采购员、文员、会计	八	28 000	32 000	36 000	40 000	44 000

在测算中要根据薪酬标准的每一项要求认真核对员工信息，并确保每位员工都能纳入新的薪酬体系中。还应该将员工历史情况一并在测算表中展示出来。通过比较，管理者可以判断新的薪酬体系实施后会出现哪些问题，还有哪些环节需要完善。

企业各岗位薪酬进入的标准如下。

（1）各岗位员工根据岗位确定进入薪等。

（2）如表 9-2 所示，员工根据学历/学位、职业资格和在企业工作时间折算薪级系数。

表 9-2　薪级系数

学　历			工作时间系数			技能系数			
学历/学位	系数		企业工作时间	系数		技能等级	系数		
博士以上	1.2		15 年（含）以上	1.2		副高/高级	1.2		
硕士/研究生	1.1	×	12（含）～15 年	1.15	×	中级/技能高级	1.1	=	薪级系数
大学/本科	1.0		8（含）～12 年	1.1		初级/技能中级	1.05		
大专	0.9		4（含）～8 年	1		技能初级	1		
大专以下	0.8		0～4 年	0.9		无	0.95		

（3）薪级系数对应的薪级进入标准如表 9-3 所示。

表 9-3　薪级系数对应的薪级进入标准

薪　等	薪 级 系 数	对 应 薪 级
一、二、三	1.4（含）以上	4
	1.25（含）～1.4	3
	1.1（含）～1.25	2
	1.1 以下	1

续表

薪　等	薪级系数	对应薪级
四、五、六	1.2（含）以上	4
	1.1（含）~1.2	3
	1.0（含）~1.1	2
	1.0 以下	1
七、八	1.1（含）以上	4
	1.0（含）~1.1	3
	0.9（含）~1.0	2
	0.9 以下	1

根据以上的标准，可以测算各岗位员工进入新的薪酬体系后的年薪情况如表 9-4 所示。

表 9-4　薪酬体系测算表——按方案执行

姓名	岗　位	薪等	岗位系数	薪级	年薪（元）	目前年薪（元）	增长幅度（元）	增长比率
A	采购部经理	二	1.21	2	144 000	140 000	4 000	2.86%
B	生产部经理	二	1.27	3	150 000	140 000	10 000	7.14%
C	综合部经理	三	1.27	3	132 000	130 000	2 000	1.54%
D	财务部经理	三	1.45	4	138 000	140 000	-2 000	-1.43%
E	采购主管	五	1.1	2	80 000	80 000	0	0
F	车间主任	五	1.21	4	85 000	88 000	-3 000	-3.75%
G	行政主管	六	1.21	4	70 000	75 000	5 000	6.67%
H	财务主管	六	0.99	1	60 000	58 000	2 000	3.45%
I	采购员	八	0.95	2	32 000	35 000	-3 000	-8.57%
J	文员	八	0.81	1	28 000	30 000	-2 000	-6.67%
K	会计	八	1.1	4	40 000	35 000	5 000	14.29%

测算时，有些内容需要特别关注。其中包括薪酬总额的变化、有些员工薪酬下降、有些员工薪酬增长过高。

通过以上的测算，可以发现企业薪酬总额共增加 124 000 元，增长比率为 2.35%。如果这个增长比率及增长幅度与薪酬体系调整前的预期相一致，说明薪酬体系的整体设计符合要求。如果差距过大，则说明薪酬体系的整体设计还需要进一步完善。

如果企业追求薪酬体系的平稳过渡，那么员工增长比率在 2.35% 左右的岗位就属于正常的变化。例如，A、C、H 三位员工就属于正常情况，而其他员工的变化情况就需要单独分析。

9.2.2 员工薪酬比较和原因分析

对测算过程的比较和分析要从薪酬体系设计的合理性和员工个人情况的特殊性两个方面来判断。薪酬体系设计是由面到点的过程。薪酬体系设计工作在设计阶段不可能面面俱到，但通过薪酬测算，就可以检验薪酬体系存在的具体问题。一旦在薪酬测算中发现问题，企业首先要反省薪酬体系设计上是否存在缺陷，然后再看是否是员工个人原因造成的测算中异常数据的产生，并提出相应的改进意见。

在上面例子中，D、F、I、J 四位员工进入薪酬体系后，年薪水平出现了下降。B、G 和 K 进入薪酬体系后，薪酬的增长超过员工平均增长水平过多。

经分析，企业发现薪级系数的设计是造成以上问题的原因之一。企业薪级设计如表 9-5 所示。

表 9-5　薪级计算表

姓名	岗　位	学历因素			工作时间			职业资格			薪级系数
		任职要求	学历情况	学历系数	任职要求	员工工作时间	工作时间系数	任职要求	职业资格	技能系数	
A	采购部经理	本科以上	本科	1	5 年以上	9 年	1.1	无	中级	1.1	1.21
B	生产部经理	本科以上	硕士	1.1	5 年以上	8 年	1.1	中级	初级	1.05	1.27
C	综合部经理	本科以上	本科	1	5 年以上	13 年	1.15	无	中级	1.1	1.27
D	财务部经理	本科以上	硕士	1.1	5 年以上	15 年	1.2	中级	中级	1.1	1.45
E	采购主管	本科以上	本科	1	3 年以上	5 年	1	无	中级	1.1	1.1
F	车间主任	本科以上	本科	1	3 年以上	9 年	1.1	无	中级	1.1	1.21
G	行政主管	本科以上	本科	1	3 年以上	8 年	1.1	无	中级	1.1	1.21
H	财务主管	本科以上	硕士	1.1	3 年以上	3 年	0.9	无	初级	1	0.99
I	采购员	大专以上	本科	1	1 年以上	5 年	1	无	无	0.95	0.95
J	文员	大专以上	大专	0.9	1 年以上	3 年	0.9	无	初级	1	0.81
K	会计	大专以上	本科	1	1 年以上	4 年	1	无	中级	1.1	1.1

表9-5中，大部分员工的任职要求与实际任职情况以及系数的确定规则不符。例如，文员的任职要求是大专以上。而J为大专学历，却只能得到1分。同样，工作时间的任职要求是1年以上，J已工作3年，仍只能获得0.9的系数。这些系数在设计上仍有些问题。这些情况说明了薪酬体系的设计上存在一定的问题。通过测算，企业还发现有一些人员，即使达到了最高级别，其薪酬仍低于以前的水平。例如，一位办公室文员，在企业工作时间比较长，按照原来工资体系每年递增的方法，其年薪已达到了70 000元。这个薪酬标准在薪等八级和七级并没有合适的薪级可以容纳。由于此类员工属于特殊情况，所涉及的人员数量比较少，所以并不能依此否定薪酬体系设计。企业当前并没有为此类员工提升职务的意愿。

根据以上薪酬体系设计环节的问题以及个别员工的特殊情况，企业有必要对薪酬体系或方案进行调整。

9.2.3 调整薪酬体系或实施方案

企业在测算中发现问题，并进行调整的内容主要有以下两方面。

1. 调整薪酬体系

前面提到过，薪酬体系的设计是由上向下、由面到点。薪酬体系的调整往往牵一发而动全身，所以调整工作要慎重进行。在以上的例子中，该企业薪酬体系存在员工进入时问题过多的情况。对此类事件的处理有两种方法。

一是重新修订薪酬体系。这样的调整需要重新梳理设计过程，复杂且较难处理。二是采用过渡方案。首先确保原员工的顺利过渡。在薪酬体系顺利运转后，新纳入薪酬体系的人员，如新员工或岗位发生变化的员工再按照薪酬体系的具体要求操作。

在以上的案例中，管理者对以上两因素皆有所考虑。首先是修订了薪酬体系进入方法：原有员工确保薪酬水平不降低的前提下，就高1级平稳进入新的薪级，而不是依靠任职资格计算系数。其次，企业仍保留依据等级系数确定薪酬的方法，但这个等级系数只是在新员工进入及本次薪酬调整结束后再正常使用。

根据以上原则，企业重新测算了员工薪酬情况，如表9-6所示。

表 9-6　薪酬体系测算表——第一次调整

姓名	岗　　位	目前年薪（元）	进入薪等	进入薪级	年薪（元）	增长幅度（元）	增长比率
A	采购部经理	140 000	二	2	144 000	4 000	2. 86%
B	生产部经理	140 000	二	2	144 000	4 000	2. 86%
C	综合部经理	130 000	三	3	132 000	2 000	1. 54%
D	财务部经理	140 000	三	4	144 000	4 000	2. 86%
E	采购主管	80 000	五	2	80 000	0	0
F	车间主任	88 000	五	4	90 000	2 000	2. 27%
G	行政主管	75 000	六	4	75 000	0	0
H	财务主管	58 000	六	1	60 000	2 000	3. 45%
I	采购员	35 000	八	3	36 000	1 000	2. 78%
J	文员	30 000	八	2	32 000	2 000	6. 67%
K	会计	35 000	八	3	36 000	1 000	2. 86%

从测算情况来看，确保了大部分员工薪酬不下降。方案达到了调整前的要求。但整体不下降的结果，还产生了一个新的问题，就是员工薪酬总额增长 234 000 元，增长率 4. 43%，和上一个方案薪酬总额增长 124 000 元相比，增加了 110 000 的薪酬额。但本次薪酬调整的增幅上限是 150 000 元。

经分析，在确保员工薪酬不下降的前提下，员工薪酬的增长与薪级差有关，每等 5 个级别的薪级差较大，造成了员工薪酬增长较多的问题。据此，企业再次调整了薪级差距，在确保薪等差距不变的前提下，将原有的 5 级薪级调整为 9 级，适当减少了薪级差距，如表 9-7 所示。

表 9-7　企业岗位年薪对照表——调整薪级差距

岗位级别	年薪固定浮动比例	岗位名称	薪等	薪　级（元）								
				1	2	3	4	5	6	7	8	9
部门层	50%∶50%	—	一	168 000	172 000	176 000	180 000	184 000	188 000	192 000	196 000	200 000
		采购部经理 生产部经理	二	138 000	141 000	144 000	147 000	150 000	153 000	156 000	159 000	162 000
		财务部经理 综合部经理	三	120 000	123 000	126 000	129 000	132 000	135 000	138 000	141 000	144 000

续表

岗位级别	年薪固定浮动比例	岗位名称	薪等	薪级								
				1	2	3	4	5	6	7	8	9
主管层	60%∶40%	—	四	90 000	93 000	96 000	99 000	102 000	105 000	108 000	111 000	114 000
		采购主管 车间主任	五	75 000	77 500	80 000	82 500	85 000	87 500	90 000	92 500	95 000
		行政主管 财务主管	六	60 000	62 500	65 000	67 500	70 000	72 500	75 000	77 500	80 000
文员层	80%∶20%	—	七	40 000	42 000	44 000	46 000	48 000	50 000	52 000	54 000	56 000
		采购员、文员、会计	八	28 000	30 000	32 000	34 000	36 000	38 000	40 000	42 000	44 000

按照以上调整，再次将所有员工薪酬纳入测算，如表 9-8 所示。

表 9-8　薪酬体系测算表——第二次调整

姓名	岗　位	目前年薪（元）	进入薪等	进入薪级	年薪（元）	增长幅度（元）	增长比率
A	采购部经理	140 000	二	2	141 000	1 000	0. 72%
B	生产部经理	140 000	二	2	141 000	1 000	0. 72%
C	综合部经理	130 000	三	5	132 000	2 000	1. 54%
D	财务部经理	140 000	三	8	141 000	1 000	0. 72%
E	采购主管	80 000	五	3	80 000	0	0
F	车间主任	88 000	五	7	90 000	2 000	2. 27%
G	行政主管	75 000	六	7	75 000	0	0
H	财务主管	58 000	六	1	60 000	2 000	3. 45%
I	采购员	35 000	八	5	36 000	1 000	2. 78%
J	文员	30 000	八	3	32 000	2 000	6. 67%
K	会计	35000	八	5	36 000	1 000	2. 86%

从第二次调整情况来看，确保了大部分员工薪酬不下降。薪酬总额增长 130 000 元，也控制在 150 000 元之内，达到了薪酬设计的前期要求。

根据以上的调整，薪级进入标准也应当相应调整，如表 9-9 所示。

表 9-9　薪级系数对应的薪级进入标准——调整后

薪　等	薪 级 系 数	对 应 薪 级
一、二、三	1.4（含）以上	7
	1.25（含）~1.4	5
	1.1（含）~1.25	3
	1.1 以下	1
四、五、六	1.2（含）以上	7
	1.1（含）~1.2	5
	1.0（含）~1.1	3
	1.0 以下	1
七、八	1.1（含）以上	7
	1.0（含）~1.1	5
	0.9（含）~1.0	3
	0.9 以下	1

2. 调整特殊人员薪酬

经过薪酬体系的两次调整，仍有一些员工因为历史薪酬过高而无法进入新的薪酬体系中。企业可以将此类员工按照特殊人员单独调整。调整的前提是企业是否承认历史薪酬的问题。如果企业认为员工在薪酬体系调整前的薪酬水平是不合理的，那么这些特殊人员应该按照一般员工纳入新体系中。企业对这些员工薪酬下降的事实做好解释工作即可。如果企业认为员工在薪酬体系调整前薪酬水平是合理的，则可以给予这部分特殊人群单独政策，单独确定其薪酬，并在今后的薪酬体系运行中，逐步过渡到正常情况。

9.3　薪酬制度和实施细则

薪酬体系设计最终应该形成一项薪酬管理制度。在薪酬实施时，一般还应该有一份实施细则。薪酬管理制度的作用，就是通过文字，将薪酬管理的规则记录下来，方便管理者和员工使用。如图 9-8 所示，制度的特点

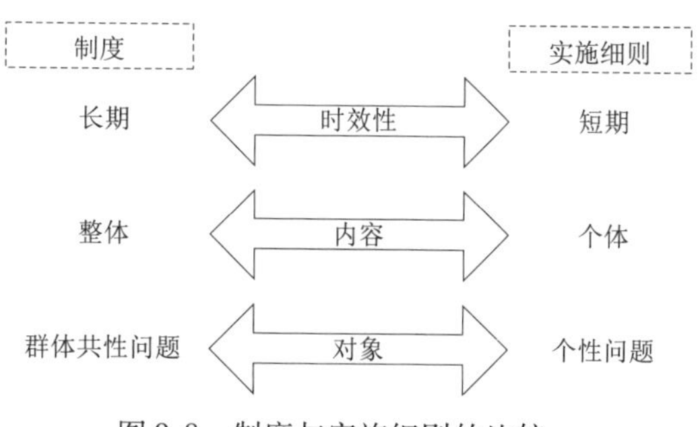

图 9-8　制度与实施细则的比较

是针对一群人而不是一个人，制度规定的是长期而不是短期的规则，制度所解决的是共性的问题而不是个性问题。对比制度，实施细则解决的问题则更加具体、比较注重个人的形象，其时效性也是有限的。

9.3.1 薪酬制度

一个完整的薪酬制度，一般包括以下八方面的内容。

(1) 目的，是解释制定薪酬管理制度的原因或要取得的效果。

(2) 原则，是薪酬管理及薪酬体系设计中，所遵守的规则。

(3) 对象，是薪酬管理制度所适用的范围。

(4) 管理和监督，就是制度由谁负责制定、解释及具体落实，由谁行使监督。

(5) 内容和程序，是制度中最重要的部分，具体包括了制度规定的是什么，如何执行等。

(6) 罚则，说明当违反制度情况出现时的处罚措施。

(7) 时效，即制度什么时候开始执行，什么时候终止。

(8) 其他情况，是对制度内容的补充，如果出现特殊情况的处理程序，制度与其他制度有冲突时，应如何处理等。

某企业制定的薪酬管理制度如下。

某企业员工薪酬管理办法

第一章 总 则

第一条 目的

为维护员工基本利益，形成稳定的员工团队，保证企业的长远发展，特制定本办法。

第二条 基本原则

1. 公平原则：薪酬体现岗位差异与员工个人实际工作能力，不同岗位享受不同薪酬水平，同一岗位不同员工享受不同薪酬水平。

2. 竞争原则：薪酬水平在市场及行业内具有竞争性。

3. 激励原则：薪酬体现激励作用，薪酬与公司、部门和员工个人绩效挂钩。

4. 经济原则：薪酬水平的确定体现经济原则，在保持激励作用的同时，保证人力成本的最小化。

5. 合法原则：薪酬制度符合国家法规和相关部门规定。

6. 保密原则：薪酬采用保密制度。任何员工不得通过任何方式打探其他员工的收入情况。

第三条　本薪酬管理制度适用于除部门负责人及以下员工。

第四条　管理权责

人力资源部具体负责薪酬体系的建立、薪酬制度的编制、员工定级、薪酬实施以及薪酬相关手续的办理。

第二章　薪酬总额控制

第五条　企业按照人员编制和各岗位薪酬水平控制薪酬总额。每年度根据公司预算要求，人力资源部提出年度人工成本预算，报公司审批。年度内，发生编制调整或岗位薪酬水平调整，人力资源部应提对预算调整计划，根据预算控制办法报批，通过后实施。

第三章　薪酬结构和水平

第六条　薪酬包括月工资和年度绩效工资两部分。

其中：月工资相对固定，包括工龄工资、司龄工资和岗位工资。

年度绩效工资根据员工个人岗位薪酬水平和年度考核结果进行确定。

第七条　薪酬水平

部门负责人薪酬在 18 万元以内、部门主管在 12 万元以内、文员在 8 万元以内，作业类岗位在 5 万元以内。

第四章　薪酬计算办法

第八条　月工资 = 工龄工资 + 司龄工资 + 岗位工资 × 岗位系数

其中：工龄工资是针对员工在职工作年限给予的补贴，从员工参加工作之日起至进入企业时止。

司龄工资是针对员工在企业工作年限给予的补贴。

岗位系数反映员工适应岗位的能力。与员工所在岗位任职资格要求相联系，凡有未达到任职资格中学历、职称、职业资格和工作年限规定的内容，适岗系数进行相应下调。

第九条　员工年度绩效工资与员工个人考核结果相联系。

年度绩效工资＝员工所在岗位年度标准绩效工资×员工个人年度考核系数

其中：年度绩效工资基数一般为员工岗位标准年薪总额的20%。

第十条 员工福利包括：医疗补贴、节日补贴、防暑降温费、物业和供暖费。

具体标准参照《员工福利管理办法》规定。

第五章 薪酬调整

第十一条 司龄工资的调整

司龄按员工在司工作年份计算，于每年1月份调整。司龄工资相应变动。

第十二条 岗位工资的调整

员工岗位发生变化，岗位工资在变化的下一月份进行相应调整。

第十三条 岗位系数的调整

1. 随绩效考核结果变化

岗位系数每年根据员工个人年度考核结果进行调整。在员工个人年度考核结果评定后的下一月份进行。

2. 随员工任职资格变化

如果因员工本人学历、职称、资质、工作经验等发生变化可以达到任职资格要求，则在达到要求的下一个月份开始，对岗位系数进行相应的调整。

第六章 薪酬发放

第十四条 薪酬发放

员工月工资在每月考勤结束后的5个工作日内发放，遇节假日，可相应提前至本月底发放。

员工年度绩效工资的发放，在员工个人年度考核结束的下一月份发放，一般不迟于下一年春节。

第七章 申　诉

第十五条 申诉程序

员工对于本人薪酬存有异议的，可直接向人力资源部进行申诉，人力资源部门应在接受员工申诉后的5个工作日内予以答复。对于答复仍存在异议的，可按管理权限向人力资源部的上级主管领导或部门进行申诉。

员工申诉不得越级。

员工只可对本人薪酬情况提出申诉，无权对其他人员薪酬情况提出异议。

第八章　附　　则

第十六条　本办法由人力资源部负责解释。

第十七条　本办法自 2012 年 1 月 1 日起实施。原有制度或规定与本制度相冲突的，以本制度为准。

从薪酬管理办法中，我们可以了解企业薪酬管理的内容和程序等各项内容。企业还要解决管理办法的可操作性，就是要让员工在薪酬管理制度中，计算出自己应得到的薪酬。企业可以通过细化薪酬管理制度的具体内容，如岗位工资的标准、工龄工资的标准等解决这个问题。但这会导致管理办法的篇幅过长，结构过于复杂。所以更为常用的办法是，企业增加薪酬管理制度的实施细则，对员工如何进入薪酬体系中进行更为详细地说明。

9.3.2　实施细则

管理办法的实施细则应该非常具体，以确保管理者和员工能够通过实施细则，了解每一位员工如何纳入薪酬体系中，并确定具体标准是什么。实施细则应该考虑到每一位员工的具体情况，以及进入新薪酬体系的标准。实施细则一般具有一定的时效性，是在特定时期或特定条件下适用的规定。企业的薪酬管理部门也可以根据实际情况在不违反管理办法原则的前提下，随时调整实施细则。

实施细则一般包括以下内容。

（1）实施原则，指实施细则操作具体的工作原则。

（2）适用范围，指实施细则所约束的对象是谁。

（3）薪酬构成和内容，指具体的薪酬各结构及具体内容，以及薪酬的计算方法等。

（4）特殊情况，指进入新薪酬体系时具体特殊人员的处理等。

以下为某企业员工薪酬管理办法的实施细则。

某企业员工薪酬管理办法的实施细则

一、实施原则

1. 根据岗位评估结果，确定岗位职等，适当拉开薪酬档次。

2. 以岗位定工资，在什么岗位拿什么工资，不保留原工资待遇。

3. 薪酬适度保密原则。薪酬办法可公开透明，但每个人的具体薪酬数额实行保密性原则。

二、适用范围

本实施细则适用于企业部门负责人及以下员工。

三、薪酬构成

本次薪酬包括年薪和福利。

其中年薪部分分为月工资和年度绩效工资两部分。

月工资包括工龄工资、司龄工资和岗位工资三部分。

年终绩效工资为员工岗位年薪总额的20%。

福利包括医疗补贴、节日补贴、防暑降温费、物业和供暖费四部分，具体标准参照《员工福利管理办法》规定。

四、薪酬计算办法

员工薪酬＝月工资＋年终绩效工资＋福利

1. 月工资计算办法

月工资＝工龄工资＋司龄工资＋岗位工资×岗位系数

工龄工资：每年15元。从员工参加工作之日起至进入企业时止计算。

司龄工资：每年35元。从员工进入企业之日起开始计算。

员工脱产学习期间不计算在职工龄和在职司龄工资。

岗位工资标准如下。

部门负责人11 000元/月；部门主管8 700元/月；文员5 800元/月；作业类岗位3 000元/月。

岗位系数反映员工适应岗位能力。员工进入新工资体系，一律以岗位系数1.0为标准，参照其岗位所要求的任职资格要求中学历、工龄、资质、职称几项来评定。有一项指标未达到任职资格要求，在适岗系数为1的基础上下调0.1。

员工的岗位系数每年度根据员工个人考核结果进行调整。员工年终考核为A，下一年度岗位系数上调0.1；连续两年年终考核结果为B，岗位系数上调0.1；年终考核结果为C，岗位系数不做调整；年终考核结果为D，岗位系数下调0.1。

如果因员工本人学历、职称、资质、工作经验等发生变化可以达到任职资格要求，则在达到要求的下一个月份开始，对岗位系数进行相应的调整。

2. 年终绩效工资计算办法

年终绩效工资 = 年终绩效工资基数 × 个人考核系数

其中，年终绩效工资基数为：部门负责人 40 000 元；部门主管 30 000 元；文员 24 000 元；作业类人员 10 000 元。

个人考核系数为年终时个人考核系数，具体标准参照相应的《员工考核管理办法》。

五、其他规定

1. 应届研究生和大学生采用如下办法。

见习期间研究生月工资 2 500 元，本科生 2 000 元，专科生 1 500 元。见习员工不享受年终浮动工资和公司其他福利。

见习期满第一年，根据岗位进入，研究生岗位系数为 0.7，本科生和大专生岗位系数为 0.4。其他完全按照本体系运行。

2. 试用期人员试用期间岗位工资按照 80% 计算。

3. 总经理司机享受专职补贴 200 元。司机加班工资按照日常加班 15 元/小时，双休日加班 20 元/小时，法定节日加班 30 元/小时计算。

4. 员工通信费用纳入其年薪总额，标准为：部门正职 400 元/月；部门主管 300 元/月；文员 200 元/月；作业类员工 100 元/月。

5. 员工工作当年度工作不满一年，其年终绩效工资基数、物业和防暑降温费根据实际工作月数计算。员工试用期间不享受节日补贴。

6. 本次调整中，部分人员因为公司组织机构调整及岗位设置原因，由部门主管级待遇调整为文员级，调整其岗位系数，保证年薪水平不降低。

六、附则

本细则是对《员工薪酬管理办法》的补充与完善，由人力资源部负责制定、实施和解释。

9.4　薪酬体系的跟踪

薪酬体系的跟踪是落实薪酬体系的重要步骤，是确保薪酬体系按照既定原则实施的监督措施。薪酬体系的跟踪一般包括三个时期：事前、事中和事后。

9.4.1　薪酬制度实施前的培训和宣传

薪酬体系的事前跟踪，就是对薪酬制度实施前应提前做好宣传和培训工作，并听取员工意见，预估薪酬体系执行时可能出现的问题。

如表 9-10 所示为某企业薪酬体系设计项目过程中的培训情况。

表 9-10　某企业薪酬体系设计项目过程中的培训情况

<table>
<tr><th>项目阶段</th><th>关键程序</th><th>培训内容</th><th>培训对象</th><th>主讲人</th></tr>
<tr><td rowspan="3">前期调研阶段</td><td>薪酬理论灌输</td><td>现代薪酬管理理论</td><td>高管</td><td>咨询师</td></tr>
<tr><td rowspan="2">薪酬现状诊断</td><td>薪酬调查的目的和问卷填写</td><td>中高层管理者、人力资源工作者</td><td>咨询师</td></tr>
<tr><td>薪酬问卷总结和解决措施</td><td>高管</td><td>咨询师</td></tr>
<tr><td rowspan="3">薪酬设计阶段</td><td rowspan="3">薪酬设计分工</td><td>薪点制薪酬体系理论、薪酬设计程序、关键环节、项目分工</td><td>中高层管理者、人力资源管理者</td><td>咨询师</td></tr>
<tr><td>薪酬体系设计培训</td><td>咨询项目双方参与人员</td><td>咨询师</td></tr>
<tr><td>薪酬体系测算方法培训</td><td>咨询项目双方参与人员</td><td>咨询师</td></tr>
<tr><td rowspan="7">薪酬实施阶段</td><td>薪酬实施启动</td><td>薪酬体系、实施计划</td><td>中高层管理者、人力资源工作者</td><td>咨询师</td></tr>
<tr><td rowspan="3">薪酬实施试点</td><td>薪酬体系设计目的、变化、实施方案</td><td>实施试点企业全体</td><td>人力资源管理人员</td></tr>
<tr><td>薪酬体系设计目的、薪酬方案、操作方法</td><td>实施试点企业人力资源操作人员</td><td>人力资源管理人员</td></tr>
<tr><td>薪酬实施问题总结</td><td>中高层管理者、实施试点企业高管</td><td>咨询师</td></tr>
<tr><td rowspan="2">全面实施</td><td>薪酬体系、设计目的、变化、实施方案</td><td>实施企业全体</td><td>人力资源管理人员</td></tr>
<tr><td>薪酬体系设计目的、薪酬方案、操作方法</td><td>实施企业人力资源操作人员</td><td>人力资源管理人员</td></tr>
<tr><td>后评估</td><td>薪酬体系实施效果问卷调查</td><td>参与问卷调查人员</td><td>咨询师</td></tr>
</table>

薪酬体系设计完成之后，在开始实施之前，企业通常会有一个启动程序。通过启动程序一是正式告诉员工，薪酬体系的实施工作已经开始；二是向员工宣传薪酬体系是什么样的，为什么企业要做这项工作，薪酬体系实施后员工的薪酬会有哪些变化，以及在实施阶段员工应注意一些什么问题等。在薪酬实施阶段的培训，实际上是要员工尽快掌握薪酬体系的主要内容，为薪酬体系的实施做好铺垫。

企业在实施前的启动阶段，针对中高层管理者和人力资源工作者进行详细的培训；在实施阶段对实施薪酬体系的员工进行了详细培训。多次培训的目的在于，使员工了解薪酬体系调整的目的和内容，尽可能消除员工的陌生感和抵触情绪，确保薪酬调整过程中的稳定。在薪酬实施过程中，企业还对人力资源人员进行了较为详细的培训，其目的是让人力资源操作人员熟悉新的薪酬体系和操作方法，减少新体系执行时的问题。

实施阶段的培训，强调的是薪酬体系具体内容和操作方法，所以培训内容也应该避开枯燥的理论和复杂的设计过程，重点解决实际问题。《劳动合同法》规定，“用人单位在制定、修改或者决定有关劳动报酬、工作时间、休息休假、劳动安全卫生、保险福利、职工培训、劳动纪律以及劳动定额管理等直接涉及劳动者切身利益的规章制度或者重大事项时，应当经职工代表大会或者全体职工讨论，提出方案和意见，与工会或者职工代表平等协商确定。”这个程序也可以作为薪酬体系实施前的培训。有些企业的培训不仅限于面对面的培训，还会通过内部刊物、公司网站进行详细的说明和讲解。培训的效果通常与培训的频次、培训的形式都有关系。形式丰富多样的宣传和培训对薪酬实施的确能起到一定的帮助作用。

9.4.2　对薪酬管理者的管理

企业对薪酬管理者的管理也会影响到薪酬体系的实施效果。一般企业薪酬管理采用直线管理的形式。如图 9-9（a）所示的模式中，企业是一个单一主体，总经理直接管理人力资源部经理。薪酬体系的制定者、执行者是一体的，在执行薪酬体系上最具有执行力。

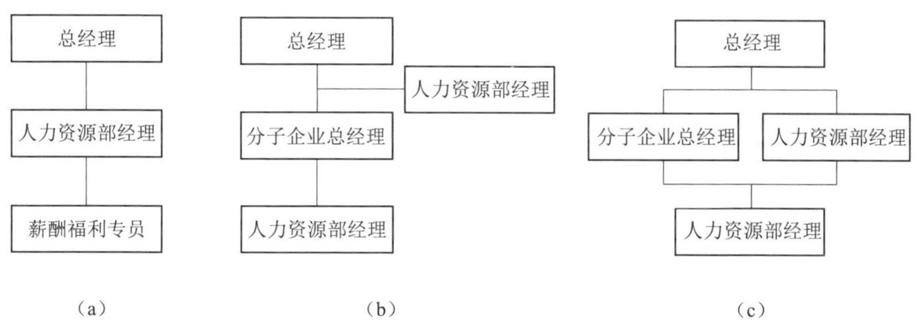

图 9-9　企业人力资源管理模式

如图9-9（b）和图9-9（c）所示的组织模式为总分结构，企业总部制定薪酬管理模式，分子企业执行具体的薪酬体系。薪酬体系的制定者和执行者不是同一主体。企业总部和分子企业在薪酬政策选择、薪酬体系的理解和执行上很容易产生分歧。在图9-9（b）中，企业总部对分子企业的人力资源管理者的管理是通过对其总经理的管理实现的。企业总部可以通过政策影响，即只要求分子企业遵守企业总体的薪酬管理政策，并给予分子企业一定的修改和调整权限。企业总部只需要掌握薪酬总额、核心员工薪酬和薪酬结构中的基本要素。企业总部也可以直接要求分子企业执行企业总体的薪酬体系。在此情况下，分子企业就需要完全按照企业总体薪酬体系的要求，落实薪酬体系。在图9-9（b）的管理模式下，薪酬体系完全按照企业总体要求落实比较困难。由于缺乏直接的管理能力，分子企业在执行企业总部政策上往往会讨价还价，或私自修改企业总体薪酬管理方法。在此类管理模式下，企业总部的管控能力就显得非常重要。单纯通过人力资源系统要求来落实薪酬体系非常困难。

图9-9（c）的模式与图9-9（b）的模式类似，但人力资源采用的是双线管理的方法，即分子企业人力资源部经理对分子企业总经理负责，接受其领导和考核，也要对企业总部人力资源系统负责，接受其领导和考核。在图9-9（c）的模式下，企业总部对分子企业薪酬体系的执行，往往会严格按照薪酬体系的要求落实，而薪酬体系能否顺利落实，分子企业人力资源部经理的角色就非常重要。他们一方面要坚定地落实企业总部的要求，另一方面还要确保与分子企业总经理和员工的良好沟通，将分子企业的具体问题及时反馈到企业总部人力资源系统，以确保薪酬体系的顺利落实。这个模式下，企业总部人力资源系统与分子企业人力资源部人员的沟通就非常重要。企业人力资源系统在总体原则上，应该尊重分子企业的意见，调整完善薪酬体系，并监督分子企业薪酬体系的落实情况。

由以上的分析可以看出，薪酬体系落实质量的好坏，与企业管理模式和管理文化息息相关。企业薪酬体系的落实，不只是对薪酬体系设计的考验，也是对企业薪酬管理方法和企业管理水平的考验。

9.4.3 定期反馈

薪酬体系的实施，并不是让所有员工都纳入薪酬体系中，能够正常核算工资就可以告一段落了。薪酬管理是一个持续的过程，企业还有责任监督薪酬体系的落实效果。企业所要监督的重点包括面、线、点三个层面。

1. 面

“面”就是薪酬体系落实的整体情况。面的落实主要通过监控薪酬体系变化后的薪酬和人工成本总额等情况的变化。前面提到，在薪酬体系设计阶段，企业对薪酬和人工成本总额的付出有一个整体预算。例如，企业希望在同样的业绩条件下，人工成本或薪酬总额的增长控制在3% 的范围内。在薪酬体系具体执行后，人力资源管理部门就有必要关注每一次薪酬执行后的薪酬总额和人工成本的变化情况，以及人工成本指标与企业业绩指标变化的对应情况。这些变化情况需要通过企业的财务管理系统、人力资源薪酬管理系统中的大量数据来落实。有些企业会在薪酬体系落实后，通过建立人工成本预警机制来关注这一项指标的变化。如图 9-10 所示，某企业在人工成本指标上设计了警戒线，其中包括上限和下限。当企业人工成本突破警戒线下限（a）时，说明企业人工成本支出过低，有可能引起员工的满意度下降，并影响到企业的正常经营活动；当企业人工成本突破警戒线上限（b）时，说明企业人工成本支出过高，有可能会造成企业的成本支出压力。以上两种情况都需要企业及时关注，并分析具体的形成原因。通过调整措施，在下一统计周期中予以调整。

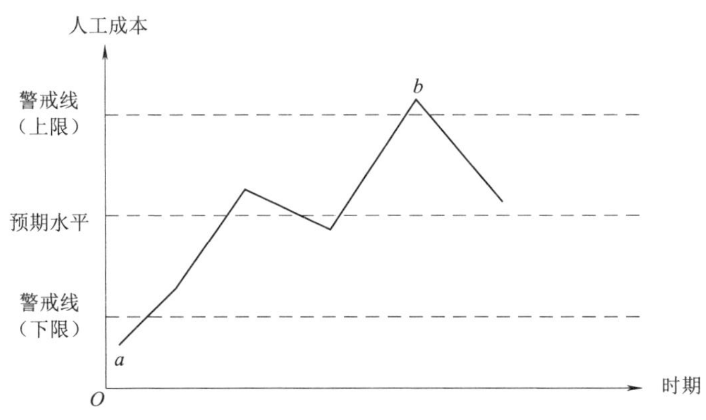

图 9-10　某企业人工成本预警图

对其他人工成本指标的监控，如工资总额、人事费用率、劳动生产率等指标也应当建立相应的机制。

2. 线

“线”就是某一类人员的薪酬出现问题。这种情况在薪酬体系调整时经常出现。薪酬体系的设计一般会按照岗位种类进行分类，并制定相应的激励措施。这就很容易造成不同岗位种类间的相互攀比，而且针对不同岗位的不同激励措施，也为薪酬体系的设计增加难度。

对某一类人员薪酬情况的跟踪，可以通过数据跟踪的方法。这类似上面控制方法中建立预警机制的方法。大部分企业，是通过员工反馈的方式来跟踪的。例如，某企业在执行新的薪酬体系后，对操作类人员中的搬运工采用了绩效考核的方式，并要求按照强制比例拉开考核结果及薪酬差距。原来的搬运工的薪酬就是单纯与工作量挂钩，多搬一件货物多挣一件货物的搬运费。在新的薪酬体系实施后，搬运工们产生抵触情绪，因为绩效考核会占用工作时间，而强制比例也让员工很不理解，为什么工作量没有变化，考核成绩却成为差。企业在经过调研与了解后，认为搬运工的意见是合理的，恢复搬运工原来的薪酬计算方式。

3. 点

“点”就是某一个员工的薪酬出现问题。单个员工薪酬出现问题，虽然不会对薪酬体系整体落实造成什么影响，但处理不好也会影响到薪酬体系的实施效果。

点的问题在薪酬设计阶段难以体现，因为薪酬设计阶段要体现的是面上和线上的问题，即解决全体人员或某一类人员的薪酬设计问题。薪酬体系设计阶段一般不会过多考虑某一位员工的薪酬会发生的变化。点的问题的显现一般在薪酬测算阶段，因为薪酬测算阶段是将全体员工都纳入薪酬体系中。突出的问题一般在测算阶段就会显现出来。前面提到过，在薪酬测算阶段，企业会重点解决某位员工的薪酬问题。在薪酬实施阶段，某位员工的薪酬问题继续显现出来，一般是由两个原因造成的：一是在测算阶段企业对点的问题的解决方法并不合适；二是员工对企业的解决方案并不满意。

例如，前面提到了某企业一位老文员岗位的员工薪酬纳入新体系有可能降低过多的问题，企业提前通过调整其薪酬等级进行规避，但这并不意味着这样的调整可以让这位老文员满意。员工对企业利益的诉求往往会借由薪酬体系的调整爆发出来。这位老文员薪酬水平得到了保证，但也可能会将岗位晋升的诉求通过薪酬体系的调整一并提出来。所以，对个案的处理要具体情况具体分析。企业一定要注意对某一位员工薪酬政策的调整有可能带给薪酬体系“线”或“面”上的一系列问题。

9.4.4 薪酬补充和调整

薪酬管理是一个持续的过程。薪酬体系需要不断地维护。对薪酬体系的跟踪要求管理者不断调整和完善薪酬体系，这也是薪酬管理者的一项重要工作。

1. 补充

薪酬发布一般通过薪酬管理制度和薪酬实施细则的方式，薪酬调整一般通过发布补充规定或说明的形式。

例如，1994 年劳动部印发了《工资支付暂行规定》，经过一段时间的实施后，发现在实施执行时，企事业对加班工资等规定的理解和执行存在疑义，于是 2000 年下发了《对〈工资支付暂行规定〉有关问题的补充规定》，内容如下。

对《工资支付暂行规定》有关问题的补充规定

根据《工资支付暂行规定》（劳部发〔1994〕489 号，以下简称《规定》）确定的原则，现就有关问题作出如下补充规定：

一、《规定》第十一条、第十二条、第十三条所称“按劳动合同规定的标准”，系指劳动合同规定的劳动者本人所在的岗位（职位）相对应的工资标准。因劳动合同制度尚处于推进的过程中，按上述条款规定执行确有困难的，地方或行业劳动行政部门可在不违反《规定》所确定的总的原则基础上，制定过渡措施。

二、关于加班加点的工资支付问题

1.《规定》第十三条第（一）、（二）、（三）款规定的在符合法定标准工作时间的制度工时以外延长工作时间及安排休息日和法定休假节日工作应支付的工资，是根据加班加点的多少，以劳动合同确定的正常工作时间工资标准的一定倍数所支付的劳动报酬，即凡是安排劳动者在法定工作日延长工作时间或安排在休息日工作而又不能补休的，均应支付给劳动者不低于劳动合同规定的劳动者本人小时或日工资标准 150%、200% 的工资；安排在法定休假日工作的，应另外支付给劳动者不低于劳动合同规定的劳动者本人小时或日工资标准 300% 的工资。

2. 关于劳动者日工资折算。由于劳动定额等劳动标准都与制度工时相联系，因此，劳动者日工资可统一按劳动者本人的月工资标准除以每月制度工作天数进行折算。

根据国家关于职工每日工作8小时，每周工作时间为40小时的规定，每月制度工时天数为21.5天，考虑到国家允许施行每周40小时工作制度有困难的企业最迟可以延期到1997年5月1日施行，因此，在过渡期内，实行每周44小时工时制度的企业，其日工资折算可仍按每月制度工作天数23.5天执行。

三、《规定》第十五条中所称“克扣”系指用人单位无正当理由扣减劳动者应得工资（即在劳动者已提供正常劳动的前提下用人单位按劳动合同规定的标准应当支付给劳动者的全部劳动报酬）。不包括以下减发工资的情况：

（1）国家的法律、法规中有明确规定的；

（2）依法签订的劳动合同中有明确规定的；

（3）用人单位依法制定并经职代会批准的厂规、厂纪中有明确规定的；

（4）企业工资总额与经济效益相联系，经济效益下浮时，工资必须下浮的（但支付给劳动者工资不得低于当地的最低工资标准）；

（5）因劳动者请事假等相应减发工资等。

四、《规定》第十八条所称“无故拖欠”系指用人单位无正当理由超过规定付薪时间未支付劳动者工资。不包括：

（1）用人单位遇到非人力所能抗拒的自然灾害、战争等原因，无法按时支付工资；

（2）用人单位确因生产经营困难、资金周转受到影响，在征得本单位工会同意后，可暂时延期支付劳动者工资，延期时间的最长限制可由各省、自治区、直辖市劳动行政部门根据各地情况确定，其他情况下拖欠工资均属无故拖欠。

五、关于特殊人员的工资支付问题

1. 劳动者受处分后的工资支付：

（1）劳动者受行政处分后仍在原单位工作（如留用察看、降级等）或受刑事处分后重新就业的，应主要由用人单位根据具体情况自主确定其工资报酬；

（2）劳动者受刑事处分期间，如收容审查、拘留（羁押）、缓刑、监外执行或劳动教养期间，其待遇按国家有关规定执行。

2. 学徒工、熟练工、大中专毕业生在学徒期、熟练期、见习期、试用期及转正定级后的工资待遇由用人单位自主确定。

3. 新就业复员军人的工资待遇由用人单位自主确定；分配到企业军队转业干部的工资待遇，按国家有关规定执行。

制定补充规定的前提是薪酬体系本身并没有出现大的问题或并不需要调整，而在对薪酬制度的执行上，因为执行主体情况复杂，或执行者对制度理解不同，容易造成分歧的部分。补充规定是薪酬管理制度的一部分。企业实施薪酬体系时，在发布补充规定之前，也有采取先由人力资源管理部门进行解释说明，按照解释说明实施一段时间后，再由公司发布补充规定的方法。

2. 调整

在第 2 章，我们提到过，薪酬体系一旦确定，应该在一段较长的时间内保持稳定，这样才能确保薪酬长短期激励效果的体现。但这并不意味着薪酬体系一旦制定就不容改变。企业薪酬体系调整有其特定时机，如图 9-11所示，当企业内外部因素出现变化时，即出现企业战略转型、发生大的并购重组、管理模式或管理方法有所改变、员工薪酬满意度下降过多、薪酬管理各种问题突出、宏观经济形势发生变化、国家或地方有新政策或新法规出台或市场薪酬水平或薪酬管理方法有了大的变化时，就应该考虑进行薪酬调整，并按照本书之前所说的薪酬调整流程进行相应的调整。

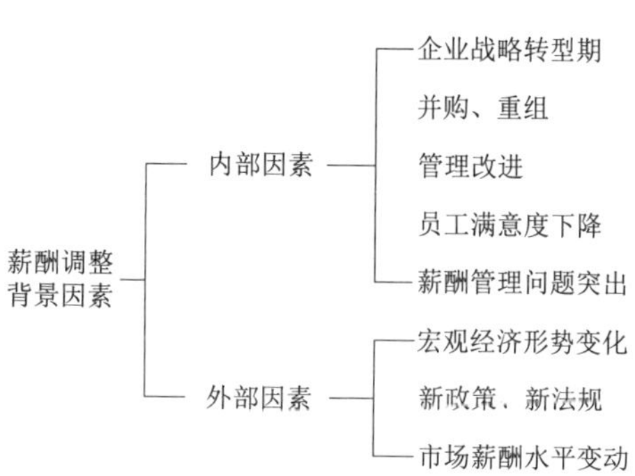

图 9-11　薪酬调整背景因素

综上，薪酬管理过程实际是一个闭环管理的持续过程。薪酬的分析、设计、调整、测算、跟踪都是管理过程的一个环节。企业管理者应该关注薪酬管理的动态性和全面性，这样才能确保薪酬管理过程的持续有效，确保薪酬管理能够为企业管理提升和经营发展做出贡献。

9.5　【HR 必知】薪酬保密制度的优劣比较

薪酬保密制度是企业实施薪酬管理制度时经常采用的管理方式。从薪酬管理角度来看，企业是否应该实施薪酬保密制度，实施薪酬保密制度后会有哪些积极和消极的作用呢?

1. 积极作用

企业通常会采取提高工资的方法吸纳人才。工资的增加应该针对企业所有的员工。当企业实施薪酬保密制度时，管理者可以通过只提高新招用人员的工资，并维持原有员工工资的措施减少薪酬支出。

根据公平理论，员工的公平感不是来自自己回报与投入的比较，而是来自自己回报与投入比率相对于其他人的大小。当自己的相对回报大于他人的相对回报时，自己感觉获得超额回报，会主动采取薪酬保密措施，隐瞒自身的优越感，以维持这种少付出高回报的行为模式。当自己的相对回报小于他人的相对回报时，自己会感到不公平，必然会反对薪酬保密制度，并主动寻找组织采取薪酬保密措施的原因和动机。一旦组织的动机与自身的利益相悖，当事人会选择消极怠工，甚至离开组织。当自己的相对回报和他人的相对回报相等时，会认为公平，此时无论是否采取薪酬保密制度都能够接受。在这场博弈过程中，薪酬保密制度造成的信息不对称性增加了员工判断公平与否的难度。为了减小员工的负面行为，所以企业更倾向于实行薪酬保密制度。

员工薪酬水平是员工的个人隐私，也是企业的商业秘密，实施薪酬保密政策既可以确保员工的个人隐私，又可以保守企业机密。这也是促使企业采取薪酬保密政策的原因之一。

此外，薪酬保密不仅可以解决薪酬解释说明等令人头疼的问题，还可以保护薪酬较少的员工，以免在企业内部受到歧视。薪酬保密还可以使管理者可以按照员工贡献大小、绩效高低分配薪酬，拉开员工收入的差距，而不必担心员工的报复性行为。

2. 消极作用

薪酬公开代表了企业与员工的信任关系，有助于员工对企业的信任感的建立。在薪酬保密机制下，一旦员工了解到其他相似岗位的薪酬差距，或与其他企业类似岗位的薪酬差距时，会对企业产生极大的质疑和不信任感，从而产生负面激励。员工工作积极性会受到影响，工作满意度、忠诚度也会相应降低，员工的流失在所难免，从而增加企业经营风险。

薪酬保密制度并不会消除员工期望了解他人薪酬的心态。相反，可能会更加强化他们猜测其他人员薪酬，这种心理会造成员工在薪酬方面相互猜疑，以讹传讹，反而会无中生有地造成一些不公平问题。

薪酬保密制度为管理者带来薪酬分配上的权力，这很容易导致薪酬分配中的不公平行为，管理者有可能给予自己所偏爱的人“照顾”，并助长企业中拉关系、找靠山、建立小团体等不健康的行为。

薪酬公开是薪酬激励实施的前提，采用薪酬保密制度，员工并不了解自己的努力能够得到哪些回报，以及自己能否获得公平的待遇，所以并不利于薪酬激励作用的发挥。此外，薪酬保密制度也不利于企业薪酬管理中不健全的问题的显现，对薪酬管理工作的提高无益。

9.6 【疑难问题解答】

9.6.1 怎样解决新老员工薪酬不平衡的问题

企业在进行薪酬体系调整时，总是会面临新老员工薪酬设计的问题。企业老员工一般年龄偏大、知识水平相对新员工低、经验丰富、学习和创新能力相对较弱，老员工个人背景相对新员工也更为复杂。在企业中，老员工的忠诚度高，但工作过于追求安稳，薪酬激励对老员工的边际作用明显不如新员工明显。而且，企业在不断发展，每个时期都需要不同的人才，很多老员工在历史上为企业做过贡献，但新的形势下，却难以再取得什么成就，这也造成了老员工晋升机会较少。

相对于老员工，新员工市场化程度更高，薪酬谈判能力也更强，这就会造成新老员工薪酬不平衡的问题。如何解决这个问题，是各企业工作的难点。解决这个问题一般应从以下几个方面着手。

1. 坚持薪酬激励的内部公平原则

内部公平体现在依岗、依责定薪上。员工承担了更多的工作责任、承担了更重要的岗位，就应该获得更多的薪酬标准，这一条是薪酬激励的根本原则，不能改变。有了这样的原则，才能够有效减少员工之间的互相攀比。

2. 在薪酬中加入年功工资成分

老员工对企业历史曾有过贡献，而新员工在工作几年后也就会成为老员工。企业应该承认老员工的历史贡献和员工忠诚度对企业发展的影响，可以根据具体情况，考虑在薪酬中增加“年功工资”，并保证逐年递增，这样可以在一定程度上消除老员工的一些不平衡的心态，也可以为新员工所理解和接受。

3. 倡导团结、互助的企业文化

企业要在处理新老员工薪酬的问题上主动引导。将员工比待遇、比级别改变为，比贡献，讲团结。企业要引导员工意识到，老员工对企业的稳定和长期发展的贡献，以及新员工为企业业务开拓和管理创新的贡献，让双方意识到各自的优点，以培训合作团结的工作作风，转移对薪酬的关注度。

4. 加强绩效考核管理

绩效考核是衡量员工贡献的标尺，科学的绩效考核体系能够确保业绩优秀的员工凸显出来，业绩好，薪酬高，更能为员工们接受。

9.6.2 如何做好薪酬实施中的沟通

薪酬实施中的沟通非常重要。虽然薪酬体系是一个自上而下的过程，但薪酬激励的对象是员工，薪酬实施中能够与员工保持良好的沟通，对薪酬实施是很有帮助的。企业应该加强对薪酬沟通的制度设计，确保能够掌握员工的诉求，确保薪酬作用的发挥。

1. 健全沟通机制

企业应当明确具体的薪酬管理部门，并将薪酬沟通工作落实到具体的岗位上，确保员工的诉求能够顺畅地反映给薪酬管理者。在组织上，薪酬管理部门应该定期向管理者汇报薪酬实施的效果及员工反馈的意见和建议。企业还应该充分发挥好工会、党委、团委等组织的作用，建立起沟通途径。另外，企业中有一些非正式组织的存在，对员工也存在比较大的影响，企业也应该注重对非正式组织的管理，确保通过合理途径传播管理者的信息，以及收集员工的反馈意见。

2. 定期收集员工信息

企业对员工信息的收集应该是主动的。有条件的企业应当通过座谈会、员工活动、培训等加强企业文化和人事管理制度的宣传，并定期跟踪有意见员工的态度。

3. 改进沟通方式

企业应注重双向沟通。薪酬沟通过程中，组织与组织之间、企业与员工之间的沟通应当是双向的，通过双向、反复的沟通，企业与员工之间的意愿才能得到有效沟通，收集的信息才能更加完善。沟通中，企业要注意尊重员工意愿。员工的意愿只有在得到充分尊重的基础上，才能畅所欲言。企业的“一言堂”或是披着沟通外衣“闭门造车”，不但达不到沟通效果，不能有效地收集所需信息，还会引起企业与员工之间的对立。

9.7　【案例分析】某集团下属企业总经理薪酬方案对比分析

某集团为大型国有集团企业，集团直接管理下属企业总经理薪酬。下属企业总经理采用年薪制。年薪包括基薪和绩效薪金两部分。基薪按照企业规模、收入、创利能力、员工平均收入情况、社会职工平均收入情况等因素每年核定。绩效薪金根据企业考核结果和上缴资本收益情况确定。其中，上缴资本收益指下属企业每年上缴集团的当年收益，一般按照净利润的 70% 确定。当企业考核不足 80 分，不计提绩效薪金。企业考核分数在 80 分（含）以上的可计提绩效薪金，具体办法为：考核分数在 80（含）~90 分的，提取当年基薪的 70% 作为绩效薪金；考核分数在 90（含）~95 分的，提取当年基薪的 80% 作为绩效薪金；考核分数在 95（含）~100 分的，提取当年基薪的 90% 作为绩效薪金。考核分数在 100 分（含）以上的，按当年应上缴资本收益金额进行计算，公式为：

$$\text{总经理绩效薪金} = (\text{应上缴资本收益金额} \times 0.3471)^{0.524}。$$

其中绩效薪金不足 1 倍基薪按 1 倍基薪计算。

1. 集团对下属企业总经理薪酬管理的问题

近年来，集团对下属企业总经理薪酬管理体系出现了一些问题，体现在以下几个方面。

（1）薪酬政策未考虑企业本身所在行业中竞争力水平，过于突出企业对利润的要求。企业与竞争对手比较应该从规模、创利能力、资产运营能力、风险防范能力等多方面来衡量。按照现行激励政策，部分企业总经理虽然取得了较高的薪酬，但大都是因为市场原因或规模影响产生的，大而不强，主要指标如净资产收益率、总资产报酬率实际在同行业中仍处于较低水平，企业整体仍不具备竞争优势。在薪酬激励层面，表现出薪酬水平过高，劳动成本浪费，不利于集团通过有效激励引导企业良性发展。

（2）下属企业总经理计薪方式单纯与企业净利润实现相关，极易造成企业的短期行为。通过近两年来的实践，为了实现净利润绝对值的增长，个别企业在通过自身正常经营无法达到预算要求的情况下，通过对非经营性资产（如房屋、股权等）的处置，完成预算目标。短期内虽然完成了集团的要求，但从长远来看，企业主业优质资产流失，长期发展存在着较大的隐患。

(3) 部分企业总经理收入增长过高过快。国有企业不仅仅承担着国有资产保值增值、创造企业效益和股东价值最大化的公司责任，同时还承担着振兴国家经济，保持社会稳定的社会责任。经过几十年的改革开放，国有企业负责人与普通员工收入之间的差距越来越大。集团多年来经营业绩不断提高，下属企业总经理薪酬也快速增长，由于历史原因，虽然集团下属企业总经理薪酬绝对水平在同行业竞争者中尚处于中游，但与普通员工差距拉开过大。

2. 集团的薪酬体系调整措施

针对以上的问题，集团制定了下属企业负责人薪酬体系调整原则，包括：引入行业对标。将企业在同行业中竞争力水平与负责人薪酬联系起来，促进企业与同行业优秀企业对比。根据集团近年来强调整体规模、盈利能力和运营水平的特点，重点对标能够反映企业盈利能力、企业运营水平的指标；引入经营难度。对于不同规模企业给予一定的区分，本着规模大、效益高、人员结构复杂的企业负责人获得更高的薪酬水平的原则。通过经营难度系数，适当拉开不同企业间薪酬水平；充分考虑职工平均收入水平。通过基薪体现企业规模差异，考虑企业规模和盈利能力等因素。将下属企业总经理薪酬与职工平均收入水平有机结合；设定总经理薪酬上限。注意控制子企业总经理薪酬水平的过快增长，从制度上限定子企业总经理薪酬上限。在薪酬设计上，通过经营业绩考核标准间接调节下属企业总经理薪酬水平，同时通过基薪直接调整下属企业总经理薪酬基数。

下属企业总经理基薪与集团总裁薪酬挂钩。基薪是管理者基本收入。集团允许经营业绩特别突出的下属企业总经理，在年薪总额上超过集团总裁。因为集团总裁基薪与集团员工平均工资挂钩，所以这样就在下属企业总经理与集团职工平均工资间建立了联系。

调整后的薪酬体系如下。

(1) 基薪。下属企业总经理基薪由集团企业每年核定一次。分别根据上一年子企业资产总额、营业收入、利润总额、总资产收益率、经济增加值、员工数量等六项因素进行排名，每一项指标的排名，根据名次换算成相应的系数，六项因素系数相乘，确定与集团企业总裁基薪的比例，具体标准如表 9-11 所示。

表 9-11　下属企业总经理基薪比例表

排名	指标和权重					
	资产总额 20%	营业收入 20%	利润总额 20%	净资产收益率 20%	经济增加值 10%	上年职工人数 10%
1	1	1	1	1	1	1
2	0.9	0.9	0.9	0.9	0.9	0.9
3	0.8	0.8	0.8	0.8	0.8	0.8
4	0.7	0.7	0.7	0.7	0.7	0.7
5	0.6	0.6	0.6	0.6	0.6	0.6
6 名及以下	0.5	0.5	0.5	0.5	0.5	0.5

计算办法为：下属企业总经理基薪 = 集团总裁当年基薪 ×（资产总额排名得分 × 资产总额权重 + 营业收入排名得分 × 营业收入权重 + 利润总额排名得分 + 利润总额权重 + 净资产收益率排名得分 × 净资产收益率权重 + 经济增加值排名得分 × 经济增加值权重 + 上年平均职工人数排名得分 × 上年平均职工人数权重）

（2）绩效薪金。下属企业总经理绩效薪金按以下方式调整。总经理年度考核分数在 80 分以下，绩效薪金为 0。考核分数在 80 分（含）以上，100 分以下的企业，绩效薪金分别为：分数在 80（含）~90 分的，提取当年基薪 70% 作为绩效薪金；分数在 90（含）~95 分的，提取当年基薪 80% 作为绩效薪金；分数在 95（含）~100 分的，提取当年基薪 90% 作为绩效薪金。考核分数在 100 分（含）以上，绩效薪金 = 基薪 × 企业经营难度系数 × 行业对标系数。

（3）经营难度系数。下属企业总经理绩效薪金中企业经营难度系数为：企业经营难度系数 = 1 +（0.3 × 企业当年资产总额 ÷ 集团资产总额 + 0.3 × 企业当年营业收入 ÷ 集团营业收入 + 0.3 × 企业当年利润总额 ÷ 集团利润总额 + 0.1 × 企业全年平均职工人数 ÷ 集团全年平均职工人数）$^{1.67}$ ÷ 10。其中资产总额、净资产、营业收入、利润总额按亿元计算，全年平均职工人数按万人计算。

（4）行业对标系数。按优秀值、良好值、平均值、较低值、较差值确定每一项指标的具体行业对标系数。

总的行业对标系数 = 净资产收益率对标系数 × 50% + 总资产报酬率对标系数 × 30% + 流动资产周转率对标系数 × 20%

行业对标系数表，如表 9-12 所示。

表 9-12 行业对标系数表

指　　标	优秀值	良好值	平均值	较低值	较差值
净资产收益率指标（50%）	1.2	1.1	1.0	0.9	0.5
总资产报酬率指标（30%）	1.2	1.1	1.0	0.9	0.5
流动资产周转率指标（20%）	1.2	1.1	1.0	0.9	0.5

下属企业净资产收益率、总资产报酬率和流动资产周转率指标高于行业平均值的，按实际指标值对应区间核定行业对标系数，即净资产收益率对标系数 = 1 + 净资产收益率 ÷ 行业平均值 ×0.1，总资产报酬率和流动资产周转率行业对标系数与此相同；如指标高于行业较低值低于平均值或高于较差值低于较低值的，按较低值或较差值的行业对标系数进行核定。

3. 新旧薪酬方案对比

本次薪酬方案优化，在计薪方式上主要是对下属企业总经理年薪计算办法进行了较大调整，在方案调整前和调整后，集团进行了大量的测算和模拟工作，主要从年薪水平、年薪与员工平均收入比较等几个方面进行了比较。

（1）基薪评估情况。按照近三年子企业资产总额、营业收入、利润总额、净资产收益率、经济增加值、上年平均职工人数等六项指标实际完成情况，根据本薪酬优化方案对各子企业进行单项排名，并核算相应排名对应的计分后，确定规模前四下属企业总经理与集团总裁基薪比例，如表 9-13 所示。

表 9-13 下属企业总经理近三年基薪比例

年度	规模前四企业	资产总额20%		营业收入20%		利润总额20%		净资产收益率20%		经济增加值20%		上年职工人数20%		基薪比例
		排名	计分	排名	计分	排名	计分	排名	计分	排名	计分	排名	计分	
两年前	第一	1	1	1	1	1	1	3	0.8	1	1	1	1	0.96
	第二	3	0.8	3	0.8	3	0.8	2	0.9	2	0.9	4	0.7	0.82
	第三	2	0.9	2	0.9	2	0.9	3	0.8	3	0.8	2	0.9	0.87
	第四	4	0.7	4	0.7	4	0.7	1	1	4	0.7	3	0.8	0.77
一年前	第一	1	1	1	1	1	1	4	0.7	1	1	1	1	0.94
	第二	3	0.8	3	0.8	3	0.8	2	0.9	3	0.8	4	0.7	0.81
	第三	2	0.9	2	0.9	2	0.9	3	0.8	2	0.9	2	0.9	0.88
	第四	4	0.7	4	0.7	4	0.7	1	1	4	0.7	3	0.8	0.77

续表

年度	规模前四企业	资产总额20%		营业收入20%		利润总额20%		净资产收益率20%		经济增加值20%		上年职工人数20%		基薪比例
		排名	计分	排名	计分	排名	计分	排名	计分	排名	计分	排名	计分	
当年	第一	1	1	1	1	1	1	4	0.7	1	1	1	1	0.94
	第二	3	0.8	3	0.8	3	0.8	2	0.9	3	0.8	4	0.7	0.81
	第三	2	0.9	2	0.9	2	0.9	3	0.8	2	0.9	2	0.9	0.88
	第四	4	0.7	4	0.7	4	0.7	1	1	4	0.7	3	0.8	0.77

（2）企业经营难度评估。按照近三年下属企业资产总额、营业收入、利润总额和全年平均职工人数占集团比例，计算各企业近三年经营难度系数，如表 9-14 所示。

表 9-14　下属企业总经理近三年经营难度系数

年度	规模前四企业	资产总额（亿元）			营业收入（亿元）			利润总额（亿元）			全年职工人数（人）			调节指数	经营难度系数
		企业	集团	权重	企业	集团	权重	企业	集团	权重	企业	集团	权重		
两年前	第一	61.8	145	0.3	87	152	0.3	1.58	2.8	0.3	7 759	11 384	0.1	1.67	1.035 4
	第二	14.8			43.3			0.23			520				1.004
	第三	37.8			14.4			0.66			1 883				1.006 5
	第四	2.02			4.02			0.02			859				1.000 2
一年前	第一	126	213		160	250		2.33	4.2		7 902	11 971			1.042 9
	第二	15.9			59.8			0.38			528				1.003 1
	第三	40.9			24.2			1.08			2 198				1.005 8
	第四	2.69			4.66			0.06			1 135				1.000 2
当年	第一	121	228		202	313		2.8	4.4		8 022	12 003			1.043 8
	第二	14.6			65.8			0.39			522				1.002 6
	第三	47.3			30.9			0.83			2 330				1.005
	第四	3.49			5.45			0.1			992				1.000 2

（3）行业对标系数。按照近三年下属企业净资产收益率、总资产报酬率、流动资产周转率三项指标所在行业当年优秀值、良好值、平均值、较低值和较差值数据比较，分别计算各企业近三年行业对标系数，如表 9-15 所示。

表 9-15 下属企业总经理近三年行业对标系数

规模前四企业	指标和权重	两年前		一年前		当年	
		完成	行业对标系数	完成	行业对标系数	完成	行业对标系数
第一	净资产收益率%（50%）	2. 12	1. 04	1. 71	1. 04	3. 34	1. 03
	总资产周转率%（30%）	3. 24		3. 39		3. 41	
	流动资产周转率（次）（20%）	2. 15		2. 78		2. 82	
第二	净资产收益率%（50%）	0. 24	0. 73	8. 94	0. 95	8. 29	0. 96
	总资产周转率%（30%）	2. 11		3. 19		3. 99	
	流动资产周转率（次）（20%）	3. 82		4. 32		4. 24	
第三	净资产收益率%（50%）	1. 83	0. 95	3. 24	1. 03	5. 72	1. 11
	总资产周转率%（30%）	3. 08		5. 11		4. 76	
	流动资产周转率（次）（20%）	0. 83		1. 52		1. 73	
第四	净资产收益率%（50%）	2. 7	0. 96	15. 37	1. 15	20. 77	1. 17
	总资产周转率%（30%）	3. 55		4		4. 81	
	流动资产周转率（次）（20%）	4. 25		4. 36		4. 64	

（4）按优方案前后下属企业总经理年薪对比情况，如表 9-16 所示。

经过优化后，按照近三年下属企业实际考核得分，核算的下属企业总经理年薪水平较之前情况比较。行业对标水平较好的公司，总经理薪酬水平明显提高。说明新的办法可以通过薪酬体现下属企业行业竞争水平，引导下属企业通过提高行业对标提高总经理薪酬水平。

表 9-16 下属企业总经理近三年薪酬方案调整后与原薪酬比较情况

年度	规模前四企业	考核得分	按原办法核定年薪（万元）	按新办法核定年薪				
				基薪（万元）	行业对标系数	经营难度系数	绩效薪金（万元）	年薪（万元）
两年前	第一	120	62. 35	16. 048	1. 04	1. 035 4	51. 84	68. 84
	第二	102	28. 4	14. 688	0. 73	1. 004 0	12. 92	29. 92
	第三	100	40. 31	15. 232	0. 95	1. 006 5	14. 56	31. 56
	第四	104	21. 22	14. 144	0. 96	1. 000 2	19. 01	36. 01
一年前	第一	120	97. 78	16. 184	1. 04	1. 042 9	52. 66	69. 66
	第二	114	45. 17	14. 552	0. 95	1. 003 1	33. 28	50. 28
	第三	120	73. 65	15. 232	1. 03	1. 005 8	47. 34	64. 34
	第四	105. 6	26. 91	13. 872	1. 15	1. 000 2	24. 89	41. 89

续表

年度	规模前四企业	考核得分	按原办法核定年薪（万元）	按新办法核定年薪				
				基薪（万元）	行业对标系数	经营难度系数	绩效薪金（万元）	年薪（万元）
当年	第一	112	117.69	16.048	1.03	1.043 8	37.96	54.96
	第二	119	47.37	14.416	0.96	1.002 6	40.24	57.24
	第三	119	76.98	15.504	1.11	1.005 0	50.16	67.16
	第四	104.2	31.07	13.872	1.17	1.000 2	23.05	40.05

由于考核办法也进行了调整，在新的办法里，下属企业总经理考核得分也存在一定的不确定性，所以以考核得分分别为 100 分、105 分、110 分、115 分和 120 分几种情况，对不同下属企业总经理年薪情况进行测算。经测算发现，按当年各项数据，采用新的办法，下属企业总经理薪酬全部得到有效控制。在企业考核得分高于 115 分时，两家企业总经理薪酬水平超过集团职工平均工资的 15 倍，当考核得分为 120 分时，四家企业总经理平均薪酬水平超过集团职工平均工资的 15 倍。考虑到考核办法调整后，考核得分的难度增加，新办法基本可以达到对下属企业总经理薪酬平均水平控制在集团职工平均工资的 15 倍的要求。同时，新的方案对行业对标良好、经营难度较大的企业给予了一定的政策，确保薪酬方案与企业实际竞争力、经营规模等挂钩。原有薪酬办法中的问题已全部通过薪酬体系的调整，得到解决。

【案例启示】

薪酬实施是薪酬设计的重要环节，因为薪酬实施关系到每一位员工的切身利益，所以员工也会提出各种各样的问题和意见。很多企业人力资源工作者在设计阶段讲得头头是道，一旦开始实施，面对困难就无计可施。薪酬管理是企业管理的一部分，有其科学性，也有其艺术性，解决好薪酬实施阶段的具体问题，正是显现管理者管理艺术的机会。人力资源管理者应该能够具备这项基本能力。

本案例的主体是国有企业，其薪酬设计有一定的政策要求，还要结合市场化的因素。这些要求在案例前面已经有过介绍。而本案例所要解决的，就是针对这些已经出过的问题。

在新的方案实施之前，管理者要根据新方案的内容，结合之前实际情况进行模拟测算，这个测算是非常接近于真实情况的。采用两套方案进行对比，管理者就可以了解到新的薪酬方案所能达到的效果，对问题解决的是否彻底等。同时，方案还对未来可能发生的情况进行了测算，即按照企业绩效考核得到不同行分的情况进行测算。这样的测算工作是薪酬体系实施前的必要工作。

10 不同岗位的薪酬选择

薪酬体系设计要解决企业管理实际问题，让每类员工都能从中得到激励。管理者做好薪酬体系设计要关注每一类岗位，根据内部不同岗位的特点，做好针对性设计。薪酬体系还要符合企业经营特点，符合员工工作要求，能够体现出不同岗位之间的差异性。如图 10-1 所示，本章选取部分岗位薪酬体系设计过程予以单独说明。其中从管理类岗位中选择高管人员，从专业类岗位中选择职能部门人员，从技术类岗位中选择一般技术人员，从市场营销类岗位中选择销售人员，从作业类岗位中选择操作人员。

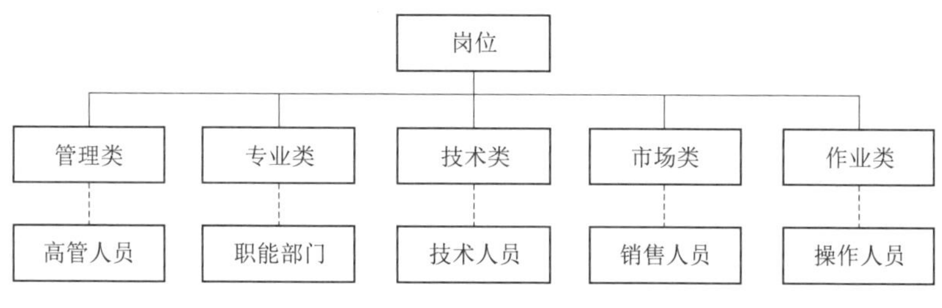

图 10-1　各类岗位中的代表人员

10.1　高管人员薪酬设计

高管人员即高级管理人员，按照《公司法》的解释，指公司的经理、副经理、财务负责人，上市公司董事会秘书和公司章程规定的其他人员。

高管人员是企业的最高管理者，其薪酬应该由企业的出资人确定，并组织实施和监督。

10.1.1　高管人员工作特点

股东是企业的所有者，高管人员是企业的实际管理者。

高管人员具有以下特点。

（1）高管人员是企业特殊的人力资本，具有稀缺性。优秀的高管人员有丰富的管理经验、高素质和能力。这些都是在企业长期实践中培养的。高管人员对企业而言是稀缺的。

（2）高管人员具有较强的流动性。高管人员在市场上的流动性取决于其岗位的通用性。高管人员的能力和素质具有通用性，他们可以跨行业任职。例如，一名机械制造行业的高管，也可以在化工行业从事高管工作。所以高管人员的可流动性较强。

（3）高管人员在企业中具有双重角色，既是政策的制定者也是执行者。高管人员制定企业的发展规划、内部管理制度、激励政策等，同时还要具体执行所制定的发展规划、管理制度，实施激励政策等，确保企业持续发展。

（4）高管人员所担负的权、责、利最高。高管人员工作的综合性最强，其工作业绩的好坏也直接决定着企业的发展水平。

10.1.2 高管人员的薪酬影响因素

如图10-2所示，企业制定高管人员薪酬政策时应考虑三个方面的因素：企业外部环境因素、企业内部环境因素和薪酬策略因素。企业外部环境因素包括社会平均收入变化、国家政策、市场薪酬竞争水平、企业所处竞争环境等；企业内部环境因素包括企业类型、企业所处发展阶段、企业规模、企业组织结构类型等；薪酬策略因素包括岗位职责、绩效标准等。在这三个方面中，企业内部环境因素和薪酬策略因素属于薪酬设计的决定因素，企业外部环境因素则属于薪酬设计的调整因素。

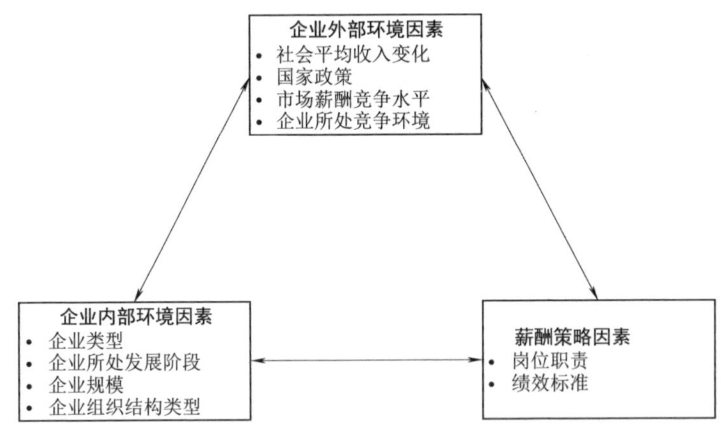

图10-2 高管人员的薪酬影响因素

1. 企业外部环境因素

（1）社会平均收入变化。社会平均收入变化对高管人员薪酬的影响表现在高管人员薪酬水平相对于社会平均收入是否保持了增长。企业常用高管人员年薪是以社会职工平均工资的倍数，来衡量高管人员薪酬的变化是否合理。例如，一位高管2011年年薪是30万元，当年社会职工平均工资为5万元，则高管年薪为社会职工平均工资的6倍。当2012年，高管年薪调整为33万元，而社会职工平均工资为6万元，则高管年薪为社会职工平均工资的5.5倍，高管人员会有薪酬下降的感觉。实际上，当年高管年薪增幅为3万元，社会职工平均工资增幅为1万元，高管年薪增长幅度仍然高于社会职工平均工资。另外一种比较方法为，按年薪的增长比率，按照上例，高管年薪2012年增长比率为10%，社会职工增长比率为12%，高管仍然会感觉自身薪酬增速较低。所以在高管薪酬核定时引进社会职工平均工资的方法，已在很多企业实施。

（2）国家政策。宏观经济政策主要指货币政策、财政政策和收入政策。国家经济政策受国家经济趋势影响明显。当国家经济整体不景气或企业所在行业整体不景气时，高管人员对薪酬的期望是薪酬总体水平不要降低。高管人员希望薪酬能够反映出自己多么努力地工作，而不是取得了多大的成绩。相反，当国家宏观形势良好或行业发展趋势较好时，高管人员期望薪酬总体水平要与企业发展速度同步，业绩薪酬要考虑到自己所付出的努力，更要考虑企业所取得的成绩。

（3）市场薪酬竞争水平。高管岗位具有较强的流动性，企业通常会采用高于市场平均水平的薪酬策略，以确保高管人员的稳定，这造成了高管薪酬的增长与企业效益变化脱节的情况。例如，次贷危机中的美国，金融企业面临着即将破产的窘境，却仍要保持高管人员的高薪酬水平，否则就会面临企业无法维持正常经营的困难局面。

（4）企业所处竞争环境。在完全垄断市场，产品没有替代品，企业没有任何竞争威胁，薪酬确定完全依据企业内部条件。由于完全垄断市场通常能带来巨大的垄断利润，所以企业的薪酬水平往往很高。在完全竞争市场下，市场竞争非常激烈，企业高管之间的薪酬制度差异很大。薪酬水平的确定必须充分考虑竞争者情况和每一岗位的市场价格。企业要确保高管人员薪酬水平足以留住人才，又要考虑企业成本支出，所以企业制定的高管人员薪酬水平也不会很高。

2. 企业内部环境因素

（1）企业类型。不同行业技术含量、人均资本占有量、产业集群程度和资产回报率等因素不一样，薪酬制度与薪酬水平有较大的差异。技术含量高、熟练工人比例高、人均资本占有量大的行业，薪酬水平也较高。技术含量低、工人技能要求低和劳动密集型企业的薪酬水平较低。从近年来的统计数据看，金融、房地产等行业高管人员薪酬一直处于领先地位，而物流、服务行业高管人员薪酬处于落后地位。

（2）企业所处发展阶段。企业处在不同的发展阶段，其发展目标和管理重点有很多差异，需要不同的薪酬制度与之匹配。成长期的企业薪酬策略主要包括高业绩激励、灵活的激励模式、具有竞争性的总薪酬和具有长期导向的激励等。成熟型企业薪酬策略较为强调短期激励和成本控制，以及降低总薪酬水平的竞争力。

（3）企业规模。企业规模对高管人员的薪酬影响较大。企业规模越大，员工数量越多，资金越密集，高管人员可控制的资源就越多，工作就越复杂，工作责任就越重大，知识、能力和经验等方面的要求就越高，付出的时间和精力也越多，所期望获得的薪酬也越高。高管人员的薪酬会伴随企业规模的扩大而增加。

（4）企业组织结构类型。不同的组织结构类型有不同的目标取向，需要不同的薪酬制度与之匹配。职能制组织倾向于推行基于职务和技能的等级薪酬制度。事业部制组织在各个事业部之间建立以经营绩效为基础的分配制度，各个事业部再建立效益薪酬制度或等级薪酬制度。矩阵制组织适合于团队薪酬制度。

3. 薪酬策略因素

（1）岗位职责。以岗位为基础的薪酬体系可以充分体现内部公平性。岗位价值决定员工薪酬水平。高岗位价值对应了较高的薪酬水平，低岗位价值对应较低的薪酬水平，所以高管人员的薪酬水平在企业内部应该处于领先水平。

（2）绩效标准。为体现薪酬的激励作用，企业普遍采用高管人员薪酬与企业整体绩效水平挂钩的方式。较为常用的方法是采用综合绩效考核评价的方式，即绩效考核中要考虑当期目标，也要考虑长期目标。要考虑可量化指标，也要考虑工作性指标。这些都会与高管人员的薪酬水平联系起来。

10.1.3 高管人员的薪酬形式

高管人员的薪酬形式普遍采用年薪制薪酬管理模式。如表 10-1 所示，国内较为常用的年薪制薪酬管理模式主要有四种类型。

表 10-1　常见的高管人员薪酬形式

类型	主要结构	报酬数量	考核指标	激励作用
一	基本薪酬 + 绩效薪酬	上不封顶，下不保底	以短期业绩为主	激励作用明显
二	基本薪酬 + 风险收入	向上封顶，向下保底	以短期业绩为主	有一定的激励作用
三	基本薪酬 + 长期激励 + 养老福利	短期稳定，长期受业绩影响	以长期业绩为主	长期激励效果明显
四	单一固定收入	稳定	以降低成本为主	有一定的激励作用

1. 类型一：年薪 = 基本薪酬 + 绩效薪酬

这种薪酬管理形式最为常见。

其中，基薪作为高管人员的基本收入，根据高管人员的管理幅度和管理难度确定。国有企业还会考虑高管人员与社会职工平均工资和企业员工平均工资之间的比例。

高管人员完成业绩，便可以获得相应的报酬，超额完成任务，可以根据业绩考核的结果或所创造的超额利润获得一定的奖励。为确保薪酬的激励性，这部分奖励通常上不封顶。如果业绩考核结果较差，高管人员则只能获得较低的绩效薪酬或完全不能获得绩效薪酬。

这种薪酬模式是高管薪酬水平与企业绩效完成水平挂钩。优点是高管人员薪酬与企业业绩的联系最为直接和紧密。缺点是高管人员为了获得较好的收入，容易努力提高短期业绩水平而牺牲企业长期利益。

2. 类型二：年薪 = 基本薪酬 + 风险收入

这种模式的核心在于风险收入。风险收入的计算可以理解为，企业将高管人员年薪的一部分纳入风险收入中，与高管人员工作业绩挂钩。当高管人员完成既定业绩时，可以获得风险收入。超出业绩仅可获得较小的奖励，而未完成业绩则要从风险收入中扣除一定的薪酬。这种薪酬结构较适用采取保守型市场策略的企业。企业要求高管按照既有计划完成各项工作，确保企业正常的运转，确保企业持续稳定地发展，避免企业的经营风险。企业并不鼓励高管人员增创效益。

3. 类型三：年薪 = 基本薪酬 + 长期激励

这种模式强调激励的长期性。初创期的企业多采用此类薪酬模式。基本薪酬可以保障高管人员的基本生活长期激励发挥激励作用。企业所实施的长期激励一般是股票或期权。高管人员通过努力，确保企业可以上市后，才能确保自己的长期激励可以兑现。如果企业发展不好，则高管人员与企业所有者一样，不会获得任何回报。这种模式的优点是企业节省了当期薪酬的现金支出，高管人员在企业上市后，有可能获得更多的薪酬激励。但对高管人员来说，风险是企业失败，将一无所获。

4. 类型四：年薪＝单一固定收入

此模式是一种相对简单的模式。在此模式下，高管薪酬与企业业绩无关。企业在特定的情况下会采用此类薪酬管理模式。例如，有些企业采用的谈判薪酬就是给予高管一个与业绩无关的薪酬标准。当企业处于衰退期，业绩逐渐下降时，为了确保高管人员的稳定，也可以采用此类方法。此类模式对高管人员的职业素养提出了一定的要求。因为业绩与个人收入无关，高管人员努力工作完全出自职业经理人的个人修养。

10.1.4　年薪制薪酬设计

高管人员的薪酬包括五部分：基本薪酬、绩效薪酬、中长期激励、福利和津贴。采用不同的薪酬类型的企业中，以上五部分在高管人员年薪中所占比例和结构会略有不同。以类型一为例，企业一般按照如图10-3所示的程序，实施年薪制薪酬设计。

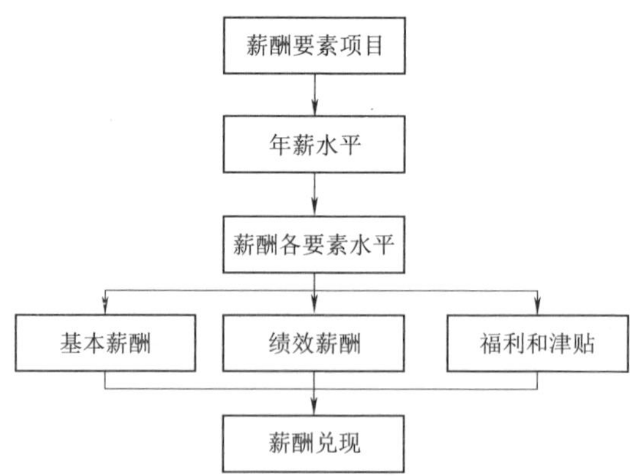

图10-3　高管人员年薪制薪酬设计程序

1. 薪酬要素项目

类型一中，高管人员年薪包括基本薪酬和绩效薪酬。按照企业其他人员的福利和津贴管理，一般高管人员也有一定的福利和津贴，比重不超过薪酬的15%。

2. 年薪水平和薪酬各要素水平

第 6 章中提到，确定员工薪酬水平需要考虑众多因素。高管人员薪酬水平一般选择略高于或等于市场薪酬 50 分位值的水平。高管人员薪酬水平略高于市场 50 分位水平，指高管人员薪酬整体水平高于市场 50 分位水平，而不是薪酬结构中的每个要素均高于此标准。

例如，企业可以采取高基本薪酬低绩效薪酬比例的策略，也可以采用低基本薪酬高绩效薪酬比例的策略。一般来说，高管人员基本薪酬应控制在年薪总额的 40% 以下，绩效薪酬应控制在年薪总额的 60% 以上。

3. 基本薪酬

基本薪酬的计算方法有三种。

（1）比例法，即先确定年薪总额水平，再确定高管人员基本薪酬在年薪总额中的比例，最后确定基本薪酬水平。例如，高管人员年薪总额确定为 30 万元，且基本薪酬在年薪中所占比例为 40%，则基本薪酬为 12 万元。

职工收入倍数法，即根据企业职工平均工资乘以收入系数确定。该方法便于保持高管人员薪酬和员工薪酬的倍数。其中，收入系数一般根据企业经济效果、企业规模和经营难度确定。国资委核定企业负责人基薪时，在收入系数上就参考了企业营业收入、利润总额、经济增加值、资产规模、行业收入水平、地区收入水平、企业人员结构等因素。

（2）基准基薪系数法，即根据企业高管人员年薪基数乘以调节系数。在集团型企业核定各分子企业高管人员基本薪酬时，可以由企业首先确定一个分子企业高管人员基本薪酬的基数，各分子企业高管人员根据自己管辖的企业规模、效益情况、发展阶段、经营难度等因素确定。在同一企业内部不同高级人员薪酬也可以以主要领导基本薪酬为基础，按照岗位重要性确定不同高管人员的调节系数。

（3）调查报告法，即完全根据调查报告中的某一分位值确定。每年企业根据上年市场薪酬调查报告中某一分位值确定高管人员基本薪酬水平。如某企业将上年市场薪酬调查报告中高管人员年薪的 70 分位值，作为核定当年高管人员薪酬的依据。

4. 绩效薪酬

核定高管人员绩效薪酬一般有两种形式：超额效益薪酬和业绩考核绩效薪酬。

（1）超额效益薪酬，指高管人员绩效薪酬直接与一个或几个财务指标挂钩。如图 10-4（a）所示，某企业直接将企业的净利润与高管人员绩效薪酬挂钩，企业净利润超过既定目标的，高管人员按照超额部分一定的比例计提绩效薪酬。这种方法的好处是计算方便、激励目标明确。问题是一两个财务指标难以反映企业业绩完成的好坏。这种计算方式很容易导致高管人员通过处置优质资产、提高企业负债水平等手段提高企业短期效益，从而为企业带来经营风险。

（2）业绩考核绩效薪酬，指高管人员按照事先约定的绩效考核指标完成结果，核定绩效薪酬。这种方式有效地解决了按照超额效益薪酬提取绩效薪酬的问题。但这种方式在操作上难度比较大，对企业绩效考核体系的科学性和精准性都提出一定的要求。

企业制定高管人员的业绩指标，较为通用的方法是采用平衡计分卡的思考维度，在业绩考核指标时既选择财务性指标，又选择非财务性指标。既选择结果指标，又选择过程指标。但采用此类考核的问题在于指标过多，每项指标对整体业绩影响的效果减弱，业绩考核的激励目标相对并不明显。

考核结果的应用。企业可以采取直接将考核结果应用于绩效薪酬的方式，即每一分代表一定的绩效薪酬水平，根据考核分数直接计算绩效薪酬水平。也可以采取按考核结果确定等级，每一个等级确定一个考核结果的方法。详情如图 10-4（b）所示。

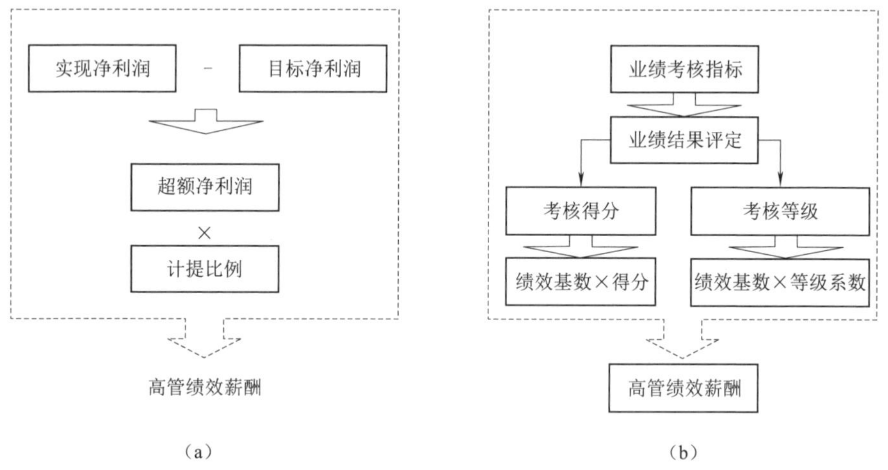

图 10-4　绩效薪酬确定模式

5. 福利和津贴

西方一些企业实施年薪制并不考虑高管人员的福利和津贴项目。因为企业认为在年薪中已经付出了福利和津贴项目的成本，所以员工的福利和津贴问题应该由自己来解决。国内的惯例是，即使高管人员实施了年薪制薪酬，仍然要给予其一定的福利和津贴。只不过，按照类型一的方式，福利和津贴并不应该成为薪酬的主要内容。

高管人员的法定福利是根据法律所应该享有的。除此以外，企业为高管人员配备的主要福利还包括：车辆使用、商业保险、住房补贴、午餐补贴等。

6. 薪酬兑现

年薪制下，薪酬兑现方式也会对高管人员的激励效果产生一定影响。从兑现方式上划分，薪酬兑现包括了一次性兑现和分期兑现两种形式。从内容上分，兑现分为现金兑现和权益兑现两种形式。

一次性兑现是企业将薪酬一次性全部兑现给高管人员。这样的兑现最为直接，但问题是高管人员的工作会对企业的长期效益产生影响，业绩考核一般难以考核这些长期影响。一次性兑现后，企业如出现问题无法继续通过薪酬手段向高管人员问责。企业将面临着一定的经营风险。有的企业采用分期兑现的方式，例如，核定企业负责人薪酬时，绩效薪酬的一部分要求在高管人员任期满或离任时才予兑现。这种兑现方式，并没有考虑延期兑现薪酬的时间成本，高管人员承担了延期兑现的时间成本损失，实际获得的激励水平并没有数字上反映的大。

年薪兑现绝大部分是以现金形式体现的，也有企业采用将高管薪酬转化为企业股份的方式兑现。这样的做法并不能反映高管人员的真实要求，所以在激励效果上，一般也会打折扣。

10.2 职能部门人员薪酬设计

职能部门的说法源自管理学对管理职能的阐释。管理的职能包括计划、组织、指挥、协调、控制。企业的职能部门就是按照管理职能协助高级管理人员完成各项管理工作。如图 10-5 所示，企业的价值创造直接来自业务活动，职能部门主要起到辅助性作用。

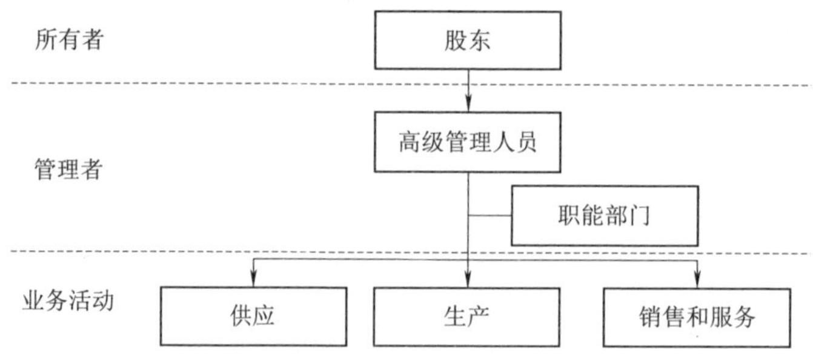

图 10-5　职能部门在企业中的作用

10.2.1　职能部门人员的工作特点

职能部门人员工作具有以下特点。

（1）间接创造价值。职能部门的主要工作是辅助性的，所以职能部门一般不会直接为企业带来收入或产生利润。职能部门的工作成果通常是通过管理效率的提高，影响业务单位减低成本费用或提高收入等体现出来的。例如，通过信息化，可以提高企业管理效率、减短决策周期，并引起企业生产效率的提高，从而为企业利润率的提高做出贡献。但信息化可以创造多少利润，是不能够简单计算出来的。所以以投入回报的方式核定职能部门人员的薪酬显然难以实现。

（2）衔接股东要求与业务活动。股东的要求不是直接传达给具体业务单元的，一般要经过管理者和职能部门，并由管理者和职能部门将股东的要求转化为管理制度或管理行为，引导业务单元按照相应的管理制度完成业务活动，从而达到股东的期望。所以职能部门是衔接股东需要与业务活动的纽带，其在企业中的作用非常重要。

（3）需要一定的专业能力。企业职能部门一般会按照具体职能进行细分。例如，职能部门一般包括财务、行政、人事、信息等部门。这些部门虽然都在实施管理，但专业差别很大。职能部门人员一般都要求在某一职能领域具有一定的专业性。在企业内部，这种专业性的可替代性不强。

（4）工作绩效难以量化。职能部门的工作要随时按照股东和管理者的要求进行调整，其工作价值难以衡量，工作效果也难以客观评定。职能部门的绩效考核多年以来一直是管理的难题。这一特点也影响到对职能部门人员薪酬的核定，一般不能简单地以绩效水平来评定。

10.2.2　职能部门人员的薪酬影响因素

如图 10-6 所示，企业制定职能部门人员薪酬政策时应考虑三个方面的因素：企业外部环境因素、企业内部环境因素和薪酬策略因素。企业外部环境因素包括社会平均收入变化、劳动力市场供需状况、企业所处竞争环境等；企业内部环境因素包括企业类型、企业所处发展阶段、人力资源再生成本等；薪酬策略因素包括岗位价值、绩效标准等。

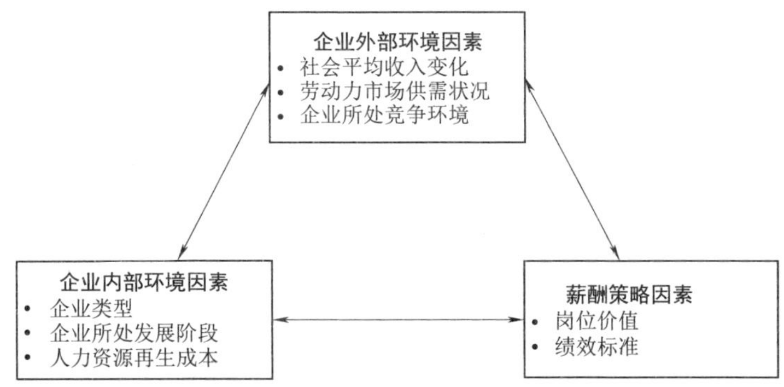

图 10-6　职能部门人员薪酬影响因素

1. 企业外部环境因素

（1）社会平均收入变化。职能部门人员比较关注社会平均收入的变化。职能部门人员的薪酬整体水平与社会平均收入更为接近。社会平均收入的变化反映了一般人员的消费能力。如果职能部门人员的收入变化落后于社会平均收入变化，就会产生收入下降的感觉。所以在核定职能部门人员薪酬时，一般都会考虑到地区、行业和企业职工平均工资的变化情况。

（2）劳动力市场供需状况。职能部门人员具有一定的专业性，且一般不受其所在行业的限制。例如，一位招聘主管可以在房地产行业从事招聘工作，也可以在零售行业从事招聘工作。其工作内容和工作方法的变化并不大。劳动力市场供需状况也可以决定劳动者薪酬谈判的议价能力。在劳动力市场供应紧张的时候，企业往往抬高招聘人员的报价。当劳动力市场供应过剩时，企业往往不再录用新人。职能部门人员对劳动力市场也很敏感。当面临较多的工作机会，且整体薪酬能有较大改善时，职能部门人员会选择离职。企业在劳动力市场供需平衡发生变化时，不仅要考虑到新录用人员的薪酬水平，还要考虑到如何确保原有职能部门人员薪酬策略。

（3）企业所处竞争环境。在完全垄断市场，企业缺少竞争的威胁，利润率也较高，通常能为员工提供较为稳定的工作机会和较佳的薪酬水平。在完全竞争市场下，市场竞争非常激烈，职能部门人员的薪酬差异很大。制定职能部门人员薪酬水平既要考虑竞争者的情况，也要考虑企业的薪酬成本。企业会对职能部门人员薪酬水平有所限制，或根据企业整体业绩水平采取更为灵活的薪酬措施。当企业效益好的时候，职能部门人员可以与其他员工一起享受奖励；当企业效益不好时，职能部门人员则不再享受这部分奖励。综上，职能部门人员薪酬稳定性较差。

2. 企业内部环境因素

（1）企业类型。不同的企业，所处行业薪酬水平不同，职能部门人员的薪酬水平也是不同的。例如，在两个不同的行业中，人事主管所需的专业能力相仿，岗位价值相似。但同样的人事主管，在物流行业的薪酬水平就远低于在金融行业的薪酬水平。所以薪酬水平较高的企业在人才选择上具有更多的可选择性。

（2）企业所处发展阶段。不同的发展阶段的企业发展目标和管理重点有很多差异，需要以不同的薪酬制度与之匹配。成长期的企业薪酬策略主要包括高度激励水平、灵活的激励模式、具有竞争性的总薪酬和长期导向的激励等；成熟型企业薪酬策略较为强调短期激励和成本控制，以及降低总薪酬水平的竞争力。

（3）人力资源再生成本。人才流动的主要影响因素是薪酬。企业在决定职能部门人员薪酬时会考虑到人力资源再生成本的问题。如果因为员工薪酬政策过低，造成员工流动，企业就需要招纳新人，并承担新人熟悉工作期间的成本，这个成本就是人力资源再生成本。为了避免人力资源再生成本的发生，企业会考虑不给予员工过低的薪酬。

3. 薪酬策略因素

（1）岗位价值。不同管理职能对企业的贡献是不一样的。不同职能贡献大小也决定了员工对薪酬水平的期望。从员工内部公平感考虑，员工认可重要岗位应该获得更高的薪酬水平。岗位重要性一般要通过岗位价值比较和评估来完成。职能部门人员的薪酬一般是建立在岗位之上。

（2）绩效标准。职能部门人员的绩效难以用量化指标进行考核。企业多采取按照岗位职责和工作行为考核、按照工作计划或重点工作进行考核等方式。考核方法通常采用直线评定法或360度评定法。这两种方法的共同问题是其受评价者主观影响较大，所以对职能部门的绩效评定也常常变成了企业内部利益的博弈。

10.2.3　职能部门人员的薪酬形式

企业职能部门人员的薪酬形式一般以岗位制薪酬为基础。如表10-2所示，目前国内较为常用的职能部门人员薪酬包括三种类型。

表10-2　常见的职能部门人员薪酬形式

类型	主要结构	影响薪酬主要因素	优点	缺点
一	基本工资+岗位工资+年功工资+绩效工资+奖金	岗位、工作时间	稳定团队	缺乏激励
二	岗位工资+绩效工资+奖金	岗位、绩效水平	结构清晰，易管理	岗位等级明显，易滋生官僚作风
三	基本薪酬+绩效薪酬	能力、绩效水平	鼓励员工提高能力和绩效	对成本控制能力要高

1. 类型一：年薪=基本工资+岗位工资+年功工资+绩效工资+奖金

在第二次世界大战后到20世纪90年代的日本这种薪酬管理模式最为流行，并成为当时日本企业成长的三大法宝之一。这种薪酬形式在我国也曾经风行，但自90年代中后期，随着我国市场经济的发展，大多企业放弃了这种薪酬管理模式。

基本工资代表了企业给予员工的最低生活保障，以确保员工正常的生活能力。岗位工资则与员工岗位有关，不同级别的员工岗位工资差距比较明显，其体现了员工在企业中的位置。年功工资与员工工作时间有关，员工在企业工作时间越长，则年功工资越高。这一标准对稳定员工队伍，减少员工流失是很有帮助的。绩效工资和奖金代表企业的激励。在这一类型的薪酬体系下，绩效工资和奖金一般也会随员工的岗位等级确定，只要企业发展稳定，其金额也相对稳定，所以其激励效果有限。

2. 类型二：年薪=岗位工资+绩效工资+奖金

这是一种标准的岗位工资制薪酬管理形式。岗位工资制薪酬管理强调因岗定薪。企业考虑职能部门人员薪酬时，只考虑简单的岗位工资即可。员工工作岗位发生变化后，岗位工资也跟进调整。实际操作中，企业还会对员工岗位工资进行适当调节。如试用期间，员工的岗位工资按照80%或更低的比例确定等。绩效工资是员工薪酬中与业绩完成有关的那一部分。与类型一的薪酬模式类似，员工绩效薪酬也会根据岗位确定，不同的岗位等级有着相似的绩效薪酬标准。职能部门人员的考核难以量化，所以差距也难以拉开。这就造成了员工最终的绩效完全随岗位级别确定。除非员工出现重大工作失误，否则员工的绩效水平相对稳定。奖金是员工额外收入的一部分，当企业取得的业绩超过预期时，管理者有可能拿出超额效益的一部分分配给员工。岗位工资制下，奖金的分配也会显现出岗位的重要性——不同岗位等级员工的奖金差距会比较大，相同岗位等级员工的奖金差距很小。

岗位工资制的长远效果必然会助长员工努力走向仕途，提高自己的岗位等级，掌握更多的权利，获得更高的薪酬回报。

3. 类型三：年薪 = 基本薪酬 + 绩效薪酬

正是因为岗位工资制存在种种弊端，近些年以职能工资制代替岗位工资制的呼声才越来越高。职能工资制也被称为基于技能或能力的薪酬体系，其强调员工在管理道路和专业道路上共同成长。员工可以通过进入管理职务序列，提高岗位等级获得更多的报酬和激励，也可以通过在本专业内发展，提高专业岗位等级，获得更多的报酬和激励。职能工资制较常采用薪点制的形式。员工只要按照相应的评价标准，在薪点表中找到适当的薪点值，即可以作为基本薪酬。在确定绩效薪酬时，大多数企业的做法仍然是按照员工所在岗位的级别确定员工的绩效薪酬标准。因为绩效薪酬奖励的是员工的绩效贡献。员工的绩效贡献水平主要受员工在企业中的岗位影响，而不是员工到底具备多大能力。

这种薪酬模式为岗位工资制中出现的问题提供了解决方法，但同时也产生了新的问题。如员工能力增长，企业就要支付一定的成本，员工能力不断增长，企业绩效未必会同步增长，这样企业长期所承担的人工成本就明显增长。

10.2.4 岗位制薪酬设计

以职能部门人员中较多采用的岗位制薪酬设计为例。职能部门人员的薪酬一般包括五部分：基本薪酬、绩效薪酬、奖金、福利和津贴。企业采用不同的薪酬类型，以上五个部分在高管人员年薪中所占比例和结构会略有不同。企业一般按照如图 10-7 所示的程序，实施岗位制薪酬设计。

1. 薪酬要素项目

岗位制薪酬中，一般包括基本薪酬、绩效薪酬、奖金、福利和津贴等。其中基本薪酬应该占薪酬总额的 50% 以上，绩效薪酬一般占到薪酬总额的 40% 以内。福利和津贴所占比重一般不超过 10% 。

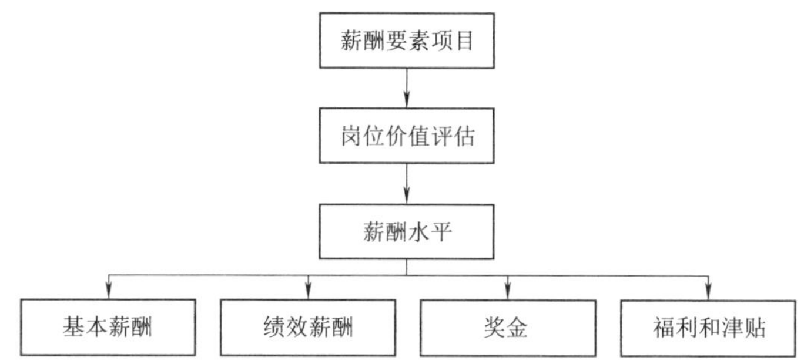

图 10-7　职能部门人员岗位制薪酬设计程序

2. 岗位价值评估

岗位价值评估是实施岗位制薪酬的基础工作，岗位价值评估的作用就是提供岗位薪酬差距的依据。因为重要岗位获得更多薪酬是大家的共识，所以只有确保岗位间存在重要性差距，才能够合理拉开员工薪酬的差距，并确保员工的认可。

实施岗位价值评估时，薪酬差距一般不是一岗一薪，而是在同一岗位级别下，确定若干等级后，将岗位价值结果相近的岗位纳入同一等级。例如，企业将部门中层薪酬划分为 10 万元、12 万元、14 万元三级，通过岗位评价五位部门经理岗位分数分别为 8 000 分、9 300 分、9 500 分、9 700 分和 12 000 分。在确定进入等级时，较为适宜的方法是将 8 000 分纳入 10 万元级别，9 300、9 500 和 9 700 分纳入 12 万元级别，12 000 分纳入 14 万元级别。

3. 薪酬水平

职能部门人员流动性较大。其薪酬水平主要受企业发展时期和人才竞争程度影响。确定职能部门人员薪酬水平一般会以市场水平的 50 分位作为依据。当企业薪酬政策倾向于人员稳定或吸纳人才时，会选择高于 50 分位的水平，如 75 分位。当以此政策倾向于降低成本时，会选择不高于 50 分位的水平，如 50 分位或 25 分位水平。采用不高于 50 分位的薪酬水平，是因为职能部门人员数量较大，其薪酬水平的调整对企业人工成本会产生压力。为了维持职能部门的正常运行，企业要确保职能部门中的核心人才薪酬具有市场竞争力，以确保职能部门核心人才的稳定。所以无论其他员工薪酬是否高于市场薪酬的50分位值，都要以此来确保核心人才的薪酬竞争力。

4. 基本薪酬

基本薪酬的计算方法有以下三种。

（1）岗位评估法，即通过岗位评估结果，确定某岗位薪酬水平。企业使用岗位评估结果，一般是划定一定分数范围，并将岗位薪酬分为若干级，不同分数的岗位纳入对应级别中。

（2）任职能力评估法，即根据员工所在岗位所需要的任职能力与员工实际能力进行比较，以确定该岗位薪酬水平。这种方法首先要确定岗位薪酬标准。当员工任职要求超过该任职要求时，薪酬适当上浮。员工任职要求未达到该任职要求时，薪酬适当下浮。例如，某企业对财务部经理的任职要求为本科学历、中级职称，如果任职者达到了研究生学历和高级职称，则在该标准基础上适当上浮。

（3）市场挂钩法，即完全根据调查报告中某一岗位的某一分位值薪酬水平确定员工薪酬水平。每年企业根据上一年市场薪酬调查报告中某一岗位的某一分位值确定职能部门人员基本薪酬水平。例如，某企业将上年市场薪酬调查报告中各岗位年薪50分位值作为核定当年职能部门人员薪酬的依据，并适当调整。

5. 绩效薪酬

岗位制薪酬下，员工绩效薪酬是年薪的一部分。考虑到职能部门员工考核可量化成分有限，以及职能部门员工对企业经营效益存在非直接影响，绩效薪酬比例一般应控制在员工年薪的40%以下，浮动水平也应有所限制。

企业计算绩效薪酬一般采用按考核结果划分等级的方法。例如，某企业职能部门经理的绩效薪酬基数为30 000元，五位部门经理的考核结果按照正态分布。其中考核结果最高的员工绩效薪酬为33 000元，考核结果最低的员工绩效薪酬为27 000元，其他人员绩效薪酬为30 000元。这种拉开差距的方法，纯粹是通过员工之间的比较，激励员工创造更好的绩效。

6. 奖金

严格来说，岗位制薪酬下，员工的奖金是额外部分。在计算员工年薪时，不应将奖金作为年薪总额的一部分或者只能将年薪总额中很少的一部分作为超额利润。因为奖金是企业超额利润分享计划的一部分，职能部门工作业绩的好坏并不能直接影响企业的超额利润。

奖金的分配方法有很多种。岗位制薪酬下较为常用的方法是，先计算每一个岗位级别奖金的基数，再由管理者根据每个岗位上员工的具体表现，给予一定的上下浮动。

7. 福利和津贴

福利和津贴主要的作用是保障。企业首先要根据相关的法律和规定，确保员工的正常福利或津贴。例如，五险一金、带薪休假、防暑降温费等。此外，企业还可以按照社会通行做法给予员工一定的福利，如节日补贴、交通补贴、午餐补贴等。

对于职能部门人员中的核心人员，企业应该制定有别于其他人员的福利，以体现该岗位或员工的重要性。例如，有的企业会为部门经理级员工购买一定的商业保险，或提供一定的活动经费。

10.3 技术人员薪酬设计

很多企业将技术人员与职能部门中的一般管理人员统称为专业技术人员。事实上，技术人员和职能部门中的一般管理人员仍存在较大的不同。技术人员是一个较为特殊的群体，一方面技术人员接受过较高的教育或具有较高的职业资格，另一方面技术人员研究和解决企业中与产品有关的问题或改造技术，他们的工作对象是产品而不是人。

10.3.1 技术人员的工作特点

技术人员具有以下特点。

（1）技术人员可流动性强。技术人员一般受教育程度高，并具备较高的个人能力，在劳动力市场上一般具有较强的竞争力。特别是有过丰富实践经验或曾经在研究和技术创新方面取得过成绩的人，更是人才市场上各企业追逐的重点。

（2）技术人员个人绩效难以评价。技术人员的工作多以团队协作的形式完成。技术人员属于知识人才，通过团队协作可以取得更大的成绩。企业某一位技术人员所掌握的环节只是产品的一部分，技术团队协作才能确保个人技术、能力得到最大的发挥。在评价个人技术能力和贡献时，知识团队的协作难以落实到某一个人的身上。

（3）技术人员更加注重追求自身价值。由于技术人员的工作对象是产品而不是人。技术人员往往会形成以自我为中心的性格。他们较为注重个人智慧及才能的发挥，注重自我价值的实现以及个人能力水平的提高。为了保持自己的价值，技术人员比较注重持续学习，以确保自己站在技术领域的前沿。

10.3.2 技术人员的薪酬影响因素

如图 10-8 所示，企业制定技术人员薪酬政策时应考虑三个方面的因素：企业外部环境因素、企业内部环境因素和薪酬策略因素。企业外部环境因素包括市场薪酬水平、劳动力市场供需状况和工作内容所需的知识程度等；企业内部环境因素包括企业类型和产品对技术的依赖性等；薪酬策略因素包括岗位价值和任职资格等。

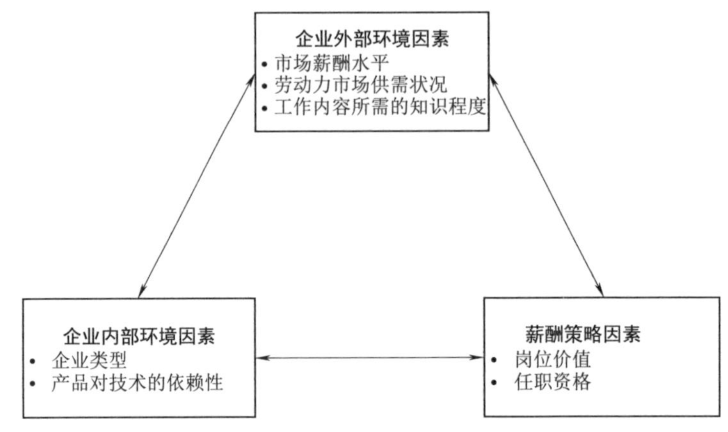

图 10-8 技术人员薪酬影响因素

1. 企业外部环境因素

（1）市场薪酬水平。技术人员同其他劳动力一样，会流向薪酬相对较高的企业。技术人员具有较强的自我成就需要，在研究内容、工作成果无法与同行业人员比较的情况下，技术人员会将薪酬水平作为自我肯定的一部分。具有市场竞争力水平的薪酬是吸引人才的手段，也是激励技术人员的有效措施。

（2）劳动力市场供需状况。同职能部门人员的劳动力市场影响类似，劳动力供给的紧张和过剩会造成技术人员薪酬水平的提高和降低。与职能部门人员不同的是，某些技术或资质具有稀缺性，这会影响技术人员的薪酬水平。例如，一级注册建筑师的通过率很低，而其资质对企业注册资质有影响。大部分一级注册建筑师都会流向大型设计单位或国有设计院所，此类人员的市场稀缺性较高，所以其薪酬水平往往高于相近的一级注册结构师。

（3）工作内容所需的知识程度。技术人员是知识型员工，所掌握的知识对工作绩效的影响很大。不同工作岗位所掌握的知识程度也会影响到技术人员的薪酬水平。与管理型岗位主要依靠管理实践不同，技术型岗位既需要工作实践，又需要理论基础，所以技术人员的薪酬一般与学历水平、职业资质成正比。员工学历越高、职业资质越高，越容易获得更高的薪酬。

2. 企业内部环境因素

（1）企业类型。不同企业，同样技术人员的薪酬水平是不同的。这取决于企业对技术的重视程度。同样的一名化学工程师，在技术人员林立的大型企业，也许只能获得技术人员的平均薪酬，但在一个新兴的私营企业，也许就会因为其成为企业唯一的技术人员而获得很高的薪酬。

（2）产品对技术的依赖性。企业产品对技术或技术创新依赖性高，技术人员薪酬水平就会处于较高水平。例如，在设计院所管理人员的薪酬普遍低于技术人员。在 IT 企业等高技术企业，技术人员的薪酬水平也处于领先水平。

3. 薪酬策略因素

（1）岗位价值。技术人员的岗位重要性与技术人员所研究的技术或产品有关。同一产品，在不同企业的地位是不一样的。企业在设计薪酬时会倾向于提高企业主要产品相关的技术人员薪酬，降低与企业主要产品无关的技术人员的薪酬。

（2）任职资格。在绩效标准难以量化的情况下，技术人员的任职资格成为区别技术人员薪酬的重要依据。任职能力越高的员工市场需求越高，企业薪酬水平也就越高。任职资格因素主要包括三部分内容：受教育程度、职业资格水平和工作经历的长短。

10.3.3　技术人员的薪酬形式

如表 10-3 所示，国内较为常用的技术人员的薪酬形式有三种类型。

表 10-3　常见的技术人员薪酬形式

类型	主要结构	影响薪酬主要因素	优点	缺点
一	基本工资 + 岗位工资 + 技术津贴 + 年功工资 + 绩效工资 + 奖金	岗位、技术等级、工作时间	稳定团队	缺乏激励
二	基本工资 + 奖金	综合能力、绩效水平	鼓励员工提高能力和绩效	对成本控制能力要高
三	基本薪酬 + 绩效薪酬 + 股权激励	核心技术能力、绩效水平	能力、稳定、绩效等都有所考虑	人工成本较高

1. 类型一：年薪 = 基本工资 + 岗位工资 + 技术津贴 + 年功工资 + 绩效工资 + 奖金

与职能部门人员类型一的薪酬模式相比，这种薪酬模式增加了技术津贴。该薪酬模式的项目比较多，结构相对复杂，但所考虑的薪酬因素比较全面。与专业人员相比，技术人员的工作经验和技术等级对技术人员的能力影响更为直接。企业技术人员对实践性要求较高。如果把技术人员的学历水平看作专业能力，技术等级则代表了其专业能力，工作年限则基本体现了技术人员的实践经验。复杂的薪酬模式，更能够解决全方位的薪酬问题。

这种薪酬模式过于强调薪酬的全面性，而忽略了薪酬对技术人员的激励作用，所以此类薪酬模式的实际激励效果有限。

2. 类型二：年薪 = 基本工资 + 奖金

与类型一相比，类型二的结构非常简单。在类型二中，基本工资是基于能力确定。它将第一项的学历水平、工作经验和技术等级等因素统一作为核定基本薪酬的依据，淡化了岗位工资的因素。此项设计为技术人员设计了一条非管理岗位提升的个人发展道路，确保技术人员能够按照技术途径在企业中一直发展下去。除此以外，奖金体现了技术人员的绩效表现，绩效水平高的员工可以获得更高的奖金。

这样的薪酬体系简单明了，激励作用体现得也非常直接。其问题在于：设计基本薪酬时需要建立任职资格体系或建立胜任力模型，人力资源专业要求比较高；奖金核定工作对绩效考核提出了一定的要求。技术人员的工作往往通过团队协作完成。奖金奖励是基于个人的。并不是所有的团队合作项目中都能够客观地评价和区分出个人的作用和表现，同时技术人员的业绩也需要一个较长的时间才能真正体现出来，所以处理不好，奖金会造成内部不公平性。

3. 类型三：年薪 = 基本薪酬 + 绩效薪酬 + 股权激励

有些企业，技术水平对产品的竞争力会有重要影响。例如，技术是 IT 企业竞争力的核心。此类企业中，不只要按照员工的能力确定员工的薪酬体系，还要给予核心技术人员一定的股权激励，以确保企业技术的长期竞争力。

股权激励解决了对技术评价长期性问题，将技术人员的工作成果与企业的发展联系到一起。技术人员的工作成果越好，企业的发展前景就越好。持有股权的技术人员也就可以获得更多的回报。

10.3.4　职能制薪酬设计

在技术人员的薪酬设计中，采用职能制薪酬已经成为一个共识。我们可以以类型二中的薪酬结构，即"年薪 = 基本工资 + 奖金"来了解职能制薪酬设计的一般方法。实施职能制薪酬设计程序如图 10-9 所示。

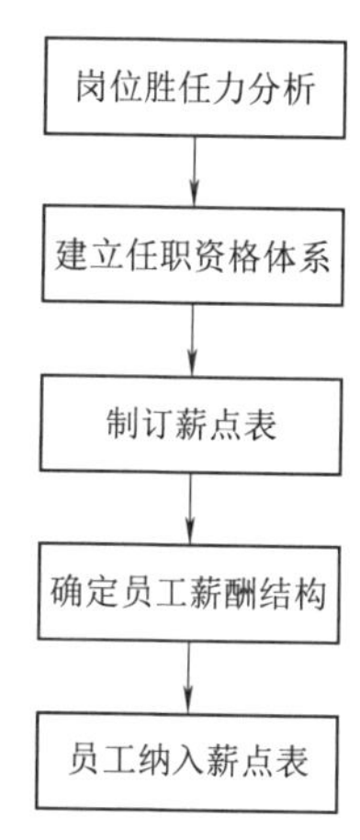

图 10-9　职能部门人员职能制薪酬设计程序

1. 岗位胜任力分析

胜任力分析是一项专业性很强的工作。按照麦克利兰的观点，人的能力犹如海中的冰山，浮出水面的部分只是表象，而水下的大部分才是决定员工能力的重要因素。胜任力分析就是把员工表象和潜在的能力进行归纳，并依此决定企业如何选择和培养员工的能力。

胜任力分析包括完成岗位工作时，个人所需要掌握的知识以及运用知识的能力、完成特定工作时的心理素质要求、完成工作时的工作态度和价值观、解决实际问题时的个人能力表现、个人工作的内在动机以及如何完成工作等一系列行为特征。麦克利兰同时提供了便于企业操作的胜任素质词典，企业管理者需要根据不同的岗位，确定胜任素质词典中需要考查的要素，并由管理者、外部专家和绩优员工进行综合评价。

类似的工具有许多，工具之间的不同点是对胜任能力要素的划分方式和评价内容，但使用方法基本一致。

2. 建立任职资格体系

任职资格体系包括胜任力标准和行为标准。其中，胜任力标准是员工素质、知识和技能要求，行为标准是员工工作行为的具体要求。

编制岗位任职资格时，第一步确定任职资格标准，即某岗位所需要的能力和任职要求有哪些。第二步进行任职评价，就是对岗位任职人员的能力评价，经过评价可以了解现有人员的任职资格与组织需要之间差距有多大。第三步进行任职资格调整评价，即根据任职资格标准和员工实际任职资格情况和绩效水平，确定不同的任职资格等级。第四步落实任职资格及进行必要的反馈。任职资格标准和等级确定后可以根据员工的实际任职资格水平，确定员工所在的任职资格等，并通过任职资格的实践和员工工作绩效水平，对任职资格标准进行修订或调整。

企业建立任职资格体系，需要首先由人力资源专业人员确定任职资格体系的结构，并采用行为访谈法和案例分析法等分析、建立任职资格标准。

3. 制订薪点表

职能制薪酬一般都会采用薪点表。薪点表的编制在第 6 章中有较为详细的介绍。

4. 确定员工薪酬结构

确定技术人员的薪酬结构，可以先确定年薪总额，再根据年薪总额确定基本薪酬和绩效薪酬的方法。技术人员基本薪酬占年薪的比例通常在 60% ~80% 之间。

5. 员工纳入薪点表

在确定员工的基本薪酬水平后，即可以根据员工任职资格水平纳入相应的薪等和薪级。

10.4　销售人员薪酬设计

销售人员是企业中从事销售工作的人，包括销售部门中与客户打交道的员工和企业中与销售工作有关的辅助岗位。例如，销售部的客服人员、销售部的内勤等，也可以视为企业的销售人员。另外，企业总经理、分管市场和销售的副总经理虽然是管理岗位，但也会从事销售工作。销售辅助岗位和管理类从事销售工作的人员不在本书讨论。

10. 4. 1　销售人员的工作特点

销售人员是连接企业产品与外部客户的纽带，是企业实现收入的主要渠道。销售团队不好管理，因为销售人员的工作时间、工作方法都要根据外部客户进行调整，其工作自由度高，难以监督。

销售人员的工作具有以下特点。

（1）销售人员的工作业绩不稳定。销售人员的工作业绩会受多方面的影响，比如，社会经济形势、国家政策、流行趋势、消费者心理等，这些因素都不能够或不易为销售人员控制。

（2）销售人员流动性比较大。销售人员岗位的可替代性很强，对薪酬和工作压力的敏感度很高，一旦企业薪酬标准下降，或工作压力加大，都容易造成销售人员的离职。相对于管理、专业、技术团队，销售人员队伍的稳定性弱。

（3）销售人员一般采用以业绩定薪酬的方式。销售人员工不太重视学历、资历等，更加注重员工的业绩。绝大部分企业会按照业绩水平决定销售人员的薪酬和职务。

10. 4. 2　销售人员的薪酬影响因素

如图 10-10 所示，企业制定销售人员薪酬政策时应考虑三个方面的因素：企业外部环境因素、企业内部环境因素和薪酬策略因素。企业外部环境因素包括宏观经济形势、市场薪酬水平和劳动力市场供需状况等；企业内部环境因素包括企业类型、销售策略和产品定位等；薪酬策略因素包括业绩情况和历史薪酬等。

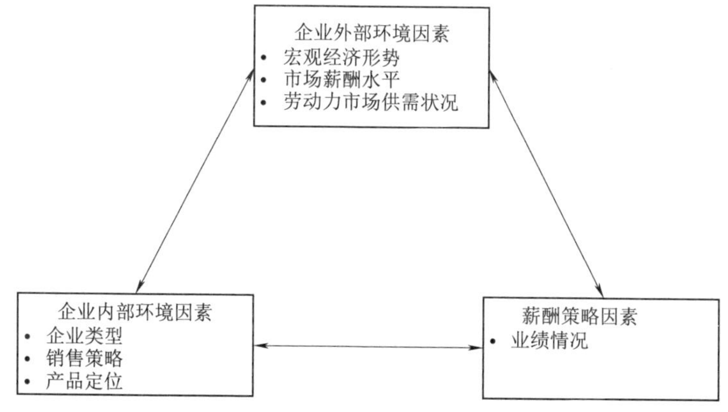

图 10-10　销售人员薪酬影响因素

1. 企业外部环境因素

（1）宏观经济形势。宏观经济形势会对企业效益产生较大的影响，也会对销售人员的薪酬策略产生较大的影响。在不同的宏观形势下，销售人员创造销售业绩所付出的努力是不同的。宏观经济形势越好，销售人员创造高业绩的可能性就越大。例如，房地产市场火爆时，销售人员可以很容易地取得较高的业绩。房地产市场萧条时，销售人员即使再努力，也难以取得当年的销售业绩。在不同的形势下，从维持销售人员的稳定和节约企业销售费用两个角度考虑，企业应采取不同的激励措施。在宏观形势较好的情况下，应降低销售人员薪酬与业绩的挂钩比例。在宏观形势较差的情况下，应提高挂钩比例，并增加对销售人员工作过程的激励。

（2）市场薪酬水平。销售人员多与企业以外的客户打交道，与其他企业销售人员的接触机会较多，对市场薪酬水平更为了解。销售人员对市场薪酬水平的敏感度也要高于其他人员。当本企业的激励政策或产品竞争力落后于其他企业时，销售人员往往会选择流向薪酬相对较高的企业。

（3）劳动力市场供需状况。销售人员的可替代性比较强，受劳动力市场供需状况影响很大。当劳动力市场供应过剩时，企业更容易招聘到优秀的销售人员，从而会采取高工作压力低薪酬激励的措施。当劳动力市场供应短缺时，企业会确保现有销售队伍的稳定，并适当减少现有人员工作压力或提高销售人员业绩提成。

2. 企业内部环境因素

（1）企业类型。不同类型的企业，销售人员的薪酬激励措施是不同的。在零售行业，销售人员与客户之间是面对面的营销，客户购买企业产品，销售人员便完成销售。在软件服务行业，销售人员与客户达成协议只是销售过程的一个环节，销售人员还要解决在软件设计和实施过程中的问题，并确保产品按照客户的要求正常运行后，才能保证收入的全部实现。其销售周期更长，销售人员跟踪和参与的环节也较多。与此两类行业相似的行业有很多，在不同的行业中，销售人员的激励措施应该有所区别，激励水平应该与销售收入的达成以及销售过程有关，薪酬兑现则应该与销售回款及后续问题的解决联系到一起。

（2）销售策略。企业的销售策略会对销售人员薪酬产生较大的影响。在市场形势好的时候，企业会惜售并调高销售价格，以确保更好的利润率，销售人员的销售难度会因为企业价格提高有所增加，销售收入的实现也会因为企业惜售难以达到理想水平，从而影响销售人员的薪酬水平。在旅游行业，则较为注重销售渠道管理，而不太重视点对点的旅游产品销售。此类企业较为重视对市场类人员的激励而忽视对销售人员的激励。在有些成长期的企业会采取低于成本价格销售产品，以抢占更多的市场份额。采取此类措施的企业，为减少销售费费用，也会调低销售人员的激励水平。

（3）产品定位。企业采用不同的产品定位，其激励措施也不相同。例如，同样的汽车行业，在利润率较高的高端市场，企业更加注重某一客户的长期跟踪、客户忠诚度和客户口碑。在低端市场，企业则更加注重客户的数量，缺少对客户忠诚度的维护。同样汽车行业，销售人员的工作重点也是完全不同的。在中高端市场企业会注重对销售人员销售过程的考核和激励。在低端市场，则注重对销售人员销售业绩的考核和激励。

3. 薪酬策略因素

业绩情况。销售人员要靠业绩说话。业绩是确定销售人员薪酬水平的第一要素。在业绩面前，销售人员的工作资历、学历水平等就无足轻重了。对销售人员的业绩评价分为三类情况：一是业绩就是销售结果，一般指销售收入。二是业绩既代表了销售结果，又包括了销售过程。销售人员即使没有取得理想的销售结果，过程做好了也可以得到一定的激励。三是团队式激励，即企业激励的是一个销售团队，在团队中每个销售人员所起到的作用是不同的。激励更加注重针对每个人在团队中的作用，而不是具体的个人实现多少收入。

10.4.3　销售人员的薪酬形式

如表 10-4 所示，国内较为常用的销售人员的薪酬形式有四种类型。

表 10-4　常见的销售人员薪酬形式

类型	主要结构	影响薪酬主要因素	优　点	缺　点
一	基本薪酬 + 绩效薪酬	岗位	销售人员有稳定收入；便于人工成本控制	激励不及时，作用有限
二	基本工资 + 业务提成	个人绩效	销售人员收入稳定；有较强的激励作用	对团队合作不利；销售人员的业绩未必与努力同步

续表

类型	主要结构	影响薪酬主要因素	优　点	缺　点
三	基本工资 + 业务提成 + 奖金	个人绩效和企业绩效	销售人员收入稳定，有较强的激励作用；能够体现团队绩效	奖金分配具有一定主观性，易误导销售人员
四	纯业绩提成	个人绩效	激励性非常强	收入不稳定，易导致人员流失，带来长期风险

1. 类型一：年薪 = 基本薪酬 + 绩效薪酬

基本薪酬 + 绩效薪酬的模式与企业的专业人员薪酬类型相似。企业根据销售人员的岗位确定销售人员的基本薪酬，其目的在于为销售人员提供基本的生活保障，体现销售人员岗位重要性。根据企业或项目总体业绩完成情况，按照销售人员岗位等级和工作重要性，给予销售人员一定的绩效薪酬。

企业是垄断型企业或企业在衰退期间时，较易采用此类薪酬模式。该薪酬模式最大的特点是员工有稳定的收入，且员工的激励与整体效益相挂钩，个人努力程度并不直接影响员工薪酬水平。垄断型企业市场占有率较高，产品的可替代性也比较差，没有必要拿出额外的成本激励销售人员，所以销售人员就成为与企业职能部门人员相类似的专业人员，只不过他们的工作对象是外部顾客。企业并不会给予销售人员过多的业绩要求，只要销售人员按照企业管理要求完成相关的工作即可。销售人员的岗位等级对薪酬的影响较明显。员工岗位等级越高，基本薪酬水平和参与绩效薪酬分配的比例就越大。

当企业在衰退期时，销售人员的努力并不能给企业带来根本转变。企业的目标就是减缓衰退过程，首要的控制目标就是降低成本。企业对销售人员的要求就是维持正常的业务，并确保人员稳定。该薪酬模式可以减小销售人员的流动风险，确保企业以较低的人工成本完成既定目标。

2. 类型二：年薪 = 基本工资 + 业务提成

这种薪酬模式是最为常用的销售人员薪酬模式，广泛存在于充分竞争的市场环境下。此模式下，销售人员基本工资是基本的生活保障，普通销售人员和管理人员在基本工资上的差距并不大，业绩提成则与个人所达成的销售额相关。销售人员完成销售任务并确保顺利回款后，即可以按照与企业的事先约定，取得相应的业绩提成。该薪酬模式的激励导向十分直接，销售人员清楚地知道自己应该做什么，并会努力取得最好的业绩水平。

这种模式的问题是，业绩提成与个人业绩挂钩，而与企业整体绩效无关。销售人员之间经常会互相争夺市场和客户，缺乏合作，对企业的长期发展和整体利益不利。同时，企业能够影响到销售人员工作表现的因素只有销售计划和提成比例。销售人员会忽略企业的其他管理要求，对企业的管理模式也漠不关心，从而影响企业整体管理水平的提高。

3. 类型三：年薪 = 基本工资 + 业务提成 + 奖金

考虑到前两类薪酬模式的优点和缺点，一些企业采取业绩提成 + 奖金的激励方式。其本质上是将销售人员的个人业绩提成的一部分拿出来，参与整体绩效激励分配。这样的做法，一方面，销售人员个人业绩完成突出的，就可以取得较好的业绩收入；另一方面，即使销售人员没有完成任务，但能够按照企业整体要求完成其他工作，并在企业绩效增长的前提下，获得一部分奖金。

这种模式的好处是将员工个人绩效与企业整体绩效联系在了一起。问题是，在奖金分配时，企业会按照员工的行为表现而不是个人业绩确定分配水平。这会给员工造成一个印象，即只要按照企业的要求做了，有没有业绩都可以获得激励，从而导致员工不愿意为个人业绩付出过多的努力，从而影响企业整体的效益提高。

4. 类型四：年薪 = 纯业务提成

完全按照业绩提成的方式也叫作佣金模式，指销售人员的薪酬中没有基本薪酬，全部由业务提成组成。销售人员有业绩就有收入，业绩越高收入越多；销售人员如果没有业绩就没有收入。这种薪酬模式将企业经营风险完全转嫁给销售人员。销售人员工作压力比较大，但回报水平也会很高。当销售人员认为企业激励措施合理，或能够承担企业工作压力时，会继续工作；当销售人员认为企业激励不合理或工作压力过大时，往往会选择离开企业。企业销售人员的流失风险比较大。在这种薪酬模式下，企业并不能为销售人员提供任何保障，员工也没有企业主人翁的感觉。

此类薪酬模式较为适合对销售人员基本素质或能力要求不高，企业产品同质化较强，或销售人员是临时性人员的情况。一般不会被企业广泛采用。

10.4.4　提成制薪酬设计

销售人员薪酬设计要从业绩提成挂钩指标、业绩提成比例和提成兑现方法三个方面来考虑。

1. 业绩提成挂钩指标

销售人员的业绩提成挂钩指标一般采用财务指标。最为常用的是收入指标。企业利润是由两部分构成，收入和成本费用。其中收入来自客户。企业中联系客户的岗位是销售人员，所以销售人员直接对企业的收入完成负责。企业的运营过程主要体现在成本费用上，例如，采购影响到企业成本、管理过程影响到企业的费用。企业的利润水平则受到综合管理水平、产品选择和企业整体规模等影响，落实到企业的具体岗位上是高层管理岗位和技术人员。

按照销售人员工作流程，与收入产生相关的工作包括：开发客户、购买产品、回收款项。产品销售的最终结果是款项的回收。当产品款项全部回收后，就形成了企业的销售收入。所以销售人员的业绩提成应该与销售收入指标挂钩。

2. 业绩提成比例

销售人员完成销售业绩后，应该如何提取提成比例，是销售人员薪酬设计的难点。

在销售提成设计阶段。首先要考虑的问题是，企业愿意从利润中拿出多大的比例奖励销售人员。这个指标计算，可以参考人事费用率指标。人事费用率，指企业人工成本与销售收入的比值。核定销售人员薪酬时，可以将销售人员人工成本与销售收入的比值指标作为评价依据。如图 10-11 所示，为了维持企业销售人员薪酬的外部竞争性，企业可以将销售人员人事费用率与竞争对手比较。当企业销售人员人事费用率高于其他企业时，说明企业销售人员提成比例过高，应当适当降低。反之，应该提高提成比例。

图 10-11　销售人员人事费用率与竞争对手比较

如图 10-12 所示，企业还可以将当期销售人员人事费用率与上一期销售人员人事费用率进行比较。如果上升，说明人工成本支出速度超过了销售收入的增长速度，应该适当调减销售人员提成比例。如果下降，说明销售人员销售收入的提高速度超过了销售人员人工成本的增加速度，企业可以适当提高销售人员提成比例，以激励销售人员继续提高销售收入。

图 10-12　销售人员人事费用率与历史比较

其次，企业要考虑采用业绩提成的具体标准。一般企业会采用阶梯式的提成设计。如表 10-5 所示，销售人员确定一个基本提成比例，当销售人员完成的销售收入超过某个目标时，即可以享受到相应区间的提成比例。

表 10-5　某企业销售人员业绩提成比例

当月销售收入目标	实现销售收入	提成公式
30 万元	≤30 万元	实际销售收入 ×1%
	>30 万元	0.3 +（实际销售收入 -30）×1.2%
	>40 万元	0.42 +（实际销售收入 -40）×1.4%
	>50 万元	0.56 +（实际销售收入 -40）×1.6%

3. 提成兑现方法

本着及时激励的原则，销售人员业绩提成应该尽早兑现。不同的产品销售周期不同，从销售人员与客户确定销售合同，到销售人员完成全部货款的回收会有一个较长的周期，待销售收入全部实现再一次性兑现提成，会影响销售人员的工作积极性。当期兑现薪酬过多，易造成销售收入不能全部实现，而造成部分坏账，影响到企业的利润。所以在兑现销售人员薪酬时，一般会采取分期兑现的方式。

如表 10-6 所示，是某建设企业的销售提成兑现表。该销售人员提成比例为项目合同金额的 0.5%，销售人员的提成共分四次结清：第一次在收到预付款后，代表项目正式开始。第二次和第三次是在工程进场后和竣工后兑现。第四次是在工程款全部回收完成。四次回款与企业收款和工程进度相关，确保销售人员在施工过程中，继续与建设方保持较好地沟通，并对项目建设和回款提供帮助。

表 10-6　某建设企业销售人员业绩提成兑现表

项　目	提成比例	提成基数	兑现时间
第一次	10%	项目合同金额的 0.5%	预付款到账 30 日内
第二次	30%		进场后，第一期工程款到账 30 日内
第三次	50%		工程竣工，通过验收后 30 日内
第四次	10%		竣工后 12 月，全部款项结清后
合计	100%		预付款到账至尾款结清

10.5　操作人员

操作人员是企业中直接从事生产和服务或为直接从事生产和服务人员提供辅助的人员。不同企业操作人员的称谓不同，例如，生产企业的生产人员和维修人员、服务行业的服务人员和保安人员、运输行业的司机和搬运人员等。在一些技术含量较高的行业，操作人员与技术人员或专业人员的概念已变得越来越模糊，例如，咨询公司的咨询师、IT 企业的程序员，既可以按照操作人员来定位，也可以按照专业或技术人员定位。根据人们一般的认识，能够划分到专业或技术人员范畴的岗位，企业一般都会按照专业或技术人员进行管理。

10.5.1　操作人员的工作特点

操作人员具有以下特点。

（1）数量比较多。按照金字塔式的管理结构，操作人员在企业组织机构的最底层，其人员数量大。操作人员同质化很强，所以相对企业中的其他人员，操作人员较易管理。

（2）工作重复性较强。操作人员的工作一般都具有周期性，例如，生产车间的工人每个月或每天都要重复着同样的工作，其工作绩效评价起来相对容易。随着企业生产技术水平的提高，企业对操作人员的技术能力要求也逐步提高，但操作人员工作重复性的特点并没有大的变化。

（3）学历水平不高。操作人员的学历水平在企业中属于比较低的水平。加上企业中历来轻蓝领重白领的影响，操作人员大多希望收入的稳定性以及通过努力或学习，改善自己的工作条件，其更加关注个人的职业发展。

（4）个人工作对企业整体影响有限，团体工作对企业影响很大。同一岗位下存在若干操作人员，所以单个操作人员的工作绩效对企业整体影响是有限的。但某一岗位操作人员的群体业绩对企业的影响是很大，因为操作人员的工作效果直接影响企业价值链中基本活动的成果。

10. 5. 2　操作人员的薪酬影响因素

如图 10-13 所示，企业制定操作人员薪酬政策时应考虑三个方面的因素：企业外部环境因素、企业内部环境因素和薪酬策略因素。企业外部环境因素包括宏观经济形势、市场薪酬水平和劳动力市场供需状况等；企业内部环境因素包括企业发展前景、工作复杂性和薪酬内部公平性等；薪酬策略因素包括工作量、工作时间及个人技能等。

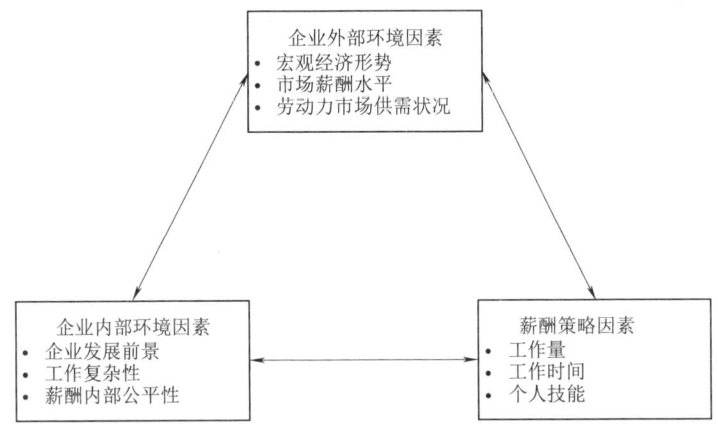

图 10-13　操作人员薪酬影响因素

1. 企业外部环境因素

（1）宏观经济形势。宏观经济对操作人员的影响非常直接。当宏观经济形势趋好时，市场商品流动数量比较大，企业生产产品数量增多，操作人员的工作比较量增加，薪酬水平也会提高。相反，企业生产产品数量下降，操作人员薪酬水平也相应下降。宏观经济形势还会影响操作人员就业。当企业生产任务加重时，希望招用更多的人员，并延长员工工作时间，以生产更多的产品，此时操作人员的薪酬水平会相应提高。

（2）市场薪酬水平。操作人员的岗位可替代性非常强。操作人员同其他劳动力一样，会流向薪酬相对较高的企业。市场薪酬水平对操作人员影响很大。企业获取市场薪酬水平通过两种途径：一是通过市场调查获得操作人员薪酬水平的信息。国家或地方每年会发布地区或行业薪酬情况的报告，这些数据对企业具有一定的指引作用。二是通过本企业操作人员的流失情况和招聘操作人员的难易程度来判断市场薪酬水平高低。操作人员的薪酬敏感性比较高，企业薪酬水平的调整能够对操作人员流动产生直接影响。

（3）劳动力市场供需状况。当劳动力供应紧张时，企业需要提高操作人员薪酬水平以吸引优秀的操作人员。当劳动力市场供应过盛时，企业会降低操作人员的薪酬水平以节约企业的成本。操作人员劳动力市场供需决定了员工的薪酬政策。操作人员也存在与技术人员相似的岗位稀缺性。例如，能够操作最新机型车床的车工，能够维修最新机器的维修人员等。技术工人的薪酬与其岗位稀缺性也存在直接联系。

2. 企业内部环境因素

（1）企业发展前景。操作人员追求工作的稳定性，所以企业的发展前景也会影响就业。操作人员对企业的发展判断来自企业生产产品的数量、库存产品的数量和工资是否能够按时发放。其对企业发展前景的判断非常直接而具体，这些因素是企业设计薪酬时应该考虑的要素。

（2）工作复杂性。操作人员所需要的技能并不一样。按照一般的岗位分类，操作人员可以分为操作工和技工。其中操作工的技术含量相对较低，技工一般都具有某一专业技术能力。同样，技工的工作复杂性也应该高于操作工。企业薪酬设计上，也会将这一差距体现出来。

（3）薪酬内部公平性。操作人员更加注重薪酬的内部公平性。由于企业内部的操作人员是一大类群体，所以操作人员会通过相似或相同岗位不同员工间薪酬比较判断员工给予自己的薪酬是否公平。与专业技术人员的内部公平性比较不同，操作人员更加关注个人薪酬在整体薪酬中的水平如何，而不是自己的薪酬相对于某一个个人高还是低。薪酬设计时，企业会采用按岗定薪或按照工作量定薪的方式，以确保操作人员在薪酬比较时，更为直接、客观。

3. 薪酬策略因素

影响操作人员薪酬的因素主要包括：工作量多少、工作时间长短和操作人员的技能水平。其中，工作量多少一般以计件工资的形式体现。工作时间长短一般以计时工资的形式体现。技能水平一般以岗位薪酬体现。

10.5.3　操作人员薪酬形式

如表 10-7 所示，国内较为常用的操作人员的薪酬模式有三种。

表 10-7　常见的操作人员薪酬模式

类型	主要结构	影响薪酬主要因素	优　点	缺　点
一	基本工资 + 津贴 + 绩效工资	岗位、个人绩效	薪酬考虑全面、员工收入稳定	过于中庸，缺乏激励性
二	基本工资 + 奖金	岗位、个人绩效	激励作用更强	薪酬缺乏稳定性
三	基本薪酬 + 绩效薪酬	岗位、团队绩效	收入稳定，注重团队业绩	难以体现员工的个人成绩

1. 类型一：年薪 = 基本工资 + 津贴 + 绩效工资

操作人员的基本工资为员工提供的基本生活保障。基本工资一般根据当地职工最低工资或行业内基本工资水平确定。操作人员的薪酬在企业中属于较低水平。基本工资是员工工资中最稳定的部分。为了提高激励的力度，企业常常会降低基本工资，提高与业绩有关的薪酬比例。操作人员津贴在薪酬中的比重较大。国家对部分津贴也有明确的法律规定，所以津贴是操作人员薪酬构成的一项基本因素。除国家规定的危险作业津贴等项目外，企业也常常为操作人员设计职务津贴项目。对既从事具体劳动，又具有一定管理责任的岗位，适当增加职务津贴，体现其薪酬与一般操作人员的差异性。绩效工资是体现薪酬对操作人员激励性的主要部分。操作人员绩效工资一般与其业绩挂钩，而衡量操作人员工作业绩的因素包括工作数量、工作时间和工作质量。

类型一模式既包括基本薪酬，又有体现操作人员的岗位差异性的津贴项目，还有反映操作人员工作业绩的薪酬项目。该薪酬模式整体均衡。但问题是，该薪酬方式过于均衡，而不能很好地体现薪酬的激励作用。该薪酬模式下员工不会因为工作不好而挨饿，也不会因为工作努力而发家。

2. 类型二：年薪 = 基本工资 + 奖金

相对于类型一，类型二的薪酬模式将基本工资和津贴等全部纳入基本工资之中。操作人员薪酬只包括了基本工资和奖金两部分。该模式结构简单，容易让员工理解。由于固定部分全部合并到一起，企业可以将员工薪酬中更大的比例与员工工作业绩挂钩。这种薪酬方式的激励性更强，但员工的基本收入有所下降，会使员工产生不安全感。

3. 类型三：年薪 = 基本薪酬 + 绩效薪酬

类型三的薪酬模式，与专业技术人员的薪酬管理方式较为接近，适用于技术性比较强，且工作对操作人员协作性要求较高的企业。其中基本薪酬可以参照类型二的方法确定，也可以按照员工岗位级别确定。绩效薪酬体现团队绩效或企业整体绩效，操作人员按照整体绩效以及自己在团队或组织工作中的表现，具体确定绩效标准。

该薪酬方法是解决操作人员团队激励的有效方法，但该方法的可计量性不强，容易引起员工的不公平感。

10.5.4 计件工资和计时工资的计算方法

操作人员的工作内容并不复杂，薪酬模式也相对简单。操作人员薪酬模式中的难点在于如何计算员工的计件工资或计时工资。

1. 计件工资制

计件工资制是把员工生产的产品量与薪酬挂钩的方式。计件工资制适用于员工工作数量较易计量、产品质量较易检测，且产品生产周期较短的情况。

计件工资的计算一般是以员工计划工作量为基础，确定员工计件工资的基数，员工实际生产数量超过计划数量，则按照超额情况给予一定的奖励。员工实际生产数量不足计划数量，则按照一定的比例扣减员工工资。

下面为基本的操作人员计件工资计算公式：

$$W = W_0 + (Q_1 - Q_0) \times R$$

式中，W 代表员工所应获得的计件报酬。

W_0为员工计件薪酬基数，企业根据当期生产任务总量和员工平均生产量来确定每个员工的生产数量，并根据员工平均生产数量乘以每件产品员工工资的计提比例，确定员工计件薪酬基数。同一岗位员工的计件薪酬基数应该相同。

Q_0为员工生产数量，也就是 W_0 中的企业所确定的员工应该达到的基本生产数量。

Q_1为员工实际生产数量，在实际生产中，每名员工的生产数量是不同的。

R 为员工单件提取工资比例。

企业在实际计算计件工资时，一般还会采取一些调整政策，这些调整政策就形成了不同特点的计件工资制。

（1）无限计件工资制。员工每多完成一件产品，即可享受相应的提成，计件工资上不封顶、下不保底。这样的方法对生产连续性、协作性要求不高，个人产量较易计量的环境较为适宜。

（2）有限计件工资制。员工多完成产品，可享受相应提成，但提成设置上限，当员工完成数量超过任务数量时，完成超多，每一件的提成比例超低。这样的设计主要是为了防止企业对员工生产定额管理水平不高时，造成员工人工成本支出过高。

（3）全额计件工资制。即员工计件工资中的 W_0 为 0。员工计件工资完全按照件数提取。

（4）间接计件工资制。该方法主要针对辅助性岗位，其本人工作是辅助操作人员完成生产，可以按照其所服务的员工生产量相应确定辅助性岗位的薪酬。

（5）集体性计件工资。即员工计件工资并不是以某一个员工的生产量为基数计算，而是以一个班组或其他组织为基础，计算集体计件工资总额。每一位员工的计件工资，按照集体计件工资总额及在工作中的重要性适当分配。

2. 计时工资制

计时工资制是把员工工作时间长短与薪酬挂钩的方式。计时工资制适用于员工工作数量不太容易计量，或产品生产周期较长的情况。

计时工资的计算一般是以员工正常工作时间为基础，确定员工工资基数，员工工作时间超过计划时间，则给予一定的奖励。员工实际工作时间不足，则按照一定的比例扣减员工工资。

计时工资制与企业职能部门人员按照工作时间计算薪酬的情况相似。

3. 计件工资制与计时工资制的比较

计件工资制和计时工资制有其各自的优缺点，企业在使用时要结合具体的情况，选择采用更适宜企业的模式。

计件工资制和计时工资制的比较如表 10-8 所示。

表 10-8　计件工资制和计时工资制的比较

工资制度	优　点	缺　点
计件工资制	能够准确反映员工劳动量 个人劳动报酬与收入直接挂钩，激励作用明显 易于人工成本控制	员工会片面追求生产数量而降低质量 员工会延长工作时间，以生产更多的产品
计时工资制	确保员工有稳定收入 按劳动时间计酬，简便易行	不能准确反映员工工作绩效与收入之间的联系 员工容易出现出工不出力的情况

10.6　【HR 必知】美国和日本企业高管人员年薪制模式

一、美国模式

美国企业市场化程度高，劳资双方一般通过协商解决薪酬问题。在美国企业中，管理人员分为三类：高级管理人员、中层管理人员和初级管理人员。其中，中层管理人员和初级管理人员的薪酬一般按照工人工资的一定倍数确定，高级管理人员的薪酬按其对企业的贡献确定。

（一）年薪结构

高层管理人员的薪酬一般由五部分组成：基本工资、奖金、长期激励、福利和津贴。

1. 基本工资

基本工资一般是一个固定数目，通常在财年初根据工作年限、竞争条件、生活费用和工作表现等因素进行适当调整。

2. 奖金

奖会通常是在财年底由董事会核定，是对经理人员完成短期目标和绩效的奖励，反映的是当年的业绩。

3. 长期激励

长期激励与短期奖励的根本区别是奖励时间的差异，长期奖励的时间一般是 3 ~ 5 年，也可能在 5 年以上。最常见的长期激励是股票期权。

4. 福利

高级管理人员的福利包括：带薪休假、由企业购买的各种保险、由企业提供的免费或打折服务（午餐、医疗、班车）等，高级管理人员的福利待遇往往高于一般工人。不仅如此，高级管理人员还享有一定的特殊福利。

5. 津贴

津贴是给予经理人员的特权。包括企业提供的内部舒适工作环境，如豪华的办公室、经理餐厅、专门的停车场等；企业外部的良好服务，如代缴俱乐部或协会会员费，报销饭店、飞机、汽车费用等；以及个人津贴，如金融咨询、低息贷款、税收补助、免费修缮个人住宅、有权使用企业财产等。

（二）年薪标准

美国企业高级管理人员年薪标准主要有两种形式：一是市场导向指标，如股票价格、股价年增长率等。二是公司财务指标，如税前利润、税后利润、每股盈利、长期资本报酬率、资产报酬率、净现金流量等。

二、日本模式

日本企业以管理者为主导，劳资一体化经营为主要特点。日本企业普遍采取股份制形式，在股份制企业中，个人股东比重很少，法人持股比重大，而法人与股东之间又存在一种交叉关系。许多企业董事长又是总经理，大部分董事会成员是其下级，这样，总经理实际上是终身制。所以日本的高级管理人员拥有极大的权力，并且这样的组织制度形式也确保了企业高级管理人员更加注重企业的长期发展和保持良好的社会声誉。

日本企业高级管理人员的年薪主要由工资和奖金构成。

1. 工资

工资水平主要由企业规模和效益状况确定，一般情况下，高级管理人员的工资水平比企业职工平均工资水平要高出数倍。

2. 奖金

日本高级管理人员的奖金在企业净利润中单独列项。高级管理人员与一般员工的奖金计算方法不同，差距很大。在高级管理人员奖金分配上，总经理的权限很大。所以高级管理人员之间的薪酬差距也是很大的。

3. 其他

除工资和奖金外，日本企业也为员工提供一些其他收入，如交际费用，一般凭单据报销。退休金，高级管理人员比普通员工要高出许多。长期激励在日本企业高级管理人员薪酬比例中仅占据较少的份额。

综上，在美国年薪制结构中，长期激励占据了高级管理人员薪酬的主要地位，而股票期权是长期激励的主要形式。日本企业直接采用股票期权的方式激励员工的情况较少，在长期激励上，日本企业注重采用事业型激励机制，如职务晋升、终身雇用、荣誉称号等。

如图 10-14 所示，根据 2001 年的统计数据，在美国规模 100 亿美元以上的大公司，CEO 薪酬构成大约为：基本工资占 17%，奖金占 11%，长期激励占 65%，福利津贴占 7%；在日本企业，CEO 薪酬构成中，基本工资占 64%，奖金占 31%，福利津贴占 3%，长期激励占 2%。

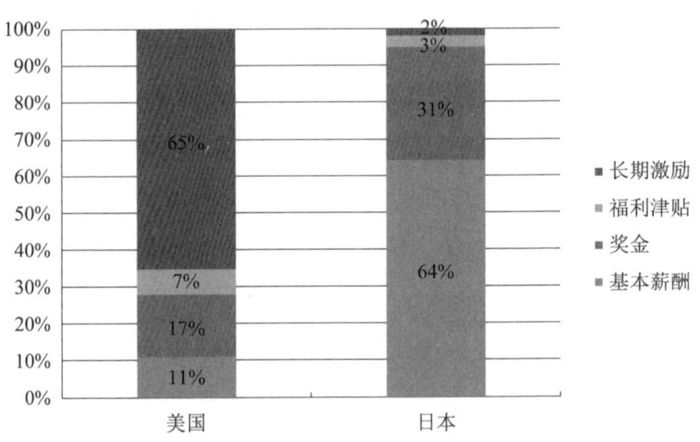

图 10-14　美国和日本企业高级管理人员薪酬比较

10.7　【疑难问题解答】

10.7.1　如何避免新老技术型员工薪酬不均的问题

很多企业都存在新老员工的薪酬水平不一致的情况。这种情况的产生主要由于年龄、经验、实践能力、背景等因素，而且这种情况较多地发生在专业技术岗位上。产生这种情况的原因主要有以下几点。

（1）专业技术岗位没有向上的晋升机会，员工一进企业就是个技术员，只要技术科长不走，员工再干十年还是个技术员。十年来，再来的新人仍是技术员，新老员工的岗位是一样的。

（2）以岗定薪，忽略了员工的其他因素。同上一点，新老员工都是技术员，在岗位制薪酬下，新老员工的薪酬标准就应该差不多。工作了十年的技术员和刚参加工作的技术员薪酬一样，老员工当然不满。

（3）专业技术岗位的绩效标准难以量化，员工的工作业绩难以用一个客观标准体现出来。员工们对绩效标准不认可，对因此得出的绩效薪酬也不认可。

新老员工的薪酬不平衡的问题由来已久，特别是在专业技术岗位，体现得更为明显，要想缓解这个问题，可以从以下方面入手。

（1）薪酬设计要确保内部公平性，具体体现在岗位和绩效上。同样的岗位基本薪酬应该是一致的，绩效标准也应该是相同的。同一岗位的员工通过绩效薪酬拉开薪酬差距也是合理的。

（2）要承认老员工对企业的贡献。老员工对企业的贡献不仅仅是我们所能够看到的绩效表现，还包括维持员工队伍的稳定、企业文化的打造等。这些贡献企业应该有所体现，因为新员工也面临着变老的问题，所以解决老员工的历史贡献，实际上可以稳定员工队伍，确保企业的长期发展。

（3）从企业文化建设入手，讲究精诚团结、合作的团队精神。薪酬调整的手段相对单一，企业应该引导员工，充分认识到彼此的优点和缺点，意识到只有相互配合、合作才能发挥他们各自的能力和经验，树立起他们积极、健康的价值取向。

（4）要加强绩效考核工作，确保绩效考核的科学性。绩效考核是对员工工作业绩的评价，也是员工工作价值体现的标尺，企业应该注重对绩效考核管理，确保绩效考核数据的真实性、客观性，确保绩效评价时以事实、数据讲话。以此为基础的分配，才能确保员工们信服。

（5）解决新老员工的职业发展问题。新老员工的工作岗位一致，说明了老员工在过去缺乏发展，不论这是企业还是员工个人原因造成的，企业都有责任帮助员工完成个人成长。所以企业还应该做好员工的职业发展设计问题，从根本上解决新老员工薪酬不平衡的问题。

10.7.2　如何核定操作人员的标准工时

核定操作人员的标准工时是企业一项基础的管理工作。核定标准工时，企业才可以掌握员工工作是否达到了基本要求，才能因此制定操作人员的激励措施。

核定标准工时的方法多采用秒表法。其程序是，第一步明确员工的工作流程，明确每一道工序。第二步明确每道工序操作人员工作的规程。员工在工作中哪些工作是必要的，哪些工作是与工作无关的，都需要详细地列出来。第三步是由第三者对员工每一道工序进行计时，员工完成每一道工序需要的时间是多少。这个时间可以以一个员工的工作时间为准，也可以以多名员工的工作时间的平均值为准。第四步是对员工每道工序的工作时间进行加总，得出总工作时间。在加总时，一般不会考虑工序之间的衔接问题，其时间是在假设员工各工序能够按照标准完成的情况下确定。第五步是对员工操作总时间进行调整。没有哪一个员工能够完全按照每道工序的标准时间长期完成所有工作，所以在调整阶段，管理者应该根据员工实际工作情况，给员工的工作赋予一定的浮动时间。浮动时间一般不应越过工序总时间的10%。第六步是确定员工的标准工时。经过调整后的工作时间可以计算为员工的标准工时。企业也应该注意，标准工时的制定是一个持续过程，企业应该定期核定标准工时，并对其予以修订，以确保标准工时更加符合实际情况。

需要注意的是，员工标准工时还会受到设备更新、工艺变化、生产产品特点等因素的影响。例如，流水线下，员工的标准工时有可能会受到流水线速度的影响，也会受到其他员工工作质量的影响。这些因素都需要企业的标准工时调整阶段予以充分考虑。

10.8 【案例分析】某企业技能型薪酬设计

某国有集团企业，属于公用事业行业。企业设立集团总部，并按地域成立了若干分子企业。企业目前有员工2万余人，其中专业技术人员占全部员工数的32%。一直以来，企业薪酬体系采用单一岗位工资制薪酬体系，员工薪资增长主要依靠管理岗位的提升，因此专业技术人员都不太愿意干技术，而喜欢干管理岗位，千方百计往管理岗位方面靠。这样的直接后果是，管理队伍膨胀而高素质专业技术人才匮乏。为此企业决定改革薪酬体系，改变过去单一岗位工资制薪酬体系，为专业技术人员增设了技能工资制薪酬模式。

在技能工资制的设计上，企业增加专业技术人员专业发展途径。企业根据专业技术人员技能成长规律，在原有员工按照岗位晋升为主的职业发展途径基础上，增加了以专业技术职务晋升为主的员工职业发展途径，确保了员工可以按照专业技术职务一直发展下去，而不必跨入管理岗位。与此相配套薪酬设计也并行设计管理和专业技术职务两条跑道，专业技术跑道比管理跑道低半个等级，由此构建了职位等级薪资与专业技术职务薪资并行的薪酬体系。

综合比较按照岗位晋升和按照专业技术职务晋升途径。按照岗位晋升的发展途径中，企业综合考虑各管理岗位工作的责任、难度、重要程度、岗位要求任职能力以及岗位对企业的贡献等因素基础上建立起来的。不同岗位的薪酬标准是不同的。按照专业技术职务的发展途径中，企业综合考虑专业技术工作的性质和需要、以企业专业技术岗位对企业的影响力、专业技术岗位所需要的胜任能力、专业技术人员个人能力提升对企业贡献等因素确定的。专业技术岗位上的员工，根据被聘用的专业技术职务，享受相应的薪资等级。两种薪酬方法之间，既有相似点，也有不同点。

按照岗位晋升和专业技术职务晋升的两种薪酬方式，如表 10-9 所示。

表 10-9　管理岗位与专业技术职务薪资标准对应表

职等	管理岗位	专业技术职务	薪资标准	岗位系数				
一	总裁		$1.75 \times S$	5.7	5.6			
二	副总裁	资深专家	$1.55 \times S$	5.5	5.4	5.3		
三	总监	高级专家	$1.35 \times S$	5.3	5.2	5.1	5.0	
四	副总监	专家	$1.25 \times S$	5.0	4.9	4.8	4.7	
五	经理	主任工程师	$1.15 \times S$	4.7	4.6	4.5	4.4	4.3
六	副经理	高级工程师	$1.12 \times S$	4.4	4.3	4.2	4.1	4.0
七	主管	工程师	$1.10 \times S$	4.1	4.0	3.9	3.8	3.7
八	副主管	一级专业助理	$1.08 \times S$	3.8	3.7	3.6	3.5	3.4
九	主办	二级专业助理	$1.07 \times S$	3.5	3.4	3.3	3.2	3.1
十	副主办	三级专业助理	$1.06 \times S$	3.2	3.1	3.0	2.9	2.8
十一	一级助理	四级专业助理	$1.05 \times S$	2.9	2.8	2.7	2.6	2.5
十二	二级助理	五级专业助理	$1.03 \times S$	2.6	2.5	2.4	2.3	2.2
十三	三级助理	本科生	$1.02 \times S$	2.1	2.0	1.9	1.8	1.7
十四	四级助理	大专生	$1.01 \times S$	1.8	1.7	1.6	1.5	1.4
十五	五级助理	中专及以下	$1.00 \times S$	1.5	1.4	1.3	1.1	1.0

注：工资基数（S）根据企业公布数执行。

（1）每一个专业技术职务都有相应的岗位等级对应关系。相应岗位等级的薪酬标准就是所对应的专业技术职务的薪酬标准。员工薪酬等级完全按照专业技术职务变化。

（2）专业技术人员从一个专业技术职务晋升到上一级专业技术职务，其薪酬等级也随之提高。

（3）专业技术人员调整到与其平行的管理岗位时，专业技术职务薪资直接过渡对应薪等的管理岗位等级薪资。

（4）专业技术人员晋升到较高等级管理岗位时，专业技术职务薪资转化为相应管理岗位对应的薪等，按薪酬标准重新核定薪酬级别。

员工专业技能成长与专业技术职务等级的对应为以下几点。

（1）专业技能成长，专业技术职务等级晋升，薪资增长。

（2）专业技术人员享受较高起点的薪资标准。企业规定，在专业技术岗位处于实习阶段的中专、大专、本科、硕士、博士分别可拿到相当于管理岗位五级、四级、三级、二级、一级助理的薪资。实习期满正常情况下可分别被聘任为五级、四级、三级、二级、一级专业助理，分别享受相当于管理岗位二级、一级、副主办、主办、副主管的薪资待遇。

（3）专业技术人员的技术职务晋升速度通过规定专业技术职务任职资格来调整，与员工学历紧密挂钩，学历越高，晋升速度越快，薪资增长较快。学历越低，晋升速度越慢，薪资增长也较慢。

（4）专业技术人员的技术职务及薪资晋升速度与员工专业技能成长相伴随。处于培育期和成长期的员工，专业技能成长较快，员工专业技术职务晋升速度也较快，薪资增长也较快；进入成熟期，专业技术职务的晋升速度放慢，薪资晋升速度也开始放慢。对于部分专业技能突出或者具有多方面才能的复合型专业技术人才，还可以通过提前晋升较高专业技术职务或者交叉晋升至较高管理职位，保持更快的薪资增长速度。进入鼎盛期，专业技术人员的专业技能提升受到限制，专业技术职务或者薪资也已晋升到一定程度，或者已接近企业内最高水准，此时薪资晋升趋于停止。

（5）为了促进专业技术职务与职位等级并行发展，培养复合型管理人才，企业还规定相应职位等级的管理人员应当具备同职等或低一职等专业技术职务工作经验。部分具备一定管理潜能的优秀专业技术人员可安排在相应管理职位从事管理工作，这样有利于管理队伍的调整和不断更新。

【案例启示】

该企业采用了岗位工资制和技能工资制并存的薪酬管理方法。改善了原有专业技术人员只能通过岗位提升获得职业发展和薪酬增长的现状。通过以上的案例，我们可以发现，员工薪资提升与员工专业技能提升结合起来，使员工在提升自己专业技能的同时使其薪资也不断得到提升，可以有力地调动了员工学习和提升技能的积极性。把员工薪资提升与员工职业发展结合起来，拓宽了员工的职业晋升渠道，有利于员工的职业发展，提高企业的职业管理水平。

但是，这样的调整仍然存在一些问题。强调技能工资制薪酬过于强调技能提升本身，而忽视技能提升的经济价值，员工技能提升对企业的影响到底有多少，并没有一个明确的评价标准。如果员工的技能提升与其业绩提升成正比，则企业在人力成本上的投入产出比率可能是较为合理的。如果员工的技能提升没有带来相应的业绩提升，则会导致企业在人力成本上升。

另外，技能工资制薪酬设计需要企业具备完善的人力资源管理基础，在设计这类薪酬体系之前，企业需要根据不同专业技术职务的技能要求和本企业员工技能成长特点建立、健全专业技术职务任职资格体系。

11 薪酬体系设计案例分析

薪酬管理是一门实践性很强的管理学科。操作者要求有薪酬管理理论基础，也要求有实践经验。想设计出一套优秀的薪酬体系，仅仅掌握薪酬体系设计方法是不够的，还要不断参考企业实践，并从中汲取有用的部分。案例学习是一个不错的方法。只有通过不断地了解、分析和学习一些企业的做法，管理者才能够真正掌握薪酬体系设计方法，并用于日常的实践中。

11.1　某企业现代年功序列制薪酬设计

年功序列制薪酬制度因 20 世纪，特别是在 50 年代后在日本所取得的成功，而广为人们所关注。“年功序列制”薪酬制度，与“终身雇佣制”“企业内工会”并称为日本企业经营“三大神器”。

年功序列制薪酬体系，指年龄、工龄和学历等年功因素决定了员工在企业中的地位和薪酬水平的薪酬管理体系。其原型是 1910 年的企业内员工养成制。20 世纪 50 年代，日本经济高速增长期，年功序列制和终身雇佣制及企业内工会制最终确立，起到了稳定雇佣关系，促进生产发展的作用，并为日本经济增长做出了重大贡献。

11.1.1　年功序列制工资基本构成

如图 11-1 所示是为典型的年功序列制薪酬构成。

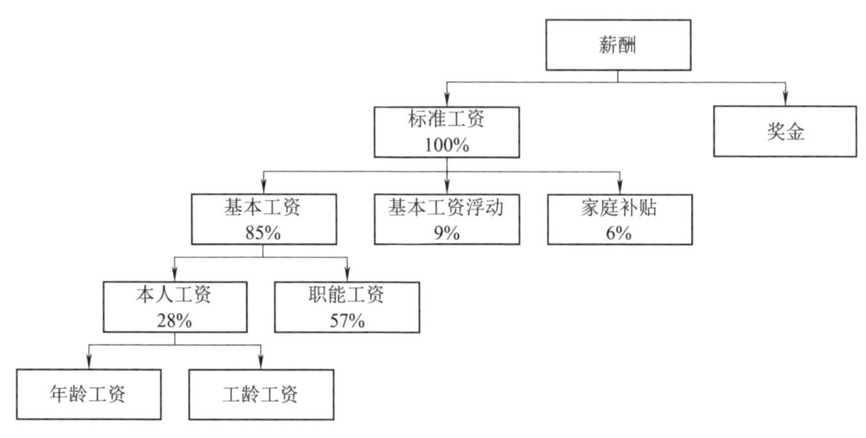

图 11-1　典型年功序列制薪酬结构

员工薪酬包括标准工资和奖金。其中标准工资由基本工资、基本工资浮动和家庭补贴构成。基本工资由本人工资和职能工资构成，本人工资根据员工的年龄和工龄等因素确定，占工资总额的28%。职能工资根据员工岗位确定，占工资总额的57%。企业在确定员工岗位时，也会按照员工的年龄、工龄等因素确定，很少有破格的情况。所以只需要看一个人的年龄，就可以大概猜出他的收入是多少。

11.1.2 某企业现代年功序列制工资体系

1. 背景

某企业是一家以生产家电产品为主的机电加工组装企业。在企业的创业阶段，员工大都比较年轻。为了进一步吸引企业外部优秀人才，稳定企业内部的员工队伍，企业根据员工的年龄结构和学历结构，对传统的年功序列薪酬制进行了进一步的补充和完善，形成本企业独具特色的现代年功序列薪酬制度。

2. 薪酬构成

如图 11-2 所示，企业薪酬结构包括基本薪酬、奖金、津贴三部分。

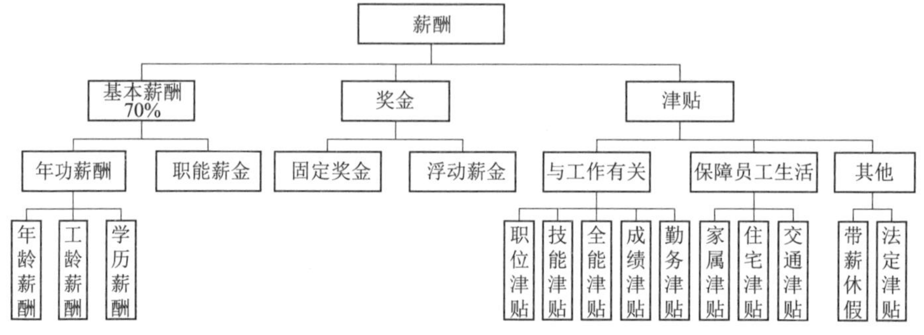

图 11-2　日本某企业员工薪酬结构

（1）基本薪酬。

基本薪酬占全部收入 70% 左右，是计算奖金和退职金的基础，是薪酬的基本部分。基本薪酬的特点决定整个薪酬的特点。

基本薪酬由下面所列薪酬项目构成。

①年功薪酬，指由工人的年龄、连续工龄、学历等个人属性因素决定的薪酬部分。

其中，年龄薪金以年龄为标准决定的薪酬。工龄薪金以连续工龄为标准决定的薪酬。学历薪金以学历为标准决定的薪酬。

②职能薪金，指根据职务或执行职务能力等职务因素决定的薪酬部分。

（2）奖金。

奖金分两部分：一是固定部分，不需评定，每个员工按月薪酬的一定倍数发给。这部分实际上已成为附加薪酬，企业即使亏损经营也不能取消。其次为激励部分，按薪酬成绩评定。夏季奖金大约相当于1.6个月的正式薪酬，冬季奖金大约相当于1.9个月的正式薪酬。二是浮动部分，这一部分根据企业年度效益情况确定，员工按照所在岗位确定奖金标准。

（3）津贴。

津贴是补充基本薪金未能补偿的部分。包括以下几点。

①与工作任务有关的津贴。包括职位津贴、技能津贴、全勤津贴、成绩津贴、勤务津贴等，主要是为了弥补职务薪酬的不足或使短期内工作成绩反映在薪酬上而支付的津贴。

② 保障员工生活的津贴。包括家属津贴、住宅津贴、交通津贴等。

③ 其他津贴。主要是特殊劳动条件下的津贴及其他补助，如年度有带薪休假津贴等法定津贴，以及旨在纠正因变换薪酬体系而出现的临时性不平衡的调整津贴。

3. 薪酬实施

如表11-1所示，企业把基本薪酬分为36级，每级又分6档。员工在企业工作，依据定期提薪制度，其薪酬通常每年按一定数额或一定比率有所增加。

表11-1　某企业薪酬对照表　　单位：元

标准工龄	年功薪酬	职能薪酬						基本薪酬（年功薪酬＋职能薪酬）					
		1级	2级	3级	4级	5级	6级	1级	2级	3级	4级	5级	6级
15	500	450						950					
16	530	460						990					
17	560	470						1 030					
18	590	480	480					1 070	1 070				
19	620	490	495					1 110	1 115				
20	650	500	510					1 150	1 160				
21	680	510	525					1 190	1 205				
22	710	520	540	540				1 230	1 250	1 250			

续表

标准工龄	年功薪酬	职能薪酬						基本薪酬（年功薪酬＋职能薪酬）					
		1级	2级	3级	4级	5级	6级	1级	2级	3级	4级	5级	6级
23	740	530	555	560				1 270	1 295	1 300			
24	770	540	570	580				1 310	1 340	1 350			
25	800	550	585	600				1 350	1 385	1 400			
26	830	560	600	620				1 390	1 430	1 450			
27	860	570	615	640	640			1 430	1 475	1 500	1 500		
28	890	580	630	660	665			1 470	1 520	1 550	1 555		
29	920	590	645	680	690			1 510	1 565	1 600	1 610		
30	950	600	660	700	715			1 550	1 610	1 650	1 665		
31	970		675	720	740				1 645	1 690	1 710		
32	990		690	740	765	765			1 680	1 730	1 755	1 755	
33	1 010		700	760	790	800			1 715	1 770	1 800	1 810	
34	1 030			780	815	835				1 810	1 845	1 865	
35	1 050			800	840	870				1 850	1 890	1 920	
36	1 060			820	865	905				1 880	1 925	1 965	
37	1 070			840	890	940	940			1 910	1 960	2 010	
38	1 080				915	975	980				1 995	2 055	2 060
39	1 090				940	1 010	1 020				2 030	2 100	2 110
40	1 100				965	1 045	1 060				2 065	2 145	2 160
41	1 110				990	1 080	1 100				2 100	2 190	2 210
42	1 120				1 015	1 115	1 140				2 135	2 235	2 260
43	1 130					1 150	1 180					2 280	2 310
44	1 140					1 185	1 220					2 325	2 360
45	1 150					1 220	1 260					2 370	2 410
46	1 160					1 255	1 300					2 405	2 450
47	1 170					1 290	1 340					2 440	2 490
48	1 180						1 380						2 530
49	1 190						1 420						2 570
50	1 200						1 460						2 600

年功薪酬完全按照员工工作时间确定。职能薪酬根据员工所担任的岗位确定。企业岗位晋升时，优先考虑的因素也是员工学历、年龄和工龄。

按此薪酬体系，员工在企业中工作时间越长，薪酬水平越高。这可以最大限度地稳定员工队伍，使员工预期将来会有较高的待遇而甘心接受开始工作时的较低薪酬。这种模式也有利于阻滞员工、特别是工作经历长的老员工离开企业，稳定雇佣关系，从而增强员工对企业的依赖感和安全感，增强员工对企业的认同感和员工的凝聚力，鼓励员工安心本职工作，钻研业务技术，以达到尽可能高的熟练程度。

11.1.3　年功序列制工资分析

年功序列制工资有其产生的背景。在20世纪初及第二次世界大战后的日本，劳动力短缺是个严重的问题，人才短缺一直困扰着日本企业的发展，市场上的劳动力年龄普遍年轻。为了稳定员工，企业普遍采用了年功序列制工资。因为员工年龄结构呈金字塔状，金字塔的底部是众多的年轻职工，通过年功逐渐晋升至上一个级别，至中层以后，可竞争的职务越来越少，晋升的道路越来越窄。

采用年功序列制工资可以有效地缓解这个问题。员工职业生涯的前期，即40岁之前，年富力强，但工资增长幅度要低于劳动生产率的增长幅度，可以说是企业欠职工的。到职业生涯的后期，50岁以后，企业则回报职工，因为职工劳动的最佳期已过。而40~50岁之间，工资增长的幅度最大，这一年龄段上，职工的技术最熟练，同时也是职工负担最重的时期。

在年功序列工资制下，员工在企业工作时间越长，他的高工资相对低于当期生产率。如果员工中途离开企业，他前期累积在企业的工龄将会作废，在新的企业一切都要从头来计，工资也是按最低的标准发放，对员工意味着得不偿失，如图11-3所示就清楚地表明了这一点。

如果员工选择在 T 点跳槽的话，那么他至少要承担截距为 M、N 的经济损失。年功序列制下，决定员工基本工资的主要因素不是职务和贡献，而是企业工龄。资历工资是基本工资的主体，能力工资只占次要地位。员工为避免在经济收入上的损失，一般不会离开企业。企业可以放心地对员工进行培训，员工也愿意不断地掌握适用于本企业的特定技能。由于须经数年时间才可能获得升迁的机会，因此老员工不会视新员工为竞争对手，也就愿意传授经验给新手从而降低了新员工适应环境的成本。这是实行年功序列制有利的一面。

但是，由于员工的工资主要由年龄和工龄决定的本人工资和反应能力的职能工资构成，且职能工资中反映了很多年功因素。实行年功序列制会使员工逐渐产生论资排辈的思想，影响企业劳动生产率的提高。

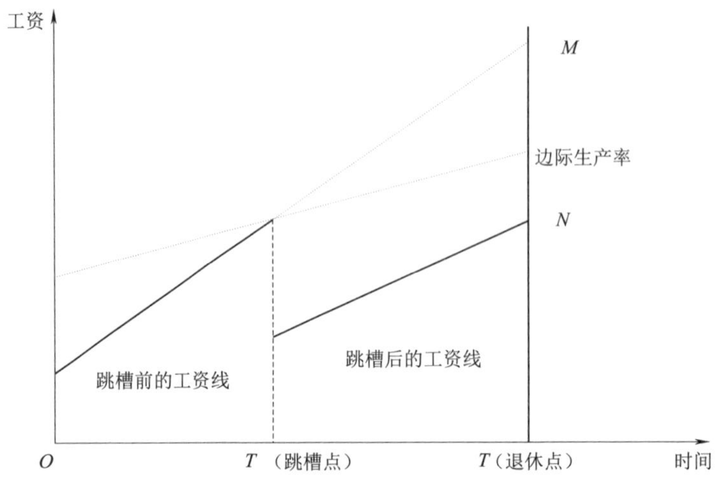

图 11-3 年功序列制下员工跳槽薪酬比较

到了 20 世纪 90 年代，年功序列制面临崩溃，主要有几个方面的原因。

（1）经济不景气。在年功序列制下，随着员工在企业工作年限的增长，工资每年有一个提高。由于实行终身雇佣制，员工如果不犯大错企业就不能随便解雇员工，所以企业人工成本基本上是只可增长，不可下降。如果经济持续景气，企业的年收益不断提高，还是可以维持的。但当经济陷入困境时，老员工的薪酬造成企业人工成本一上升，竞争力下降的问题。为削减人工成本很多企业采取了两种方式，一是减少招聘新员工，并裁员。二是与员工协商降低工资。

（2）信息技术迅速发展。互联网的普及，使得越来越多的企业在企业管理中运用计算机。老员工接受新技术的能力明显弱于年轻员工。随着计算机技术的进步，有些操作和管理完全程式化不再需要个人经验。在这种情况下，如果仍然实施年功序列制，将引起年轻员工不满，并影响到企业绩效。

（3）人口的老龄化、少子化。日本人口老龄化造成年功序列制下，企业成本长期居高不下，降低了企业的竞争力。

11.1.4 案例评价

20 世纪 90 年代后期，日本大型企业中普遍放弃了年功序列制薪酬体系，并采用基于绩效的薪酬体系。然而采用绩效薪酬制也并非解决所有问题的灵丹妙药。2006 年，素以品质著称的索尼在全球召回了使用索尼锂电池的约 960 万台笔记本电脑。索尼公司前常务董事的天外伺朗评价为：“绩效主义毁了索尼，不管是什么样的企业，只要实行绩效主义，一些扎实细致的工作就容易被忽视。”

绩效至上并不是解决一切问题的良药。过分强调绩效至上，就会出现很多问题：第一，绩效主义导致管理者过分追求短期利益，而忽略了长期利益；第二，绩效主义导致了企业对基础管理的重视不够；第三，绩效主义不利于员工协作；第四，绩效主义加快了产品创造周期，但同时也牺牲了产品的质量和性能。

没有哪一种薪酬体系是完美无缺的，年功序列制薪酬体系在现阶段仍可以发挥其独特的优势。本案例就是现有企业对年功序列制薪酬体系进行改良后的结果。本案例薪酬体系中，员工薪酬中既有年功因素也有岗位因素。其中，基本薪酬的比重为 70%，这与一般的岗位工资制薪酬模式比较相似。在薪酬等级划分上，不同岗位薪酬区间有交叉，员工即使岗位没有晋升，也可以在本岗位上确保薪酬的不断增长。这与基于职能的薪酬体系设计思路相似。本案例中的企业强调了能够决定员工岗位和薪酬的因素都与员工年功相关，强调了年功的重要性。在企业津贴上，也较一般的企业重视员工生活质量问题，这也是年功序列制薪酬体系将员工生活与企业发展联系在一起思想的体现。

11.2　某企业岗位工资制薪酬设计

岗位工资制薪酬体系是应用最为广泛的薪酬体系。我国古代官员就有按照岗位取酬的传统。例如，唐代官员俸禄包括职田、禄米和俸钱三部分（即现代的土地、实物和钱币三部分），并依据官员职务确定分配标准。职田分配标准是，“凡诸州及都护府官人职分田，二品一十二顷，三品四品以二顷为差”。禄米的分配标准类似，“大唐定给禄之制，京官正一品，米七百石，钱九千八百，从一品，米六百石，正二品，米五百石，钱八千，从二品，米四百六十石”。外官则没有禄米。俸钱的分配上，也与此类似。不只是官员，在商户中按照岗位定薪的情况也广泛存在。

岗位工资制是按照职工在生产工作中的不同岗位确定工资，并根据职工完成规定的岗位职责情况支付劳动报酬的工资制度。岗位工资标准是根据各岗位的技术高低、责任大小、劳动强度和劳动条件等因素确定的。一般采用一个岗位一个工资标准。随着按以技能定工资技术的普及，很多企业在核定员工工资标准时，针对某一个岗位也划分了不同的级别。

11.2.1 岗位工资制薪酬体系基本构成

图 11-4 为一个较为典型的岗位工资制薪酬结构。

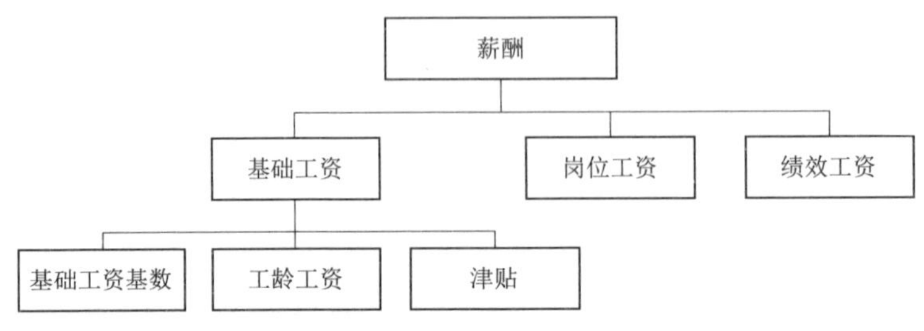

图 11-4 某企业岗位工资制薪酬结构

基础工资是为了保障员工基本生活而设置的，由基础工资基数、工龄工资和各类津贴组成。基础工资基数为一个常值。工龄工资根据本人工龄计算。津贴包括员工专业技术职务津贴、职务津贴和住房补贴、电话补贴等各类补贴。岗位工资是依据员工在岗位工作中责任大小、工作能力、难易程度以及劳动态度等不同所支付的劳动报酬，与个人履行岗位职责情况挂钩。绩效工资是激励员工努力开拓市场，积极创新，圆满或超额完成工作任务所获得的劳动报酬，与企业和个人每月完成的任务情况、取得的业绩结果及获得的经济效益挂钩。在岗位工资制下，员工的工龄影响很小，岗位影响很大。在计算津贴、岗位工资和绩效工资时，会参照员工就职岗位拉开差距。不同岗位级别员工的薪酬差距较大，同岗位级别的不同员工薪酬差距很小。

11.2.2 某企业岗位制工资体系

1. 背景

某企业成立于 20 世纪 60 年代，目前是当地最大的市场工程建设和服务企业。员工薪酬现行薪酬制度制定于 20 世纪 90 年代初。员工薪酬标准按照员工工作时间和专业能力分别评定，岗位之间薪酬水平并不清晰，薪酬结构中也缺乏必要的激励部分。

为了解决以上的问题，企业决定对薪酬结构进行调整，优化员工薪酬结构，并加强员工业绩考核对薪酬的影响因素。经分析，企业决定采用员工们较为认可以岗位工资制薪酬体系。

2. 岗位分类

如图 11-5 所示，企业岗位划分按以下标准。

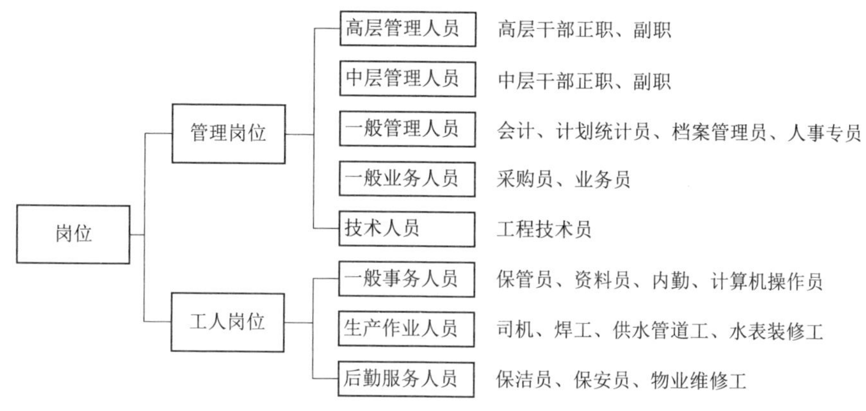

图 11-5　员工岗位分类

企业调整后共设置 22 个岗位。考虑各岗位要求的劳动技能、劳动责任、劳动强度、劳动条件等四要素及十五个子要素，经企业内部员工评价，确定员工岗位级别如表 11-2 所示。

表 11-2　企业岗位工资类别划分表

岗 位 级 别	岗　　位
一	保洁员、保安员
二	一般事务人员、一般管理人员
三	物业维修工
四	一般业务人员、司机、水表装修工
五	供水管道工、技术人员
六	焊工
七	中层管理人员
八	高层管理人员

3. 薪酬构成

如图 11-6 所示，员工薪酬包括岗位基本工资、岗位绩效工资、工龄工资和辅助工资四部分。在总体权重上，四个部分占工资总额的权重分别为 75%、7%、3%、17%。

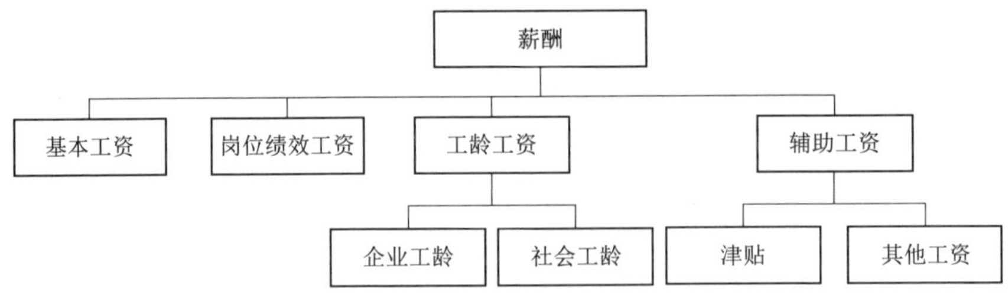

图 11-6 企业员工薪酬结构

岗位基本工资是职工完成岗位基本（标准）劳动应得到的补偿，体现薪酬的保障功能。岗位绩效工资是以企业经济效益与职工岗位工作表现综合确定的工资，体现薪酬的激励功能。岗位基本工资和岗位绩效工资标准如表 11-3 所示。

表 11-3 基本工资和岗位绩效工资标准

岗位类别	一	二	三	四	五	六	七	八
工资系数	1.00	1.06	1.12	1.18	1.24	1.30	1.75	2
岗位基本工资标准（元/月）	1 538	1 688	1 838	1 988	2 138	2 288	4 588	5 588
岗位绩效工资标准（元/月）	300	350	400	450	500	550	1 000	1 500

工龄工资按职工的企业工龄和社会工龄确定，是对职工以往劳动贡献给予的经济补偿和经验技能伴随工龄增长的价值体现。其中，企业工龄指职工为本企业工作的年数，社会工龄指职工非本企业的工作年数。工龄工资的计算标准，如表 11-4所示。

表 11-4 工龄工资计算标准

项　目	工　龄	工资标准（元/月·年）
社会工龄工资	1 ~ N 年	20
企业工龄工资	1 ~ 9 年	30
	10 ~ 19 年	40
	20 ~ 29 年	50
	30 年以上	60

辅助工资由津贴、保留工资和其他工资三个工资项目构成。其中，津贴指未被纳入岗位工资中的职务津贴、职工代表津贴等，其他工资指企业支付给职工的不可预见其他的劳动报酬。各项津贴标准如表 11-5 所示。

表 11-5 津贴标准

项　　目	范　　围	标　　准
职务津贴	享受中层管理正职待遇以上人员	500 元/月
	享受班长待遇以上人员	300 元/月
职工代表津贴	职工代表	100 元/月

4. 薪酬实施

(1) 员工月薪酬计算公式。

员工月薪酬 = 基本工资 + 绩效工资 + 工龄工资 + 辅助工资

= 岗位基本工资标准 × 岗位系数 + 岗位绩效工资标准 × 岗位系数 × 考核系数 + 社会工龄工资 + 企业工龄工资 + 职务津贴 + 职工代表津贴

(2) 新进人员工资的确定。

新进员工试用期为三个月，试用期间不享受岗位绩效工资。

新进员工试用期工资 = 岗位基本工资 × 80% + 工龄工资 + 辅助工资

(3) 试用期满转入见习期，见习期为 3 ~ 9 个月。

见习期人员工资 = 岗位基本工资 × 80% + 岗位绩效工资 × 80% + 工龄工资 + 辅助工资

(4) 见习期满，经主管公司统一考核合格后，执行所在岗位的工资的标准。

(5) 员工内部转岗采用岗位适应期制度。

员工适应期工资 = 岗位基本工资 × 90% + 岗位绩效工资 × 90% + 工龄工资 + 辅助工资

员工见习期标准如表 11-6 所示。

表 11-6 员工见习期标准

岗位类别	管理岗位之间转换	工人岗位之间转换			管理岗位与工人岗位之间转移	
		工作性质不同岗位之间	工作性质相近岗位之间	工作性质相同岗位之间	管理岗位转入工人岗位	工人岗位转入管理岗位
一	0	1 月	1 月	1 月	1 月	0
二	3 月	2 月	3 月	1 月	2 月	6 月
三	0	3 月	3 月	1 月	3 月	0
四	3 月	4 月	3 月	1 月	4 月	6 月
五	0	5 月	3 月	1 月	5 月	0
六	0	6 月	3 月	1 月	6 月	0

11.2.3 岗位制工资分析

岗位工资制的结构简单，特点也非常鲜明，岗位工资制标准如下。

（1）按照员工的工作岗位等级确定工资等级和工资标准。确定员工岗位工资前，要经过岗位分析和岗位评估过程。核定员工岗位时，要针对每名员工进行岗位任职能力分析，让合适的人进入合适的岗位。

（2）员工要提高工资等级，只能到高一级岗位工作。岗位工资制不存在升级问题，员工只有变动工作岗位，即只有到高一等级的岗位上，才能提高工资等级。

（3）员工要上岗工作必须达到岗位既定的要求。虽然岗位工资制不制定技术标准，但各工作岗位制度规定有明确的职责范围、技术要求和操作规程，员工只有达到岗位的要求时才能上岗工作。

（4）岗位工资制能使员工在能力最强、贡献最大的时候，得到相应的报酬。它不仅体现了按劳分配的原则，还能激励员工努力争取更高的岗位，促进企业发展。

实施岗位工资制薪酬体系的主要有两种，一种是一岗一薪制，另一种是一岗数薪制。

（1）一岗一薪制，指一个岗位只有一个工资标准。凡在同一岗位上工作的员工都执行同一工资标准。岗位工资按由低到高顺序排列，组成一个统一的岗位工资标准体系，它反映的只是不同岗位之间的工资差别，不反映内部的劳动差别和工资差别。

其优点是能保证员工在最佳年龄、最佳技术、付出劳动量最多的时候得到最佳报酬。简化工资构成，工资外津贴减少。一岗一薪，岗动薪动，对员工的激励性大，且操作简便灵活。

（2）一岗数薪制，指在一个岗位内设置几个工资标准，以反映岗位内部不同职工之间的劳动差别。由于企业岗位比较多，有的有上千个甚至上万个岗位、工种。从成本角度看，不可能有多少个岗位就设多少个岗位工资标准，实际操作中只能采取将相近岗位进行归并归级。

一岗数薪制融合了职能工资制和岗位工资制的优点，适应了岗位之间存在的劳动差异和岗位内部劳动者之间存在的技术熟练程度的差异。

采用岗位工资制要注意一些问题：例如，如何更好地反映出各岗位内部职工的技术和业务水平，特别是实际劳动贡献的差别。这就需要把岗位工资制同其他工资形式结合起来，比如，同计件工资制或者奖金制度有机地结合起来，以体现同一岗位内不同贡献的职工之间的实际劳动差别。另外，岗位工资制还会造成员工都向岗位晋升努力，而忽略专业能力的提高，形成千军万马过独木桥的局面。长期会造成企业员工的流失率提高，以及优秀人才的离职等问题。

11.2.4　案例评价

本案例中企业所制定的岗位工资制薪酬体系结构简单。该岗位工资制薪酬体系可以让员工逐步建立岗位为先、贡献为先的理念，并确保员工薪酬平衡过渡，不会造成差距过大而引起员工的不稳定。

从案例中我们发现，企业管理者并不是简单地套用岗位工资制结构，而是保留了工龄工资、津贴等因素。企业在实施绩效工资时，也只拿出了工资中很小的一部分参与绩效薪酬分配。在薪酬结构的设计上，极大限度地确保了岗位工资在工资总额中的比例，保留了岗位工资制的特点。

但本案例中的薪酬体系也存在一些问题。

第一，对企业管理岗位的划分过于笼统。本案例只是根据当前的岗位划定了不同的级别，没有考虑到企业发展时期岗位的变化问题。

第二，该方案中，企业高层、中层、基层员工间薪酬递增呈现为非线性结构。员工岗位一旦变化，薪酬水平就会发生质的变化。极易造成员工努力提高岗位，而忽略了对专业技能的研究。

第三，该薪酬方案中绩效薪酬的确定方式较为简单，缺少与企业整体绩效的衔接。如果员工绩效工资一旦拉开差距，就会造成员工的不满。

11.3　某企业技术人员基于能力的薪酬设计

基于能力的薪酬设计指企业根据员工所具备的能力或任职资格确定其基本薪酬水平。员工薪酬的决定因素是能力而不是岗位。员工的晋升、绩效标准也与员工的能力相关。

基于能力薪酬模式的优势在于，薪酬设计体现了企业对员工能力水平和能力提高过程的要求。基于能力的薪酬体系可以激励员工在工作中不断提高自己的能力，并最终影响企业绩效水平的提高。但该设计方式也存在一些问题，员工能力高未必能带来更好的绩效，而且能力提高对企业效益提升的影响往往是一个长期过程，其间企业要承担能力薪酬所造成的人工成本不断增长的压力。

11. 3. 1 基于能力的薪酬体系基本结构

基于能力的薪酬体系形式上与其他薪酬管理模式差别在于能力因素对员工整体薪酬水平起到决定性的作用。一个典型的能力薪酬体系结构如图 11-7 所示。

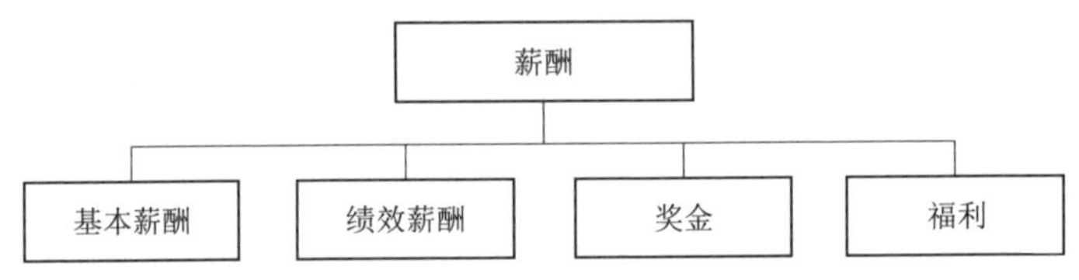

图 11-7 基于能力的薪酬体系结构

薪酬结构中包括基本薪酬、绩效薪酬、奖金和福利等因素。其中，基本薪酬中能力因素占据 50% 以上的权重，绩效薪酬中的绩效标准对于不同能力人员也会有所差别。

在以上的薪酬结构中，如何确定员工的能力薪酬水平是一个难题。解决这个问题一般要考虑三个因素。

一是什么样的岗位适合采用能力薪酬。能力薪酬本身也可能造成企业人工成本的上升，所以不是所有的企业或所有的员工都适宜采用基本能力的薪酬体系。一般来说，企业中知识或技术含量比较高且对企业发展具有决定性影响的岗位较适宜采用基于能力的薪酬体系。

二是企业需要什么样的能力发展。不同的企业对员工能力的要求是不同的。一般来说，企业的规模越大，对员工能力要求越高，所以知识或技术人员所占比例较高的企业适合采用基于能力的薪酬体系。

三是如何评价每一个岗位的能力要求以及如何将员工纳入基于能力的薪酬体系中。能力评价工作是一项技术性比较强的人力资源管理实践工作。以下案例为某企业中技术型人才的能力工资的确定，具有一定的借鉴作用。

11. 3. 2 某企业技术人员基于能力工资的设计

1. 企业背景

某企业是以工程监理、项目管理、招标代理、造价咨询为主的大型工程咨询企业。企业承接工程范围涉及省内外行政办公、金融、医疗、工业及军事设施、民用住宅，大型超市、市政、公路等领域。企业综合类大型工程项目管理经验丰富，多项监理项目荣获鲁班奖、长城奖、泰山杯等质量奖。

企业共有员工 160 余名，从事项目监理的技术人员超过 80%，其中大专以上学历占到 70% 以上。

企业薪酬管理存在一些问题，集中表现在下面三点。

（1）企业原来是因岗定薪，而企业可供员工晋升的岗位有限。很多工作了很长时间，工作能力很强、工作经验丰富的老员工因为缺乏对未来职务和薪酬成长的希望，工作积极性不高，这些因素给企业发展带来了潜在风险。

（2）企业知识型员工比较密集。员工中 90% 以上的技术类员工希望自己的薪酬主要由工作能力所决定。薪酬制度能够体现出公司对于员工个人能力的肯定，薪酬能够随着个人能力的提高而提高，这样也能刺激员工不断地学习，不断地提高个人水平。

（3）薪酬水平缺乏竞争力。员工普遍反映薪酬与市场价值脱节，留不住人。调查结果表明，上一年员工流动率超过 25%。尤其是企业引进的大学生，他们经过几年的工作积累，理论和实践经验丰富，是中坚力量。但由于行业总体薪酬水平偏低和企业提供的薪酬无法与他们的能力相挂钩，反映不出他们的工作价值，导致这批员工流失率较高。

考虑到以上因素，企业决定对技术人员薪酬体系进行调整，采用基于能力的薪酬体系。

2. 薪酬设计要求

企业希望技术人员薪酬设计能够遵守以下要求。

（1）薪酬以能力导向为主。薪酬体系对于重点关注员工的个人能力，并以此作为确定员工个人报酬的重要依据，引导员工个人能力的不断提升。

（2）对劳动力市场上比较稀缺的资深专业人员和高级专业人员采用领先型的薪酬战略，使资深和高级专业人员的薪酬水平始终处于市场薪酬水平的前列，以保持较强的吸引力。对于劳动力市场上供给较充足的中级和初级人员采用跟随型薪酬战略，使其薪酬水平略高或等于市场一般水平，以保持较强的稳定性。

（3）总体薪资水平在原有基础上涨幅不超过 10%。

3. 技术人员薪酬结构

企业技术人员主要是监理岗位。监理行业的技术人员大体分为总监、总监代表、监理师和监理员四个岗位类别。每个岗位所承担的职责和任务也有所不同。因此，企业的技术人员，采用如图 11-8 所示的基本工资 + 奖金 + 福利的薪酬结构。

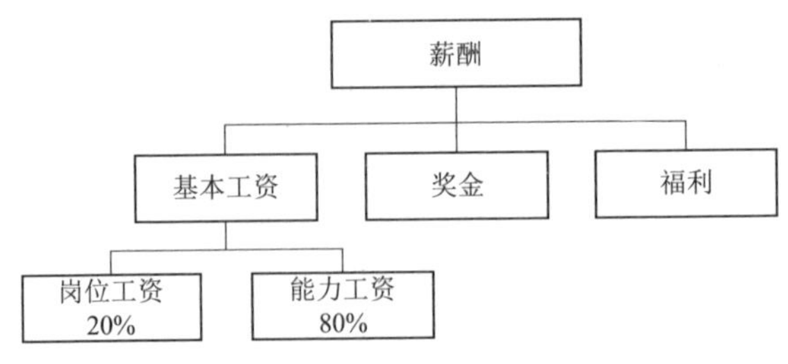

图 11-8　某企业技术人员薪酬结构

其中基本工资是员工薪酬的主要构成部分，由 80% 能力工资和 20% 的岗位工资构成。岗位工资标准通过市场调查，结合市场环境决定。能力工资标准由企业的专家评审委员会根据各岗位情况进行评定，并对每位员工基本能力进行评分确定。

奖金和福利根据企业经营状况，员工绩效表现和行业特点确定。

4. 技术人员能力工资确定步骤

（1）确定最低资格要求，初步划分职等。

企业将技术人员按照一定的标准进行初步划分，确定同一类型技术人员的能力素质模型。考虑到监理行业性质，按照监理个人学历、从业经验和知识技能水平以及是否取得行业证书四项作为监理等级划分依据。划分后的等级包括资深专业人员、高级专业人员、中级专业人员和初级专业人员四级，并设置相应任职资格要求。如表 11-7 所示，其中知识技能水平的评价主要由知识考试并结合管理者评价和工作表现决定。

表 11-7　监理人员任职资格要求表

类　别	学　历	专业工作年限	知识技能评定	证　　书
资深专业人员	工程类专业大专以上	本科：10 年以上专业工作经验，6 年以上监理工作经验 大专：12 年以上专业工作经验，6 年以上监理工作经验	90 分以上	必须有国家注册监理师或造价师证书
高级专业人员	大专以上	本科：8 年以上专业工作经验，4 年以上监理工作经验 大专：10 年以上专业工作经验，4 年以上监理工作经验	80 分以上	不要求

续表

类　别	学　历	专业工作年限	知识技能评定	证　书
中级专业人员	中专（高中）以上	本科：2 年以上专业工作经验 大专：3 年以上专业工作经验 高中、中专：5 年以上专业工作经验，3 年以上监理工作经验	70 分以上	不要求
初级专业人员	中专（高中）以上	1 年以上专业工作经验	60 分以上	不要求

（2）构建各等级能力模型。

能力模型的构建采用行为事件访谈法和专家小组法。并对每一个能力要素划分等级和层级，并按照能力要素出现的频率和频次，采用专家咨询、层次分析法等方法确定各项能力在能力模型的权重。各等级专业人员的能力模型要素构成及权重如表 11-8 所示。

表 11-8　各等级专业人员对应能力要素及权重

等级分类	能力要素构成及权重
资深专业人员	沟通协调能力（30%）、规划控制能力（25%）、应急应变能力（20%）、激励团队能力（15%）、文字表达能力（5%）、知识技能水平（5%）
高级专业人员	沟通协调能力（30%）、规划控制能力（25%）、应急应变能力（20%）、激励团队能力（10%）、文字表达能力（5%）、知识技能水平（10%）
中级专业人员	“三控”能力（40%）、执行能力（20%）、文字表达能力（5%）、沟通协调（15%）、知识技能水平（20%）
初级专业人员	“三控”能力（30%）、执行能力（20%）、文字表达能力（10%）、沟通协调（10%）、知识技能水平（30%）

根据能力模型，企业确定每个能力等级所对应的能力评价表。资深级专业人员能力评价表如表 11-9 所示，其他等级能力评价表与此相似。

表 11-9　资深专业人员能力评价表

能力要素	权重	要素解释	层次划分及分数分布					评定得分	加权得分
			一等（100 分）	二等（80 分）	三等（60 分）	四等（40 分）	五等（20 分）		
沟通协调能力	30%	沟通业主，取得业主的支持，并使业主满意。协调参建各方，取得各方的配合，使各方目标统一到工程总目标上，最终达到项目的顺利完成能力	具有很好的沟通能力和协调技巧，对于项目中出现的各种情况，能够和各方做到有效沟通，协调运作，统筹安排，保证项目的顺利实施，公司和业主都十分满意	沟通和协调能力较强。对项目中出现的情况，能够主动与有关人员进行沟通和协调，得到各方的支持，取得较好的效果，保证项目的进度不受影响，公司和业主比较满意	沟通能力一般，对于项目中出现的各种情况，能够做到与相关人员的沟通和协调，但由于沟通技巧和协调能力方面的原因，取得的效果一般。在某种程度上影响了项目顺利实施	沟通能力较差，在项目管理中没有做到主动与人沟通，对于项目出现的问题不能做到较好的协调，影响了项目的进程，公司和业主比较不满	对于项目中出现的问题，非但没有通过采取沟通和协调加以解决，反而由于个人的处理方式，使得情况更加恶劣，严重影响了项目的进度，影响了公司的形象		
规划控制能力	25%	规划项目管理的目标、计划及工作流程，制订各专业人员的目标和任务，控制投资、进度、质量等各项工作的能力	具有很强的规划控制能力，在实际工作过程当中对于项目管理的各项工作，人员的任务做出详细地统筹安排，对投资、进度、质量能够很好地控制	能够准确管理的目标、计划及工作流程，制订详细、明确的各专业人员的目标和任务，较好地控制投资、进度、质量等各项工作	能够制订项目管理的目标、计划和工作流程，安排各专业人员的目标和任务，并对投资、进度、质量等进行控制	在规划控制方面表现的能力较弱。虽有意识地去做，但表现出的效果一般。对项目的管理，任务的安排，投资、进度和质量的控制没有完全达到公司的要求	规划控制能力比较差，对与项目管理的目标、计划和工作流程不能做出明确的规划，员工的任务安排混乱。没有表现出对投资、进度、质量的控制能力		
应急应变能力	20%	对于项目有关的突发性事件的处理和协调最终使事件得以妥善解决的能力	能够准确预料到可能的危机，并在之前妥善解决，对于突发事件，冷静处理，完满解决	面对突发事件，运用各种方式进行处理，把损失降到最低。各方都比较满意	对突发事件有一定的处理和公关能力。能够在上级的指示下妥善处理	面对突发事件，比较慌乱，处理问题和协调问题的能力较弱，只能借助上级和同事的帮助	没有处理突发事件的能力，面对突发事件不知所措，造成极大的损失		

续表

能力要素	权重	要素解释	层次划分及分数分布					评定得分	加权得分
			一等（100 分）	二等（80 分）	三等（60 分）	四等（40 分）	五等（20 分）		
激励团队能力	15%	激励下属，充分调动员工积极性与创造性的能力	了解员工的需求，并对员工的需求进行分析，采用多种方式对员工进行有效激励，团队气势高涨，员工积极性主动性高	对员工提出的合理要求予以满足，注重激励在团队工作中的效果，并尽量采取各种激励手段。员工比较满意	知道激励对于团队的重要性，并且在实际工作中也力图做到，取得一定效果，员工基本满意	没有采取激励员工的手段，对于员工的合理需求没有满足或者没有采取相应的措施，员工的积极性与主动性不高	不但没有激励团队，反而在实际的工作过程中挫伤了员工的积极性与主动性，严重影响了工作		
文字表达能力	5%	用文字来表达观点	书面表达能力很好。结构严谨，逻辑严密、文字流畅、言简意赅	书面表达能力较强，能够较为简练明了地用文字表达自己的观点，易于他人理解	书面表达能力一般。能够用文字表达出自己的观点。别人能够了解其中的含义	书面表达能力较差，基本功勉强够用，文字表达自己的观点，结构和措辞较为混乱，别人不易理解	书面表达能力差，结构凌乱，语病、错别字多，词不达意，文章不能准确体现自己的思想，别人也看不懂其中的含义		
知识技能水平	5%	对于所从事专业的知识掌握和实务能力	90 分以上	80 分以上	70 分以上	60 分以上	60 分以下		

（3）评价员工能力，划分能力层级。

企业采用 360 度评价方法，由上级、同级、下级员工和业主对相应专业人员进行评价。其中上级评价权重为 40%，同级评价权重为 30%，下属评价权重为 20%，业主评价权重为 10%。

评价程序如下。

①上级、同级、下级、业主对相应专业人员根据被评价员工所对应的能力等级评价表进行评价。

② 收集资料后，人力资源部整理、计算，按照各评价者的权重计算各类别员工能力评价分数。

③根据层级分数对应表确定员工能力层级。对于未达到相应等级中最低层级

最低分数者，进入下一等级重新评定。

在实际评价过程中，参与资深专业人员评定的有12人，其中1人达到资深1级，3人达到资深2级，6人达到资深3级，其中2人由于未达到资深3级的最低分数，进入高级专业人员的序列评定。

（4）能力与薪酬挂钩。

企业对当地薪酬水平进行了调查。调查结果显示，在该地区监理行业，总监级别的技术人员月基本工资在3 000～5 000元之间，总监代表的月基本工资在2 000～3 000元之间，监理师的月基本工资在1 000～2 000之间，监理员的月基本工资则相对较低，在700～1 300元之间。

根据企业的薪酬战略，参照薪酬调查，结合薪酬体系的结构，确定了每一能力等级和层级所对应的工资水平，如表11-10所示。

表11-10　层级、层级分数、对应人数、能力工资对照表

等级分类	层　级	层级分数	层级人数	能力工资
资深专业人员	1	90分以上	1人	5 000元
	2	80～89分	3人	4 500元
	3	70～79分	6人	4 000元
高级专业人员	1	90分以上	3人	3 200元
	2	80～89分	7人	2 800元
	3	70～79分	9人	2 400元
中级专业人员	1	90分以上	6人	2 000元
	2	80～89分	9人	1 800元
	3	70～79分	14人	1 600元
	4	60～69分	11人	1 400元
	5	50～59分	4人	1 200元
初级专业人员	1	90分以上	12人	1 000元
	2	80～89分	22人	900元
	3	80分以下	23人	800元

根据薪酬设计时确定的“员工基本工资 = 能力工资 + 岗位工资”，其中能力工资占比为80%，即可以计算出岗位工资和各级员工的基本工资。

11.3.3　基于能力的薪酬体系分析

在激烈的社会竞争中，企业要实现生存和发展有两条不同的路径。一是依靠

外部资源获取竞争优势，如选择成长性的行业，依靠政府扶持，充分利用客户资源等。二是通过有效整合内部资源，培养核心竞争力。随着竞争的加剧，在通过外部资源获取竞争优势越来越困难的情况下，更多的企业把培育和提升核心能力作为赢得竞争优势的主要途径。在此形势下，如何提高员工能力、发挥员工的工作积极性就非常重要。基于能力的人力资源管理的目标就是建立一种把员工个体能力与组织能力整合起来的机制，将员工的个人能力转换为组织的核心能力，从而实现企业战略。该管理过程中，基于能力的薪酬激励措施至关重要。

基于能力的薪酬体系关注的是员工工作技能和能力的提高，因为这些技能和能力对组织未来的发展至关重要。企业希望通过基于能力的薪酬计划影响员工的行为，激励员工不断学习新知识，提高自己的技能和能力。

1. 基于能力薪酬体系设计的一般步骤

基于能力薪酬体系的设计一般包括以下步骤。

（1）分析组织能力。

企业在进行能力薪酬设计之前应当首先明确组织的战略是什么？组织赖以生存和发展的关键能力是什么？这些问题构成了能力薪酬设计的基础。

在明确了组织能力之后，企业还必须把组织能力分解落实到员工的具体工作能力上。这一过程需要通过建立员工素质模式来解决。

（2）建立员工素质模式。

素质模型是区分员工能力高低的一套标准体系。它包括员工应当具备的各项能力以及每项能力的等级层次。素质模型的开发是基于战略，还要源于工作。另外素质模式应该对员工的工作和学习具有指导意义。成为员工努力方向和目标。

（3）员工能力评价。

员工能力评价是实施能力薪酬方案的关键步骤。能力评价为确定员工的能力薪酬提供依据。能力测试和评价还可以引导员工的行为符合企业的要求，促进员工自我完善，不断提高自身能力，以实现更高的工作绩效。企业在实施能力评价之前，应首先成立能力评价小组，评价小组通常由 5 ~ 7 人组成，成员包括人事测评专家、业务专家、部门主管、人力资源管理者等。能力评价的主要过程如图 11-9 所示。

（4）确定能力薪酬。

为确保公司给员工支付的薪酬具有外部竞争力，在设计能力薪酬方案时同样需要进行薪酬调查。由于各企业对不同岗位任职能力的理解不同，所以实施基于能力薪酬体系的企业只调查最具代表性的能力级别市场薪酬水平，然后以此为基准，通过内部比较，推算其他能力级别的市场薪酬。

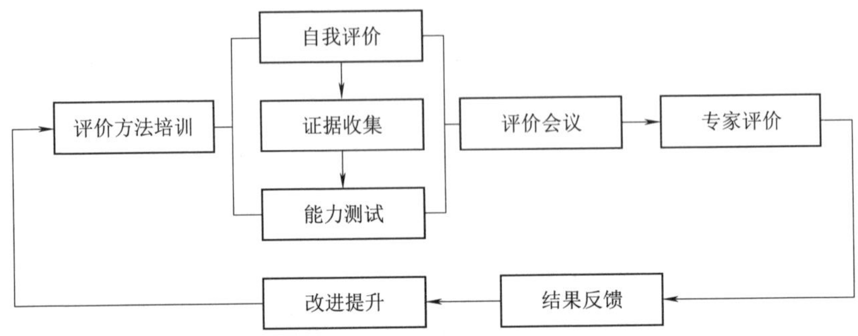

图 11-9　能力评价的基本过程

企业在建立能力薪酬体系时，一般包括确定薪酬等级数量、确定每个等级内部的薪酬区间、确定等级间的薪酬交叉等步骤。

2. 实施基于能力薪酬体系设计时会遇到的问题

企业在实施基于能力的薪酬体系时常常会遇到以下问题。

（1）实施基于能力的薪酬体系可能会大大增加企业成本。

薪酬具有刚性，调整薪酬标准提高容易，下降很难。基于能力的薪酬体系会将员工按照能力分级。基于能力的薪酬体系中，员工能力等级提高，企业要提高员工薪酬标准。但这些能力未必是企业所必需的。换句话说，企业要为员工具备但企业尚不需要的能力支付薪酬。随着员工掌握的技能和能力的不断提高，企业所面临的薪酬成本压力会越来越大。另外，与激励体系相配套的培训等工作也需要大量的成本投入。

（2）基于能力的薪酬体系在推行过程中可能会受到抵制。

从实践看，基于能力的薪酬方案往往会影响一些部门或群体的利益，这些原有的既得利益集团很可能竭力抵制这一薪酬方案的实施，特别是那些已经身居高位的员工。从个人角度而言，薪酬方案的改变会带来员工收入的变化。在方案实施初期，员工不能确定自己收入是否下降，因而可能抵制这种引起不确定性的薪酬方案。

（3）员工在实际工作中难以应用自己的全部技能或能力。

企业如何有效利用员工所掌握的技能和能力是基于技能与能力的薪酬体系面

临的另一个现实问题。员工技能的增多、能力的增强并不是一定能导致员工和企业绩效的提高。企业在实施技能与能力薪酬方案时必须解决好能力有效利用的问题。

（4）技能和能力的评价比较困难。

对员工的技能和能力进行评价是实施技能与能力薪酬方案的核心环节，也是企业在操作过程中最大的难题。能力很难定量分析，它的评价涉及较多定性甚至主观的因素，这也是一些企业对技能和能力薪酬体系望而却步的原因。

（5）基于能力的薪酬体系实施过程比较复杂。

企业在实施技能和能力薪酬方案时会涉及众多的环节。这一薪酬方案在引入之前需要做大量的基础工作，如工作分析、技能分析等。在引入之后需要外部专家、部门主管和员工的充分合作。这一薪酬体系的建立过程烦琐、周期较长，建立以后还需要持续的维护和更新。这些要求都是对企业人力资源管理的挑战。

11. 3. 4　案例评价

本案例对基于能力薪酬体系中最核心的部分——能力评价及与薪酬的联系，进行了较为详细地介绍。基于能力的薪酬体系核心思想在于薪酬体系的设计是以员工能力为核心，不是员工岗位、年功或其他因素。具体薪酬结构设计不必局限于薪点制等固定的形式。

本案例对该企业在划分监理人员岗位等级、薪酬水平，以及评定监理人员能力等级并最终确定员工薪酬标准有着较为详细地介绍。正因为内容单一，才能够将具体的评定细节完整地展示出来。本案例中企业规模不大，也较为适合中小型企业借鉴其中的方法。

当然，本案例中的薪酬方案仍然存在一定的问题。

（1）员工的任职资格标准和岗位胜任力维度设计仍有改进的余地。限于企业规模及在薪酬设计时的能力投入，企业在员工任职资格标准和岗位胜任力维度设计上还是比较简单的。其中任职资格标准简单地以学历、工作经验和知识技能考试分数等因素来衡量，未必能够体现该级别员工的真实任职资格标准。在岗位胜任力维度的设计上，以资深级专业人员为例，六个维度也不能客观地反映胜任该岗位所应该具备的基本能力要求。

（2）本案例解决了员工薪酬标准的进入问题，但对于员工未来的发展描绘得并不清楚。一般的薪酬设计并不应该局限于一点，而应该考虑到员工在进入薪酬体系后三年或更长的时间发展的问题。该薪酬体系确保了员工进入新的能力薪酬体系内，但员工未来如何发展，以及当市场薪酬出现大的变化时，企业应通过哪些调薪机制确保员工的薪酬市场竞争力。在本案例中并没有清楚地说明。

（3）本案例的重点是管理者解决了哪些技术问题，而对管理者所应做好的新薪酬制度的培训和宣传、员工反馈分析等因素则没有提及。

11.4 某企业基于绩效薪酬体系设计

基于绩效的薪酬体系就是将员工的收入与绩效水平挂钩的薪酬制度。绩效薪酬强调员工收入与业绩的联系，并通过提高或降低员工收入，激励或促进员工完成企业的绩效要求，促进企业的绩效成长。

基于绩效的薪酬体系的优点十分明显。

第一，该体系是一种有效的激励机制。对员工而言，员工的工作表现突出、工作业绩优秀就可以获得更多的报酬，所以员工必须不断提高工作业绩，在工作中出色地表现。这对员工自身的能力提高也会提出一些要求。员工只有提高工作的积极性，主动提高自身技能，以获得激励。对管理者而言，个人收入与企业的业绩、效益的提高联系在一起，可以增强管理者的责任意识，将企业业绩成长与个人发展联系到一起。

第二，该薪酬方法可以加强员工的竞争意识，有利于企业对人才的筛选。绩效评定不只要求员工完成工作，还要求员工工作业绩比其他人员更为出色。一旦员工业绩优秀，不仅可获得薪酬激励，还可以获得晋升等激励。

第三，采用基于绩效的薪酬方法，也符合企业对人工成本控制的规律。当企业业绩提高时，可以拿出更多的利益激励员工。当企业效益下降时，员工们的利益也会受到一定的损失。

基于绩效的薪酬方法也存在一些问题。例如，员工之间的工作竞争对于员工的团队协作是不利的。绩效薪酬容易导致企业或员工过于追求短期利益，而忽略了企业长期发展。另外，绩效薪酬的前提是企业绩效考核的公平，这需要企业具有一定的绩效管理基础。

11.4.1 基于绩效薪酬体系基本结构

如图 11-10 所示，基于绩效的薪酬体系结构一般包括基本薪酬、绩效薪酬、福利和津贴等。

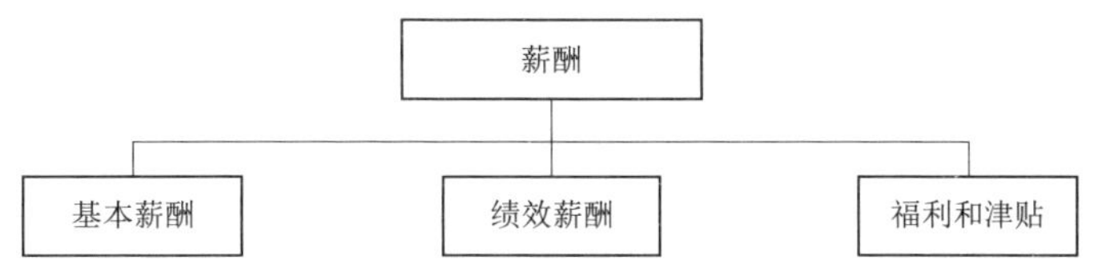

图 11-10　基于绩效薪酬体系结构

基于绩效的薪酬体系中，绩效对员工薪酬的影响是决定性的。员工绩效不只影响绩效薪酬水平，还会影响基本薪酬中员工薪酬标准等因素。绩效成为衡量员工的最重要标准。

在基于绩效的薪酬体系中，如何确定员工的绩效水平是一个难题，这里面涉及一些关键的问题。

一是如何将企业绩效与员工绩效结合起来。企业绩效是由员工创造的，但如何将企业绩效落实到每一个员工身上，则是绩效考核中的一个难题。目前较为常用的绩效分解方法是平衡计分卡法。平衡计分卡提出了财务、客户、内部运营和创新与发展四个维度，解决了企业战略分解和财务性指标与员工工作行为指标之间的关系，再通过成功关键要素和关键绩效指标法等，就可以将企业绩效落实到具体员工。

二是如何客观评价员工绩效。基于绩效的薪酬模式，需要先核定员工绩效考评的结果。如果客观公正地评价员工工作是一个难题。特别是对职能部门、员工或工作的考核更是世界难题。正因如此，绩效考核工作必须在程序上确保员工的绩效可量化。例如，明确由谁以及怎样评价员工的工作。但只要考核必将涉及人的因素，如何通过考核程序和方法的设计规避员工考核中的主观性问题，也是一个很大的难题。

三是如何确保员工绩效的持续提升。员工业绩评价周期与薪酬发放周期一致。例如，采用月度、季度、半年或年度考核，有些员工还会采用任期考核的方式。这些方式存在的问题是，绩效考核的周期未必与工作周期或企业发展周期一致。员工要想在业绩考核中取得理想的成绩，会在考核期内努力完成业绩指标。这样做可能产生员工通过牺牲长期利益确保完成短期业绩指标的情况。例如，员工为了完成销售指标，故意压低价格以增加销售量。生产班长为了完成生产任务，牺牲员工的培训机会。所以绩效考核的设计还要综合考虑长期与短期的平衡，既要保证当期业绩的实现，又要确保长期发展的潜力。

11.4.2 某企业基于绩效的薪酬体系

1. 背景简介

某企业成立于1996年，是一家从事IT电子产品开发与生产的高新技术企业。企业集新产品开发、生产、销售于一体，年销售收入近亿元。企业目前有员工350多人。

近年来，企业重新设计了绩效管理体系和薪酬体系，并希望通过绩效管理和薪酬体系的改进解决绩效考核与企业战略目标脱节、员工考核缺乏个性化、绩效考核缺少客观标准等问题。

2. 薪酬设计目标

确保企业战略落实到具体的业绩指标与公司的整体目标中。通过平衡计分卡对企业战略目标进行分解，落实到企业的年度目标中，并得到企业具体的绩效评价指标。

确保员工的考核指标与企业整体目标相一致。将企业的绩效考核指标分解到员工个人，并将员工的考核评价与薪酬联系在一起，使员工个人的行为与公司期望相一致。

3. 绩效考核体系设计

（1）企业战略指标的分解。

企业在发展的十多年里，确立了以“客户为中心，以产品为基础”的经营理念，以“人才、产品及技术、市场、效益”为公司经营方针，提出了“要成为具有国内同行业产品的倡导者和领导者”的战略目标。如图11-11所示，借助平衡记分卡，企业根据战略目标，提出了需要加强的重点环节。

① 加强成本费用的控制，提高企业利润。

② 加快新产品的上市周期，提高新产品的销售收入比重。

③ 努力开拓新的市场，获取新客户。

④ 提升企业信誉，提高客户满意度，扩大目标市场占有率。

⑤ 加强培训和学习，提高任职资格达标率和员工满意度。

⑥ 加大新产品的宣传和推广力度。

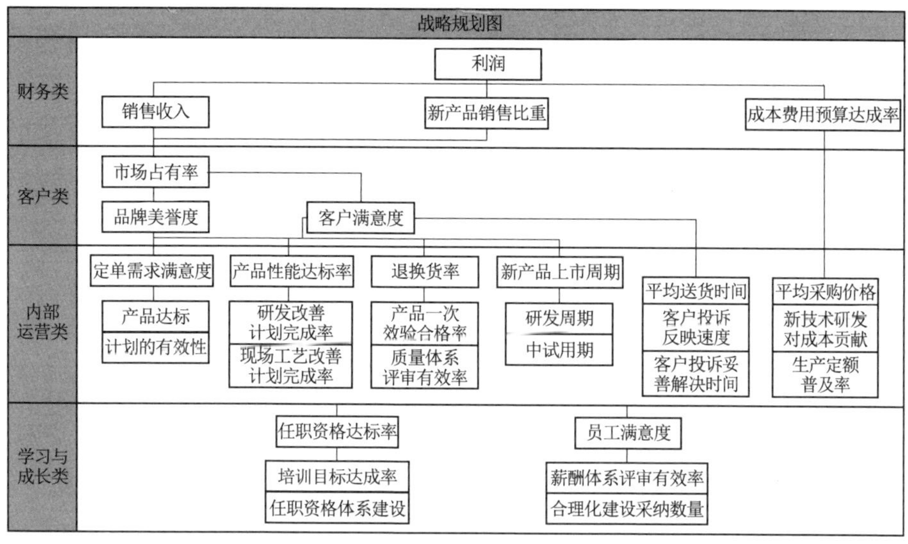

图 11-11　企业战略规划图（平衡计分卡）

（2）关键成功要素。

根据战略规划，企业需要重点加强对战略目标实现影响较大的工作内容。为此，企业建立基于平衡计分卡的企业绩效评价模型，如图 11-12 所示。

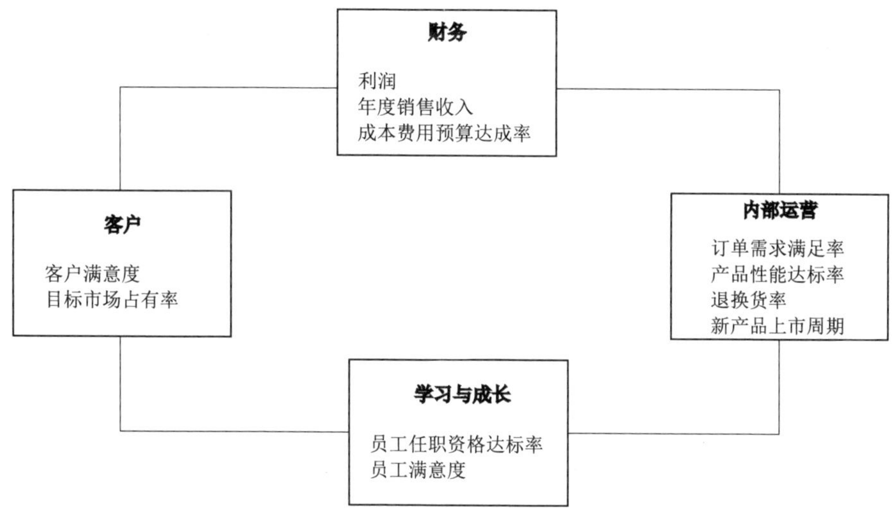

图 11-12　基于平衡计分卡的企业绩效评价模型

根据企业绩效评价重点，各部门根据自己部门在企业中的作用，以及部门工作的主要职责，制定了本部门的关键绩效指标。以研发部为例，确定战略重点如下。

① 加强产品技术创新，提高我们产品在行业中的技术领先地位。

② 加强新材料、新工艺的应用，降低产品成本，使本部门成本费用预算达成率提高 5%。

③ 重视新产品的研发，力争一年开发新产品 5 种。

④ 提高流程和制度的标准化，使其标准化率达到 95%。

⑤ 提高研发产品的一次交验合格率，使新产品的研发周期平均缩短 10 天。

⑥ 重视学习和培训，提高业务能力，使任职资格达标率提高 10%，员工满意度上升 10%。

研发部关键成功要素如表 11-11 所示。

表 11-11 研发部关键成功要素

维 度	关键成功要素	说 明
财务	成本控制	通过新材料的应用和成本费用的预算对成本进行控制
	新产品销售	重视新产品的上市和销售，使新产品的销售在公司产品销售总额中占一定比重
客户	客户满意度	让客户对公司产品的技术服务和性能满意
内部运营	客户需求满足率	通过按时按质完成任务和目标，使用户需求得到满足
	产品性能	重视产品原材料的质量以及新材料的应用和研发，提高产品性能
	新产品上市	研发样品和中试样品的效验及时以及一次效验合格决定新产品上市的快慢
	退换货	妥善处理客户对产品的技术性能的投诉以及处理速度是否让客户满意，是用户决定是否退换货的关键因素之一
学习与成长	任职资格	任职资格是否达标以及关键员工是否流失，对公司研发起决定性作用
	员工培训	通过培训的及时和培训数量及质量的控制，使员工技能得以提高

在确定研发部各项关键成功要素后，由企业中高层管理人员、部分基层技术和管理人员以及外部专家组成评价小组，对各关键成功要素进行权重评定。权重确定的主要操作步骤如下。

① 将一要素先从重要程度、紧急程度、可实现程度采用“五点打分法”分别打分。

② 将每个要素的重要程度、紧急程度和可实现程度得分相乘，得出该要素的综合分数。

③ 将每个要素的综合分数相加，然后确定每个要素综合分数在总综合分数中所占比例。

④ 最终得出每项要素的权重值。

经过评定，得到各项要素权重如表 11-12 所示。

表 11-12　研发部关键成功要素权重表

维　度	关键成功要素	重要程度	紧急程度	可实现性	综合得分	权重（%）	调整后的权重（%）
财务	成本控制	4	5	4	80	17.02	17
	新产品销售	3	3	4	36	7.66	8
客户	客户满意度	5	3	3	45	9.57	10
内部运营	客户需求满足率	4	5	4	80	17.02	17
	产品性能	5	5	4	100	21.28	21
	新产品上市	3	4	3	36	7.66	8
	退换货	5	3	3	45	9.57	9
学习与成长	任职资格	4	3	2	24	5.11	5
	员工培训	4	3	2	24	5.11	5
合计		—	—	—	无	100	100

（3）关键绩效指标。

为了量化关键成功要素，企业通过鱼骨图将其分解成若干个易于实现和量化的小目标，并将目标指标化。结合每项指标历史情况，确定各指标的目标值和挑战值。如表 11-13 所示为研发部各关键绩效指标及目标值情况。

表 11-13　研发部关键绩效指标表

维度	关键成功要素	关键绩效指标	权重（%）	目标值	挑战值
财务	成本控制	成本费用预算达标率	10	90%	95%
		新材料对成本降低的贡献	6	95%	90%
	新产品销售	新产品销售收入比重	7	10%	20%
客户	客户满意度	客户对产品性能的满意度	5	90%	95%
		客户对技术服务的满意度	5	90%	95%

续表

维度	关键成功要素	关键绩效指标	权重（%）	目标值	挑战值
内部运营	客户需求满足	任务按时完成率	3	85%	95%
		工作目标按计划完成率	3	85%	95%
		产品效验一次合格率	6	80%	90%
		订单需求满足率	4	90%	95%
	产品性能	来料合格率	6	95%	98%
		新材料替代研发计划完成率	4	90%	95%
		产品性能达标率	10	95%	98%
	新产品上市	研发样品效验及时率	1	85%	95%
		研发样品一次合格率	1.5	80%	90%
		中试样品效验合格率	1.5	80%	90%
		中试样品效验一次合格率	1.5	85%	95%
		新产品上市周期	2	6个月	6个月
	退换货	客户投诉产品性能妥善处理率	4	80%	90%
		客户投诉产品技术处理速度	5	48小时	24小时
学习与成长	任职资格	任职资格达标率	6	85%	95%
		关键员工保持率	4	90%	98%
	员工培训	培训数量	2	1	2
		培训的及时性与质量	3	70%	85%

（4）员工个人考核指标

部门绩效目标是部门经理带领部门全体员工共同的方向，是员工个人绩效成绩的有机结合，所以部门的目标与指标最终是需要由部门全体员工共同承担。不同的岗位，对企业绩效的驱动也是不同的，也就是对企业成功因素的贡献要求是有差异的。相应的，其指标权重也不相同。例如，研发部经理支持整个部门工作，其职责的重心是在于协调整体运作，在战略目标的指导下，分解任务，确定工作计划，并向上级管理人员负责，对部门运作的结果负有最重要的责任，所以其指标体系中内部运作和财务方面的指标权重要大一些。具体指标、权重如表11-14所示。

部门内其他员工依此方法分别确定个人绩效考核表。

表 11-14　研发部经理绩效考核表

维度	关键绩效指标	权重	目标值	挑战值	指标说明
财务	项目费用预算达成率	0.1	95%	98%	实际研发、技术改造费用/预算费用
	管理费用控制率	0.1	90%	95%	实际可控费用/计划预算费用
客户	重要客户满意度	0.1	90%	98%	问卷调查：满意问卷数/总问卷数
内部运营	研发部项目完成率	0.2	95%	99%	项目完成数/总项目数
	开发产品一次交验合格率	0.15	95%	96%	研发向生产转换的一次成功率，一次效验合格品/效验的合格品
	参加研发新产品销售比例	0.05	40%	60%	研发新产品销售收入/总销售收入
	部门写作满意度	0.1	90%	95%	问卷调查：满意问卷数/总问卷数
学习与成长	部门培训计划完成率	0.15	95%	98%	培训计划完成数/培训计划数
	下属员工满意度	0.05	85%	95%	问卷调查：满意问卷数/总问卷数

4. 薪酬结构

员工年薪 = 岗位工资 + 绩效薪酬 + 奖金 + 津贴 + 福利

其中，岗位工资按照员工岗位的责任大小、岗位任职条件、努力程度等因素确定。

绩效薪酬是对员工完成业绩目标而进行的奖励。

奖金主要是年度奖金，根据企业年度经营目标实现情况及利润水平挂钩。

福利主要包括各种社会保险、住房公积金，带薪休假等。

津贴主要指工龄津贴、加班津贴等。

5. 岗位工资

岗位工资由员工岗位等级决定，每一级岗位工资包括 9 个薪酬等级。其中，7 个等级的标准参照市场薪酬调查中同岗位员工的 30、35、40、45、50、55、60、65、70 分位值确定，员工连续两年考核为卓越的，可以向上晋升一级，以确保员工不一定非要通过岗位的升迁来实现薪酬增长。

员工考核等级根据部门和员工考核结果，员工年度考核等级结果按照月度考核等级结果确定。月度考核等级结果按照本部门员工的考核得分，采用强制比例分布的方法。具体如表 11-15 所示。

表 11-15　员工考核等级分布表

部门考核结果	员工考核等级对应比例				
	卓　越	优　秀	良　好	有待改进	不合格
卓越	20%	30%	40%	10%	—
优秀	15%	25%	40%	15%	5%
良好	10%	20%	45%	20%	5%
有待改进	5%	15%	45%	25%	10%
不合格	—	5%	50%	30%	15%

当部门考核结果为优秀时，部门内考核得分前 15% 的员工考核等级为“卓越”，25% 的员工为“优秀”，40% 的员工为“良好”，15% 的员工为“有待改进”，5% 的员工为“不合格”。

6. 绩效薪酬

为了避免员工工作中缺乏合作的问题，企业在设计员工绩效薪酬时，可以根据部门和员工个人绩效考核结果确定。

员工个人薪酬与部门绩效考核结果挂钩。每个员工的薪酬不仅取决于个人的工作能力、工作绩效，也取决于该员工所在部门的整体工作绩效，取决于该部门与别的部门合作情况，即相关部门对该部门的评价。体现这一原则的另一方面是，部门内员工之间必须相互合作，共同完成部门的工作，否则部门的整体工作绩效不理想，每个员工的薪酬也将受到影响。

员工薪酬与个人绩效挂钩，每个员工的薪酬与个人工作绩效的考核指标得分相关联。

员工月绩效薪酬计算公式为：

员工月绩效薪酬 = 员工月绩效工资基数 × 员工当月综合绩效系数

其中，员工月绩效工资基数 = 员工岗位工资 × 绩效工资计提比例

员工绩效工资计提比例根据员工所在部门及岗位等级确定。业务部门员工绩效工资计提比例为 70%，部门负责人绩效工资计提比例为 50%，职能部门员工绩效工资计提比例为 30%。

员工当月综合绩效系数 = 员工个人当月绩效系数 × 部门绩效系数

部门和员工个人考核为“卓越”的绩效系数为 1.2，“优秀”的绩效系数为 1.1，“良好”的绩效系数为 1.0，“有待改进”的绩效系数为 0.9，“不合格”的绩效系数为 0.8。

7. 奖金

每年年初，企业确定当年利润总额目标值。年终，企业根据年度财务决算报告中的利润总额数据确定企业年度绩效奖金系数，并按照员工岗位工资水平确定个人标准奖金额，最终根据员工个人年度绩效考核分数计算实际可得的年终绩效奖金。

计算方法为：

员工个人年终绩效奖金 = 标准奖金额 × 企业年度绩效奖金系数 × 个人年度绩效考核分数。

11.4.3　基于绩效的薪酬体系分析

基于绩效的薪酬体系多用于贸易性企业或企业中高层管理者和市场类人员。自从平衡计分卡技术普及以来，企业的绩效管理能力得到了提升，越来越多的企业开始采用基于绩效的薪酬体系。这也使得薪酬管理的内涵进一步加大，绩效管理和薪酬管理的边界也越来越模糊。这也对人力资源管理者绩效管理能力提出了新的要求。

第一，基于绩效的薪酬体系要确保绩效考核系统的科学性。有了科学的评价体系，按照评价标准确定的员工薪酬体系才能够起到激励作用，否则，极易造成员工的更大不满。

第二，绩效的作用要体现在薪酬体系的方方面面。企业不仅要将员工的绩效薪酬与业绩考核挂钩，还应该将员工固定薪酬的调整、奖金等要素与业绩考核联系起来。

第三，绩效考核与员工薪酬管理应该同步。同步包括两方面的内容，一是时期的同步，绩效考核应区分长短期考核。员工的薪酬体系中也应当区分长短期的激励，不同周期的薪酬与不同周期的考核相衔接；二是考核与薪酬都应当以员工在企业中所承担的责任、所做出的贡献联系起来。承担责任越大的员工，完成业绩后所获得的业绩评价越高，所获得的激励力度也应该更大。

11.4.4　案例评价

本案例企业所设计的基于绩效的薪酬体系结构比较简单。其基本工资 + 绩效薪酬 + 奖金 + 福利和津贴的结构，与前面案例企业中的薪酬结构差异并不大。但其绩效导向的薪酬体系核心在于，该薪酬体系主要因素都会受到企业、部门和个人绩效水平的影响。

基本工资上，员工基本工资等级晋升的标准是员工的绩效达到“卓越”标准，在绩效薪酬上，既考虑到了部门绩效结果，又考虑到了员工个人绩效结果的影响。首先是绩效结果采用强制比例，确保拉开员工绩效考核结果的差距，其次是员工绩效薪酬中包括了部门绩效系数，直接在部门绩效结果和员工薪酬中建立起了联系。在奖金核定上，也考虑到了企业利润总额目标值完成情况，以及企业绩效考核结果。

企业采用基于绩效的薪酬体系的优点如下。

（1）基于绩效的薪酬体系是一种将薪酬与特定绩效目标相联系的薪酬管理模式，它要求员工必须依靠努力获得更佳的薪酬，这使得薪酬管理更注重让薪酬水平与人员创新价值相联系。

（2）基于绩效的薪酬体系实质上减小了薪酬结构中的固定成分，加大可变比例。员工的底薪减少了，但可以根据具体目标的实现成效获得更高的奖励性薪酬。对企业来说，减少了管理费用和获得更大的成果。对员工来说，优秀员工的工作绩效也能够得到更好的激励。

但该企业的薪酬体系也存在一些问题。

（1）企业的绩效水平浮动较大，有可能造成员工的不稳定情绪，加大员工的离职可能性。

（2）员工考核采用了强制比例的方法，这样虽然可以拉开员工的差距，但强制比例要求一定要评出卓越员工和不合格员工，也很容易造成员工之间的矛盾。

（3）基于绩效的薪酬体系对绩效考核的要求很高，这对企业的管理水平也提出了更高的要求。

11.5 某企业股权激励方案

股权激励对象包括企业高级管理人员、核心技术人员及业务骨干。奖励的载体是企业的股票、股票期权或股权。通过股权激励，企业管理者及其他员工成为企业股东，这就使员工与企业的发展联系到一起，确保双方同舟共济。

创业期企业实施股权激励可以转移企业薪酬支付方式，减轻企业现金支付负担，并有利于留住人才。发展期企业实施股权激励主要作用是增加激励形式，以确保留住企业发展所需要的核心人才。

11.5.1 股权激励

常见的股权激励形式包括：股票期权、虚拟股票、股票增值权、限制性股票、业绩股票、经营者持股、员工持股计划、管理层收购、账面价值增值权等。这些不同形式的股权激励模式，具有各自不同的特点，适应不同的情况。在上市公司中采用率最高的股权激励方式是采用股票期权激励模式。

股票期权指企业授予激励对象可以在规定的时间内（行权期）以事先确定的价格（行权价）购买本企业一定数量股份的权利（行权）。股票期权只是一种权利，而非义务。在行权期，如果股价高于行权价，可通过行权来价差收益，否则可以放弃行权。因而对股票期权持有者没有风险。股票期权的行权也有时间和数量限制，且需激励对象自己为行使权支出现金。

股权激励计划要包括以下内容：股权激励目标、激励对象的确定依据和范围、激励方式、标的股票种类和来源、拟授出的权益授予数量及占比、行权价格及确定方法、激励计划有效期、激励对象获授权益、行使权益的条件、股权激励计划的变更、终止等。

11.5.2 某企业股权激励方案

1. 企业背景

某企业为国有控股上市公司。企业总资产 14 亿元，下辖控股企业 5 家，参股企业 3 家，是我国最大的计算机终端设备制造商之一。企业是国内电子信息产品研究、开发、生产、服务领域极具竞争力的企业，在金融电子、高新电子、教育电子以及现代电子产品制造等领域形成了相当的规模和实力。

企业设置有股东大会、董事会、监事会。

其中董事会共 12 名董事，其中独立董事 4 名，占董事会成员比例为 33%。董事会下设战略委员会、提名、薪酬与考核委员会、风险管理与审计委员会三个专业委员会。其中，战略委员会中独立董事占 4/9，审计委员会中独立董事占 2/3，提名、薪酬与考核委员会中独立董事占 4/7。

董事会聘任的高管有 8 人，包括总经理、副总经理、财务总监、技术总监、董事会秘书，专职党委书记、专职工会主席。

总部下设 7 个部门：综合管理部、人力资源部、财务部、资产管理部、投资发展部、风险控制与审计监察部、党群工作部。至2008年年末，在岗员工总数为1 482人，其中部门经理、核心技术人员20余人。图11-13所示为企业组织结构图。

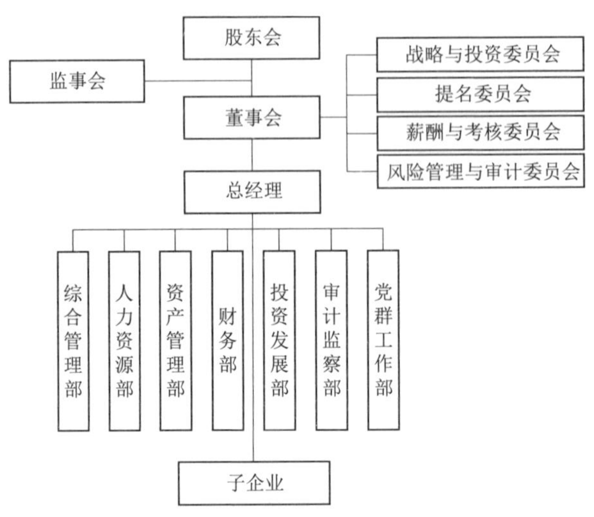

图11-13　企业组织结构图

企业各类人员构成如表11-16所示。

表11-16　企业员工基本情况统计表

类别	岗位				学历					职称			
	生产人员	销售人员	技术人员	管理人员	博士	硕士	本科	专科	其他	高级	中级	初级	其他
人数（人）	503	127	565	287	2	69	504	533	374	41	270	710	461
占比（%）	33.94	8.57	38.12	19.37	0.1	4.7	34	36	25.2	2.77	18.22	47.9	31.11

2. 薪酬体系

企业目前薪酬体系如下。

（1）企业高管实行年薪制。年薪由基本年薪和绩效年薪构成。基本年薪按照董事会批准的标准按月发放，绩效年薪与董事会年初下达的经营目标和企业年度经营业绩挂钩。即根据董事会下达的年度利润总额完成情况确定公司高管绩效年薪总额基数，视其他目标实际完成情况对绩效年薪总额基数进行调减。

高管年度绩效考核评估的依据主要有三个方面：一是企业业绩。如上年度或本年度业绩较前一年度增长性如何、财务指标达成度、市场份额占有率、行业内竞争性、企业相对地位的变化等；二是高管个人业绩，如职权范围、所承担责任大小、对企业业绩及长期战略发展做出的贡献等；三是劳动力市场薪酬水平以及高管本人加入企业前的经历及薪酬状况等。

（2）总部员工的薪酬采取传统的工资＋奖金模式，以岗位为基础，奖励办法由经营班子确定，同比高管奖励进行调整。

（3）子企业员工薪酬采用年度工资总额控制的方法。子企业依据上年度经营状况及本年度主要经营指标的增长幅度，再依此来批复的工资总额内分解。超额完成年度净利润指标的，可以同比例增加绩效工资基数。

员工工资总额由基本工资总额和绩效工资总额组成，其中绩效工资总额根据年度考核结果确定，年度绩效工资总额由子企业年度净利润完成值及年度经营业绩考核各项指标的综合完成率共同确定。

3. 实施股权激励的原因

企业所处的金融电子、高新电子、信息系统集成等行业竞争非常激烈，属于高风险、高收益的高科技领域。该行业员工普遍具有较高的专业知识背景和专业知识积淀，工作中不愿意墨守成规，不喜欢做重复性的工作，具有创新精神。员工具有较强的独立工作能力，以及较强的流动意愿。

目前企业所采用的激励方式，结构比较简单，薪酬只与当期绩效有关，对长期绩效实现的关联性并不强。近年来，虽然企业业绩不断增长，但员工中的不稳定情绪仍然存在。考虑到市场环境下，竞争对手已普遍实施了股权激励，为稳定员工队伍，留住核心人才，企业决定实施股权激励计划。企业希望通过实施股权激励，一方面将企业和激励对象的利益合为一体，通过市场评价将激励对象报酬同企业的业绩挂钩，激励经营者对企业的关心和负责，激发核心技术人才创新的积极性。另一方面，股权激励使员工不仅关注低风险的短期财务指标，而且更关注具有较大风险的长远发展策略和长期财务指标，从而使企业具有较强的发展后劲，达到提高效益、增强企业竞争力的目的，实现企业的长期战略目标。

4. 股权激励计划的目标

（1）支持企业的战略发展。通过激励求发展质量、通过约束保核心力量，使董事、高管人员和一批具有核心能力、认同公司战略与文化的核心骨干人员与公司共同发展，形成利益共同体、事业共同体。

（2）稳定现有的高级管理人才和核心骨干人员，同时吸引外部优秀人才。

（3）完善价值分配体系。通过建立健全与绩效考评挂钩的长期激励约束机制，实现股东、公司和激励对象个人利益的一致。

（4）建立以价值创造为导向的企业文化，鼓励并奖励业务创新和变革精神，增强管理团队和核心骨干对实现公司持续、健康发展的责任感、使命感，保证企业长期稳健发展。

5. 股权激励计划的原则

（1）有效性。

确保激励符合出资者的动机，使激励对象努力的方向与股东关注的方向保持一致。激励计划应结合企业实际情况制订，能够体现激励对象的人力资本价值，降低委托代理成本，杜绝或明显减少内部人控制行为。

（2）可操作性。

激励计划要符合国家相关政策要求。激励计划要考虑激励对象承担风险的能力。以达到引导其努力工作，并以较为稳健的方式管理企业的目的。要考虑激励对象的实际投资能力，以及行权业绩指标是否合理，能否达到激励效果等。激励计划还应建立合理的激励性股权退出机制。

（3）可持续性。

激励计划的设计要科学合理，要着眼于企业的未来发展，设定合理的股权收益结算周期，充分考虑企业未来 5 年、10 年的长期发展，并把激励对象的个人利益与企业的长远利益直接挂钩。

6. 激励方式

企业采用股票期权激励方式。主要考虑以下几点。

从企业发展战略的角度考虑，企业主要产品都需要有延续性的战略规划，而规划成功与否直接决定了企业未来利润和业绩走向，从而直接影响企业股价。股票期权能够把企业所有者利益与激励对象的利益紧密地联系在一起，共同着眼于企业的长期发展。

从企业管控模式、股权流通性的角度考虑，企业已整体上市，且经营管理机制完善，有良好的公司治理结构和内部控制系统，具备实施股权激励的条件。

从企业人力资源管理的角度考虑，企业人员规模迅速扩张，对高管和核心骨干人员的忠诚度有较高的期望值，应该有选择性地对管理层和核心骨干人员实施力度较大的股权激励。

从企业所属行业、产品生命周期的角度考虑，企业所属行业为技术含量高、成长性强、竞争激烈的 IT 行业。目前企业处于成长期，已有了自己的主导产品，未来企业规模有继续扩大的可能，企业收益水平也有进一步提高的可能。股权激励对企业未来发展的影响是明显的。

从可操作性的角度考虑，股票期权设计和操作都比较简单，激励对象行权前不存在任何风险，激励对象的收益来自市场，企业和个人都不存在现金支付压力。

7. 股票期权来源

股票期权采用定向增发的方法。定向增发指上市公司向符合条件的少数特定投资者非公开发行股份的行为。通过定向增发，企业没有现金流出的压力，而且可以募集到一定量的资金，所付出的代价则是由于新增加了企业股票，导致企业业绩被稀释，同时增加了企业控制权变化的可能性。但考虑到股权激励整体额度在企业控制之内，则定向增发实际对企业业绩的稀释作用十分有限。

8. 资金来源

企业实施股票期权激励的资金来源为自筹。这种方式是已实施股权激励的上市企业中使用最为普遍的方式。采用自筹方式，一方面对企业的财务报表没有任何影响，还能增加企业资本金，有利于企业的发展和周转。另一方面也体现了风险共担原则。

9. 激励对象

激励对象就是明确所要激励的人员范围和数量。

（1）激励对象选择原则。

①激励对象原则上限于企业董事、高管以及对企业整体业绩和持续发展有直接影响的核心技术人员和业务骨干。

②企业监事、独立董事以及由企业以外的人员担任的外部董事，暂不纳入股权激励计划。

③在股权授予日，任何持有企业 5% 以上有表决权的股份的人员，未经股东大会批准，不得参加股权激励计划。且股东大会对该事项进行投票表决时，关联股东须回避表决。

④证券监管部门规定的不得成为激励对象的人员不得参与股权激励计划。

⑤由董事会制定《股票期权计划实施细则》，激励对象必须考核合格方能获

得相应的股权激励。

⑥股票期权激励计划的激励对象人数不超过员工总数的5%，即74人。

（2）激励对象具体数量。

企业确定股票期权激励计划的激励对象为：高级管理人员、中层管理人员，由总经理提名的核心技术人才、管理骨干和卓越贡献人员。具体人员比例如表11-17所示。

表11-17　激励对象表

激励对象	占激励对象人数比	占企业人数比	2008年底持股情况
高级管理人员8人	17.02%	0.54%	无
中层管理人员12人	25.53%	0.81%	不详
核心骨干人员27人	57.45%	1.82%	不详
合计47人	100%	3.17%	

10. 激励额度

（1）激励额度的原则。

①企业全部有效的股权激励计划所涉及的标的股票总数累计不超过股本总额的10%，首次实施股权激励计划授予的股票期权数量原则上不超过公司股本总额的1%。

②非经股东大会特别决议批准，任何一名激励对象通过全部有效的股权激励计划获授的企业股票累计不得超过股本总额的1%。

③在行权有效期内，激励对象股权激励收益占本期股票期权授予时薪酬总水平（含股权激励收益）的最高比重原则上不超过40%。股权激励实际收益超出上述比重的，尚未行权的股票期权不再行使或将行权收益上交企业。

④股票期权数与岗位成正比，员工岗位越高，期权越多。

⑤薪酬与考核委员会根据激励对象的业绩表现、工作的重要性、可持续贡献能力和岗位稀缺程度等，通过系统的业绩评价，决定授予的期权数量。

（2）股票期权分配数量。

企业定向募集300万份股票并以期权方式授予激励对象，占总股本37 556万股的0.798 8%。

薪酬与考核委员会确定股票期权分配公式为：

期权分配的权重数 = 员工年收入 × 可持续贡献能力系数 × 稀缺系数

其中，可持续贡献能力系数和稀缺系数由薪酬与考核委员会委员综合评定，具体如表 11-18 所示。

表 11-18　可持续贡献系数和稀缺系数

发展潜力	潜力很小	潜力较小	一定潜力	潜力较大	潜力很大	潜力巨大	非常巨大
可持续贡献系数	0.5	0.75	1.0	1.25	1.5	1.75	2.0
稀缺程度	不稀缺	中间级	比较稀缺	中间级	相当稀缺	中间级	非常稀缺
稀缺系数	0.5	0.75	1.0	1.25	1.5	1.75	2.0

经过以上评定过程，确定参与股票期权分配人员可授予股票期权情况如表 11-19所示。

表 11-19　股票期权分配情况示意表

序号	姓名	职务	人数（人）	获授的期权份数（万份）	占授予期权总量的比例%	占授予时企业总股本比例%
	高管人员		8	120	40.00	0.319 5
1	×××	总经理		25	8.33	0.066 6
2	×××	副总经理		12	4.00	0.032 0
…	…	…	…	…	…	…
	中层管理人员		12	40	13.33	0.106 5
	×××	财务部经理		2.8	0.93%	0.007 5
…	…	…	…	…	…	…
	核心骨干人员		27	140	46.67	0.372 8
	×××	×××		5.5	1.83	0.014 6
…	…	…	…	…	…	…
	总计		47	300	100	0.798 8

11. 行权期限

企业决定激励行权限制期为 2 年，行权有效期为 3 年。具体安排如下。

（1）行权限制期为期权自授予日（授权日）至期权生效日（可行权日）止的期限。行权限制期为 2 年，在限制期内不可以行权。

（2）行权有效期为期权生效日至期权失效中止的期限。行权有效期为 3 年，在行权有效期内采取匀速分批行权办法已获授并可行权的期权，可以在当期行使，也可在行权有效期内任何年度行使。超过行权有效期的，其权利自动失效，并不可追溯行使。

（3）分批行权时间及行使上限规定比例。

第一个行权期：在行权限制期届满之日起，可行使所授期权的33%。

第二个行权期：在行权限制期届满之日起1年后，可行使所授期权中的另外33%。

第三个行权期：在行权限制期届满之日起2年后，可行使所授期权中的剩余34%。

12. 行权价格

企业确定行权价格为下列价格（除权除息则相应调整）较高者。

（1）股权激励计划草案摘要公布前一个交易日企业标的股票收盘价。

（2）股权激励计划草案摘要公布前30个交易日内企业标的股票的平均收盘价。

13. 获授条件和行权条件

（1）获授条件。

企业股权激励计划获授条件如下。

①年度净利润增长率大于等于15%，且不低于同行业平均业绩水平。

②年度扣除非经常性损益后加权平均净资产收益率大于等于6%。

③年度技术研发投入占主营业务收入比例大于等于6%，且本年度新产品销售收入占主营业务收入比例大于等于15%，新产品销售收入增长率大于等于20%。

（2）行权条件。

企业股权激励计划行权条件如下。

①第一个行权期。

该年度企业营业收入大于等于12亿元，营业收入相比上一年度增长大于等于15%，且不低于同行业平均增长水平。

该年度扣除非经常性损益后加权平均净资产收益率大于等于7.2%，且不低于同行业平均业绩水平。

该年度技术研发投入占主营业务收入比例大于等于7%。

②第二个行权期。

该年度相比上一年度，营业收入增长率大于等于18%，且不低于同行业平均增长水平。

该年度扣除非经常性损益后加权平均净资产收益率大于等于 8.4%，且不低于同行业平均业绩水平。

该年度技术研发投入占主营业务收入比例大于等于 8%。

③第三个行权期。

该年度相比上一年度，营业收入增长率大于等于 20%，且不低于同行业平均增长水平。

该年度扣除非经常性损益后加权平均净资产收益率大于等于 10%，且不低于同行业平均业绩水平。

该年度技术研发投入占主营业务收入比例大于等于 9%。

14. 绩效考核评价体系

（1）个人绩效考评方法。

企业根据激励对象的工作态度、工作能力、工作业绩三个方面来确定个人绩效考核指标，具体如下。

①工作态度（20 分）。

考核期内激励对象工作过程中所表现出的职业素质、道德、工作态度、沟通能力、知识与技能和对周围员工及利益相关者所展现出的工作热情和感染力。

②工作能力（20 分）。

考核激励对象在团队中的领导力、督导力、协调能力、分工合作和分管部门的团队精神、能力和业务发展态势。

③工作业绩（60 分）。

工作业绩分为定量业绩和定性业绩。

其中，定量业绩为考核期内激励对象的工作过程和工作成果，是否完成本人和分管工作的定量指标。定性业绩为考核期内激励对象是否完全按照岗位职责的要求，具备应有的工作态度和工作能力，独立工作，尽职尽责，杜绝不履职或履职不到位的情况。

考核期间激励对象有效果明显的工作创新或完成工作量较大的超额工作，经薪酬委员会确认，可以获得额外加分，数值一般不超过 5 分。同时，工作期间本人或下属发生重大差错或失误给企业造成经济损失数额较大或存在重大违纪行为应予减分，直至取消工作业绩分数。

（2）激励对象整体考核指标的选取。

整体考核指标的选取体现在激励计划授权条件和行权条件的设定。

①净利润增长率。

净利润增长率反映了企业实现价值最大化的扩张速度，是综合衡量企业资产营运与管理业绩以及成长状况和发展能力的重要指标。

②加权平均净资产收益率。

加权平均净资产收益率强调经营期间净资产赚取利润的结果，是一个动态的指标，反映了投资者投入企业的自有资本获取净利润的能力，突出反映了投资与收益的关系。

③营业收入增长率。

营业收入增长率随着企业的产品生命周期不同而有所变化。

15. 股权激励退出机制

企业规定了不同情况下的不同退出办法。

（1）正常离职。

激励对象正常离职、调动、退休、死亡、丧失民事行为能力，或者是劳动合同期满、不再续约时，授予的期权当年已达到可行使时间限制和业绩考核条件的，可行使的部分可在离职之日起的半年内行使，尚未达到可行使时间限制和业绩考核条件的期权不再行使。

（2）非正常离职。

激励对象非正常离职，也就是劳动合同期未满，主动离职或被解雇的。如果主动离职或被解雇时，没有给企业造成损失，没有违反保密协议，企业允许其在离职或被解雇之日起的半年内行使已经被授予的期权，尚未行使的期权不再行使。

激励对象被企业除名，不仅尚未行使的期权不再行使，已行使的期权由企业按行权价回购，已行权的期权收益交回企业。

16. 股权激励管理机构

企业实施股权激励的管理体系包括三个层次，即决策层、管理层和执行层。

（1）决策层。

决策层是股权激励工作的决策机构，包括股东大会和董事会。股东大会是企业股权激励制度的最高决策机构，负责批准和终止股权激励制度，负责证监会规定的其他应由股东大会负责的股权激励事项。董事会负责股权激励事项的决策和管理，具体包括批准《股权激励计划》，并报股东大会批准。批准《股票期权计划实施细则》。领导、组织薪酬与考核委员会开展工作，任命和撤换薪酬委员会委员。负责证监会规定的其他应由董事会负责的股权激励事项。

（2）管理层。

管理层是董事会下面设立的薪酬与考核委员会，受董事会领导，负责股权激励的管理工作。其主要职能是负责拟订、修改、管理和解释《股权激励计划》，根据决策层的决定全面规划并制定、修改《股票期权计划实施细则》。

（3）执行层。

执行层是在薪酬与考核委员会下设的股权激励工作小组，该小组负责股权激励的日常事务性工作，包括具体实施、绩效考核和相关资料管理的工作。

工作小组由人力资源部、财务部等部门有关人员组成，其成员由薪酬与考核委员会任免。

监事会负责核实激励对象名单。负责监督股票期权计划的实施，提名、薪酬与考核委员会的组织管理工作，激励对象绩效考评的公正性，股票期权计划是否按照内部规定的程序执行等。监事会定期向股东大会汇报股票期权计划监督过程中发现的问题。

11.5.3　案例评价

股权激励计划书是企业实施股权激励的载体。股权激励计划书是企业股权激励的方案，也是企业与激励对象之间的合约。股权计划书的制订，从内容上要解决好前面所提到的激励数量、激励对象、行权方式等内容。从技术上要解决好，期权收益和行使价格的问题。因为期权收益评估高了，会对激励方案的实施增加难度，导致员工放弃行使期权，从而使激励失去效果；评估低了，又会使得激励过于容易，无法促进激励对象挑战工作目标的情况。行使价格直接关系到企业和个人的利益。价格过高，企业收益固然增加，员工也会失去行权的动力。价格过低，企业收益也会下降。

本案例企业的股权激励方案涉及的股票总数为 300 万股，占总股本的 0.798 8%，共 47 人可获受期权，最高可获授 25 万股。按照行权后累计收益不超过年薪 40% 来看，本方案对激励对象有一定的激励作用，尤其对一直以来缺乏激励的核心技术人员和管理骨干队伍的稳定作用更为明显。但考虑到高管人员在生产经营中所承担的责任以及风险程度等因素，激励力度有限。

行权价格，按照国内上市公司传统定价的方法，即以股票二级市场的股价作为参考来指定行权价。

综合以上来看，企业的股权激励计划制订得较为稳健，无大的风险，但激励效果也值得进一步关注。

当然，该股权激励计划还有一些值得学习的特点。

（1）该计划设计严谨，其中无论是激励方式、期权来源，还是决策程序的规范、业绩考核的严谨，抑或行权价格，都严格遵守了现行的政策法规，符合一般股权激励计划的规范要求，不失为一个股权激励计划的样本。

（2）方案规定了严格的授权条件。年度净利润增长率大于等于 15%，且不低于同行业平均业绩水平。年度扣除非经常性损益后加权平均净资产收益率大于等于 6%。年度技术研发投入占主营业务收入比例大于等于 6%，且本年度新产品销售收入占主营业务收入比例大于等于 15%，新产品销售收入增长率大于等于 20%。条件明确，要求具体。

（3）该计划的行权条件以扣除非经常性损益后加权平均净资产收益率作为业绩考核指标，杜绝了管理层操纵利润的空间。

（4）该计划中的激励对象需自筹资金参与激励计划，体现了风险共担的原则。